FELIPE MORAIS

PLANEJAMENTO DE MARCA
NO AMBIENTE DIGITAL

PLANEJAMENTO DE MARCA
NO AMBIENTE DIGITAL

DVS Editora Ltda. 2020 – Todos os direitos para a língua portuguesa reservados pela Editora.

Nenhuma parte deste livro poderá ser reproduzida, armazenada em sistema de recuperação, ou transmitida por qualquer meio, seja na forma eletrônica, mecânica, fotocopiada, gravada ou qualquer outra, sem a autorização por escrito dos autores e da Editora.

Design de capa, projeto gráfico e diagramação: *Bruno Ortega*
Revisão: *Fábio Fujita*

```
        Dados Internacionais de Catalogação na Publicação (CIP)
                (Câmara Brasileira do Livro, SP, Brasil)

    Morais, Felipe
        Planejamento de marca no ambiente digital : como
    construir uma marca forte analisando cerca de 60
    pontos da vida da sua empresa e consolidar seu
    negócio no universo online / Felipe Morais. --
    São Paulo : DVS Editora, 2020.

        Bibliografia.
        ISBN 978-65-5695-012-9

        1. Internet (Marketing) 2. Marca de produtos
    3. Marca de produtos - Marketing - Administração
    4. Marketing digital 5. Planejamento estratégico
    I. Título.

20-41671                                         CDD-658.827
                Índices para catálogo sistemático:

    1. Marca : Marketing : Administração de empresas
        658.827

            Cibele Maria Dias - Bibliotecária - CRB-8/9427
```

Nota: *Muito cuidado e técnica foram empregados na edição deste livro. No entanto, não estamos livres de pequenos erros de digitação, problemas na impressão ou de uma dúvida conceitual. Para qualquer uma dessas hipóteses solicitamos a comunicação ao nosso serviço de atendimento através do e-mail: atendimento@dvseditora.com.br. Só assim poderemos ajudar a esclarecer suas dúvidas.*

FELIPE MORAIS

PLANEJAMENTO DE MARCA
NO AMBIENTE DIGITAL

EXCLUSIVA METODOLOGIA 5Ps

COMO CONSTRUIR UMA MARCA FORTE ANALISANDO CERCA DE 60 PONTOS DA VIDA DA SUA EMPRESA E CONSOLIDAR SEU NEGÓCIO NO UNIVERSO ONLINE

DVS EDITORA

www.dvseditora.com.br
São Paulo, 2020

SUMÁRIO

PLANEJAMENTO DE MARCA NO AMBIENTE DIGITAL — 3
Dedicatória — 7
Por que ler este livro? — 8
Prefácio | Jaime Troiano — 14
O autor — 17
FM CONSULTORIA — 23
Metodologia que deu origem ao livro — 25
Você só tem uma chance de causar uma primeira boa impressão — 30
Pensamento estratégico — 36
Os dez passos para um bom planejamento estratégico — 38

COMO USAR OS 5Ps DE BRANDING — 44

MARCAS — 47
Os 5Ps do Branding — 50
O marketing protege as marcas — 54
Modelo de brief para a empresa — 57
O que é uma marca? — 67
Valor de marca — 77
Fortalecimento de marca — 81
Credibilidade e transparência como ordem no novo mundo das marcas — 87
Marcas fortes são apenas para grandes empresas: #fakenews!!! — 97
Com a palavra, os especialistas: por que ter uma marca forte? — 101
Metodologia Macoin — 103

PARTE 1 – RAZÃO DA MARCA — 107
Propósito do fundador — 108
Como fazer imersão na marca? — 112
Qual a história da marca? — 116
Porquê da marca — 120
Golden Circle de Simon Sinek — 124
Contextualizar a marca — 135
Contemporaneidade do segmento — 141

Culturas e tendências do segmento ... 144
Proposta de valor de marca ... 153
Pesquisa interna ... 159
   Quais perguntas fazer aos colaboradores ... 160
   Como chegar ao propósito da marca ... 164
   Por que ter um propósito ajuda nas vendas? ... 168
   Master ideas ... 171
   Case Vitacon ... 173
Marca ... 179
   Atributos de marca ... 179
   Definindo: missão, valores, visão e filosofia de marca ... 183
   Arquitetura de marca ... 193
   Case BMW ... 198
   O que é seu negócio? ... 199
   Quais os diferenciais do seu negócio? ... 201
   Conceito de marca ... 205
   Promessa de marca ... 206
   Componentes de marca ... 211
   Tipos de associações e redes associativas de marca ... 213
   Personalidade e significado da marca ... 215
   Case Megalodon Investimentos ... 220
   Perfis desejáveis de públicos ... 223
   Psicodinâmica das cores na construção de uma marca ... 229
   Como encontrar um pico de emoção da marca ... 233
   Imagem de marca: o que a sua empresa precisa transmitir? ... 235
   Ícone de marca ... 237
   Pirâmide de Keller ... 240
   Mapeando a concorrência e arqui-inimigos ... 249
   Embaixador da marca interno ... 254
   Case Outback Brasil ... 255
Experiência de marca ... 258
   Experiência é o novo marketing ... 259
   O que a sua empresa precisa passar? ... 266
   Branding sensorial ... 267
   Inspirar: o novo papel das marcas ... 273
   Case Mercedes-Benz EUA ... 280

PARTE 2 – VOZ DAS RUAS 287
Cinco níveis de relacionamento com as marcas 289
Como criar uma pesquisa online 292
Imersão com pessoas 296
Perfil 1: consumidor 299
Perfil 2: ex-consumidor 300
Perfil 3: amantes 301
Perfil 4: haters 303
Qual o objetivo da jornada de consumo? 310

PARTE 3 – POSICIONAMENTO 313
Posicionamento de marca 315
Visão de Al Ries sobre posicionamento 318
Unique Selling Proposition (USP) 328
Matriz Swot 333
Verdades da marca: os dez pontos analisados para o posicionamento .. 337
Palavra mágica da empresa 341
Construindo o posicionamento de marca 344
Case Omo: porque se sujar faz bem 346
Texto-manifesto 351
Importância do vínculo emocional 355
Case Officer Distribuidora 359

PARTE 4 – CONSTRUÇÃO DA MENSAGEM 367
Como criar o storytelling da sua marca? 373
Conquistando territórios 399
Narrativa de marca 402
Humanização de marca 405
Construção da mensagem de autenticidade de marca 410
Brand persona 421
Arquétipos de marca 423
Persona da marca 444
Embaixador externo da marca 454
Case Amíssima 456
Comitê de marca 460
Os quatro pilares do cronograma e como definir passos 462

REFERÊNCIAS BIBLIOGRÁFICAS 464

DEDICATÓRIA

Este livro, dedico-o a quem o fez ser possível. Alexandre Mirshawka, da DVS Editora, que acreditou em mim desde o primeiro contato e a todo o seu time da editora. Rafael Rez, que fez a ponte entre eu e o Alexandre, por sempre acreditar nas minhas ideias malucas!

Agradeço a Maya Mattiazzo, minha esposa, melhor amiga e companheira, pelos fins de semana em que não saímos para eu me dedicar ao livro, pelas noites que ficou me esperando sair do escritório e pela ajuda com ideias, links, pesquisas e recomendações de livros.

A meus pais, Mauro e Ana Cristina, por terem me ensinado tudo na vida e formado o meu caráter: sou o que sou por causa deles. A minha irmã, Ana Beatriz, pelo apoio e amizade de sempre, e, claro, por ter nos dado dois grandes presentes, meus sobrinhos João Lucas e Miguel.

Por falar em presentes, não poderia encerrar esta dedicatória sem agradecer a Deus pelas oportunidades, pela família, pelos amigos que tenho e, claro, por Ele ter me dado o maior presente de todos, a minha filha Fernanda, companheira, amiga e a razão do meu viver desde 2010! Fefê, você é linda demais!

Agradeço também à minha família, aos amigos, companheiros de trabalho, chefes e ex-chefes, clientes e ex-clientes, alunos e ex-alunos, professores e ex-professores com quem muito aprendi nesses pouco mais de vinte anos de mercado. Sintam-se todos abraçados!

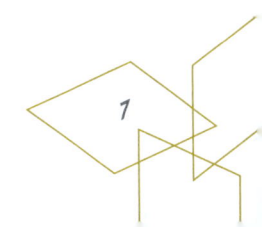

POR QUE LER ESTE LIVRO?

Certamente a resposta não é por causa dos meus belos olhos verdes. Você precisa ler este livro por uma razão muito simples. Se você atua no varejo, precisa entender que marcas são o maior, se não o único, ativo de uma empresa. É o que diferencia, o que conquista, que encanta o consumidor. Apesar de chover no molhado, é importante você entender que, tecnicamente, a Samsung tem produtos melhores que a Apple, porém, o trabalho que Steve Jobs fez com a Apple a transforma na marca mais desejada do mundo, a ponto de pessoas pagarem R$ 10 mil em um celular, R$ 15 mil em um notebook e até R$ 38 mil em um iMac.

Tecnicamente, repito, um Dell, por exemplo, é um computador similar ou melhor que o MacBook. Digo isso com tranquilidade, uma vez que eu tive um Dell e, na sequência, um MacBook Air. Tirando o fato de o Mac não pegar vírus – perdi meu Dell graças a isso, e só não perdi tudo porque tinha feito um backup para o Google Drive dois dias antes – e o sistema operacional ligar muito mais rápido que o Windows, o Dell não deixa em nada a desejar para o Mac, nem no design, ao menos na minha opinião. O que eu tinha – e coloquei lado a lado para comparar com meu MacBook – era tão fino e leve quanto o outro. Isso foi decisivo para eu comprar o Dell e, depois, o MacAir, já que, como professor, palestrante e consultor, preciso ficar andando com o computador para todos os lados. O antigo Sony Vaio que eu tinha era ótimo, mas muito pesado.

Mas essa história me ensinou uma coisa. Quando, em 2015, comecei a trabalhar com a FM CONSULTORIA, eu ia às reuniões com meu Dell, que comprara em 2012. Eu adorava aquele notebook, mas, ao chegar às reuniões, o pessoal olhava para mim com outros olhos, até comentavam: "Nossa, mas você trabalha com marketing digital e tem um Dell?". Uma das grandes bobagens que ouvi na vida profissional, uma vez que eu sempre achei que o que faz diferença no mundo do varejo é o cérebro humano e não um Mac ou Dell! Em 2015, o Dell deu o problema de vírus e nunca mais mexi nele. Até hoje está na casa de um amigo, que disse que tentaria arrumá-lo. Dei-lhe o computador, mas ele nunca conseguiu fazê-lo funcionar novamente.

Comprei o MacBook Air 11 polegadas na Amazon nos EUA, aproveitando que meu grande amigo Gustavo Zanotto estaria em um evento por lá e poderia trazer o computador para mim. Mas, para não ficar sem computador até sua volta ao Brasil, usei um outro notebook, um Samsung, que, na época, a minha esposa possuía e estava sem uso em casa, porque ela utilizava o computador da empresa. Os comentários maldosos não pararam.

Conto essa breve história apenas para você entender a importância de uma marca. Por mais que Dell e Samsung possam ser, no mínimo, similares aos produtos da Apple, Jobs fez um trabalho tão fantástico que a percepção da marca Apple é que ela sempre é superior às outras. Você pode pensar que estou louco, mas não: trabalhei um tempo para a Samsung e pesquisei mais sobre reviews, ou seja, quando especialistas pegam produtos e os comparam, e me surpreendi com o que soube da Samsung.

Não sou um "applemaníaco", mas tenho MacBook, iPhone, e dei um iPad para a minha filha. O Apple Watch eu me recusei a comprar, pois amo relógios, tenho alguns aqui em casa, e não iria abrir mão de usar a minha pequena coleção em detrimento de um único modelo, até porque, sendo bastante honesto, o Smartwatch da Montblanc, marca de que sou muito mais fã, é bem mais bonito e elegante do que o da Apple, e com preço similar.

Ok, mas por que ler este livro?

Bem, se esse exemplo ainda não o convenceu, precisarei, então, ser um pouco mais técnico e estrategista. Uma coisa é fato: cada vez mais os produtos estão se "comoditizando", ou seja, os produtos em si não têm nenhuma grande diferença entre eles. O exemplo que dei mostra exatamente isso, e eu poderia aqui ficar citando uma série de outros produtos, como televisão, geladeira, carro, caneta, carteira, bonés ou tênis. Analisando friamente, produtos são quase iguais. Praticamente tudo é feito na China, com os mesmos materiais, a mesma tecnologia e, se bobear, até pelas mesmas pessoas. Certa vez, comprei uma camisa em uma loja de um shopping em São Paulo. Um amigo, que trabalhava no departamento de compras de outra loja, não concorrente, me questionou por que eu não havia comprado a mesma camisa em uma determinada loja cujo preço era 60% do valor que eu havia pago.

Respondi que gostava da camisa daquela loja e que a marca dessa loja tinha mais status do que a que ele havia me indicado. Ele, então, me contou que as camisas são feitas na mesma fábrica da China, só mudavam a modelagem e o tecido, e que a minha camisa custava US$ 2 a mais do que a outra. Devo ter desembolsado uns US$ 20 a mais pela camisa. Isso é marca! Paguei mais caro pela camisa por causa da marca.

Vamos a mais exemplos. Sou muito fã de três marcas: Coca-Cola, Montblanc e Mercedes. Infelizmente, só posso consumir com regularidade a Coca-Cola. O produto icônico da Montblanc é a caneta. Ela serve para escrever, mas uma Bic desempenha o mesmo papel. A Bic custa por volta de R$ 3, enquanto uma caneta Montblanc, mais barata, R$ 1 mil, com valores que podem chegar até a 100 mil euros, como é o caso da Montblanc Boheme Royal Pen, decorada com 1.430 diamantes e uma pena de ouro 18 quilates.

Nem a esferográfica PIX (caneta mais barata da marca no Brasil), nem a Boheme Royal Pen farão a sua letra ser mais bonita, são apenas canetas. Você não vai tirar uma nota maior na prova só porque a sua caneta é Montblanc e a do seu amigo, uma Bic. Montblanc, em sua essência, é uma caneta, mas por que uma pessoa paga R$ 1 mil em um produto que faz a mesma coisa que outro de R$ 3? Com o valor de uma Montblanc, compram-se quase 334 Bics. Resposta: marca!

Pessoas compram uma Mercedes-Benz por ser um carro luxuoso. Pagam R$ 170 mil em um modelo desses porque querem status. Entendem que o carro não vai lhes dar dor de cabeça, que serão muito bem atendidas na concessionária. Que uma Mercedes-Benz tem alta tecnologia, é um carro veloz e, ao mesmo tempo, seguro. Sabem que, dentro do carro, terão todo o luxo possível, com banco de couro, ar digital, um banco anatomicamente ajustável. O design do carro é lindo. Chegarão em uma festa e todos olharão para o proprietário com aquele olhar de inveja dizendo: "Nossa, o fulano anda de Mercedes-Benz...". Tudo isso é fato e motivo para comprar um carro como esse, certo?

Agora fica uma pergunta. Leia novamente o parágrafo anterior e troque Mercedes-Benz por Audi, BMW ou Jaguar. A mesma situação também se encaixa para estas? Então, você precisa ler este livro porque o que diferencia um carro não é apenas o design – uma vez que as quatro marcas possuem modelos maravilhosos, e preferências são individuais –, nem somente o motor – já que os modelos têm motores parecidos. O que realmente diferencia um carro é a marca.

De acordo com Jaime Troiano, em seu livro *Brand Intelligence*: "O branding é transformar em comportamentos concretos a crença, o apego e o envolvimento sentimental".

Ainda não está convencido?

Bem, o que posso dizer sobre este livro é que vou trazer cases reais de grandes e médias marcas. Tive a honra de trabalhar para algumas e ajudá-las a construir suas histórias, para outras, não. Trarei cases meus não por me achar o melhor na área, mas por dois motivos simples: o primeiro é porque vivi alguns deles, então posso contar na íntegra como foram os processos; o segundo, porque fica muito mais fácil abordar marcas da nossa realidade, a aplicação da metodologia em marcas que nos são mais familiares, do que me basear nos livros de Nike, Netshoes, Mercedes-Benz ou Reserva (excelentes, por sinal) e ficar aqui no copia/cola para apresentar casos, sobre os quais não sei como se deu o pensamento estratégico.

E se eu o provocar?

Em 2019, lancei no meu LinkedIn um estudo feito pela minha empresa, a FM CONSULTORIA, sobre a importância do branding na comunicação das marcas.[1] Se você acessá-lo, poderá tirar suas próprias conclusões a respeito.

- A Harley-Davidson seria o que é se a sua comunicação falasse a mesma coisa que a concorrência?
- A Nike seria a mesma coisa se vendesse apenas tênis?
- A Mercedes-Benz teria uma estrela mágica se fosse apenas um carro de luxo?
- Uma caneta da Montblanc pode ser vendida por R$ 1 mil. Uma Bic também pode?
- Como a Ray-Ban cria valor para óculos de sol?
- O Itaú seria o maior banco do país fazendo empréstimos?
- "Compre 3 e pague 2" construiria a marca do Emporio Armani?
- O Blue Label é apenas um whisky?

---

1 Disponível em: <https://www.linkedin.com/posts/plannerfelipe_provoca%-C3%A7%C3%A3o-brand-activity-6537696639971401728-Aehw/>. Acesso em: 12 maio 2020.

A comunicação com os consumidores por parte de marcas com atributos consistentes e consolidados na mente das pessoas não se baseia na plataforma, e sim na mensagem. Marcas sem identidade se tornam iguais às outras. Se você analisar qualquer rede social de um segmento, verá que a maioria das imagens é a mesma, só muda porque tem o logo; porém, quando você olha um comercial da Nike ou da Harley-Davidson, nem precisa ver o logo para saber que se trata daquelas empresas. Entende a razão do branding?

Rock não é música. Rock é estilo de vida – isso é branding!

E o que você vai aprender neste livro?

Uma metodologia que passei dois anos construindo e testando. Enquanto escrevo este livro, estou aplicando a metodologia em sete marcas diferentes: uma indústria farmacêutica, uma distribuidora de tecnologia, uma distribuidora de gasolina, uma marca de cosméticos comestíveis, duas marcas de moda feminina e uma de cosméticos para cabelo e pele. Ufa! Mas quando se tem uma metodologia bem organizada e orquestrada, fica um pouco menos complicado de fazer.

Ah, ia me esquecendo: essa metodologia já foi aplicada na Vitacon, uma construtora diferente de São Paulo, que cria apartamentos de 10, 15, 20 metros quadrados, cujo foco é o investidor. Você verá o passo a passo de como a metodologia é aplicada para, assim, inspirar-se a utilizá-la ou poder criar a sua própria, com pontos aqui aprendidos. Sucesso para todos nós!

> *O sucesso fenomenal da Disney não se deve ao fato de ela ser a marca de um produto, mas por ser de um significado. A motivação é formada pelos estímulos, necessidades, desejos e vontades.*
>
> **Mark Batey**

PREFÁCIO | JAIME TROIANO

Quando o Felipe Morais me convidou para escrever este prefácio, tive duas reações. A primeira foi de um indisfarçável sentimento de prazer e agradecimento pelo convite. Todos nós sabemos o que é publicar um livro e o quão importante é ocupar esse espaço tão nobre no começo da obra. A segunda foi procurar um ângulo para criar o texto que não fosse apenas uma repetição do conteúdo do próprio livro, e que tampouco tivesse um tom promocional e intencionalmente açucarado. Aliás, esse foi o mesmo pedido que eu fiz para pessoas como o saudoso Júlio Ribeiro e o Flávio Rocha, que prefaciaram livros meus.

Foi com essas duas intenções que escrevo a seguir algo que julgo fundamental para o gerenciamento e o planejamento de marcas. Lógico que não reproduzo literalmente temas de que o livro trata, mas eles podem ser subentendidos em muitas passagens do cuidadoso e extenso trabalho que o Felipe criou.

Mas vamos em frente. Um dos desafios centrais em branding é que as marcas venham a depender, em sua história, muito menos de dominação e muito mais de hegemonia. Hegemonia e dominação, esse é um par de conceitos que não nasceu no território do gerenciamento de marcas, muito menos em marketing e comunicação. Nasceu e foi cultivado no espaço da ciência política, pelas mãos de um grande pensador italiano do século passado, Antonio Gramsci.

Perdoem-me os puristas se acharem que faço um uso indevido do conceito fora de seu território original. Mas creio que ele invade naturalmente outras esferas do pensamento e da vida e, por isso, merece ser relembrado e usado.

A noção de hegemonia que se opõe à de dominação por imposição da força está ligada à adoção de uma ideia, uma crença, uma escolha que fazemos, mas de forma consentida.

Sabe aquelas coisas de que nunca nos esquecemos ao longo de várias fases da vida, em diferentes estágios acadêmicos, profissionais e relacionamentos familiares e sociais? Pois é, na minha vida, essa é uma dessas coisas. Sempre achei uma burrice dar murro em ponta de faca. Por que, em vez disso, não recorrer a formas mais eficientes, mais duradouras e menos violentas de conseguir a conquista de aliados, como fruto de afinidades? Imagine em quantas esferas da vida esse conceito se manifesta.

Hegemonia, em sua etimologia, é um termo derivado diretamente de liderança em grego.

Por isso, creio que é hora de se apropriar do coração dessa ideia e pô-la em prática no branding bem-intencionado e profissional. Hegemonia é o que alimenta e justifica a liderança e o envolvimento que muitas marcas exercem, ou o consentimento de ser atraído por elas.

Hegemonia é, sobretudo, um movimento de envolvimento. Gera comportamentos consensuais. Fazemos o que fazemos porque nos sentimos persuadidos internamente de que é o melhor, o mais adequado, o que nos deixa mais felizes, em paz com a nossa consciência. Elimina eventuais dissonâncias entre o que fazemos e o que nossos sentimentos e emoções gostariam que fizéssemos.

Uma das faces mais ricas desse conceito em branding é a relação entre hegemonia e comunicação. Por um lado, sabemos o quanto comunicação é um recurso *sine qua non* para alimentar marcas. Por outro, pressão de qualquer tipo de mídia por si só é o equivalente à "imposição militar". Persuasão por hegemonia é diferente: uma conquista da consciência e do coração, pela internalização de valores, o que, no limite, acaba quase por prescindir de pressão externa. É a criação de laços de admiração, de afeto e, como disse antes, de autêntico envolvimento. As marcas que desfrutam de hegemonia dependem, proporcionalmente, menos de investimentos de comunicação em geral. Quantos comerciais da Apple você se lembra de ter visto na vida? Hegemonia acaba se transformando na própria expressão natural do desejo de pessoas e consumidores.

Nos mais de trinta anos em que mexo com branding, dos quais 27 dirigindo a TroianoBranding, o tempo foi deixando cada vez mais evidente a seguinte convicção: as marcas que nos acompanham e das quais sentimos muita falta quando não podemos tê-las ao nosso lado são as que criaram uma cultura hegemônica. Marcas que não são fruto de algum tipo de "coerção mercadológica" pela intensidade de sua pressão sobre nós.

O inspirado profissional dinamarquês Martin Lindstrom, que escreveu o livro *Brandwhashed*, relatou uma curiosa experiência pessoal. Ele tentou fazer um *brand detox* afastando-se das marcas com as quais convive, que fazem parte de seu dia a dia, e com as quais se identifica. Em pouco tempo, percebeu que não conseguiria viver sem elas e abandonou a tentativa.

É isso que nos orienta no pensamento profissional de branding: cultivar vínculos que tenham hegemonia em nossas vidas, que sejam a expressão legítima de nossos desejos. Não é fácil, mas é aí que reside o verdadeiro valor que marcas podem ter.

Tenho certeza de que vocês encontrarão muitas orientações e conteúdos neste livro do Felipe Morais para pavimentar o caminho das marcas e sua capacidade de serem importantes em nossas vidas.

Boa leitura!

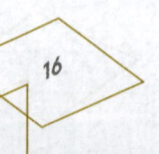

O AUTOR

Luis Felipe Magalhães de Morais – Felipe Morais – é natural de São Paulo, nascido em 23 de setembro de 1979. Cresceu em uma família de classe média alta. Mauro de Morais, seu pai, é advogado e, por quase trinta anos, trabalhou no extinto banco Banespa, comprado em 1994 pelo Santander. Aposentou-se pouco antes como gerente jurídico da área internacional do banco. Ana Cristina Magalhães de Morais, mãe, é psicóloga e tem uma clínica de aula particular, o NAP (Núcleo de Acompanhamento Pedagógico) no bairro da Praça da Árvore, zona sul da cidade de São Paulo. Bia Morais, irmã mais nova, atua na Rakuten, na área de consultoria para lojas virtuais.

Felipe é pai da Fernanda, filha do seu primeiro casamento. Hoje, é casado com Maya Mattiazzo, consultora de e-commerce e sua sócia na FM CONSULTORIA, empresa que criou em julho de 2015, que presta serviços de planejamento, inovação, pesquisa e comportamento para clientes como Agência Pulso, Conversion, S8WOW, Varanda360, Santa Clara, Chiesi, Officer, Julio Okubo, Samsung, JacMotors, Amíssima, Beauty'in, entre outros.

Formado em publicidade e propaganda pela FMU, em 2003, Felipe se apaixonou pelo planejamento ainda na faculdade, mais precisamente no quarto ano, quando começou a fazer o TCC. Iniciou a carreira, em 2000, na agência O Corpo do Negócio, trabalhando com Nestlé e Jack Daniel's, mas na área de criação, depois de passar quase todo o ano de 2000, seu primeiro na faculdade, fazendo diversos cursos como Photoshop, QuarkExpress e Illustrator. Foi indicado à vaga pela neta de um amigo de seu pai, que era diretora de criação de uma grande agência de propaganda em São Paulo.

Ali, produzia tabloides para Nestlé, mas seu talento para escrever o tirava daquela função para criar textos junto ao redator da agência. Em poucos meses, trocou O Corpo do Negócio pela Canal4 Comunicação, onde passou todo o período de estágio ao lado do hoje amigo Valter Leite, produzindo um programa chamado WebTv, junto com Luciano Amaral (o famoso Lucas Silva e Silva, personagem do programa *Mundo da Lua*). Além disso, Felipe criava textos e tratava fotos para sites que a Canal4 criava. Era o seu começo no mundo digital.

Formou-se em novembro de 2003 e, já em fevereiro de 2004, iniciou a pós-graduação em planejamento estratégico em comunicação na Universidade Metodista de São Paulo. No mesmo ano, começou a trabalhar na pequena Lybra Comunicação, onde era o responsável por redação, planejamento e mídia.

Em 2005, foi para a Publicis Brasil, sua primeira grande agência, cuidar da mídia offline de Nestlé, por meio de Andrea Cerione, gerente de mídia da época e grande amiga da família de Felipe (Antonio Achoa, marido de Andrea, fora sócio do pai de Felipe em um escritório de advocacia). A Publicis naquele ano perdeu a conta do Bradesco e muita gente foi demitida, inclusive Felipe, que rapidamente se recolocou, indo para a Navigators, uma agência de marketing digital, como gerente de projetos, cargo em que Felipe queria se testar. Cuidava de Danone e Symantec.

Em 2006, a A1 Brasil o chamou para ser o coordenador de planejamento e mídia online, e Felipe topou o desafio. Lá teve seu primeiro case de sucesso, para a Pirelli, e atendeu a clientes como HDI Seguros, Allianz, Vivo e HSBC. No mesmo ano, cursou o bootcamp de planejamento de comunicação na Miami Ad School, na época, ainda parceira da ESPM.

Em 2007, foi para a Cappuccino Digital, onde ajudou, com seu planejamento, a trazer o energético Burn (Coca-Cola) para a agência e iniciou o curso de planejamento de comunicação digital no iGroup. Em 2007, passou pela Salles Chemistri, atendendo à Chevrolet, por um período de três meses. Em meio à fusão de algumas agências com o grupo Publicis, Felipe acabou optando em ir para a Neogama/BBH, assumindo toda a parte de mídia online do Bradesco.

Em 2008, Felipe foi para a FTPI, criar o núcleo de digital do maior representante de veículos do país. Nesse ano, fecha contrato com uma editora para lançar o seu primeiro livro e começa a escrevê-lo na sequência.

Em 2009, querendo voltar a atuar em agência, foi para a Casanova trabalhar com Araken Leão, a quem, até hoje, Felipe chama de "MBA ambulante". Lá fizeram o case Puma Lift, que até gerou uma polêmica por meio de alguns invejosos publicitários, mas que, em três semanas, acabou com o estoque do tênis nas lojas. No mesmo ano, lançou o seu primeiro livro, *Planejamento estratégico digital*. Também é o ano em que Marcelo Trevisani o chama para dar um curso de marketing digital na Integra Cursos, onde realiza o sonho de lecionar.

Em 2010, Felipe foi para a TV1.com, atender à Caixa Econômica Federal. Nesse ano, lançou a pós-graduação de marketing digital, ao lado de Euripedes Magalhães e Marcelo Trevisani, na Faculdade Impacta de Tecnologia. Dois dias depois do lançamento, recebeu o maior presente da sua vida, a chegada de Fernanda, sua filha. No mesmo ano, fez um curso de redes sociais na FGV, e foi para a Tesla atender à Mercedes-Benz, um dos melhores clientes com quem trabalhou, e onde conheceu Daniel Barros, diretor de criação na época, até hoje seu grande amigo. Começou a dar aula no Senac nesse mesmo ano.

Em 2011, Felipe optou em mudar de lado, para a área de e-commerce. Junto à Intuitive, comandada na época pelo seu amigo Francesco Weiss, fez um projeto para Ponto Frio, Extra e Casas Bahia para compreender o comportamento de usuários no site.

Nesse ano, Felipe Morais fez o curso Gerente de E-commerce na ComSchool, curso de 26 dias, sendo que, no 25º dia, a aula foi dada por ele. Ninguém da sala entendeu muito bem, mas acabou sendo uma aula muito interessante e divertida.

Em 2012, assumiria a diretoria de planejamento da fusão da Intuitive com outra agência, mas os CEOs não se acertaram, e o projeto acabou. Nesse período, Felipe sofreu um infarto e ficou quase um mês parado. Separou-se de sua primeira esposa, mãe da Fernanda, e precisou retomar a vida. Assumiu a gerência de marketing e e-commerce da Giuliana Flores e, no mesmo ano, reencontrou, depois de vinte anos, uma antiga colega de classe, Maya, hoje sua esposa.

No início de 2013, Felipe foi para Dezak, um e-commerce montado por um grupo de investidores para concorrer no mercado de bolsas femininas e malas de viagem. No fim do mesmo ano, a marca de moda feminina Planet Grils contratou Maya como gerente de e-commerce, e ambos foram morar em Jundiaí, interior de São Paulo. No mesmo ano, seu ex-professor Paulo Genestreti o chamou para dar aula na Faculdade Campo Limpo (FacCamp). Gustavo Zanotto assume a coordenação do Senac de São José dos Campos e leva Felipe para dar aula, onde conheceu Ednelson Prado, hoje parceiro de negócios com a Vincere Comunicação.

No início de 2014, a Dezak perdeu parte dos investidores, e Felipe resolveu aceitar o convite de Gabriel Tosi e Rogério Conti, seus amigos de A1 Brasil, para assumir a diretoria de planejamento e novos negócios da TopDeals, agência da qual Tosi e Conti eram sócios. No mesmo ano, Felipe lançou o MBA de gestão estratégica de e-commerce na Faculdade Impacta de Tecnologia, repetindo o mesmo sucesso da pós em marketing digital.

Em 2015, Maya recebeu uma proposta da Planet Girls para assumir o marketing e ter o e-commerce sob seu comando, mas em São Paulo. O casal, então, retornou à capital, onde Felipe relançou o seu livro *Planejamento estratégico digital* por outra editora, abrindo também a FM CONSULTORIA, já com a Agência Pulso e outros clientes na carteira. Nesse ano, Felipe Morais conheceu pessoalmente Julio Ribeiro, fundador da Talent que havia montado a JRP Propaganda, a quem deu um exemplar de seu livro, o qual Julio citou como algo que estava lendo em sua entrevista para a *Revista da ESPM*.

Em 2016, Felipe lançou seu livro *Ao mestre com carinho: o São Paulo da era Telê*, em uma linda festa dentro do estádio Cícero Pompeu de Toledo. No mesmo ano, em abril, conquistou o prêmio Profissional Destaque em Planejamento Digital pela Associação Brasileira de Agência Digitais, Abradi- SP.

Em 2017, Felipe Morais deu sua primeira aula na FGV e fez sua primeira palestra remunerada fora de São Paulo, para a Unimed de Caxias do Sul, indicado pelo time da Unimed de São Paulo, após palestra que ministrara nesta unidade. Tornou-se padrinho de João Lucas, filho da sua irmã Bia Morais e do seu cunhado Weder Muniz. Foi também nesse ano que Felipe realizou o sonho de trabalhar em um projeto junto a Julio Ribeiro.

Em 2018, Felipe deixou, depois de oito anos, a coordenação da Faculdade Impacta, passando a se dedicar às suas aula na ESPM, na USP, no Senac e na Metodista. A segunda edição do livro *Planejamento estratégico digital* foi lançada, repetindo o sucesso da primeira edição de 2015.

Em 2019, fez o curso Estrategistas de Branding, do amigo Marcos Hiller. Desenvolveu também seu primeiro grande projeto de branding na Santa Clara, para a Vitacon, ao lado do seu ex-professor Ulisses Zamboni, a quem muito admira. Deu sua primeira aula na USP, a qual foi convidado a coordenar um MBA de marketing digital. Entrou para o time da Belas-Artes com quatro cursos na grade, assumindo, ao lado de Gabriel Rossi, três cursos no Centro de Inovação e Criatividade da ESPM e mais quatro cursos na Educação Executiva da ESPM, junto com Pedro Teberga. Lançou seu livro sobre transformação digital. Fechou, no mesmo ano, uma parceria com a S8WOW, de Sérgio Lima, trabalhando lado a lado com Adriana Cury, ex-presidente da McCann-Erickson Brasil.

Esse ano também foi marcado pelo segundo infarto de Felipe e pelo fechamento do contrato com a DVS Editora para o lançamento da obra presente.

Ah, claro, em 2019 Felipe ainda se tornou "pai" pela segunda vez, com a chegada de Luigi, um cachorro da raça spitz-alemão, e tio pela segunda vez, com a chegada de Miguel, segundo filho de Bia e Weder.

E que venha mais por aí!

FM CONSULTORIA

"Entender cabeça do consumidor é o diferencial estratégico". É com esse posicionamento que a FM CONSULTORIA se apresenta no mercado. Acreditamos que o mais importante do marketing é entender pessoas e não ferramentas ou plataforma.

Acreditamos no resultado com planejamento estruturado baseado em pesquisa, estudos, análises, entrevistas e tendências. Não somos a favor da ideia pela ideia, mídia pela mídia. Somos a favor de uma comunicação integrada e que faça sentido para o consumidor das marcas com as quais trabalhamos!

Os nossos pilares de marca:

Propósito: diferenciar marcas com planejamento, inovação, pesquisa e entendimento de pessoas.

Valores: transparência, profissionalismo, inteligência, inovação, ética, confiança.

Visão: ser reconhecida pela excelência no trabalho, trazendo novos olhares e inovação para os clientes.

Missão: trazer o olhar de consumidor para o dia a dia das marca. Inovar de forma estratégica.

Manifesto: Por um mundo mais planejado. Planejamento é o que dá a direção para a marca. Não acreditamos em uma comunicação que não entenda de pessoas. Não acreditamos em estratégia sem inovação. Não acreditamos em plano de ação só em redes sociais. Acreditamos que o universo digital é amplo. Acreditamos em um universo pouco explorado. Acreditamos que pessoas se conectam o tempo todo atrás de relevância.

A FM CONSULTORIA luta por construção de histórias de marcas de forma estratégica, em que o consumidor está efetivamente no centro rodeado por inovação! Queremos uma comunicação com menos oba-oba e mais resultado, menos marcas pensando nelas e mais marcas pensando em quem as consome. Com metodologias próprias, a FM CONSULTORIA ajuda a sua marca a crescer em vendas, percepção e negócios! Fale conosco em: **www.felipemorais.com**.

Clientes que estão ou já passaram pela FM CONSULTORIA

Samsung, Planet Girls, Atem, SevenWays, Guiase, DuoVozz, Ramsons, Bravo3, Amíssima, Chiesi, Ecogen, Varanda360, São Paulo FC, Megalodon, S8WOW, Trivolt, Berinjela, Vincere, Officer, Mitsui & Co., Freegels, URL Company, Atende E-commerce, Predict Vision, Beauty'in, Capadocia, Panasonic, Agência Pulso, Casa de Bonecas, Agência Mestiça, Nancy Assad Comunicação, Growth Supplements, Moda em Atacado, Franke, Fess'Kobbi, Sascar, TopDeals, Sakura, Shop do Pé, Rise7, Rede, Claro, JRP Propaganda, Brodda, CorpFlex, Julio Okubo, Agência Santa Clara, Grupo Impacta, JAC Motors, Chocolândia, Targs, Zona Criativa, Máquina Cohn & Wolfe, Eurofama, Grupo DPG, Teva Farmacêutica, Origo Fazenda Solar, Sebrae, Grupo Domus, Caoa Consórcio, Damásio Educacional, Trend Operadora de Viagem, Tatic, Cyrk, Shopping Parque da Cidade, Digiage, Grupo Simões/Coca-Cola Manaus, Adriana Restum, Focus Networks, Loja online Zezé di Camargo & Luciano, Vitacon, Carmim, Sanofi, Copag, Always On, Agência Tboom, Loja online Kiss FM, Universidade Brasil, Uniesp, Riclan/Freegells, Oakberry Açaí, Kroton, Agência Arte Mouse, Beach Park, Shopping União Osasco, Guaraná Tuchaua e Agência Zum.

Alguns clientes são atendidos diretamente pela minha sócia e parceira de vida: Maya Mattiazzo.

METODOLOGIA QUE DEU ORIGEM AO LIVRO

Entre algumas das metodologias que a FM CONSULTORIA tem, a que eu estou mais "apaixonado" é a de branding. Lutei muito para não cair na mesmice de outras consultorias com "produto caixinha", mas o mercado contrata uma consultoria assim, logo, eu não tenho como fugir disso, então criei essa metodologia de branding, baseada em muitos estudos de pessoas como Jaime Troiano e Marcos Hiller, meu amigo! Li uns dez livros de branding, todos citados na bibliografia deste livro, como *As marcas no divã* e *Brand Intelligence* (Jaime Troiano), *Qual é o seu propósito?* (Cecília Troiano e Jaime Troiano), *Brandwashed*, *Brandsense* e *A lógica do consumo* (Martin Lindstrom), *Branding* (Marcos Hiller), *O significado da marca* (Mark Batey) e *Branding* (Alice Tybout e Tim Calkins). Isso sem contar livros que falam de marcas, mas não diretamente, como *Posicionamento* (Al Ries e Jack Trout), *O herói e o fora-da-lei* (Margaret Mark e Carol Pearson), *Administração de marketing* (Philip Kotler e Kevin Keller), *Marketing 3.0* e *Marketing 4.0* (Philip Kotler, Hermawan Kartajaya e Iwan Setiawan). Esses são alguns dos que li para entender mais do universo do branding. Mas, como esse universo vai além do técnico para o comportamental, aprofundei ainda mais os meus estudos sobre comportamentos e códigos que ligam marcas e pessoas. Artes, música, teatro, cinema, tudo o que envolve o termo **cultura** faz parte desse universo psicológico e sociológico do ser humano.

Combinando isso ao curso que fiz do Hiller e também na Descola sobre o tema, ao que aprendi nos projetos da Vitacon, da Chiesi Farmacêutica e da Officer Distribuidora, a matérias que estudei em artigos e vídeos, pude desenvolver uma visão de branding muito maior do que a que eu tinha. São quase vinte anos de experiência de mercado e estudos diários sobre inovação e conteúdo – aí tenho como referência meu grande amigo Rafael Rez – para chegar, finalmente, a uma metodologia que eu não vejo como fechada, afinal, com o mundo em constante transformação, nada mais é para sempre!

Quase sessenta pontos avaliados!

O que você vai ver neste livro é o detalhamento da metodologia de branding que eu aplico para meus clientes. Como sempre digo, não há verdade absoluta nisso, é apenas a minha maneira de proceder. Optei em estudar durante quase um ano diversos autores, por meio de cursos, leituras, cases, para chegar a essa metodologia. Um ponto que vejo como diferencial é que, na FM CONSULTORIA, estudamos quase sessenta pontos para que possamos entender as marcas e fazer o melhor possível. Para a compreensão de cada um dos pontos, dividi a metodologia em quatro partes, explicados a seguir; dessa forma, temos um método e uma linha de como conduzir os estudos e alcançar um resultado que não apenas faça sentido ao cliente, mas que, principalmente, possibilite à marca se diferenciar no mercado em que atua.

Proposta de valor, história da marca, percepção da marca, Golden Circle, contexto da marca, contemporaneidade do segmento, tendências do segmento, *master ideas*, propósito, éthos, cultura, valores, razão de a empresa existir, crenças da empresa, alma da marca, substância da marca, atributos racionais, atributos emocionais, missão, visão, filosofia, definição do negócio, diferenciais do negócio, conceito da marca, promessa, arquitetura da marca, componentes da marca, associações de marca, personalidade de marca, significado de marca, perfis desejáveis (metodologia que a FM CONSULTORIA criou), psicodinâmica de cores, imagem da marca, identidade, ícone/personagem, pirâmide de Keller, marca arqui-inimiga, embaixador da marca, cinco níveis de relacionamento, consumidor/ex-consumidor, ama/detesta a marca, jornada de consumo, posicionamento, marcas que inspiram, Unique Selling Proposition, palavra mágica, texto-manifesto, territórios de marca, narrativas, construção da mensagem, mapa de empatia, matriz de conteúdo, *brand persona*, arquétipos de marca, comitê e mapa digital.

Cada um desses quase sessenta pilares será detalhado neste livro, pois são a base para a construção da obra.

Os quatro pilares da metodologia

Dividi o livro em quatro partes, como na metodologia de branding, afinal, este livro é inspirado nela.

Parte 1: razão da marca

Definição: entendimento da razão de existir da marca e para onde ela vai.

Ações: imersão na empresa, pesquisa sobre a concorrência, diagnóstico de marca, análise de comunicação, benchmark e aprendizados.

Entregável: estudos e análises para caminhos que levem ao entendimento profundo de: atributos da marca, matriz Swot, contextos de marca, elipse brighthouse, definições de negócio e promessa de marca dando base às próximas ações.

Parte 2: voz das ruas

Definição: entender percepções das pessoas sobre marca e segmento.

Ações: pesquisa sobre canais digitais, pesquisa de rua, pesquisa no ponto de venda, conversa com consumidores, pesquisa com ex-consumidores, amantes da marca, compradores comuns, estudos psicológicos e auditoria da marca.

Entregável: aprendizados marca/pessoas, critérios de segmentação, jornada de consumo. Perfil das personas com estereótipos, desafios e caminhos para os arquétipos e insights de consumo.

Parte 3: posicionamento

Definição: criar uma percepção da marca na mente das personas.

Ações: propósito, benchmark, mapa da concorrência, USP, experiência, 7 leis de Al Ries e mapa de conexões emocionais.

Entregável: frase que resuma a marca em um posicionamento claro e consistente, e essencialmente, uma promessa convincente. Entregar o manifesto da marca. Base para a construção da mensagem.

Parte 4: mensagem

Definição: apresentar como a marca se posiciona no ambiente digital visando traduzir seus atributos, promessa e posicionamento em peças, textos, campanhas e site com relevância a pessoas.

Ações: mapa da construção, brand persona, estudo de arquétipos, estudos acadêmicos.

Entregável: mapa de território (marca X concorrência), narrativa de marca, tom de voz, mensagem por persona e caminhos estratégicos para plano tático.

O que vamos ver neste livro são mais de sessenta pontos que, dentro desses tópicos, se tornam importantes para criar a marca. Vamos a um exemplo prático:

Na parte 1, razão da marca, que é o nome do processo, há um subtópico chamado contextos da marca. Dentro desses contextos da marca, temos imersão na empresa dentro do processo de metodologia, que nada mais é do que uma série de entrevistas do CEO ao estagiário, e, por que não?, passando pela "tia do cafezinho". Eu entrevistei uma, certa vez. A empresa tinha vinte anos, ela, dezenove de casa. Três CEOs já haviam passado pela direção e ela lá, firme e forte, quase um patrimônio institucional. Ninguém ali era mais longevo do que ela. O fundador da empresa havia morrido quatro anos antes.

Uma apresentação que possuo sobre essa metodologia tem aproximadamente 130 slides, que ficam em poder dos meus parceiros, que oferecem a seus clientes a metodologia, e quando o projeto é fechado, a fazemos juntos: agência, FM CONSULTORIA e cliente.

Quase sempre que leio um livro ou artigo, descubro algo a acrescentar na metodologia, por isso, ela nunca está finalizada. E nunca estará. Um projeto que fiz em 2019 é diferente do projeto de 2020, mesmo que seja para a mesma marca, pois as coisas mudam de uma forma muito rápida. Mas essa metodologia sempre tem uma base na qual me apoio, o que pode mudar é um ponto ou outro, mas a base, nunca. É como ler Kotler. Ele criou a base do marketing e, por mais que mude muita coisa, a essência não muda. Sem querer me comparar a ele, no meu caso, criei uma essência de metodologia que não muda, ela apenas evolui, mantendo-se fiel à sua essência que é, no final de tudo, fortalecer marcas no mundo do varejo, seja online, seja offline.

O interessante dessa metodologia é que o cliente que a contrata não fica com aquela sensação de "e aí?", pois o seu quarto pilar é o que as agências amam: tático! A mídia é fundamental, mas jamais pode ser o único ponto a se pensar, uma vez que, para a mídia dar resultado, é preciso que uma boa mensagem esteja sendo veiculada nela, concorda?

VOCÊ SÓ TEM UMA CHANCE DE CAUSAR UMA PRIMEIRA BOA IMPRESSÃO

Ouvi essa frase de um ex-professor meu da Miami Ad School, Alexandre Dupont, que a repete com frequência, e achei muito interessante começar este livro sobre marcas mencionando-a, afinal, tem tudo a ver com o universo das marcas. Quando uma marca lhe é apresentada, se na primeira impressão – que pode ser a embalagem, a propaganda ou mesmo o logo – ela não lhe agradar, fica aqui a pergunta: você vai sentir vontade de consumi-la? Agora, substitua a palavra "você" por "consumidor" e entenda a amplitude que a sua resposta pode ter sobre a empresa à qual você está criando armas digitais para fazê-la crescer!

Na realidade, a sua resposta será não. Isso é o mais comum de acontecer, mas o lado bom é que nada é 100%, logo, você pode não gostar da marca, campanha, produto ou embalagem, mas seu vizinho ou amigo do trabalho poderão ter outra percepção. No livro *Brandwashed*, Martin Lindstrom cita um estudo que mostra que, em "99% das vezes, sentimos maior satisfação quando provamos algo pela primeira vez".[2] Bem, você só tem uma primeira chance de causar uma primeira boa impressão, não é? No mesmo livro, Lindstrom ainda cita que "72% das pessoas julgam a primeira fonte de uma história mais autêntica que as demais",[3] ou seja, novamente faz sentido a frase-título deste capítulo, não?

Há pessoas que são muito fãs da Toyota e não compram Honda por nada, porém, para a alegria da Honda, também há o inverso. Isso vale para muitas marcas. Por exemplo, quem compra Harley-Davidson tem uma Suzuki? Estamos falando de produtos de altíssima qualidade, dão status e são muito confiáveis, mas quem tem Harley, tem-na muito mais pelo espírito da marca do que

---

[2] Martin Lindstrom, *Brandwashed: o lado oculto do marketing*, Rio de Janeiro, Alta Books, 2018.

[3] Ibidem.

propriamente pela moto! Converse com quem tem uma e depois me diga se estou errado. Apenas para constar, trabalhei para uma empresa cujo CEO é também presidente de um clube de motoqueiros, com mais de 250 membros.

Marcas são símbolos que as pessoas usam para se expressar, por isso, para que uma marca agrade ao João, à Maria ou ao Pedro, é preciso que eles se conectem, que a marca "converse" com eles. E é na primeira impressão que isso ocorre!

A conexão começa em poucos segundos, assim que o consumidor se depara com uma marca, porém, para que essa seja uma marca forte, leva tempo, dinheiro e muita inovação! Segundo Martin Lindstrom, agora em outro livro, *Brandsense*, "as marcas têm aproximadamente 2 segundos para causar uma impressão instantânea nas pessoas"[4] – impressão boa ou ruim, vale ressaltar.

Pense na conquista do amor. Aqui não há nenhum preconceito com nenhuma opção sexual, aliás, apoio todas, mas vamos dar o exemplo de homens e mulheres na conquista para não me estender muito: quando um homem está andando na rua e olha uma mulher, o tempo para ele se interessar por ela é muito rápido! Um olhar, um gesto, o cabelo, os olhos, o corpo, a roupa, a elegância.

Algum atributo físico chamou a sua atenção. Ele para e fica com o famoso "olhar de peixe morto" sobre aquela mulher, que, obviamente, não se vestiu para ele, mas algo nela o cativou! Ela teve uma única e rápida chance de chamar a atenção do rapaz. Ela, por sua vez, retribuiu o olhar. Não há mais nada que ele possa fazer: ou ela se encanta, ou não. E, de novo, o encanto é pelo atributo físico!

---

4   Martin Lindstrom, *Brandsense*: segredos sensoriais por trás das coisas que compramos, Porto Alegre, Bookman, 2011.

Se ela gostar, vai lançar algum sinal que fará com que o homem vá até ela. Do contrário, tende a passar reto, e aquele romance de cinema não vai acontecer. Perceba que, em tudo na vida, temos apenas uma única chance de causar uma boa impressão.

O caso mais emblemático de que me lembro é da Hyundai. Quando ela chegou ao Brasil, pela primeira vez, seus carros eram comuns, e o brasileiro pouco se interessou por ela. Ser coreana, na época, era um ponto negativo para que a confiança existisse. Nossas marcas já eram consolidadas, marcas alemãs e japonesas estavam dominando. Quem compraria um carro coreano? A Hyundai se foi.

Anos mais tarde, ela voltou com a Tucson. Entendendo que o Brasil pouco explorava o segmento de SUVs menores, a Tucson caiu no gosto popular em pouco tempo. Tacada de mestre! Depois, a marca trouxe outros SUVs maiores para brigar com Blazer e Pajero, principalmente. Chegavam a SantaFe e a Veracruz. A SantaFe já tinha dado o "ar da graça" no Brasil sem muito sucesso, mas, na volta, foi sucesso total!

A Hyundai começou a trazer sua linha de sedãs com o Azera, outro sucesso de vendas. Veio o Elantra – reformulado, pois ele também dera o ar da graça por aqui na primeira fase da marca – e, depois, o não menos bem-sucedido i30! Não tenho certeza se a ordem cronológica dos carros é essa, mas o fato é que a Hyundai obteve uma mudança de percepção de marca muito grande! Saiu de rejeitada a amada! Hoje, praticamente todo carro que a marca lança é sucesso! Está aí a linha HB20 que não me deixa mentir! Marca coreana de carros, virou sinônima de qualidade!

Agora, a Caoa, empresa que trouxe a Hyundai ao Brasil, tenta fazer o mesmo trabalho com a Cherry, chinesa. Tenho ouvido muitas pessoas falando sobre o Tiggo, pequeno SUV da marca muito visto nas ruas. Seria o Tiggo a nova Tucson?

Ao longo deste livro, vou apresentar a metodologia que a FM CONSULTORIA criou e aplica para várias marcas, bem como cases, às vezes citando o nome das marcas, outras mudando o nome e o segmento, mas mantendo fielmente o passo a passo do que foi feito. Marcas se conectam à vida das pessoas, mesmo que nem sempre tenhamos dinheiro para comprar.

Eu, por exemplo, infelizmente não tenho dinheiro para ter uma Ferrari – nem acho que um dia vá ter. Já cheguei aos 40 anos e não acredito que "a vida comece aos 40" e que, por isso, algum dia venha a dispor de milhões para comprar um carro, até porque as prioridades da vida mudam conforme as novas fases. Aos 20, talvez até sonhasse em ter uma Ferrari, mas, aos 40, só se eu ganhasse na Mega-Sena, quem sabe... Mas, se eu faturasse R$ 3 milhões em algum projeto – sonhar é sempre bom –, dificilmente eu gastaria mais do que R$ 200 mil em um carro. Perdi esse desejo, as prioridades são outras, e a maior delas, desde agosto de 2010, chama-se Fernanda – minha filha. Para ela, pouco importa o carro que eu tenha! Aliás, para a Maya, minha esposa, também. Então, vamos com o que temos!

Por mais que eu não vá ter uma Ferrari, a marca se conecta comigo, afinal, tenho paixão por ela. Pode ser platônica, mas um dos objetivos das marcas é despertar esse desejo nas pessoas. Não tenho milhões para comprar um carro, mas tive alguns reais para comprar perfume, camiseta e lapiseira da marca ao longo desses 40 anos de vida. Podem ter certeza de que o aroma do perfume, o tecido da camiseta ou o material de que foi feita a lapiseira não foram os pontos de decisão de compra!

"A primeira impressão é a que fica", já dizia o comercial do desodorante Axe (Unilever). Aliás, esse é um tema que vamos abordar um pouco mais adiante, neste capítulo, sobre o poder da psicologia nessa frase. Entretanto, Dupont sempre me diz isso quando vamos apresentar um projeto a um cliente, e ele tem razão.

Imagine apresentar um projeto para o CEO de uma multinacional com erros de português, imagens distorcidas e um discurso totalmente sem lógica, com ideias soltas e sem preocupação com o negócio da marca. Qual a percepção que o CEO terá de você? Ou da agência que você representa? E se você for o gerente de marketing da empresa e precisar apresentar um projeto de reposicionamento de marca ao seu CEO? Pois é, lembre-se sempre dessa frase do Dupont! Ela vale a pena!

A primeira impressão é a que fica

No recente livro *O poder da presença*, a especialista no estudo de primeiras impressões Amy Cuddy[5] (famosa pelo 2º TED Talk mais assistido de todos os tempos) diz que, quando conhecemos alguém, duas perguntas vêm à mente: "Posso confiar?" e "Posso respeitar?". Agora, traga isso para um marca. Existem marcas que são centenárias e conhecidas mundialmente, como várias já citadas até aqui, mas existem marcas que estão sendo lançadas. Quem sabia o que era Nubank em 2015? Netflix em 2014? Uber em 2012? Estamos em 2020, e conhecemos essas marcas, que já caíram no gosto das pessoas, há menos de dez anos.

Marcas são lançadas e fechadas todos os dias. Quando você lança um produto, ancorado numa marca consolidada, é mais fácil, e quando não? Por exemplo: a Coca-Cola lança uma linha de roupas sustentável. Ela é uma bebida, mas é uma das mais poderosas marcas do mundo, inspira confiança. Já você pretende lançar uma startup chamada KiezaSoul, que vai desenvolver um sistema de inteligência artificial para o mercado de moda. Quem é você? O que é KiezaSoul?

---

[5] Amy Cuddy, *O poder da presença*: como a linguagem corporal pode ajudar você a aumentar sua autoconfiança e a enfrentar os desafios, trad. Ivo Korytowski, Rio de Janeiro, Sextante, 2016.

As pessoas vão olhar e fazer as perguntas de Amy Cuddy. Nesse momento, uma história mal contada fará com que a marca perca qualquer chance de crescer. De novo: você só tem uma chance de causar uma primeira boa impressão.

No mundo corporativo, as pessoas se esforçam para demonstrar sinais de competência, inteligência e capacidade, e, com frequência, se esquecem da "cola social" que une as pessoas – uma boa conversa, transparência, olho no olho, empatia, gratidão etc. Embora a maioria dos profissionais priorize a competência, Amy diz que "só após a confiança ter sido estabelecida é que a competência passa a ser valorizada".[6]

Para testar isso, pense na sua opinião a respeito de alguém que acabou de conhecer e que logo começou a falar do cargo que possui na empresa em que trabalha, das viagens que faz ao exterior e do que pensa sobre política e economia. Segundo Amy, apresentar-se assim não é uma boa ideia. Agora, transportemos isso para marcas. Uma marca que chega ao mercado dizendo ser a melhor, que nenhuma se compara a ela e que, sem ela, você não vai mais viver, gera uma sensação de arrogância acima do aceitável, e isso naturalmente afasta as pessoas.

Pode parecer óbvio, mas se você olhar as redes sociais das marcas, verá que praticamente 99% delas têm um discurso arrogante e egocêntrico. Alguém que ter um amigo que só fala de si, não ouve você e ainda o obriga a gastar dinheiro com ele? Ou você prefere ter um amigo que o inspira a ser melhor, que o ouve e que traz a solução para o seu problema?

Escreva esta frase em um pedaço de papel e cole no monitor do seu computador do trabalho, pois ela vai mudar a sua vida no marketing: **Pessoas não compram produtos, compram soluções para seus problemas.** Não é uma frase de coach, estou longe de ser isso, mas é uma frase que move o varejo!

6 Ibidem.

PENSAMENTO ESTRATÉGICO

Ao longo do livro, falaremos algumas vezes sobre esse tema. É importante que você entenda o processo de planejamento, pois ele permeia todo o processo de construção e fortalecimento de marca. Antes de iniciar toda a metodologia de construção, fortalecimento e posicionamento de marca, que você vai ler ao longo do livro, quero que você entenda, mesmo que de forma resumida, o pensamento de planejamento estratégico digital, pois, como dito, é ele que cria a estrada para que a metodologia aqui analisada possa ter sua eficácia comprovada fora da apresentação em PowerPoint ou Keynote.

Temas como pesquisa, que você verá muito aqui, faz parte do planejamento. Estudo de comportamentos, tendência, concorrência, têm a ver com planejamento, aliás, comportamento é o que mais tem. Uma marca precisa ter um objetivo, e isso é planejamento puro!

Perceba que há um ponto em comum nas duas metodologias: **posicionamento!** Isso é básico entre as duas metodologias. A metodologia que você verá neste livro, inclusive, é a mesma que uso no planejamento estratégico digital, uma vez que 98% dos projetos da FM CONSULTORIA ou são para planejamento estratégico, ou para branding, e invariavelmente ambos os tipos se cruzam em algum momento. Prezamos pela entrega completa, sem pensar em "ah, mas isso o cliente não pagou...". Nosso objetivo é ajudar o cliente, pois quanto mais ajudamos, mais ele fica conosco.

Como já escrevi um livro sobre o tema, *Planejamento estratégico digital*, não quero me aprofundar muito, para não cair num "copia e cola" do outro. Minha primeira experiência como autor foi lançar, em 2009, um livro pela Brasport. Em 2013, a Saraiva me convidou para relançar o livro, desde que eu o refizesse "do zero", e assim foi. Uma edição totalmente nova, lançada em 2015. Em 2017, veio a segunda edição, vendida até hoje. O livro foi finalista do Prêmio Jabuti em 2016. Fico feliz por saber que *Planejamento estratégico digital* é um sucesso, assim como espero que este também o seja. Escrevo livros por gostar de compartilhar conhecimento, não por acaso dou aulas e palestras, muitas gratuitas, em faculdades pelo Brasil. O dinheiro é uma consequência.

Feito esse contexto e a propaganda do meu outro livro, passo a explicar um pouco mais o que é esse fantástico mundo do planejamento digital. A seguir, farei um resumo de um material que escrevi para o portal *Nova Escola de Marketing*, do grande Rafael Rez, material esse que está disponível para baixar, em PDF, gratuitamente. Basta entrar no site: www.novaescolademarketing.com.br, descendo a home até o final, onde há uma lista de e-books, inclusive esse chamado *Os 10 passos para o seu planejamento estratégico digital*. É preciso fazer um cadastro. Esse material é um resumo do meu livro, logo, os conceitos são os mesmos. E fica a dica para navegar no site, que dispõe de ótimos artigos para quem atua no universo do marketing.

Mas o que é planejamento estratégico digital?

Planejar bem uma marca não significa abrir o PowerPoint e jogar um monte de ideias ali sem a menor conexão, só porque uma ideia parece legal. A ideia só é legal quando está embasada o suficiente para que isso gere retorno para a marca – ou seja, negócios! Do contrário, é oba-oba, e no mercado altamente competitivo em que estamos, oba-oba não é bom para ninguém. Só atrapalha os negócios. Há muitos casos de campanhas em redes sociais, por exemplo, de posts "engraçadinhos" que recebem diversas curtidas, mas que não geram uma única venda de produto. Esse é um resultado para o ego e não para o negócio! Chamamos isso de métrica da vaidade.

O que o planejamento faz?

Estudos? Pesquisas? Com PowerPoint ou Keynote? Bem, ainda estamos buscando uma definição exata; prova disso é que, nos últimos eventos mediados pelo Grupo de Planejamento e pela PS Carneiro (Top de Planejamento), ainda se debate, nas palestras ministradas por profissionais de altos cargos nas grandes agências de propaganda do Brasil, qual é o nosso papel no processo de planejamento e por mais que possa parecer engraçado, não se chegou a uma conclusão. Mas algo é unânime: entregamos **inteligência de comunicação**.

Essa inteligência é o que se espera do planejamento. Por exemplo, pegar um print do site da concorrência e colocar no material que será apresentado ao cliente é fazer PPT (PowerPoint). Isso o estagiário, o filho de 8 anos e o sobrinho de 9 anos do diretor também fazem. Pegar esse mesmo print e elaborar um estudo, mostrar o posicionamento da marca, apontar caminhos e elencar pontos fortes e fracos (sim, a matriz Swot é usada no mercado e não apenas na prova de marketing) é fazer planejamento. Isso, sim, é inteligência.

OS DEZ PASSOS PARA UM BOM PLANEJAMENTO ESTRATÉGICO

Como dito anteriormente, aqui você verá um resumo, ou melhor, uma visão gerencial para que reflita sobre o tema. Explicado o porquê de não aprofundarmos essa parte, você precisa entender ao menos como pensar. Já pensou se a marca tivesse um posicionamento e a campanha, outro? Já pensou se o estudo de branding desenhasse o perfil do público como um homem de 35 anos, de São Paulo, executivo, com salário de R$ 15 mil por mês, e a campanha criasse uma peça para uma mulher, 17 anos, classe C, moradora de comunidade? Fica esquizofrênico a ponto de ninguém entender. E quando não se entende, não se compra.

Então, vamos aos dez passos!

1. Como explorar o diagnóstico de marca?

Você sabe como a sua marca está sendo vista pelo mercado? Sabe o que as pessoas estão falando sobre ela? Como está o seu site em comparação com o da concorrência? E as redes sociais, estão de acordo com o que a marca deseja passar? Essas são algumas das perguntas que precisam ser respondidas com o seu planejamento. Dentro do processo de planejamento, um aspecto de extrema importância é pesquisar tudo o que for possível da marca, em todos os cenários. O diagnóstico é uma parte muito importante dentro do planejamento, pois é nesse momento que são levantados os problemas que a marca possui.

2. Como fazer pesquisas?

Depois de entendido o brief, o próximo passo é "cair de cabeça" em pesquisas e correr atrás de diversas fontes não só na web, como no mundo físico. Afinal, não se faz pesquisa apenas da sua mesa e no seu PC, certo? Ou você só procede assim para realizar sua pesquisa? Se for o caso, está na hora de rever seus conceitos. É compreensível que sua primeira fonte de pesquisa seja o Google, pela facilidade na utilização desse recurso. Contudo, se esse método de pesquisa for o único a ser executado, o seu planejamento ficará muito limitado em relação a ideias, conceitos, embasamentos e caminhos.

Pesquisas servem para embasar o planejamento. Uma vez feito e aprovado, esse planejamento é executado (não se preocupe, falaremos mais adiante sobre o processo de execução). Contudo, as pesquisas não param. O processo de planejamento começa quando o projeto digital está no ar, quando, a partir de então, a performance do site deve ser analisada diariamente, buscando melhorá-la.

3. Qual seu objetivo?

Parece simples, mas não é. Há uma diferença entre objetivos de marketing e de comunicação. Para o marketing, em que o foco é a marca e realizar vendas, os objetivos podem ser vender mais, aumentar a participação de mercado, ganhar território, fortalecer a marca, fidelizar o cliente, conquistar mais clientes, mostrar ao mercado como um produto é usado ou lançar um produto. Em resumo, marketing é venda, comunicação é conquista. Objetivos de comunicação são enfáticos: despertar isso, criar aquilo, melhorar a percepção disso, trazer para o universo daquilo. São diretos.

4. Como entender mercados?

Existem diversas ferramentas para pesquisar sobre o cenário da internet no Brasil. Ibope, Marplan, TGI e Think With Google, entre outros, são recursos extremamente importantes para nos dar os números da internet atual. Se você não tem verba para contratar essas ferramentas, faça tudo na raça mesmo. Pesquise nos sites e portais de credibilidade do mercado, como *Estadão*, *Valor Econômico*, *Mundo do Marketing*, *Meio&Mensagem* ou *Proxxima*. O Ibope disponibiliza alguns estudos gratuitos, e há outros sites que também ajudam publicando dados importantes de mercado.

5. Com quem se vai disputar mercados?

Mapear a concorrência nem sempre é fácil, e é por isso que esse exemplo ilustra bem o que queremos dizer. Há três caminhos para entender qual é a concorrência: a visão da marca, para compreender quem a incomoda; a visão do consumidor, para saber com quais marcas ele compara o produto que quer comprar; e, por fim, o Google, uma vez que 94% das pessoas usam esse site de buscas para pesquisar produtos e preços. A ordem em que o Google mostra as empresas gera uma nova concorrência.

Passamos, então, para o segundo mapeamento, que analisa alguns pontos da concorrência. Estudar a comunicação é um dos aspectos mais importantes: entender o design das peças, a linha criativa de texto, os tipos de imagens, os apelos promocionais e as cores trabalhadas. Outro aspecto é examinar o que as pessoas falam das marcas, o que gostam, o que não gostam, por que as recomendam e se as críticas são realmente respondidas. No mundo digital, o que as pessoas mais buscam é relacionamento, e quando as marcas não trazem esse relacionamento para o seu dia a dia, elas abrem espaço para que a concorrência traga. Esse pode ser um fator extremamente determinante para ganhar mercado da concorrência.

6. Qual seu público-alvo?

A roupa entra numa necessidade básica. A compra de um blazer na loja Crawford é uma necessidade básica ou é uma compra por impulso? A resposta certa é: depende. Se um jovem de 18 anos de classe média alta recebe uma ligação na sexta-feira de uma importante empresa multinacional convidando-o para uma entrevista de estágio na segunda-feira, a compra do blazer é feita por necessidade ou impulso? Se esse mesmo jovem estiver passando na frente da loja e vir um blazer com 30% de desconto, efetuar a compra é uma necessidade ou um impulso?

Entender se o seu produto é uma necessidade ou um impulso é um passo fundamental para entender quem é o consumidor e, assim, conseguir conquistar o seu coração. "Objetivo de marketing vende, e objetivo de comunicação conquista" – ao longo deste livro, estamos vendo muito sobre comportamento, afinal, as marcas precisam entender o perfil das pessoas e se adaptar a elas, e não o contrário, por isso, fica mais esse pensamento do grande Julio Ribeiro para a sua reflexão.

7. Como definir seu pensamento estratégico

Dentro da sua estratégia, uma coisa é fato: não existe mais o *on* e o *off*. O consumidor não está preocupado com qual estratégia uma marca irá atingi-lo. Seja na revista, no jornal ou na internet, ele simplesmente quer conversar com as marcas. Estratégia de comunicação vai ser sempre a mesma: rádio, TV, internet, jornal e eventos. Não é isso que precisa mudar, e sim a forma com a qual a marca impacta o consumidor. Uma frase que circula na internet é uma grande realidade: "Não crie estratégias digitais, crie estratégias para o mundo digital".

8. Como posicionar sua marca na mente do consumidor?

O pensamento estratégico não pode vir sem um bom posicionamento de marca na mente do consumidor. Basicamente, posicionamento de marca é o que a marca ou o produto fazem na mente das pessoas. Como posicionamento é um dos 5Ps que formam a grande metodologia de branding, que aqui estamos vendo, não há por que me aprofundar aqui, já que teremos um capítulo inteiro sobre o tema.

9. Quais as melhores ações para a sua marca?

Qual a história que o meu planejamento contou até aqui? Quais são o meu objetivo, o meu público, a minha estratégia, o meu posicionamento, o meu cenário e a minha concorrência? Qualquer que seja a tática usada, como Google ou Facebook, por exemplo, ela terá um péssimo resultado se não for bem planejada. Depois disso, você cria a mensagem e o mapa de mídia digital, temas que você vai ver com mais profundidade nos próximos capítulos.

10. Como medir resultados?

"O trabalho do planejamento começa quando o projeto está no ar." Esse é um mantra que todos os profissionais de planejamento precisam ter em suas mentes. O planejamento mesmo tem início quando as métricas passam a mostrar os caminhos que as marcas estão começando a seguir. Medir a performance do projeto – e aqui entendemos projeto como sendo um site, um hotsite, uma ação em redes sociais – é fundamental para o seu sucesso. Se pensarmos em um carro que "avisa" quando o óleo, a gasolina ou a água estão acabando, ou qualquer outra anomalia do tipo, para que o condutor possa resolver o problema rápido e voltar a ter a melhor performance, percebemos que essa analogia pode ser aplicada à campanha.

O ideal é fazer a mensuração hora a hora, e não mais dia a dia, pois pode ser que o seu concorrente passe você no Google por causa de uma palavra mais bem otimizada. É aqui que começa o nosso trabalho de planejamento, para garantirmos que a nossa estratégia seja um sucesso e traga resultados que superem aquilo que o cliente espera.

Esclarecidos o planejamento e a forma como pensar os caminhos, que comecem os jogos!

COMO USAR OS 5Ps DE BRANDING

O QUE SÃO OS 5Ps DE BRANDING?

A metodologia a seguir apresenta como executivos de grandes empresas podem construir e/ou fortalecer a(s) marca(s) que trabalham, usando esse passo a passo que investiga em profundidade mais de 60 pontos da empresa e oferece uma resposta para que a marca se diferencie no mercado cada vez mais competitivo.

3 RAZÕES PARA VOCÊ USAR ESSA METODOLOGIA

POR QUE FAZER?

Tecnologia está tornando os produtos, a cada dia, mais parecidos entre si. Poucos diferenciais e o consumidor percebeu isso.

Consumidores cada vez mais preocupados com atitudes de marca e seu propósito.

Marcas que conhecem mais seus consumidores são marcas que geram mais relacionamentos.

E SE NÃO FIZER?

Seu consumidor vai perceber você como sendo mais um na multidão. Você será escolhido pelo preço e não pelo valor.

Seu consumidor não entende seu propósito, e comprar a ideia da concorrência o fará perdê-lo.

Para não gastar muito dinheiro em mídia, para atrair consumidor e não o reter.

MARCAS FORTES GERAM MAIS ENGAJAMENTO

MARCAS FRACAS PRECISAM INVESTIR MA[IS] PARA SEREM NOTADAS

Cavar o **PROPÓSITO** da marca é entender o real motivo pelo qual uma pessoa acordou um dia, olhou o mercado e resolveu montar uma empresa para resolver um problema que ele identificou.

As pessoas compram aquilo que elas entendem fazer sentido na sua vida. A **PERCEPÇÃO** que as pessoas têm com as marcas as fazem comprar. Ou não. Entender como as pessoas entendem a sua marca é saber como as convencer a comprar de uma forma mais emocional.

A **PERSONA** é o que se tem de mais importante no processo. Sem saber como as pessoas pensam e agem. Sem saber o sentimento, as emoções, as inspirações e o que esperam do segmento, as empresas podem falar o que as pessoas não querem ouvir.

As pessoas compram o que as marcas prometem entregar. A **PROMESSA** é uma parte fundamental no processo de conquista das pessoas, entretanto, mais importante do que prometer é entregar, e mais importante do que entregar, é saber o que seu consumidor espera e se ele percebe essa entrega.

O **POSICIONAMENTO** de marca é o que pode agrupar em uma única frase todos os pontos acima. Esse insight, que pode ou não ser o slogan, é o que resume na mente do consumidor aquilo que a marca nasceu para ser, quer ser percebida, quem é o seu público e o que promete.

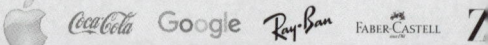

PLANEJAMENTO DE MARCAS NO AMBIENTE DIGITAL

Felipe Morais

MARCAS X CONSUMIDORES

- PROPÓSITO
- PERCEPÇÃO
- PERSONA
- PROMESSA
- POSICIONAMENTO

4 PASSOS PARA CHEGAR NOS 5Ps

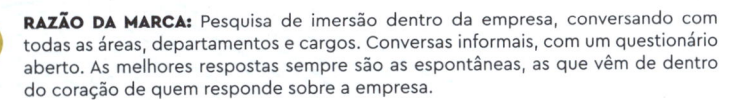

1. RAZÃO DA MARCA: Pesquisa de imersão dentro da empresa, conversando com todas as áreas, departamentos e cargos. Conversas informais, com um questionário aberto. As melhores respostas sempre são as espontâneas, as que vêm de dentro do coração de quem responde sobre a empresa.

2. VOZ DAS RUAS: Pesquisa de imersão, porém com os perfis de público: quem compra, ama, detesta, ex-clientes, potenciais clientes. É feita uma lista junto ao marketing da empresa – e, às vezes, ao SAC – para entender esses perfis. Conversa por email e/ou telefone com um grupo. Pesquisa online para maior número de pessoas.

3. POSICIONAMENTO: Pegar as informações das fases 1 e 2 e criar um posicionamento que possa ser fixado na mente do consumidor, para que ele entenda o que a marca representa e oferece. Nesse momento é preciso ser cirúrgico para ser o mais assertivo possível. Uma frase e um texto de manifesto que resumam a marca.

4. CONSTRUÇÃO DA MENSAGEM: Está na hora de o seu público/persona saber o que, por que e como a marca faz. Usando mapa de empatia, storytelling, matriz de conteúdo, arquétipos e brand persona, as marcas serão mais relevantes na vida das pessoas, e a emoção da compra será maior, engajando mais o consumidor.

60 PONTOS QUE SE RESUMEM EM 5

Proposta de valor, *Golden Circle*, cultura, valores, alma da marca, definição do negócio, arquitetura de marca, personalidade de marca, identidade, jornada de consumo, marcas que inspiram, território de marca, narrativas, perfis desejáveis, marca arqui-inimiga, 5 níveis de relacionamento, palavra mágica, *Unique Selling Proposition* e imagem.

Esses são alguns dos **60 pilares** que compõem os estudos de marca. São 60 pilares em **4 passos para se chegar aos 5Ps**. Com esses 60 pontos definidos, você terá os pilares para os seus 5Ps. Neste livro, você entenderá cada um a partir de uma **tabela de referência**, na qual você poderá ver qual dos 60 pilares se refere a um dos 5Ps.

BOA LEITURA!

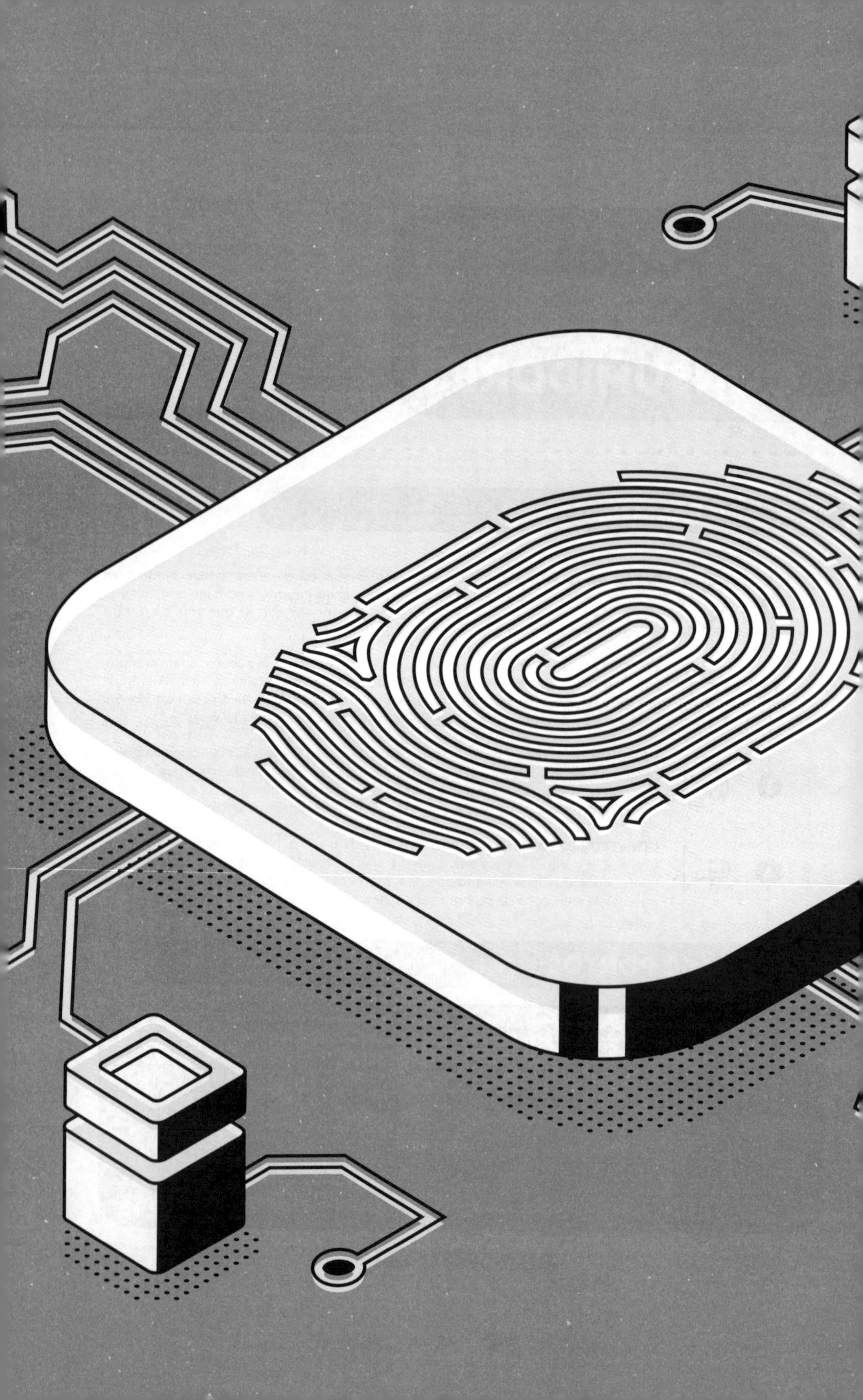

MARCAS

MARCAS •

"Marca é o que reflete essa construção de valor, é o que faz com que as pessoas estejam dispostas a pagar mais por seus serviços e produtos porque os valorizam", nas palavras de Ana Couto, CEO da Ana Couto Branding. Segundo Simon Sinek, "valor é um sentimento, não um cálculo". Ou seja, a sua marca precisa ser forte para entregar nesse mercado altamente competitivo. É isso que você vai ver aqui: como fazer a sua marca ser forte!

Sabe qual a grande importância de se ter uma marca forte? Uma pesquisa de 2019, intitulada In Brands We Trust, indicou que, para 91% dos consumidores brasileiros, é "essencial" ou "fator decisivo" confiar que a marca "fará o que é certo".[7] Esse quesito só fica atrás da qualidade e do custo-benefício, com 92% da preferência no ranking das principais considerações. Apenas esse fator já seria decisivo para que as empresas acordassem para o fortalecimento de suas marcas, mas, infelizmente, não é isso que vemos no dia a dia. Elas se preocupam muito mais em fazer post no Facebook do que em fortalecer um atributo, um posicionamento, uma percepção ou uma promessa para o consumidor, deixando estes aspectos em segundo ou terceiro plano.

"A confiança sempre pesou na hora de alguém optar por um produto, mas agora as expectativas das pessoas evoluíram. Hoje, não basta entregar um produto de qualidade e com bom preço, é preciso oferecer uma boa experiência de compra e impactar a sociedade de maneira positiva", explica Marcília Ursini,[8] vice-presidente executiva da Edelman Brasil, responsável pela pesquisa.

---

7   Para brasileiros, confiança na marca é um dos principais fatores de compra, *Mercado & Consumo*, 16 out. 2019. Disponível em: <https://www.mercadoeconsumo.com.br/2019/10/16/para-brasileiros-confianca-na-marca-e-um-dos-principais-fatores-de-compra/>. Acesso em: 10 maio 2020.

8   Ibidem.

Assim, estamos diante de um novo ponto para que as marcas sejam mais valorizadas, concorda?

Então, aqui vai mais um dado da pesquisa, para que você, gestor de marca fique com os olhos bem abertos:

> *quando o consumidor confia em uma marca há muito tempo, a chance de ele comprar novos produtos é maior (58%) do que o consumidor que não confia completamente nela (23%). A probabilidade de permanecer fiel também é maior, de 63% contra 25%, de defendê-la (60% versus 23%) e de apoiá-la (51% contra 20%). Quando a marca é confiável em relação ao produto, à experiência de compra e ao impacto social, a porcentagem de consumidores que comprarão pela primeira vez, permanecerão leais, defenderão e apoiarão é maior, de 72%, do que a de consumidores que compram confiando apenas no produto (52%).*[9]

Dentro de tudo isso, sabe o que conseguimos entender?

Segundo a pesquisa, apenas 36% dos brasileiros confiam na maioria das marcas que consomem, ou seja, 64% das pessoas não confiam nas marcas que compram, o que prejudica a fidelidade de marca: a recompra é quase nula. Kotler já nos ensinou que é mais caro trazer um novo cliente do que trabalhar a fidelização de um cliente, o que não deixa de ser óbvio: um cliente já teve a experiência com a marca versus um novo cliente que não teve. E experiência, como vamos ver aqui, é a palavra-chave do novo marketing.

O estudo mostra que cerca de 77% dos brasileiros evitam a publicidade. Ou seja, em uma conta rápida e direta, apenas 23% das

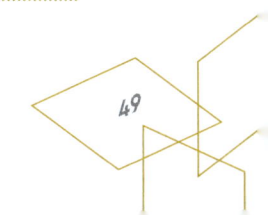

---

9   Ibidem.

pessoas que você impacta prestam atenção na sua propaganda. Em compensação, e agora é que vem o "tapa com luva de pelica", das pessoas que confiam na sua marca há muito tempo, cerca de 88% delas vão prestar atenção em seus anúncios e demais comunicações. Sabe o que é isso? Simples: eu sou um apaixonado por Coca-Cola, logo, os comerciais da marca me cativam, eu presto atenção nelas e, com isso, a marca fala comigo. Por outro lado, não tenho o menor carinho pela Ford, então não vou prestar atenção no que ela fala. Entende a importância de uma marca forte?

OS 5PS DO BRANDING

No primeiro dia de aula de um curso de branding que ministro na Faculdade Belas Artes, de São Paulo, eu conversava com os alunos. Tenho mania de ir falando e escrevendo na lousa. Uma aluna me questionou sobre o que, basicamente, aprenderíamos na aula. Eu disse que olharíamos quase sessenta pontos para entender como construir uma marca forte, então ela quis saber sobre os principais.

Uma coisa que me empolga muito é aluno questionador, pois nos faz pensar mais e trazer uma aula melhor. Olhei para a lousa, branca, e comecei a desenhar o que eu achava de mais importante. Quando vi, havia escrito cinco palavras: **pessoas, promessa, propósito, percepção** e **posicionamento**. Comecei, então, a falar, resumidamente, sobre cada uma delas, prometendo que seriam ainda aprofundadas no decorrer dos quatro dias do curso.

Naquele momento, comecei a me empolgar, pois tinha conseguido resumir de uma forma única o que importa para uma marca. Não que os outros pontos não sejam importantes, muito pelo contrário, mas servem, de alguma forma, como embasamento para esses cinco pilares, que estou chamando de "os 5Ps do branding".

Como aprendi com Ulisses Zamboni (CEO da Agência Santa Clara), meu professor e chefe por um tempo, "um profissional de planejamento sem metodologia não é um bom profissional". Essa foi mais uma filosofia que aprendi e levo para a minha vida.

Criei a tabela a seguir que mostra como cada um dos pilares reforça os 5Ps do branding elencados.

CONCEITOS	PESSOAS	PROMESSA	PROPÓSITO	POSICIONAMENTO	PERCEPÇÃO
Proposta de valor			X		
História da marca			X		
Golden Circle		X			
Contextualizar marca		X			
Contemporaneidade do segmento		X			
Culturas e tendências		X			
Master ideas			X		
Éthos			X		
Cultura da empresa			X		
Valores			X		
Por que existimos?			X		
Em que acreditamos			X		
Alma da marca				X	
Substância da marca					X
Atributos racionais		X			
Atributos emocionais					X
Missão				X	
Filosofia				X	
Definição do negócio		X			

MARCAS

CONCEITOS	PESSOAS	PROMESSA	PROPÓSITO	POSICIONAMENTO	PERCEPÇÃO
Diferenciais do negócio		X			
Conceito da marca				X	
Arquitetura de marca				X	
Componentes de marca					X
Associações de marca				X	
Personalidade de marca				X	
Significado de marca		X			
Perfis desejáveis	X				
Psicodinâmica das cores	X				
Imagem da marca					X
Identidade de marca				X	
Ícone / Personagem	X				
Pirâmide de Ketler				X	
Marca arqui-inimiga				X	
Embaixador de marca					X
5 níveis de relacionamento	X				
Ex-consumidores	X				
Amantes da marca	X				
Quem odeia a marca	X				
Jornada de consumo	X				
Marcas que inspiram				X	
Unique Selling Proposition				X	

CONCEITOS	PESSOAS	PROMESSA	PROPÓSITO	POSICIONAMENTO	PERCEPÇÃO
Palavra mágica da marca				X	
11 verdades da marca				X	
Texto-manifesto		X			
Territórios da marca				X	
Narrativa da marca		X			
Storytelling da marca					X
Construção da mensagem		X			
Mapa de empatia	X				
Matriz de conteúdo	X				
Brand persona				X	
Arquétipo da marca				X	
Comitê da marca			X		
Mapa digital	X				

Ao longo do livro, você verá que cada um desses pilares, no conjunto, fortalece a marca como um todo. Pense em uma pirâmide, na qual a marca é o topo. A seguir, haveria os 5Ps do branding como a primeira sustentação. Abaixo destes, viriam os pontos que sustentam os 5Ps do branding, que sustentam a marca. É isso que você verá aqui.

O MARKETING PROTEGE AS MARCAS

Para mim, a função do marketing está baseada em três pilares: **proteger a marca, entender comportamentos** e **trabalhar os diferenciais de produtos**. Entendo isso como o básico. Os famosos 4Ps do marketing sempre devem encabeçar tudo que a empresa faz. Longe de mim questionar Philip Kotler, a quem tanto admiro e defendo, mas, para mim, o marketing tem esses três pilares cruciais para o sucesso!

Segundo Alice M. Tybout e Tim Calkins, no livro *Branding*, "ao construírem uma marca forte, as empresas constroem empresas fortes".[10] Faz parte do dia a dia do marketing pensar dessa forma para fazer a defesa necessária. Samsung, Pepsi, Ford, Santander não são apenas empresas ou apenas marcas fortes. São os dois.

Ao longo do livro, muito falaremos sobre pessoas e comportamentos. Não há um capítulo específico sobre os temas, pois são temas que estão espalhados em cada um dos pontos abordados na estratégia de branding que aqui passo. O que defenderei neste capítulo é a importância de você entender por que marketing e branding andam lado a lado. O motivo é simples: um não vive sem o outro. Impossível uma marca poderosa sem marketing. Não há como fazer marketing de uma empresa que não se preocupa com a gestão da sua marca. O mundo dos negócios funciona assim. Passaremos por inúmeros exemplos de marcas: Apple, Samsung, Harley-Davidson, Mercedes-Benz, Coca-Cola, Montblanc, Netflix, Disney, Nubank, Amazon, Google, Johnnie Walker, Faber-Castell, Kopenhagen, entre outras, conhecidas quase que em todo o território mundial. Mas também marcas menores, como Officer, Planet Girls, Chiesi, que, assim como as citadas, precisam de branding. Aliás, existe alguma empresa que não precise de branding? Desconheço!

---

10 Alice M. Tybout e Tim Calkins (orgs.), *Branding*, São Paulo, Atlas, 2006.

Toda marca que não deseja ser o pequeno estabelecimento da esquina, mas, sim, uma marca milionária ou bilionária, precisa de uma gestão, ou seja, precisa de branding! Para este capítulo específico, quero trazer um pensamento que tenho aplicado nas empresas em que assumo o marketing, e/ou nos projetos em que a FM CONSULTORIA assume de gestão de marca: **o marketing protege a marca!** Isso é um fato que você, como gestor de marketing, precisa escrever em um Post-It – outra marca que abordaremos aqui – e colar no monitor do seu computador, na sua mesa, ou no espelho da sua casa, para que, todo dia, ao escovar os dentes, você se lembre de que é esse o seu papel dentro da empresa, até mais do que vender! E não estou louco. Vou explicar por quê.

Você é diretor de marketing de uma multinacional. Daqui a cinco dias, o CEO, depois de cinquenta anos de casa, vai se aposentar. A sua ideia é dar um presente luxuoso e de alto valor agregado (valor agregado não é preço!), e então pensa em várias possibilidades. Cada um do seu time dá um valor, e vocês compram uma Montblanc Meisterstück Solitaire Blue Hour LeGrand Rollerball, que, no Brasil, custa R$ 6 mil. O que ele vai achar disso?

Vocês poderiam dar uma caneta Hugo Boss, que tem muita qualidade e é um produto elegante, com uma marca reconhecidamente de luxo para o homem. Teria o mesmo impacto? Acredito que não! Mesmo que a caneta da Hugo Boss seja 10% do valor da Montblanc supracitada, o problema não é preço, é valor. Montblanc ninguém questiona. Hugo Boss, também não, mas qual a marca de caneta mais luxuosa do mundo? Conheço pessoas que têm canetas Montblanc, mas as deixam em casa com medo de perdê-las no trabalho. Confesso que as que eu tenho, quase não uso, de medo também.

Sua melhor amiga teve um filho e amanhã você vai à maternidade fazer uma visita. Você não pode levar qualquer "lembrancinha", então, a Paola da Vinci não fará você passar vergonha, certo? Um produto Zara tem qualidade, mas será que a sua amiga concordaria com isso?

Quando falamos de marca, é basicamente isso que estamos defendendo. As marcas, quanto mais fortes, mais reconhecidas são e mais atributos passam. Paola da Vinci e Montblanc são marcas que têm, entre seus atributos, elegância, qualidade e bom gosto. São quase inquestionáveis quando se usa uma. É incrível, mas, para muitos, parece que só pelo fato de você ter uma Montblanc, sua letra ficará melhor.

Defenda a marca: sempre!

Em qualquer momento da empresa, as marcas precisam ser preservadas. Nem sempre as pessoas que as comandam fazem isso. Em 2019, houve uma enorme tragédia na cidade de Brumadinho, em Minas Gerais. Não se sabe de onde veio a ideia, mas uma marca de jóias, que me recuso a citar o nome, fez um ensaio com pessoas cheias de lama, dos pés à cabeça, em "homenagem a Brumadinho". Nem preciso citar o quanto essa marca foi massacrada nas redes sociais, certo? Esse tipo de ação não defende, em nada, a marca. Muito pelo o contrário, agride de uma forma que dificilmente conseguirá reverter.

Em outro caso, em 2020, também em Minas Gerais, a cerveja Belo Horizontina se envolveu em uma tragédia. Até o momento da impressão deste livro, a marca ainda era acusada pelo falecimento de quatro pessoas que consumiram sua cerveja. No caso da Belo Horizontina, foi o produto o grande problema, e não a comunicação, mas, como dissemos, o produto é um dos pilares para uma marca consistente.

Os gestores de marketing precisam entender que um post errado, um erro no site, um atendimento ruim no ponto de venda, uma ligação oferecendo um produto de forma equivocada podem denegrir a imagem da marca! A marca "conversa" com o consumidor em todos os pontos de contato. Cada um deles precisa ser mapeado!

Por mais forte que uma marca seja, quando a sua imagem é afetada por algum ponto de contato que não está de acordo com o propósito, a promessa ou o posicionamento da marca, isso pode destruir sua reputação. Depois, para que a imagem volte a ser o que era, será necessário um investimento altíssimo, decerto com algumas demissões.

MODELO DE BRIEF PARA A EMPRESA

O primeiro passo para que uma empresa tenha seu projeto de branding é compreender o que ela pensa e o que deseja. Aqui, você vai entender passo a passo como construir, ou fortalecer, uma marca. Em primeiro lugar, é preciso saber o que os gestores da marca querem e, para isso, usamos o modelo de brief. Vou ser sincero: nem todos os profissionais têm paciência para responder a isso, porém, quanto mais informações os profissionais da empresa puderem preencher, melhor, pois ajudará muito no processo.

Quando comecei a oferecer esse processo para meus clientes, eu enviava o modelo de brief por e-mail e esperava que eles preenchessem, mas isso não funcionou bem. Primeiro, pelo tempo: o documento leva mais ou menos 3 horas para ser preenchido. Segundo: por mais explicativo que seja, ele é complexo e gera muitas dúvidas. Por fim: nem sempre o cliente tem todos os dados na mão e precisa de ajuda.

O que eu fiz?

Simples, estabeleci dentro do cronograma uma data específica de brief. Eu envio o material por e-mail para o cliente e digo que, em alguns dias, sentaremos para preenchê-lo. Ele, por sua vez, o lê e vai levantando algumas informações com seu time de marketing. Em alguns casos, o time financeiro é incluído nessa reunião. Com isso, ganhamos tempo. Ao oferecer um tempo para eles lerem, pode parecer que eu perco alguns dias, mas o recupero quando, ao sentarmos, conversamos durante o preenchimento.

Há uma vantagem, pois as minhas dúvidas são tiradas em tempo real e o brief fica bem completo. Como já dito, quanto mais rápido esse modelo estiver preenchido e completo, melhor será o resultado final.

Mas esse brief é muito longo...

Essa é a frase que você mais vai ouvir nesse momento. Ele realmente é extenso! Mas há um motivo para isso. Para que algo seja bom, é preciso que seja completo. Reforço muito isso, pois é essa a frase que você usará para responder aos profissionais que vão reclamar do tamanho do brief.

Por isso, a dica é você sentar ao lado do time e preencher junto. Vá preenchendo enquanto ouve cada profissional do marketing com atenção. Anote tudo, mesmo que depois alguns pontos você jogue fora, mas, nesse momento, você precisa ouvir tudo o que é possível. Sente com as pessoas, de preferência com todos juntos. Promova o debate, medie-o e extraia o máximo de informação possível.

Brief de entendimento e imersão de marca

Propósito de marca: é aquilo que torna a sua marca única! Engaja colaboradores, constrói marcas fortes e empresas poderosas. Trata-se de viver além do próprio desejo para fazer o mundo mais brilhante. As empresas não são mais espectadoras, mas, sim, representantes de alguma coisa. Propósito não é um insight publicitário, uma frase de efeito, não é algo criado de fora para dentro. É uma ideia, um sentimento, uma essência que está presente na alma da organização

Objetivo desse material: extenso, mas necessário. Quanto mais informações, melhor. Se não souber tudo ou algumas respostas, deixe em branco, mas é importante que esse material seja preenchido na sua totalidade e pelo máximo de pessoas dentro da sua organização, do CEO ao estagiário. E não esqueça a "tia do cafezinho". Uma marca com propósito trata todos seus funcionários de uma forma única, sem excluir ninguém por cor, raça, credo, opção sexual, cargo ou salário.

Você, empreendedor

- O que eu, empreendedor, amo?
- No que eu, empreendedor, sou bom?
- Qual a minha função na empresa?
- Como o produto/serviço vai ajudar as pessoas?
- Quem são as minhas pessoas de confiança?
- Se amanhã eu sair, quem pode assumir meu lugar e manter o crescimento da empresa?
- Descreva um típico dia seu na empresa.
- Se você pudesse eleger um funcionário como "embaixador da marca", quem seria e por quê?

Pensando no seu propósito

- O que o mundo perderia se a sua empresa fechasse as portas amanhã?
- Por que você faz o que faz todos os dias?
- O que sua marca representa para seus colaboradores e clientes?
- Qual a verdadeira razão de ser do seu negócio?

O que vem à sua mente, quando falamos da sua marca? (resposta rápida e direta)
- Posicionamento.
- Produto.
- Serviço.
- Mercado.
- Concorrência.
- Público.
- Problemas.
- Soluções.
- Qual(s) marca(s) o inspira(m) (pode ser de qualquer segmento)?
- Qual pensamento norteia a sua marca?

Marca
- O que o Brasil perderia se a sua empresa desaparecesse amanhã?
- O que significa a sua marca?
- Qual o diferencial da sua marca?
- Em que a marca motiva o mercado?
- Como meus empregados enxergam a minha marca?
- Qual a razão de existir da marca?
- No que ela é única?
- Cite até cinco pontos fortes da sua marca.
- Cite até cinco pontos fracos da sua marca.

Existem produtos codependentes do seu?

- Quais oportunidades a sua marca enxerga no mercado que serão um diferencial frente à concorrência?
- Quais ameaças você enxerga sobre a sua marca?
- Qual a missão da marca?
- Quais valores da marca?
- Qual visão empresarial você tem em relação ao futuro da sua marca?
- Qual a minha filosofia de vida aplicada à marca?
- Sua marca já tem uma *brand persona*? Se sim, qual?
- Qual história a sua marca está contando?

Dentre os quatro perfis a seguir, com qual (selecione apenas um) a sua marca mais se parece?

1. **Interessante/empolgante:** há sempre um motivo para falar delas. *AXE, Nascar, Pixar, RedBull.*
2. **Envolvente:** engaja públicos.
   Lego, Disney, Amazon, Google.
3. **Inovador/dinâmico:** está sempre criando o novo.
   Apple, 3M, Virgin, GE.
4. **Passional/movido pelo propósito:** comunica propósito maior e cria paixão.
   Whole Foods, Ben&Jerry's, Kashi, Patagonia.

Sua marca já tem um tom de voz para redes sociais, site, blog, E-mail? Se sim, qual?

Qual a atitude de marca?
- Como ela ajuda o meio ambiente?
- De forma concreta, quais são seu propósito, valores, atributos e posicionamento?
- Sua equipe interna está comprometida com os valores da marca?
- Onde a marca pretende estar daqui a cinco anos?

Comunicação
- Nos últimos dois anos, onde você investiu em mídia digital?
- Qual foi o retorno médio de cada uma das mídias?
- Nesse período, em qual delas você elevou investimento?
- Nesse período, em qual delas você diminuiu investimento?
- Por que não investiu em outras formas de mídia?

Personalidade de marca
- Fatores de personalidade (aponte um que esteja mais ligado à sua marca).
- Sincera.
- Animada.
- Competente.
- Sofisticada.
- Vigorosa.

Se a sua marca fosse uma pessoa, ela seria:
(Aponte no máximo duas opções, dando um percentual maior para a que mais se aproxima da sua marca.)
- Otimista. A vida pode ser mais simples.
- Quer disseminar conhecimento.
- Curte desafios, estimula busca de novos rumos.

- Foge às regras e aos padrões e não se importa com opiniões alheias.
- Sem saber que é impossível, vai lá e faz.
- Honrada, vitoriosa e triunfante.
- Sensorial, com visão romântica.
- Divertida e impulsiva.
- Tem senso comunitário de pertencer a algum grupo.
- Cuida do próximo, gera confiança e empatia.
- Controla e determina o que é bom para as pessoas.
- Autoexpressiva, deixa um legado tangível.

Posicionamento

- Qual o posicionamento da marca? (Em muitos casos, o posicionamento é o slogan da marca.)
- Qual imagem a marca quer passar na mente do consumidor?
- Em qual mercado a marca vai atuar?
- Qual o propósito da sua marca? (Por que ela existe ou por que ela mudará o mundo?)

Público

- Qual seu público?
- Por que as pessoas compram seus produtos?
- Por que as pessoas deveriam comprar o seu produto?
- Perfil primário de consumidor (idade, sexo, classe social, formação escolar, renda média).
- Qual o perfil comportamental do público que você deseja? (Estilo de vida, por que compra seu produto, por que gosta da categoria, o que espera de novo, quem influencia suas decisões, no que ele acredita?)

- Na sua visão, qual a jornada (caminho) que o consumidor faz na internet, da pesquisa até a compra do seu produto?
- Seu consumidor indica e recomenda seus produtos ou marca?
- Qual emoção a marca precisa despertar na mente do consumidor?
- Qual a percepção de preço do consumidor, em relação ao produto/serviço, frente à concorrência?
- Qual a percepção de qualidade em relação a produto/serviço que o cliente tem da marca?
- Por que o consumidor escolhe o seu produto e não o da concorrência? (Depoimentos aqui enriquecem a resposta.)
- Por que as pessoas amam a sua marca?
- Por que as pessoas odeiam a sua marca?

Mapa de empatia (visões sobre o mundo em que vive)
- O que o cliente pensa e sente? (O que quer? O que não quer? Quais suas preocupações e aspirações?)
- O que vê? (Como age com vizinhos e familiares? O que vê na mídia? Quais mídias consome?)
- O que fala e faz? (Estilo de vida? O que deseja mostrar aos outros? Quais suas inspirações?)
- O que escuta? (O que vizinhos e familiares dizem? O que esperam? O que buscam na mídia?)
- Quais problemas enfrenta? (O que pode dar errado? Quais os obstáculos à frente? O que o motiva?)
- Quais os objetivos? (Aonde chegar? O que é sucesso para o cliente?)

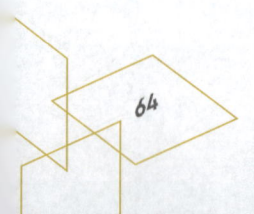

Produtos e serviços

Os talentos dizem muito sobre quem nós somos, o nosso "eu corporativo". No entanto, eles são retratos parciais e só fazem sentido no conjunto:

- O que a marca tem de único?
- O que não costumamos ver em outro lugar?
- O que se destaca na sua área de negócios?
- O que traz sentido e orgulho?
- Qual diferencial seu produto faz na vida das pessoas?
- Qual experiência de compra o consumidor precisa ter?
- Dentro do seu portfólio de produtos, cite os mais importantes, os que:
- Fazem a roda girar (mais rentáveis).
- São alcançáveis (desejáveis, mas vendem pouco).
- São sonhos (queria que vendessem mais, pois o lucro seria maior).
- São tendência (no futuro serão os mais vendidos).

Na visão do gestor, onde o consumidor vai no momento em que ele:

- Pesquisa sobre produtos e serviços do segmento.
- Pesquisa sobre reputação de marca.
- Pesquisa sobre produto e entrega.
- Pesquisa sobre o que as pessoas falam da marca.
- Pesquisa sobre o que as pessoas falam do produto ou serviço.
- Pesquisa especificamente por um produto de uma marca determinada.
- Avalia sua experiência de compra.
- Recomenda o produto a amigos.

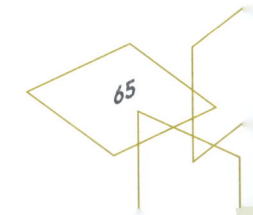

Concorrência
▷ Na sua visão, quais os três principais concorrentes da sua marca?
▷ Por que eles são concorrentes?
▷ Cite três pontos fortes e três pontos fracos dos concorrentes.
▷ Qual deles é o seu arqui-inimigo?
▷ Se você fosse o diretor do seu arqui-inimigo, como você derrubaria a sua marca?

Fim do material: com base nele, agora é hora de somar outros pontos para chegar a um propósito único. **Material acadêmico** (livros, cursos, aula, palestras, seminários), **pesquisas proprietárias** (mercado, benchmark, concorrência), **conversas** (consumidores, ex-consumidores, pessoas que estão quase fechando uma compra, pessoas que odeiam a sua marca, pessoas que amam a sua marca), **pesquisas gerais** (pessoas que conhecem ou não a marca, que têm perfil de consumo, mas nunca se relacionaram com a marca, pesquisas abertas de forma online via formulários). A soma de tudo isso é que vai gerar o propósito da sua marca.

A marca deve enviar um e-mail de agradecimento

Clientes devem receber um resumo da pesquisa com destaque para os melhores resultados (em percentual). Preencha tudo! Quanto mais, melhor!

O QUE É UMA MARCA?

Na teoria mais "fria", marca é uma representação simbólica que identifica algo. Digo fria, pois as teorias de marca mais modernas mostram que de fria as marcas não podem ter nada! Vamos aprofundar isso aqui! Marca é a representação figurada de qualquer produto ou serviço, seja lá qual for ele, é um nome, um som, uma imagem uma palavra, ou até mesmo uma letra, que faz com que as pessoas identifiquem um produto ou serviço.

Em seu livro *BrandJam*, Marc Gobé[11] define branding como algo que

> tem a ver com vida, respeito, sucesso, amor, liberdade e esperança, tem a ver com criar vínculos em que todos podem acreditar. Marcas são um modo de se opor, transmitir uma mensagem, às vezes não entendem a real conexão emocional que têm com as pessoas e as expectativas. Marcas se tornam uma forte referência, uma linguagem verbal e sensorial que nos ajuda a comunicar nossos sentimentos, nossas crenças e nossas emoções.

O que compõe uma marca?

Segundo meu amigo Marcos Hiller, em seu livro *Branding: a arte de construir marcas*,[12] são sete grandes elementos que compõem uma marca:

▷ **Nome:** principal elemento, deve ter sonoridade, ser bonito de ver, escrever, digitar, e gostoso de pronunciar.

▷ **Logotipo:** a escolha da fonte deve obedecer à essência de sua marca. Dependendo da tipologia adotada, a percepção da marca pelo consumidor pode ser distinta do que se imagina.

---

11 Marc Gobé, *BrandJam*: o design emocional na humanização das marcas, Rio de Janeiro, Rocco, 2010.

12 Marcos Hiller, *Branding*: a arte de construir marcas, São Paulo, Trevisan, 2015.

- **Símbolo:** pode ser identificado, mas não lido pelo consumidor. O nosso cérebro memoriza mais a imagem do que a palavra.
- **Mascote:** representa sua marca. Criaturas carregam aspectos lúdicos, que se conectam conosco de forma mais intensa, potencializando o processo de memorização da marca.
- **Embalagem:** a roupa da sua marca. Carrega elementos de identidade e diferenciação de uma marca.
- **Registro:** Inpi.
- **Brand equity:** importância a mais que um consumidor paga para obter a sua marca preferida, e não produtos similares de outras. Todo esforço de branding que você imprime à sua marca deve visar o aumento do *brand equity* do produto.

O que as marcas fazem?

- Posicionam
- Reposicionam
- Direcionam
- Integram
- Alinham cultura
- Dão transparência
- Orientam

Marcas não são tapumes que escondem, são espelhos que refletem a transparência do negócio.

Marcas e precificação

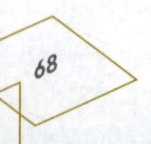

Uma marca não necessariamente é sobre uma empresa, mas aqui, neste livro, focaremos nisso. Marcas são o que diferencia produtos, serviços e empresas. Isso é um importante componente na precificação, embora não o único. Se você mora em São Paulo, faça um tour pelos shoppings Jk Iguatemi, Iguatemi e Cidade Jardim. Depois por Vila Olímpia, Ibirapuera e Morumbi. Finalize seu dia – prepare a carteira, pois estacionamentos estão cada dia mais caros – por SP Market, Center Norte e Mais Shopping. Faça esse percurso visando olhar produtos!

Você vai perceber que uma camiseta, simples, pode variar de R$ 30 a R$ 300! Você vai olhar e dizer: "Mas isso é só uma camiseta...", e a resposta é que, ao comprar a camiseta de R$ 300, você paga pelo menos R$ 150 pela etiqueta! Claro que estou apenas fazendo uma brincadeira aqui, mas você, que é inteligente, entendeu.

Gosto muito de trazer exemplos do dia a dia para que você entenda melhor como quero passar a minha mensagem. Vou contar uma que virou case em minhas aulas. O ano era 2015, eu e minha esposa, Maya, fazíamos uma consultoria para um marketplace chamado Moda em Atacado, cliente que adorávamos pelo desafio e pelo casal, Leo e Karina, que comandavam o projeto. A sede da empresa era na famosa Rua José Paulino, no Bom Retiro, conhecido polo de moda feminina, de boa qualidade e barata. Sempre que saía de uma reunião, a Maya passava algum tempo na rua pesquisando tendências e olhando lojas. Ela, por trabalhar com moda, faz isso como pesquisa, e estava sempre antenada em tudo que "Zepa" (apelido da rua) trazia de tendências.

Um dia, fomos ao Morumbi Shopping almoçar com meus pais. Indo para o restaurante, enquanto meus pais iam na frente, eu e a Maya estávamos atrás conversando, quando ela olhou fixamente para uma famosa loja de roupas femininas com preços um tanto quanto "salgados". Ela chamou a minha mãe para olhar uma blusa. Não entendi na hora, fiquei parado, ao lado do meu pai, observando a cena. Em poucos minutos, as duas, rindo, voltavam para a nossa direção.

O motivo dessa cena foi que a Maya havia comentado dias antes com a minha mãe sobre uma blusa que ela vira na Zepa por R$ 80 e tinha achado linda, "a cara da minha mãe", porém, ao passar diante da vitrine dessa famosa loja do Shopping Morumbi, a mesma blusa custava R$ 500! A loja da Zepa não tinha nome e vendia muito por atacado, logo, não era nada estranho pensar que a marca do shopping havia comprado um lote de roupas lá, trocado a etiqueta, colocado uma *markup* de 6,2 e posto a blusa para vender na loja do shopping. A comodidade tem preço. Nesse caso, quem comprou a blusa pagou quase 80% do preço pela etiqueta/marca, e também pela comodidade de parar o carro no estacionamento e estar em um ambiente fechado, mais seguro e com um bom ar-condicionado.

Nas palavras de David Aaker: "A marca é o rosto de uma estratégia de negócios".[13]

Marcas destacam empresas

Muito deste livro escrevi no smartphone, durante minhas pequenas viagens de casa até os meus clientes, tanto em táxi ou Uber como, na maioria das vezes, em ônibus, já que o meu preferido, o metrô, está cada dia mais lotado e caótico na cidade de São Paulo. Eu tinha carro, mas optei em vendê-lo para poder me locomover mais rápido, de forma mais econômica, e ainda poder, no trânsito, ganhar tempo escrevendo meus posts para os blogs do São Paulo FC e artigos para sites como *Mundo do Marketing* e *Portal E-commerce Brasil*, além, claro, de livros como este. Fica a dica, a economia de tempo é enorme, e livrar-se do carro é um prazer. Claro que se abre mão do conforto, mas é um movimento interessante.

---

13 David Aaker, *On Branding*: 20 princípios que decidem o sucesso das marcas, Porto Alegre, Bookman, 2015.

Percebeu que, em poucas linhas, citei algumas marcas? Seja categoria de transporte, como táxi, carro, metrô e ônibus, seja uma marca dessa categoria, como Uber. São marcas. E poderia ter citado o iPhone, que você entenderia perfeitamente se tratar de um smartphone. Não citei o carro que tinha, pouco importa, mas seriam mais duas marcas: empresa que o fabrica (VW, GM, Fiat...) e o modelo do carro (Jetta, Cruze, Toro...). Marcas, marcas e mais marcas! Estamos cercados por elas! E agora?

Bem, esse medo precisa vir primeiramente daqueles que comandam as marcas dentro das empresas! Não só por parte da equipe de marketing e/ou comunicação, a defesa de marca deve vir de todos. Falaremos muito sobre isso, mas, de fato, é importante saber que marcas são símbolos que todos na empresa defendem, do CEO ao faxineiro, mas são de responsabilidade do time de marketing e/ou comunicação as ações que vão fortalecer a marca. Lembre-se de que qualquer ação, de um post no Facebook a uma campanha na novela das 21 horas da Rede Globo, tem como um dos objetivos fortalecer a marca.

De nada adiantam metodologias, pesquisas, estudos e análises sem que o "hardware" mais importante do processo não funcione bem: **o cérebro humano**! Uma marca precisa expressar a cultura da empresa para seus consumidores. Na minha humilde visão, é isso que ela deve fazer de melhor. Segundo Jaime Troiano, é "impossível construir marcas poderosas no mercado se elas não forem ainda mais poderosas junto a todos os colaboradores da organização. Marcas são obrigatoriamente construídas de dentro para fora". As que são construídas de acordo com as ondas do mercado não têm muitas chances de vida longa.

Expressar o que a marca faz para resolver o problema do cliente, já vejo como sendo posicionamento, um dos mais importantes pilares da construção de marca e que detalharemos aqui com uma metodologia própria da FM CONSULTORIA que você, além de aprender, poderá obviamente usar, metodologia essa baseada em anos de estudos e muita, mas muita mão na massa!

Os gestores de marca devem ser os primeiros a se preocupar em ser relevantes com o que têm em mãos, pois isso é o que diferencia uma empresa da outra. No momento em que escrevo este capítulo, estou dentro do ônibus a caminho de um cliente. Em poucos minutos olhando pela janela do ônibus, vi pelo menos cinco lanchonetes. Advinhe qual delas chama mais atenção? Não por acaso, a que vende 1 milhão de Big Mac's por dia no mundo.

Por que ela chama mais atenção do que as outras? Não é tudo cheeseburger com batata e Coca-Cola? Aliás, por que eu citei Coca-Cola e não Pepsi ou Guaraná? A todo momento, estamos falando de marcas! Porque o nosso dia a dia é repleto de marcas. Você não vai comer no restaurante, vai ao Outback. Você não toma refrigerante, toma Coca-Cola. Você não vai ao cinema, vai ao Cinemark. Você não vai à praia, vai a Maresias. Você não toma uma cerveja, toma uma Heineken.

Segundo Hiller:

> Estudos de Harvard constataram que há cerca de 1500 mensagens publicitárias tentando impactar o consumidor em um único dia. O consumidor é atingido em média por oitenta mensagens e geralmente presta atenção em apenas quinze delas. Esses números impressionantes ratificam que existe, hoje, um verdadeiro bombardeio de mensagens dirigidas aos consumidores. Uma pessoa normal simplesmente não consegue decodificar esse volume de informações. A capacidade de absorção do ser humano é limitada.[14]

---

14   Hiller, op. cit.

Nesse cenário é que entra o poder da marca. Como disse, em poucos minutos, vi cinco lanchonetes na rua, mas por que apenas o McDonald's me chamou atenção e ficou gravado na minha memória? Se, no final do dia de hoje, me perguntarem o nome das cinco lanchonetes que vi, exceto o McDonald's, provavelmente só lembrarei uma ou duas. E detalhe, faço esse trajeto quase todos os dias.

Perceba como, no seu dia a dia, você cita marcas algumas vezes para falar que vai fazer alguma ação. Raramente, os consumidores veem apenas um produto ou serviço. Eles veem um produto associado a uma marca. A forma como as pessoas percebem algo importa muito mais do que a verdade absoluta.

Por que, no exemplo anterior, eu citei a Coca e não a Pepsi? Simplesmente porque a associação de lanche com batata pede uma Coca-Cola, a imagem da marca está associada a esse lanche. Foram anos trabalhando nisso em pontos de venda, por exemplo. Mas Coca-Cola e Pepsi não são apenas "água com açúcar e corante"? Por que a Coca-Cola vende mais que a Pepsi, se são dois refrigerantes de cola? Não há mistério algum, há marca!

Um dos mais emblemáticos casos do mundo do marketing tem a ver com as duas marcas. Um caso bem conhecido, aliás, muitos chamam de pior case de marketing da história, pela sua proporção. Acredito que seja mesmo, o caso da New Coke. Serei breve, pois você já deve conhecer esse case, quem fez faculdade de marketing ou publicidade viu-o em alguma disciplina da graduação. Eu o considero o melhor case para mostrar a importância de uma marca.

New Coke quase matou a Coca-Cola

Em resumo, na década de 1980, a Pepsi fez uma campanha, maravilhosa por sinal, chamada Desafio Pepsi. O case foi tão emblemático que o vice-presidente de marketing da Pepsi, John Sculley, se tornou presidente da PepsiCo e, na sequência, foi escolhido por Steve Jobs para presidir a Apple. Apenas isso! O Desafio Pepsi consistia na apresentação de um teste cego, no qual os consumidores experimentavam dois tipos de refrigerante, sem saber qual era a marca que estavam experimentando. O teste provou que 57% dos pesquisados preferiram a Pepsi por ter um gosto melhor. Isso fez com a que a Coca-Cola (lembrando que conto o case de forma bem resumida) entendesse que as pessoas, nos EUA, prefeririam um sabor mais adocicado da bebida, então ela lançou a New Coke, com um sabor mais doce, bem similar ao da Pepsi, acreditando que o refrigerante pudesse estourar em vendas. Mas isso não ocorreu. As pessoas – e olha que redes sociais não eram nem sonho – começaram a mandar cartas e a brigar com a Coca-Cola, querendo o velho sabor de volta, fazendo com que o projeto New Coke fosse logo descontinuado.

O que aprendemos com isso?

Um erro no entendimento da pesquisa é o que me motiva a usar esse case para ilustrar o capítulo. Quase 60% das pessoas poderiam ter dito que o refrigerante mais doce era melhor, mas quantos compravam refrigerante pelo preço e quantos pela marca? Quantos tinham o sabor da Coca-Cola tão fixado em sua mente que mal olhavam para o lado pensando em outro refrigerante? Entendeu-se, nesse momento, o poder da marca, pois o refrigerante é produto, e commoditie, pode até ter uma leve diferenciação, mas a marca é algo tão poderoso que faz com que o consumidor compre marca e não produto.

Assim, a Coca-Cola ensinou ao mundo o poder de uma marca!

Marcas precisam evoluir

Em seu livro *Branding*, Alice M. Tybout e Tim Calkins citam que

> *Harley-Davidson é uma marca que transcende produto, que mostra o poder das marcas para criar a lealdade do consumidor e isolar as empresas de seus concorrentes. Ao construírem marcas fortes, as companhias constroem empresas fortes. A diferença entre um nome de uma marca é que o nome não tem associações, é simplesmente um nome. Um nome torna-se uma marca quando as pessoas o vinculam a outras coisas. Uma marca é bem parecida com a reputação.*[15]

Importante saber que marcas não são apenas um símbolo para usar no cartão da empresa ou na fachada da loja. Isso é uma visão muito míope, e não apenas marcas precisam evoluir rapidamente, mas também quem as comanda.

Segundo Jaime Troiano, em seu livro *BrandIntelligence*, "o branding é transformar em comportamentos concretos a crença, o apego e o envolvimento sentimental".[16] Pegando esse gancho do Troiano, um dos maiores nomes do branding no Brasil: comecei este capítulo dizendo que as marcas não podem mais ser frias, elas precisam ser mais sentimentais, pois o que buscam – ou deveriam buscar – é a conexão emocional com o consumidor. Você consegue ter algum tipo de conexão com uma pessoa mal-educada, que só fala de si, que não ouve o interlocutor, que só tem virtudes, que sempre tem razão? Pois é, mas há gestores que ainda acreditam que as marcas precisam ser frias e diretas, ao passo que a Netflix se mostra mais

---

15 Tybout e Calkins, op. cit.
16 Jaime Troiano, *Brand Intelligence*: construindo marcas que fortalecem empresas e movimentam a economia, Barueri, Estação das Letras e Cores, 2017.

humana, pois em sua comunicação com o público não se limita a falar apenas de seu conteúdo: ela responde como se fosse um amigo, e isso tem maiores chances de sucesso.

> **Pietra Castroviejo**
> COMO ASSIM VOCÊS VÃO TIRAR HIMYM??????????
> Ontem às 11:39 · Curtir · 👍 552 · Responder
>
> > **Netflix** ✓
> > Eu também não estou nada feliz. Estou ouvindo uma versão acústica triste de "let's go to the mall" e chorando embaixo da mesa.
> > Ontem às 11:40 · Descurtir ·
> > 👍 1 mil · Responder
>
> **Nath Blanco**
> Oi **Netflix**, tudo bem? Por favor, acabe com uma discussão aqui na baia do escritório, por que vocês falam "A NETFLIX"?
> Qui às 16:07 · Curtir · 👍 11 · Responder
>
> > **Netflix** ✓ Porque sou menina.

Significa...

É preciso entender que uma marca não é apenas um logo ou um nome para seu público. Segundo Alice M. Tybout e Tim Calkins "grandes marcas significam algo distinto para os clientes, possuem um conjunto claro de associações. Marcas fracas enfrentam grande dificuldade Porque não possuem foco e são indefinidas. As marcas precisam ser criativas no mercado para atrair a atenção".[17] Façamos uma rápida associação para você entender o que estou dizendo, um exercício que o professor de graduação fez – ou fará – com você, que pode ser antigo, mas dá uma exata noção da importância desse significado.

Pegue a marca que você mais admira. No meu caso, é a Montblanc. Chame dez pessoas do seu convívio, que podem ser parentes ou amigos das redes sociais, até mesmo de grupo de WhatsApp está valendo. Elas podem, ou não, ser fãs da mesma marca que você – isso, nesse momento, pouco importa, mas se forem amantes da mesma marca, melhor. Agora faça-lhes estas três perguntas:

---

17 Tybout e Calkins, op. cit.

▷ O que essa marca passa para você?

▷ Você acha que o produto da marca é caro?

▷ Por que você compra essa marca?

Uma coisa é clara: você terá dez respostas diferentes. Pode ser que algumas pessoas deem respostas parecidas, mas não serão iguais. E por quê? Porque, para mim, a Montblanc significa uma coisa, para o meu pai, outra, para minha esposa, outra, assim como para minha irmã, meu chefe, e por aí vai. Significado de marca, falaremos mais sobre esse conceito.

VALOR DE MARCA

Você sabia que poucas empresas no mundo valem mais de um US$ 1 trilhão? A Apple, em 2018, foi a primeira a chegar a tal patamar, mas não está sozinha nesse seleto grupo de marcas no mundo. Enquanto as starups sonham em se tornar um "unicórnio", termo usado para designar uma startup que vale US$ 1 bilhão, a Apple vale mil vezes mais! Em 2019, a Amazon se tornou a segunda marca a chegar a esse valor e, na sequência, a Microsoft. Até o fechamento deste livro, apenas essas marcas haviam atingido esse seleto posto. Esses montantes se referem aos valores da empresa para o mercado, porém, há um estudo – e é nesse que vou focar agora – que mostra quanto as marcas, apenas o valor da marca, valem no mercado. A Apple se mantém líder também nesse quesito.

Segundo o site da *Forbes*,[18] uma das mais conceituadas revistas de negócio do mundo, a marca criada pelo gênio Steve Jobs valia, em 2019, aproximadamente US$ 205,5 bilhões. Em seguida, vinha a marca conhecida por acessível às classes A a E, às pessoas de 2 a 100 anos! Em qualquer lugar do mundo, basta ter um aparelho

---

18 Kurt Badenhausen, As 100 marcas mais valiosas do mundo em 2019, *Forbes*, 22 maio 2019. Disponível em: <https://forbes.com.br/listas/2019/05/as-100-marcas-mais-valiosas-do-mundo-em-2019/>. Acesso em: 11 maio 2020.

com acesso à internet que você consegue utilizá-la: o Google, que valia aproximadamente US$ 168 bilhões.

A Microsoft valia US$ 123,5 bilhões, seguida da Amazon, que valia US$ 97 bilhões, e do Facebook que valia US$ 89 bilhões. A Coca-Cola, com valor de US$ 59,2 bilhões; a Samsung, US$ 53,1 bilhões; a Disney, US$ 52,2 bilhões; a Toyota, US$ 44,6 bilhões; e o McDonald's, US$ 43,8 bilhões, fechavam a lista das dez marcas mais valiosas do mundo em 2019.

Existe uma chance grande de esses valores serem modificados por alguns motivos. Primeiro, porque as listas podem mudar de ano para ano. Google e Apple, por exemplo, estão sempre brigando pelo primeiro lugar. Depende da metodologia utilizada na mensuração dos dados. Importante reforçar que divulguei os valores mais a título de curiosidade, uma vez que este capítulo é dedicado a esmiuçar como e por que essas marcas valem tanto.

A *Forbes* mostra as cem maiores marcas, que, além das já citadas, incluem AT&T, Louis Vuitton, Intel, Nike, Cisco, GE, Mercedes-Benz, BMW, Marlboro, Visa, Walmart, Starbucks, Gillete, Netflix, Audi, Zara, ESPM, GM, Ford, UPS, J.P.Morgan, Sony, Adidas, Red Bull, Santander, Rolex, entre outras.

Sobre a metodologia adotada pela *Forbes:*

> *O primeiro passo de avaliação das marcas foi determinar receita e lucro antes de juros e impostos para cada uma delas. As informações foram reunidas a partir do relatório das empresas, da pesquisa na bolsa de Wall Street e de especialistas das indústrias. A Forbes fez uma média de lucros antes de juros, impostos, depreciação e amortização (Ebitda) nos últimos três anos e subtraiu dos ganhos uma taxa de 8% do capital da marca, supondo que uma empresa comum deva ser capaz de ganhar pelo menos 8% de seu capital.*

A Forbes aplicou a alíquota do imposto, de acordo com a configuração do país de origem da empresa-mãe, ao valor do lucro líquido. Em seguida, foi alocada uma porcentagem desses ganhos à marca com base no papel que as empresas desempenham em cada setor. Marcas são cruciais quando se trata de bebidas e artigos de luxo, em contraposição ao ramo de companhias aéreas e combustível, quando preço e conveniência são mais importantes na hora da compra.

Para o número de ganhos líquidos, foi aplicada a média do índice preço/lucro múltiplo dos últimos três anos para chegar ao valor final da marca. Para empresas de capital fechado, foram aplicados múltiplos de ganhos de companhias semelhantes de capital aberto.[19]

Para encerrar este capítulo, fica uma frase extraída do livro de Cecília Russo Troiano e Jaime Troiano, *Qual é o seu propósito?*, em que eles alertam que construir uma marca não é da noite para o dia: "O trabalho com as marcas é um trabalho de longo prazo. Ele é tão bem-sucedido quanto a capacidade de se manter relevante ao longo do tempo. A construção de uma marca forte passa pela clareza, relevância e consistência, mas também pela sua diferenciação".[20] Marca se constrói todos os dias.

Como calcular o valor de uma marca?

Serei muito honesto com você ao dizer que essa não é uma área na qual tenho tranquilidade em navegar. Sou mais da estratégia, do posicionamento, de comportamentos e inovação, pilares de extrema importância para que uma marca seja construída e

---

19 Ibidem.
20 Cecília Russo Troiano e Jaime Troiano, *Qual é o seu propósito? A energia que movimenta pessoas, marcas e organizações no século 21*, São Paulo CLA, 2018.

fortalecida. Mas a parte de avaliar o valor de marca, bem, isso eu deixo para os especialistas, que, em grande parte, são da área financeira. Sempre ouvi que, para entender de valor de marca, é preciso saber de finanças, e ao estudar mais a fundo o tema para não escrever nenhuma besteira aqui, confesso que entendi o sentido da frase. E lhe dei razão.

O primeiro passo é entender que marca é um ativo intangível, ou seja, um ativo não monetário identificável sem substância física ou incorpóreo e que não se pode fazer o valor de físico. O nome Apple vale mais de US$ 200 bilhões, por exemplo. O valor de marca existe e é econômico. Ele representa direitos de uso de um bem ou direitos associados a uma organização. Ou seja, o cálculo do valor de marca é resultado de um produto ou serviço que está associado a determinado nome que irá **somar ou subtrair** um valor de acordo com seus ativos e passivos.

No curso "Branding, gestão das marcas", a professora Tânia Savaget, head de cultura, marca e comunicação da Wisnet Consulting, menciona duas definições sobre *brand equity*, feitas por dois dos maiores nomes do branding, que reproduzo aqui. A de David Aaker é: "*Brand equity* é um conjunto de ativos e passivos ligados a uma marca, seu nome e símbolos que se somam ou subtraem do valor final desse produto". Já para Kevin Keller: "*Brand equity* é a força do que os clientes aprenderam, ouviram, sentiram em relação à marca, tendo experiências ao longo do tempo".

FORTALECIMENTO DE MARCA

Fortalecer uma marca é muito importante. Qualquer ação, seja uma campanha milionária 360 graus (usando todas as ferramentas de comunicação), seja um post no Facebook, precisa, em algum momento, fortalecer atributos da marca com a qual você está trabalhando. Veremos, em outro capítulo, o que é esse atributo de marca, tanto racional como emocional, assim como aprofundaremos mais esse tópico de fortalecimento.

Abordo aqui alguns conceitos para que você entre no universo do branding de corpo e alma, afinal, se uma empresa não entrar assim no branding, melhor nem entrar. Qualquer erro nesse processo – contínuo e importante – pode ser fatal para a empresa. Fortalecer atributos significa que as campanhas de comunicação precisam sempre entender o que a marca é e consolidar isso na cabeça das pessoas. Eu sou um profundo defensor de que redes sociais servem para inovar, inspirar e traduzir o que a marca é. Para mim, esses são os pilares a serem pensados em redes sociais, porém, infelizmente, perco a guerra para os que avaliam que redes sociais são: meme, piada, post bonitinho e segmentação, que em nada fortalecem a marca. Muitos podem dizer que meme gera curtidas, não vou debater, mas a quem perguntar se curtida gera negócio ou fortalecimento de marca, a resposta é meio óbvia: não.

A criatividade e a consistência na publicidade têm o efeito de fortalecer a ligação entre as associações e as marcas. Não tem como uma marca ser grande e fraca ao mesmo tempo. Marcas grandes são fortes, podem lançar qualquer produto que as pessoas pouco questionarão sobre ele, se é bom ou ruim, como por exemplo, óculos de sol da Mercedes-Benz, um relógio da Harley-Davidson ou uma camiseta da Coca-Cola.

Mais uma vez, chamo a atenção para a commodity

Analisemos friamente: dois hambúrgueres, alface, queijo, molho... o resto seu cérebro já fez a conexão, certo? Trata-se do cheese-salada do Kaskata's, uma lanchonete no bairro do Ipiranga, em São Paulo. Ops, queira me desculpar, na verdade acabo de descrever um cheese-salada de qualquer outra lanchonete do país, mesmo você achando que eu falaria do famoso Big Mac do McDonald's. Citei o Kaskata's por ser a minha lanchonete favorita. Bem, a música que seu cérebro cantou ainda inclui cebola e picles em um pão com gergelim. Aí muda um pouco, não é? Mas continua sendo um simples cheese-salada. Por mais que o lanche do Kaskata's seja mais gostoso (minha opinião) e mais caro (uma realidade), o Big Mac vende infinitamente mais. Arrisco dizer que o Big Mac vende no Brasil, por dia, o que o Kaskata's vende de sanduíches no ano. Isso se deve ao fato de que há muito mais McDonald's no Brasil do que Kaskata's (que possui, na verdade, uma única unidade). Porém o McDonald's começou como uma pequena loja e se transformou em um império do fast-food.

Antes de prosseguir, recomendo-lhe assistir ao filme *Fome de poder* (2016), que conta a história da marca antes de ela ter se transformado nesse império, disponível na Netflix. A marca do McDonald's é uma das mais fortes do mundo; o Kaskata's poderia ser se tivesse um Ray Kroc na sua história. Os irmãos Richard e Maurice McDonald tinham medo do novo, de crescer, e pouco ousavam, mas Ray (que, no filme, é brilhantemente interpretado pelo genial Michael Keaton) teve ousadia, visão, e construiu um império sempre prezando por cada detalhe que fizesse sua marca não apenas forte, mas amada.

Como identificar amor pela marca?

Em outubro de 2019, a revista *Consumidor Moderno* – leitura obrigatória para quem quer trabalhar no mundo dos negócios, varejo e marketing – publicou um estudo sobre as marcas mais amadas do Brasil. Esse estudo serviu como base para um projeto da FM CONSULTORIA nos mesmos moldes. Segundo a metodologia, existem três maneiras de identificar as marcas mais amadas pelos consumidores:

1. **Respeito**: as marcas precisam entender que os consumidores são seres humanos, cada um com seus hábitos, suas características físicas e seu contexto social. A partir daí, podem estabelecer uma relação pessoal, transformando esse respeito em agradecimento e amor à marca. A suíça Nestlé, primeira colocada no ranking, está presente em 99% dos lares brasileiros. Para conseguir tal feito, investe em pesquisas para ouvir os consumidores e se antecipar a tendências. "Estamos constantemente atentos às novas demandas de nossos públicos, adaptando não só nosso portfólio, mas também nossa forma de fazer negócios e nossas comunicações para novos formatos", afirma Frank Pflaumer, vice-presidente de comunicação e marketing da Nestlé. [...]

2. **Inspiração**: uma marca que inspira é capaz de despertar nos consumidores emoções como alegria, nostalgia ou até mesmo tristeza. Com isso, as chances de ser lembrada é bem maior. A Netflix é uma das empresas que aposta na força da inspiração para engajar. O segredo, segundo a empresa, é dar autonomia a quem está na ponta. "Acreditamos que uma das formas de chegar lá (na intimidade com o cliente) é dando autonomia ao nosso agente, que é quem está na linha de frente e conhece o cliente", disse Antônio Augusto, customer experience manager da Netflix [...].

3. **Sinceridade**: se uma marca quer ser amada pelos consumidores precisa ser sincera e entender que, muitas vezes, a melhor saída é assumir seus erros. "Transparência, valores e consistência na missão são fatores que garantem a boa relação entre uma marca e seus consumidores. E isso vale para qualquer momento", afirma Cauã Taborda, gerente de comunicação do YouTube para a América Latina. A Garoto, um dos destaques do ranking, na 7ª posição, segue o mesmo pensamento. "Sabemos que o consumidor busca verdade e uma atuação responsável das marcas. Por isso, é muito importante construir credibilidade e tentar, ao máximo, ser fiel ao posicionamento de cada marca", diz Leandro Cervi, gerente de marketing da Garoto.[21]

Uma marca forte é uma marca amada. Quando recebi esse estudo por e-mail, antes mesmo de abri-lo, imaginei uma lista com: Netflix, Apple, Coca-Cola, Nestlé, Nubank e Uber entre as marcas mais amadas do Brasil. Isso porque, em bate-papos informais, principalmente na minha melhor fonte de pesquisa, as salas de aula, essas são as mais citadas quando entramos em debates do tipo "qual a sua marca favorita?". No meu caso, por exemplo, Mercedes-Benz, Montblanc, Outback e Coca-Cola são as minhas favoritas – pena só ter dinheiro para consumir as duas últimas.

O estudo analisou cerca de 35 segmentos do mercado, entre eles os de alimentos, automóveis, bancos, celulares, fast-food, fintechs, redes sociais e planos de saúde. Nestlé, WhatsApp, Netflix, Coca-Cola, YouTube, Lacta, Garoto, Havaianas, Nike e McDonald's são, nessa ordem, as empresas mais admiradas do Brasil. Perceba que todas têm marcas fortes.

---

21 Aline Barbosa et al., Elas têm o coração do consumidor, *Consumidor Moderno*, [s.d.]. Disponível em: <https://digital.consumidormoderno.com.br/elas-tem-o-coracao-do-consumidor-ed250/>. Acesso em: 11 maio 2020.

Fernando Kimura, um dos maiores especialistas de Neuromarketing do país, e meu amigo pessoal, em suas aulas e palestras cita, por exemplo, a Nestlé como um ponto forte desse estudo. Segundo Kimura, se uma pessoa lhe oferece um chocolate de uma marca X e outro da Nestlé, automaticamente seu cérebro tende a escolher o da Nestlé, pelo simples fato de ser a decisão segura: durante a vida toda, você consumiu Nestlé e sempre teve boas experiências. Esse é o poder de uma marca forte!

Se as Havaianas lançarem uma linha de moda praia para mulheres, será bem-sucedida? Se a Nike lançar um relógio inteligente, terá altas vendas? Bem, o megassucesso do Nike+, em parceria com a Apple, já dá um excelente indício de uma resposta positiva.

Somos saudáveis. Até a página 2...

Por que, mesmo com essa onda vegana e de alimentação mais saudável, o lançamento de um duplo cheeseburger com cheddar e bacon pelo McDonald's continuará levando multidões às lojas da franquia? Por que a Coca-Cola continua presente em todos os almoços de domingo? Por que, nos supermercados, há sempre um produto da Lacta dentro do carrinho dos clientes? É legal sair para a rua, andar, fazer esportes, mas, no fim de semana em que a Netflix lançar a quarta e última temporada de *La casa de papel*, o pessoal ficará em casa, "maratonando-a". Acaba sendo contraditório haver essa onda de vida saudável e, ao mesmo tempo, algumas marcas amadas pelo brasileiro passarem longe de ser saudáveis.

Não precisa ser caro para ser amado

Pode ser, claro, que as pessoas amem uma marca, mas não a consumam, como infelizmente é meu caso com a Mercedes-Benz. Mas, se analisarmos com atenção, as marcas listadas como as dez mais amadas pelo brasileiro, segundo o estudo da *Consumidor Moderno*, têm um ticket médio baixo, exceto McDonald's e Nike.

Esta última, no Brasil, conta com produtos caros, mas com US$ 44 você compra um tênis da marca na Amazon dos EUA, por exemplo. As demais marcas citadas são de consumo quase diário, tirando o McDonald's – a não ser que você deseje infartar cedo, e, acredite, isso não é nada legal! Bem, também não se compra um produto Havaianas por dia, talvez um por mês, para você ou para presente, não seria nenhum absurdo – mas o importante aqui é ter entendido a mensagem. Marcas fortes são as mais lembradas e, por consequência, as mais consumidas.

Não é à toa que a Coca-Cola vende mais que a Pespi, que a Netflix tem muito mais clientes que a Amazon Prime, que as Havaianas, com o perdão do trocadilho, deixam no chinelo a Grendene com seu Rider, que chegou a ser ícone dos anos 1990, mas, hoje, é uma marca desapercebida, muito em função do reposicionamento fantástico das Havaianas, que, de produtos voltados à classe D, com as famosas "tiras que não descolam", se tornaram objeto de consumo das classes AB exportado para vários países. O McDonald's vende mais que o Burger King, a Nike mais que a Adidas. E, claro, o WhatsApp é uma ferramenta que o brasileiro não fica sem!

Brand equity

O termo é o que define o valor da marca e pode ser analisado em três dimensões:

▷ Valor percebido pelo cliente

▷ Efeito do valor percebido

▷ Valor desse efeito

Trata-se da junção de como o cliente enxerga sua marca, qual a reação dele baseada nessa percepção e como isso afeta sua empresa. Existe uma grande diferença entre *brand equity* e branding, que é o foco deste livro. O branding é a forma como se constrói o valor da marca, o *brand equity* é como se mede esse valor.

CREDIBILIDADE E TRANSPARÊNCIA COMO ORDEM NO NOVO MUNDO DAS MARCAS

Ao longo deste livro, falaremos muito sobre um item fundamental para uma marca de sucesso: confiança. Não há a menor chance de uma pessoa comprar um produto no qual não confia. Pouco importa o preço, pessoas compram o que confiam.

A marca de canetas MoLin é mais barata do que a sua tradicional concorrente. Uma rápida pesquisa no site da Kalunga mostra que uma caixa com 50 unidades dessa marca custa cerca de R$ 25, enquanto a concorrente, cerca de R$ 29. Uma pequena diferença de R$ 4. Os produtos são similares: canetas esferográficas de corpo transparente e carga azul. Os R$ 4 não são uma grande diferença de preço, mas por que a principal concorrente vende mais? Porque a principal concorrente chama-se Bic. Marca! Como o universo de canetas e carros é minha paixão, usarei exemplos desses mercados para que você compreenda melhor os conceitos! Entretanto, no mesmo site, há um produto tão similar quanto, com um custo de R$ 34, ou seja, R$ 5 mais caro que a Bic, e de uma marca tão forte quanto esta: Faber-Castell. Mas será que a Faber-Castell tem nesse segmento o mesmo valor de marca que a Bic?

Em uma rápida pesquisa feita no meu Facebook, pude identificar alguns pontos da Bic: confiança no produto foi uma delas. Pessoas sabem que a Bic não vai deixar na mão, e a marca é transparente ao vender um produto bom e barato, sem o glamour da Cartier ou da Montblanc. A Bic é "o Fiat Uno das canetas, o famoso 'pau para toda obra'", definição interessante que encontrei nessa rápida pesquisa.

A Montblanc não deixará a sua letra mais bonita do que a Bic, mas tem status, algo que a Bic não busca. Em volume de vendas, fatalmente a Bic é superior às outras. Seria mais fácil falar de marca do setor de luxo para apresentar esse conceito, afinal, as pessoas pagam milhões de reais por um carro como Ferrari, Lamborghini ou Bugatti. Na teoria, todos são carros, mas esses são protótipos com valor agregado de vários pontos, como design, motor, qualidade na matéria-prima. Mas, sem dúvida, a marca é um dos pontos mais importantes para que uma Ferrari custe quase setenta vezes mais que um Ford KA.

Confiança é o que mais importa

Se uma marca não é transparente, ela não tem como ter credibilidade. Há alguns casos notórios no mercado de marcas que perderam seu brilho por contar uma história mentirosa. As empresas Dilletto (de sorvetes) e Do Bem (de sucos) são cases bastante explorados em estudos, não vou aqui me aprofundar neles, mas vale a lembrança para que as marcas comecem a entender que o passo fundamental para a confiança é a realidade. Para ser uma marca em cujos produtos e serviços as pessoas confiem, transparência é fundamental. Um conceito está intimamente ligado ao outro. Não há como criar um sem ter o outro.

Isso é um fato que você pode escrever em um Post-It e colar na sua mesa ou na tela do seu computador. Por que não pedi para você colar um "papelzinho" na sua mesa ou na tela do seu computador, e sim um Post-It? Eis aí mais um exemplo da importância de marca, aliás, uma marca que endossa o produto. Isso é fundamental para as empresas de sucesso, uma vez que, em muitos casos, essas marcas encurtam um caminho no lançamento de produtos, pois o endosso da marca é algo fundamental para produtos, principalmente no lançamento de novas linhas.

Quando a marca endossa o produto

Esse é um tiro certo, se a marca é forte. Já citei o exemplo aqui da lapiseira da Ferrari. Por que a Ferrari lança uma lapiseira, assim como a Mercedes-Benz lança um perfume ou a Porsche, uns óculos? Na minha humilde opinião, é uma extensão de marca que gera o desejo pela marca. Como disse no exemplo, dispor de R$ 2 milhões para comprar uma Ferrari, bem, não é a minha realidade, mas possuir R$ 150 para uma lapiseira já é uma realidade mais próxima à minha.

A Coca-Cola, que também tem uma marca de roupas, lançou em 2015 uma linha com Stévia. Sendo bem sincero, eu nem sabia o que era isso, mas, por ser Coca-Cola, eu e minha esposa, outra apaixonada pela marca, decidimos experimentar. Sinceramente, não gostamos e voltamos correndo para a Coca-Cola tradicional. Só quisemos experimentar aquela novidade por ser de uma marca que conhecemos, confiamos e com a qual nos sentimos conectados. Agora, faça uma pequena projeção para entender quantas milhares de pessoas fizeram o mesmo. Entendeu o quanto a marca Coca-Cola encurtou o caminho do sucesso de um produto totalmente novo? Decerto, a empresa economizou alguns milhões de reais em mídia para impactar os consumidores, ou seja, em algum momento, aquilo que se investe na construção e no fortalecimento da marca volta! O ROI de branding é algo complicado de se mensurar, mas quando se avalia por esse prisma, é possível ver que o ROI existe e pode ser maior do que o gestor imagina.

Marcas transparentes

Se você olhar os sites institucionais na área "Quem somos", há marcas que explicam sua missão, valores, visão e filosofia, mas nem sempre os aplicam no dia a dia. A palavra transparência aparece em 99,99% dos textos sobre valores da marca, porém uma coisa é o que se prega, outra é o que se faz. Uma marca que não mostra, por exemplo, quanto de imposto você paga em cada transação não é tão transparente assim. O McDonald's, por exemplo, mostra. O mais importante da transparência não é falar, é fazer. Simon Sinek, consultor internacional de marketing, diz que as pessoas "não compram o que a marca faz, mas porque ela faz".

Isso tem sentido para você? Bem, para mim, faz muito sentido quando penso em marcas de luxo, como, por exemplo, comprar uma Montblanc de R$ 5 mil por vários motivos, menos para escrever, pois a Bic também faz isso, porém sem a mesma elegância.

Será que as pessoas compram o Big Mac porque ele é gostoso ou porque é um produto do McDonald's? É uma questão que o marketing da marca deve ter a resposta; eu, ainda no campo da suposição, tenho certeza de que o sabor e o preço ficam abaixo da marca McDonald's.

Transparência como ponto a favor do valor da marca

Na Europa, existe uma rede de lojas muito famosa e importante chamada El Corte Inglés, a qual eu tive a oportunidade de conhecer em uma viagem à Espanha. Fomos eu, minha esposa e minha filha. A unidade que visitamos tinha nove andares e vendia de tudo. No andar de brinquedos, minha filha, com 3 anos na época, ficou louca, pois o lugar parecia mais um shopping center, com muitas marcas e produtos sendo oferecidos. A maioria das lojas fica na Espanha, mas há unidades em Portugal também. O portfólio da empresa é eclético: contempla moda, supermercado, eletrônicos, esporte, música, entre outros segmentos. A El Corte Inglés é muito forte na Espanha, e as pessoas confiam nela, até porque marcas mundiais como Apple, Nike, Lego, Sony, Adidas, Reebok, HP, Huawei, LG, Samsung, entre outras, são comercializadas ali.

Mas o que é uma marca forte?

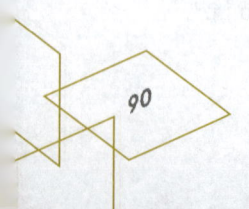

Em 2019, Apple, Google, Amazon, Microsoft, Coca-Cola, Samsung, Toyota, Mercedes-Benz, McDonald's e Disney, nessa ordem, seriam as marcas globais mais valiosas, de acordo com o ranking da consultoria Interbrand.[22] Segundo esse ranking, a Apple valia US$ 234 bilhões; a Coca-Cola, US$ 63 bilhões; e a Disney, US$ 44 bilhões. Peguei o primeiro, o quinto e o décimo colocados do ranking para você, leitor, ter uma ideia dos valores.

Dentre as dez marcas mais valiosas do mundo, segundo a Interbrand, a surpresa de 2019 foi a Disney, que tirou a posição do Facebook, de outros anos. Por isso, para ilustrar este capítulo, em que apontarei o que as marcas fortes têm em comum, usarei a "mágica" Disney como exemplo.

Não cabe aqui ficar descrevendo o que é a Disney, qualquer um sabe o que é essa marca e a magia que a cerca. Não acredito que exista outra marca que transmita mais essa magia do que a Disney: você pode ir para lá aos 5, 20, 40 ou 80 anos, que se comportará como uma criança. O lugar é mágico.

Segundo Tânia Savaget, no curso sobre branding, da Descola, que fiz no final de 2019, marcas fortes possuem pontos em comum que as caracterizam:

São lembradas pelos consumidores potenciais

Público potencial da Disney: turistas do mundo inteiro. Alguém duvida de que a Disney está em nove de dez listas de desejos de viagem nas férias de alguma família em algum dos quatro cantos do mundo?

Oferecem benefícios fortes e diferenciais para o público principal

Existe algum lugar que entrega uma promessa de marca, magia, mais forte que a Disney? Alguma empresa consegue trazer uma experiência única, no mundo, melhor do que a Disney?

---

22   Renato Pezzotti, Apple é marca mais valiosa do mundo pelo 7º ano; Disney desbanca Facebook, *UOL*, 17 out. 2019. Disponível em: <https://economia.uol.com.br/noticias/redacao/2019/10/17/apple-google-e-amazon-sao-as-marcas-mais-valiosas-do-planeta-diz-estudo.htm>. Acesso em: 12 maio 2020.

São relevantes para atender a necessidades de perfis diferentes de público, não apenas o principal

O mundo mágico da Disney é para as crianças, na minha visão, mais para as meninas, com seus sonhos de ser princesa, que os pais põem na cabeça delas desde que nascem (sim, sou culpado disso com a pequena Fernanda e suas fantasias de Branca de Neve e Cinderela). Mas, se você é pai, mãe ou um adolescente de 16 anos, não vai se divertir por lá? A Disney cumpre o que promete para todos os públicos. Você conhece alguém que foi para lá e voltou decepcionado?

São consistentes, a ponto de se reinventar e se manter relevantes para o público

São produtos, brinquedos, inovações, 3D, 4D, 5D, filmes, licenciamentos, passeios, fantasias. Fui para a Disney em 1997, e tenho certeza de que, se eu for de novo para lá em 2020, 23 anos depois, o parque estará muito modificado. A Disney se reinventa todos os anos.

São vistas como diferentes pelo seu público

Pergunta simples: existe algum parque no mundo que se compare à Disney?

Possuem uma identidade que combina com a estratégia da empresa

Estratégia é encantamento. A Disney dá aula desse tema para o mundo. A empresa e a marca estão mais do que alinhadas com esse conceito.

Possuem um portfólio que ajuda a construir a imagem

No caso da Disney, não existe um único ponto de contato da marca com seu consumidor, e estou falando de algo além do parque, como cinema, produtos licenciados, hotéis, por exemplo, em que o encantamento não está presente, a magia da marca não está explícita. Pesquisei, para o livro, qual seria o propósito da Disney, não achei, mas acredito que seja "encantar o mundo". Isso eles fazem como ninguém.

Criam vínculos com a identidade da empresa

Cerca de dez em cada dez pais sonham em levar seus filhos pequenos para a Disney. Isso não é uma pesquisa com cunho científico, foi feita pelo "Instituto Felipe Morais de Chutes". Porém, se você fizer uma rápida pesquisa, verá que não estou tão longe. A Disney é um dos lugares mais visitados do mundo.

Geram lucratividade

A Disney gera, em média, US$ 60 bilhões de lucro ao ano, incluindo todo o seu portfólio de produtos, sendo os filmes da Marvel os maiores impulsionadores desse montante.

Geram valor patrimonial para a marca

A marca vale US$ 44 bilhões. É um parque de diversões, com personagens lúdicos, vendendo uma fantasia que não existe. Mas por que vale tudo isso? Os nove pontos anteriores explicam!

Lojas são experiências

Numa palestra em 2019, Javier Fernández Andrino, diretor estratégico internacional de marketing e luxo da El Corte Inglés, afirmou: "O mundo está se transformando através do varejo. As grandes lojas deixaram de ser apenas locais de consumo para tornar-se locais de experiência. Os consumidores buscam um prazer de ter não só um produto, mas uma recordação. As pessoas não compram produtos, compram valores. E os valores têm fãs".[23]

Analisando essa afirmação de Andrino, podemos entender que, sem credibilidade e transparência, a marca jamais conseguirá ser um lugar de experiência. E por que eu acredito nisso? Porque experiência passa por ser prazerosa, que remeta a algo bom para o consumidor. Para ser algo que gere prazer, é preciso que o cliente se sinta leve e possa ser levado pela fantasia que o ambiente gera.

Bem, o consumidor não se sentirá relaxado se entrar num ambiente tenso, nem com relação a algo que ele não confie, que não lhe transmita credibilidade. E como alguma coisa pode gerar credibilidade sem ser transparente no que oferece?

Outback é uma marca de sucesso

Um dos meus restaurantes favoritos! Quantas vezes você já ouviu isso? Bem, no meu caso, realmente é. Além disso, eu me lembro, no auge da crise que o Brasil viveu, em 2016–2017, de que cheguei a ir a alguns restaurantes que antes eram lotados, mas, nessa época, conseguia-se mesa sem nenhum problema. Entretanto, isso não ocorreu com o Outback: ele vivia lotado todos os dias, a todas as horas e em qualquer unidade. Isso chama atenção, ainda mais se você trabalha com planejamento e tem na sua mente entender comportamento de pessoas.

O Outback não fez nenhuma promoção na época, a não ser as que sempre faz. Não reduziu o preço, assim como também não abriu mão da qualidade. A marca fez o básico: cumpriu o que prome-

---

23 Erica Valério, "As pessoas não compram produtos, compram valores. E os valores têm fãs", *Mercado & Consumo*, 29 ago. 2019. Disponível em: <https://www.mercadoeconsumo.com.br/2019/08/29/as-pessoas-nao-compram-produtos-compram-valores-e-os-valores-tem-fas/>. Acesso em: 12 maio 2020.

teu. Outros restaurantes também fizeram isso, e até mais, porém, em um momento de crise, as pessoas se davam a chance de, por algumas horas, relaxar e esquecer os problemas. McDonald's não vende isso. Lellis Trattoria, Famiglia Mancini, Rubayat, Gero ou Barbacoa também não.

Quem vende um ambiente de felicidade, com uma boa comida e, principalmente, um atendimento de qualidade? O Outback. Qual garçom/garçonete abaixa na mesa e olha nos seus olhos para pegar o pedido, sempre com um sorriso no rosto? O preço do Outback não é dos mais baratos, uma happy hour no bar próximo ao seu escritório sairá mais em conta, mas o Outback traz a transparência na comunicação: ali as pessoas se divertem. Talvez uma família mais tradicional não vá lá por causa do barulho ou mesmo da comida, ok, faz parte do jogo, marcas nunca vão agradar 100% a todos. Se assim fosse, o que seria da concorrência? Como dizem, o que seria do verde se não fosse o azul?

Na minha visão, o Outback é uma das marcas que melhor trabalham os pilares deste capítulo: credibilidade e transparência, gerando a confiança que a marca precisa para, inclusive, superar crises! E não apenas as crises econômicas, mas as de imagem, como foi o caso de Daniel Campos, em 2013.

> *Insatisfeito com a atitude da funcionária do Outback que não o deixou entrar no restaurante após o fechamento da loja, às 23:00, Daniel Campos foi direto ao Facebook da marca para postar sua reclamação, já que ele chegara "apenas às 23:02" e esperava ser atendido, o que não ocorreu – "Mostrei o celular marcando 23:02, disse da data e da viagem longa e perguntei se ela estava entendendo a situação", reclamou Daniel, indignado, ao que a atendente esclareceu que o expediente já havia sido encerrado.*

> Como resposta, a equipe de mídias sociais do Outback pediu maiores informações e prometeu investigar o caso, mas os internautas não perdoaram a petulância do cliente. "Você chegou depois do horário de expediente e achou um 'absurdo' não terem te atendido?", critica um amigo do próprio Daniel na postagem – "Sinto pelo desperdício de tempo e transtorno, mas não consigo ver nada de errado em não ser atendido além do horário informado".[24]

Será que outra marca geraria esse tipo de reação? Aqui, temos apenas dois comentários, mas Daniel sofreu muito com a quantidade de pessoas que defenderam a marca, por esta ser extremamente honesta e transparente. O reclmante quis ser malandro, e a internet não perdoou.

Jamais engane o consumidor

Enganar as pessoas é o pior que se pode fazer. Tratá-las mal, também. Minha família toda, desde meus avós, já morou no Ipiranga. Quem conhece esse tradicional bairro da capital paulista sabe da história da Hamburgueria do Oswaldo, conhecido como Seu Oswaldo, um espanhol bravo que tratava mal todo mundo. A lanchonete sempre foi um sucesso, mesmo depois do falecimento do fundador, em 2008. A casa se mantém como um ponto icônico no bairro, mesmo com o mau humor e o tratamento péssimo que perduram entre os atendentes, mas esse é um caso bastante isolado. As redes sociais trouxeram um poder para as pessoas que não existia quando o Seu Oswaldo abriu sua hamburgueria há mais de cinquenta anos.

Esse exemplo é para reforçar que você não pode enganar ou tratar mal as pessoas. Sua marca será jogada no fogo da Inquisição das redes sociais e, fatalmente, pessoas que nunca ouviram falar

---

24   Cliente reclama do Outback, mas toma esculacho no FB, *Novo Momento*, 22 fev. 2013. Disponível em: <https://www.novomomento.com.br/cliente-reclama-do-outback-mas-toma-esculacho-no-fb/>. Acesso em: 12 maio 2020.

da sua marca vão – para usar um linguajar jovem – pegar "ranço" dela, seja ela pequena, média ou gigante. As marcas que mantêm uma comunicação transparente e que geram credibilidade, sendo, assim, mais confiáveis, saem mais rápido de crises do que aquelas que nunca se preocupam com isso e resolvem ser "boazinhas" só quando o problema ocorre. Aí não há gestão que resolva, pois as pessoas, rapidamente, percebem que a marca mudou de tom apenas para se safar de algo ruim, como uma criança de 5 anos que, quando quebra o vaso na casa da avó, vira "uma santinha" para não levar a culpa. Soa igual!

MARCAS FORTES SÃO APENAS PARA GRANDES EMPRESAS: #FAKENEWS!!!

Um papel do profissional de marketing como um todo é combater as famosas fake news. Isso não ajuda marca alguma, aliás, não ajuda ninguém, então farei aqui o meu "papel social" em ajudar a desvendar uma das maiores fake news do mundo: marketing é apenas para empresa grande! Isso é uma grande mentira, e vou aqui mencionar um ponto em comum a todas as empresas da história: elas começaram pequenas!

Antes de a Montblanc se tornar uma marca mundial, vendendo canetas em diversos países, com mais de 9 mil pontos de venda e quase 400 boutiques próprias, quando ela surgiu, em 1906, o engenheiro August Eberstein e o banqueiro Alfred Nehemias se inspiraram em um objeto que tinham visto em sua recente viagem aos EUA, a caneta-tinteiro, recém-surgida. Chamaram o comerciante Claus-Johannes Voss e deram início à produção da versão alemã do produto. Você acha que eles começaram com 400 boutiques pelo mundo?

Quando Steve Jobs quis bater de frente com IBM e Microsoft, ele não começou dentro de uma luxuosa sede em Cupertino (Califórnia).

Mas na garagem de seus pais adotivos. O Google era um trabalho de conclusão de curso de dois jovens alunos de Stanford. Eu poderia citar também a Coca-Cola, que, em seu primeiro ano de operação, vendeu somente 25 galões, o que correspondia a nove copos por dia, ou US$ 50 em vendas. Grande prejuízo para o farmacêutico John Pemberton, de Atlanta (EUA).

O que desejo passar a vocês é que não importa o tamanho da marca, mas, sim, a sua vontade de ser uma marca de sucesso. Se Pemberton tivesse desistido no primeiro ano, talvez hoje a Coca-Cola não existisse, e eu, decerto, seria uma pessoa infeliz! O fato é que ele foi vender seu produto nas ruas de Atlanta. Samuel Klein começou a vender cobertores para pessoas de baixa renda em 1952, dando o nome de Casas Bahia; hoje, é o maior varejista do Brasil. Isso inspira suas ambições empresariais? Se não, é melhor você reler este capítulo até aqui. A mensagem é clara: nenhuma empresa nasce grande, elas crescem ao longo do anos se seus fundadores tiverem visão. Muitos não têm, miram ser grandes e naufragam. Poderia aqui falar de diversas outras marcas, mas esse é um assunto que não caberia em apenas um livro.

Sua marca também pode!

Não acredite em crescimentos fenomenais sem uma boa injeção de dinheiro. A Dafiti, por exemplo, é o maior fenômeno do e-commerce brasileiro. Em pouco tempo, tornou-se uma das maiores lojas online do Brasil, graças a uma grande ajuda: um altíssimo valor captado com fundo de investimento capitaneado pela Rocket Internet. É um caso particular, daqueles que chamamos de "1 em 1 milhão". Ter um investidor é sempre importante e ajuda a fazer a empresa crescer mais rápido, mas dinheiro não faz nada sozinho. Sem cabeças pensantes, o dinheiro será mal gasto, a empresa não vai atingir as metas necessárias e, com isso, corre o risco de fechar, ou de ser vendida, para que a operação gere algum retorno para os investidores.

Investidor nem sempre é possível

Muitas empresas no Brasil surgem e crescem sem um aporte financeiro. Elas podem demorar mais para atingir o sucesso do que as que têm investidor. Porém, têm todas as chances de chegar lá, mesmo que seja com empréstimo bancário, por exemplo. Dinheiro é importante para que a empresa tenha sucesso, não sou louco de dizer o contrário, ainda mais por estar inserido nesse meio de startups e investimentos. O que quero deixar claro é que, na falta de ousadia, de cabeças pensantes e de muito trabalho, o dinheiro, por si só, pode até atrapalhar, afinal, em alguns casos, o empresário ficará com uma dívida enorme de um dinheiro que pegou para dar tração à empresa, mas não conseguiu, por uma série de razões.

Sou pequeno, como faço?

Quando a FM CONSULTORIA é chamada para um brief de algum cliente, com frequência ouvimos a frase: "Sou pequeno, como faço? Não tenho tanto dinheiro...". De fato, é mais fácil trabalhar com uma empresa que tem alguns milhões dedicados a trabalho de marketing do que aquela que investe, a muito custo, R$ 2 mil em Google e Facebook. Entendendo que todas as marcas, um dia, foram pequenas, a nossa resposta é padrão: "Você pode ser pequeno hoje, mas amanhã, não...". O cliente gosta de ouvir isso, por mais óbvio que possa parecer. Ele precisa dessa confirmação porque, de verdade, se confio no meu trabalho, conseguirei ajudá-lo. Mas é preciso deixar claro para o cliente que, se ele não fizer a parte dele, as coisas não vão sair do lugar.

Eu me lembro de um dos primeiros clientes da consultoria, um e-commerce que nos foi indicado por um grande amigo, Manuel Santos, dono da SexShop SP, uma das melhores lojas de sex shop do país. A empresa queria vender um determinado produto e tinha uma base de 10 mil nomes de e-mail, acreditando que isso seria suficiente para vender, já que eram clientes do B2B que poderiam comprar de forma B2B, mas a empresa também poderia vender no B2C.

Era um grande erro, mas montamos o e-commerce na plataforma que eu não sugeri, contrataram a agência que avaliei ser a pior de entrega, e depois de vinte reuniões com oito diferentes empresas de performance, não fecharam com nenhuma. Haviam contratado a FM CONSULTORIA para que esta orientasse o processo, mas nada foi seguido. Isso é um padrão comum em pequenas empresas: como o investimento é menor, elas tendem a ficar em cima, esperando por resultados mais rápidos; contudo, é preciso primeiro criar na mente do dono, ou dos donos, que o digital leva tempo, planejamento e trabalho. Quanto a cliente que o contrata na segunda e quer resultado na quarta-feira, meu conselho é: não perca tempo com ele.

Quando o profissional de estratégia faz a sua parte e a empresa não faz a dela, esta dificilmente cresce. Esse e-commerce, até o fechamento deste livro, estava no ar e do mesmo jeito. Espero que estejam vendendo bem!

Ser pequeno não é impeditivo de crescer

Tenha esse mantra em sua mente. Não é porque hoje você é pequeno que não pode crescer. A sua marca vale alguma coisa hoje e poderá valer muito mais amanhã. Não duvide! Mas, para isso, são necessárias estratégia, disciplina e ousadia. Sem isso, você será mais um dentre milhares. Como já dito, produto é commoditie, logo, você tem grandes chances de ser mais um. Mas, com a ousadia que seus concorrentes não terão, com pensamento estratégico que eles desconhecem e com muita força de vontade, amanhã serão eles mais um na multidão, e não você.

Não tenha em mente que sua empresa não precisa ou não tem dinheiro para investir em construção de marca, pois todos têm!

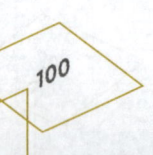

Juntamente com a compreensão de comportamentos, marcas são um dos mais importantes pilares para o sucesso de uma empresa. Se quer ter sucesso, é preciso investir não só dinheiro, mas também tempo e, principalmente, capital intelectual, ou seja, ter pessoas competentes ao seu lado. Do contrário, seu dinheiro será jogado no lixo!

COM A PALAVRA, OS ESPECIALISTAS: POR QUE TER UMA MARCA FORTE?

Um dos papéis do profissional de planejamento é provocar. Em minha essência, esse é o meu papel, de construir caminhos para que as marcas saiam da mesmice. Quando desenvolvi essa metodologia que aplico no dia a dia de muitas empresas a que a FM CONSULTORIA atende, eu quis construir histórias de sucesso. Consegui e depois resolvi repassar isso para o mercado, a fim de ver outras pessoas construindo histórias igualmente bem-sucedidas. No entanto, para embasar muita coisa que aqui escrevo, recorri a grandes mestres do marketing e especialistas em construção de marcas, para que as palavras deles também possam inspirar o seu pensamento. São frases que recolhi de palestras, eventos e até de bate-papos com alguns deles.

Vale muito a pena não apenas ler essas frases, como escrevê-las em um post-it e colá-las no monitor do seu computador ou na sua mesa de trabalho. Certa vez, apenas para curiosidade, um cliente meu pediu para eu fazer um quadro do slide da metodologia que mostra essas fotos para ele colocar na mesa dos colaboradores. Não fizemos, mas ele a rodou na impressora da empresa em dez cópias e as distribuiu na mesa de cada um pedindo para eles lerem diariamente e se inspirarem em construir uma marca de sucesso.

"Impossível imaginarmos qualquer plano de comunicação que não situe as marcas no centro do tabuleiro. O crescimento da paridade técnica entre os produtos e serviços tornou cada vez mais improvável a diferenciação entre eles" (Jaime Troiano, um dos maiores nomes de branding no Brasil).[25]

"A proposta de valor deve ter um papel impulsionador na empresa. Deverão ser levados em consideração os benefícios emocionais e os funcionais. As marcas trazem credibilidade. Precisamos entender como as pessoas se conectam às marcas" (David Aaker, pai do estudo de branding no mundo).[26]

"Hoje as marcas ajudam a compor a nossa identidade. Enquanto a publicidade prega que a propaganda é a alma do negócio, as pessoas mostram uma enorme descrença dos meios tradicionais de propaganda" (Marcos Hiller, professor e consultor de branding).[27]

"Branding significa dotar produtos e serviços com o poder de uma marca. Está totalmente relacionado a criar diferenças. Para colocar uma marca em um produto, é necessário ensinar aos consumidores quem é o produto batizando-o, utilizando outros elementos de marca que ajudem a identificá-lo, bem como a que ele se presta e por que o consumidor deve se interessar por ele" (Philip Kotler, pai do marketing moderno).[28]

Eu poderia aqui descrever a minha visão sobre cada uma dessas frases, mas a provocação está feita, agora é com você. Leia-as, releia-as, grave-as ou cole-as num post-it, mas o mais importante é: FAÇA!

---

25 Jaime Troiano, *As marcas no divã*: uma análise de consumidores e criação de valor, São Paulo, Globo, 2009.
26 Aaker, op. cit.
27 Hiller, op. cit.
28 Philip Kotler e Kevin L. Keller, *Administração de marketing*, 10 ed., São Paulo, Pearson, 2000.

METODOLOGIA MACOIN

Vou contar uma pequena história. Eu estava em sala de aula conversando com alguns alunos e falando sobre o que as empresas esperam dos profissionais. Era um papo informal, no intervalo de um curso. Tenho a mania de ir desenhando enquanto falo. Sou apaixonado por cadernos e canetas, tenho-os sempre à mão, e quando percebi, eu havia desenhado um esquema que compunha três pilares importantes: marcas – consumo – inovação. Daí veio o nome Macoin, como chamo. Esse é o primeiro passo para eu apresentar aos clientes o que eles precisam fazer. Se você tem de mostrar ao cliente o que ele precisa fazer, essa metodologia é essencial para o cliente obter a resposta, a partir da metodologia:

MA de marca. Esta precisa ser:

Forte

Estabelecida

Reconhecida

Pilar de comunicação

E como chegar nisso?

A metodologia de branding, que você está aprendendo aqui, levanta, analisa e desenvolve aproximadamente sessenta pontos da empresa, com o objetivo de fortalecer as marcas e criar uma narrativa para as ações de comunicação.

CO de consumo. Este envolve:

Pessoas

Entendimentos

Estudos

Como falar

E como chegar nisso?

Voz das ruas é o nome dado às pesquisas de imersão em pontos de venda, grupos de pessoas, redes sociais, mailings, sites, entre outros canais: ouvir as pessoas em cinco grandes grupos (consumidor, ex-consumior, amantes, quem gosta, quem detesta) trazendo insights para linhas estratégicas, que abordaremos com mais profundidade ao longo do livro.

IN de inovar. Marcas envolvem:

Cultura

Estudos

Tendências

Alma digital

E como chegar nisso?

Inovar consiste em analisar tendências dentro do guarda-chuva da transformação digital e entender como as ações podem auxiliar as marcas nesse importante e inevitável processo de negócios. Sem uma alma digital, termo criado por Walter Longo, as empresas não vão ter sucesso no universo da transformação digital.

Basicamente, essa metodologia é que dá início aos quatro passos que veremos mais à frente. É com essa metodologia que você conseguirá, de maneira rápida e efetiva, mostrar ao cliente que ele precisa ter uma marca sólida, entender pessoas e inovar. Marcas sem isso são marcas *mais do mesmo*. E isso não empolga mais.

Caminhos diferentes

Sem esses passos, o risco de a marca caminhar para vários lugares é enorme. Existem muitas marcas, nos dias de hoje, em que a promessa é uma, a campanha do Google é outra, o aplicativo é outro, o relacionamento não é feito de forma efetiva, o propósito não é comunicado, o site está atrasado e, com isso, as vendas vão caindo mais que popularidade de político corrupto. Quando a marca é bem organizada e tem uma estratégia por trás dela, esse tipo de coisa não acontece, pois há um caminho a ser seguido. Marcas fortes sempre vendem mais, isso é fato, mas elas não se tornam fortes com uma comunicação desorganizada.

Marcas fortes se diferenciam dos seus concorrentes tanto pela logomarca quanto por qualidade do serviço, qualificação técnica dos profissionais e, acima de tudo, construção e consolidação de sua identidade. O processo de construção de uma marca é composto por: definição do negócio, posicionamento, proposta de valor e percepção com que o público observa a marca. Branding é o conjunto de ações diretamente relacionadas à gestão de marcas, como: criação e manutenção da confiança, missão e posicionamento coerentes da empresa, cumprindo o que promete. O processo de construção de identidade de uma marca é desenvolvido de acordo com o que a empresa acredita e entrega ao mercado via produtos e serviços que façam a diferença na vida das pessoas.

De acordo com Niall FitzGerald, ex-presidente mundial da Unilever: "O mundo está mudando, e os consumidores estão exigindo cada vez mais das empresas por trás das marcas, trazendo novas visões como cidadãos para suas compras, querendo marcas em que possam confiar".[29]

---

[29] FitzGerald apud Seth Godin, *Isso é marketing*: para ser visto é preciso aprender a enxergar, Rio de Janeiro, Alta Books, 2019.

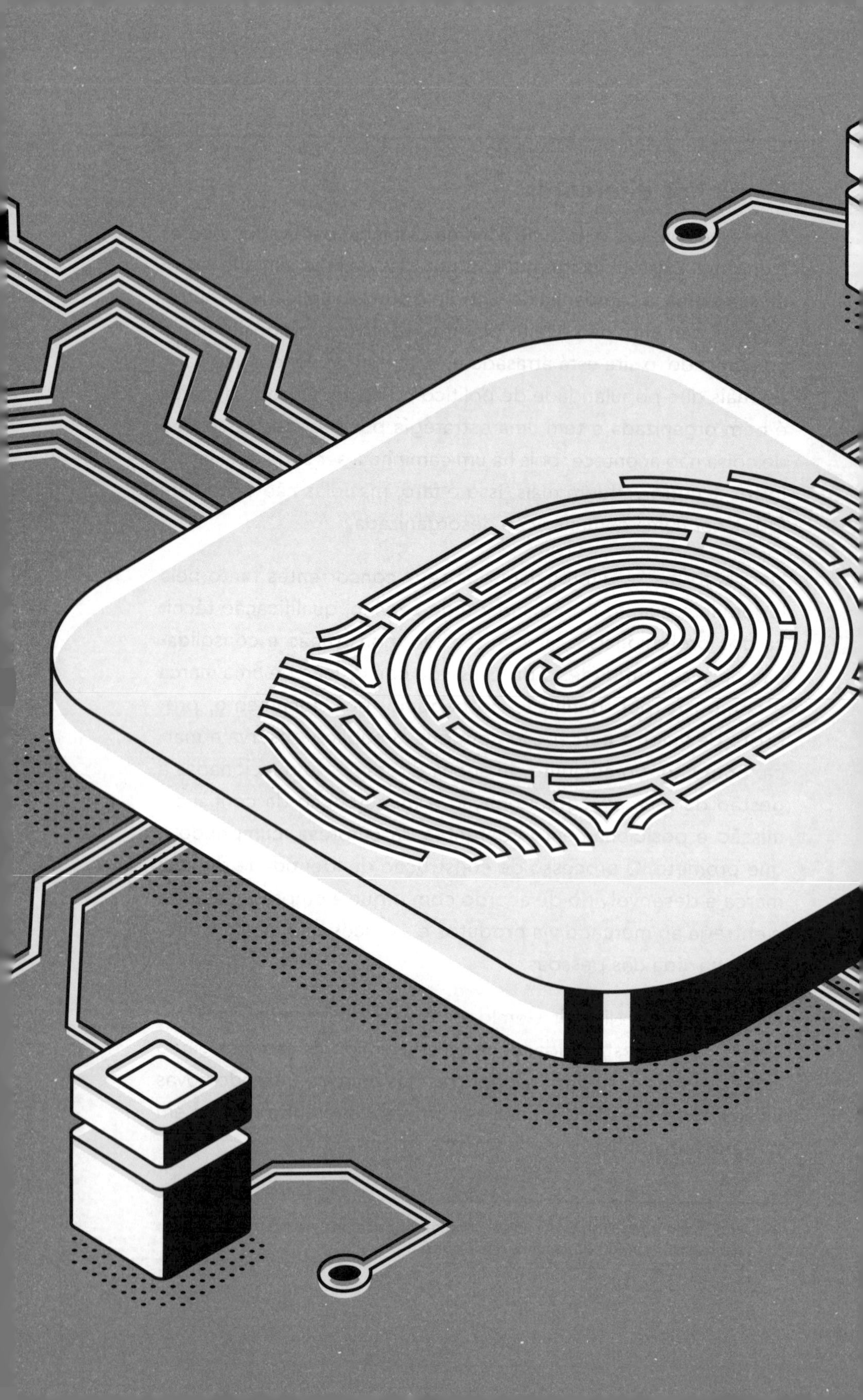

PARTE 1
RAZÃO DA MARCA

Damos início aqui ao passo a passo da metodologia. Até o momento, você entendeu o que é uma marca, agora iremos nos aprofundar nisso. Essa metodologia pode ser usada por Apple, Montblanc, Mercedes-Benz, Coca-Cola, mas também por Riachuelo, Planet Girls, ESPM ou até mesmo pela Padaria do Manoel, pela Mecânica do Carlos ou pela Loja de Presentes da Jú.

Tão simples quanto isso, a metodologia é um pensamento organizado e estratégico para chegar a um objetivo ou meta, não importa o tamanho da empresa. Fique sempre com isso em mente, pois, por mais que eu venha a usar exemplos de grandes marcas, você pode aplicar essa metodologia em qualquer empreendimento. Eu, por exemplo, já apliquei em multinacional farmacêutica, empresa de construção civil, marcas de moda, empresas B2B da área de doces, empresa de importação Brasil-China, empresa de cosméticos, distribuidor de tecnologia, postos de gasolina, rede de óticas e até mesmo uma agência de turismo de bikes no Rio de Janeiro. Portanto, essa metodologia cabe para a sua empresa, também!

PROPÓSITO DO FUNDADOR

"Uma marca que captura sua mente ganha comportamento. Uma marca que apura seu coração ganha comprometimento", diz Scott Taigo,[30] estrategista de marca.

O propósito do fundador e as metas dos funcionários tornam-se uma só: estratégias, decisões de alocação de recursos emanavam de missão e valores, em direção e foco claros em toda a organização. Segundo David Aaker, o fundador deve trazer o que ele é para a marca: **"A personalidade de marca pode ser definida como o conjunto de características humanas associadas à marca"**.[31] A empresa é a "cara" do dono!

---

30 Taigo apud Aaker, op. cit.
31 Aaker, op. cit.

Valores compartilhados são pontos fundamentais para o sucesso a longo prazo. A imagem de marca positiva começa na excelência do serviço diário fornecido por funcionários comprometidos. O processo de criação de uma cultura baseada na marca se inicia, necessariamente, no topo. O maior executivo de uma empresa é o construtor fundamental da marca.

A base comum dos principais executivos da empresa é um desejo de construir ou fortalecer uma empresa, diferenciar suas organizações, criar uma proposição de valor que possa ser transmitida consistentemente e centrada no cliente.

Quando você iniciar o processo de planejamento da marca, jamais seja aquela pessoa que olha a empresa e quer mudar tudo em menos de um mês. Não é assim! Isso demanda um tempo para entender todo o universo da marca, você precisa ouvir as pessoas que lá estão há anos, ouvir os consumidores. É um comportamento normal de qualquer profissional querer mostrar serviço e conhecimento no começo do processo, mas sem precipitação.

Os mais jovens, normalmente, são aqueles que engatam a primeira marcha e vão com tudo, enquanto os mais experientes sabem esperar. Entenda, ouça, converse e faça a imersão na marca antes de querer mudar qualquer coisa, do contrário, você pode dar um tiro no pé. Reza uma lenda no mercado de que uma famosa empresa de refrigerantes contratou um novo diretor de marketing para o seu quadro de funcionários. Na primeira semana, esse novo diretor disse que o jingle da marca era chato e precisava mudar. Na semana seguinte, um novo profissional já ocupava sua cadeira.

Você pode conhecer muito de marketing, comunicação, marcas e redes sociais, mas jamais vai conhecer mais do negócio da empresa do que o seu fundador.

Exemplos de propósitos

▷ Starbucks: não está no negócio de vender café, está no negócio de pessoas.

▷ Apple: não fabrica computadores, enriquece vidas.

▷ Virgin Atlantic: não vende assentos em voos, vende experiências ao cliente.

▷ Oprah Winfrey: não apresenta talk-show, amplia a consciência humana.

▷ SpaceX: não quer levar o homem à lua, quer tornar a humanidade uma espécie multiplanetária.

▷ Vitacon: não vende apartamentos, muda vidas por meio de moradia.

▷ FM CONSULTORIA: não entrega projeto, muda os rumos das marcas por meio de comportamentos.

Howard Schultz, Steve Jobs, Richard Branson, Oprah, Elon Musk, Alexandre Frankel e até este humilde autor, que não tem a menor pretensão em se comparar a esses geniais empresários, criaram as suas empresas baseadas em propósitos nos quais acreditam fielmente. Eles acordam todos os dias e pensam: é assim que vou mudar o mundo. Eles mudaram, e vão mudar mais ainda!

O interessante de tudo isso é que você precisa somar forças. Você conhece a fundo muitos pontos de marketing, o cliente conhece a fundo muitos pontos do negócio. Que tal somar forças em prol do sucesso da marca? Não é mais interessante? Por isso, o primeiro passo para fazer uma boa imersão de marca é entender por que, há x anos, o sr. Fulano ou a sra. Beltrana levantaram da cama em um belo dia ensolarado e disseram: "Quer saber? Vou resolver esse problema de mercado criando uma empresa". Anos mais tarde, lá está você para ajudar a resolver um problema de marca (ou vários), seja você do time de marketing, seja você de alguma agência ou consultoria.

Tenha certeza de que se você está inserido no universo daquela marca é porque precisa usar todo seu intelecto e conhecimento para resolver problemas, mas não subestime o conhecimento das pessoas.

Populus Group

Em seu livro **Storytelling**, Carmine Gallo conta o propósito dessa empresa americana, com receita anual de US$ 200 milhões. Bobby Herrera criou a empresa que atua na seleção de pessoas. Na sua missão, descrita em seu site, diz que, **"no Populus Group, gerenciamos seu programa de força de trabalho não permanente para vocÊ e todos os funcionários que o acompanham. Então, esteja você executando um programa, ou seja um contratado procurando seu próximo papel interessante, estamos aqui para ajudá-lo a ter sucesso"**.[32] Poderia ser apenas mais uma empresa, mas há um propósito do fundador nessa história.

Aos 17 anos, Bobby e seu irmão viajavam de ônibus para um jogo de basquete. Quando o ônibus parou em um restaurante de beira de estrada, eles não desceram, pois não tinham dinheiro para comer um lanche. Um dos pais disse que pagaria o lanche deles, que ninguém precisava saber, mas que, um dia, eles poderiam fazer o mesmo por outras pessoas. Esse ato inspirou Bobby a construir uma empresa para devolver à sociedade o gesto bondoso que o pai daquele aluno teve.

O Populus tem 3 mil funcionários, que se comprometem a mudar a vida de jovens das nove cidades em que operam. Além de ajudar a conseguir um emprego aos jovens e dar-lhes dignidade, o Populous também dedica parte do seu tempo a trabalhos voluntários, auxiliando 1,5 mil crianças por ano com materiais escolares, além de firmar parcerias para a alimentação delas. Bobby teve um propósito baseado em um evento que ocorrera em sua vida.

---

32 Carmine Gallo, *Storytelling*: aprenda a contar histórias com Steve Jobs, Papa Francisco, Churchill e outras lendas da liderança, Rio de Janeiro, Alta Books, 2019.

COMO FAZER IMERSÃO NA MARCA?

Com **um bate-papo informal com todos os colaboradores** da empresa. Sem roteiros, sem gravações, sem nada esconder: um papo, de preferência, fora da empresa, para deixá-los mais tranquilos no sentido de falar a verdade. Nesse momento, críticas são mais importantes que elogios.

Esse momento serve para entender a fundo o que a empresa faz, o que quer e para onde vai. No capítulo anterior, falamos sobre o propósito do fundador, que você precisa entender a fundo, pois isso o ajudará a montar o propósito da marca e, consequentemente, o posicionamento da mesma. Perceba que cada um dos pontos aqui analisados, e são pouco mais de noventa, tem uma ligação direta entre eles. Dessa forma, você vai conseguir construir uma marca mais forte, sólida e bem posicionada.

Nesse momento de imersão, o processo é simples, mas bem trabalhoso. Será preciso que você dedique muitas horas para fazer isso. Seja você do departamento de marketing da empresa, seja agência ou de consultoria, é um trabalho que precisa ser feito por alguém. Por uma pessoa de fora seria o ideal, assim, o papo fica mais transparente, sem medo de críticas. Aconselho você, gestor de marcas, a contratar gente de fora, seja uma consultoria, seja uma empresa de pesquisa.

A agência que o atende também não é recomendado, pois há uma relação entre marca e agência. Para o processo ser mais eficiente, uma pessoa de fora, sem vícios e sem conhecer o dia a dia, é melhor.

Passo a passo de como fazer a imersão: na marca

Para você entender o passo a passo, vou dar um exemplo do trabalho feito pela FM CONSULTORIA em 2019 junto à Officer Distribuidora. Obviamente que as respostas você não verá aqui, mas a metodologia, sim. Além de ser um cliente de que gostamos muito, o convívio trouxe uma amizade entre nós, o que ajuda no trabalho e na confiança entre as partes.

O primeiro passo foi conversar com a Christina Katselakis, na época, a gerente de marketing da empresa, sobre como faríamos o processo. Juntos, e é importantíssima a parceria do cliente nisso, organizamos uma lista de pessoas com quem iríamos falar dentro dos perfis que buscávamos. Quando a Chris me perguntou o número de pessoas a serem entrevistadas, respondi que quanto mais, melhor, já que cada uma tem uma visão, uma forma de entender marca, produtos, pessoas e processos. Isso faz parte da imersão, entender a empresa. Em O sócio (History Channel), o apresentador, empresário e investidor Marcus Lemonis ensina que uma empresa se baseia em: produto, pessoas e processos. Se você não assiste a esse seriado, recomendo ver urgentemente. Há muitas temporadas dele disponíveis no YouTube.

Esse passo, imersão da marca, é quando nós, estrategistas, estudamos a fundo as percepções de pessoas dentro da empresa, nesse caso, a Officer. Criamos um questionário de oito perguntas em que os consumidores pudessem responder de forma aberta e tranquila, como o coração mandava, e não de maneira binária ("sim/não", por exemplo). Perguntas como:

- O que é a Officer?
- O que a Officer oferece ao mercado?
- Qual o perfil do cliente Officer?
- Quais os diferenciais da Officer?
- Quem são os concorrentes da Officer?

Essas foram algumas das perguntas. Perceba que se você substituir Officer por Coca-Cola, Mercedes-Benz, Montblanc, Padaria do Manoel, Mecânica do Carlos, Loja de Presentes da Jú, o questionário também se encaixa, certo? Ou seja, como já dissemos aqui, a ideia de construção de marca como sendo um conceito só aplicável para grandes empresas é uma das maiores fake news do marketing, afinal, a Apple nasceu em uma garagem, lembra?

Entrevistamos um grande número de pessoas, cujas respostas foram bastante oportunas para o trabalho. Cada uma entendeu o espírito do projeto e pouco se importou se as respostas iam ou não para o CEO da empresa, Luciano Kubrusly, até porque sempre lhes era dito que não iria – e não foi – um resumo individual do que foi falado. Isso ficou guardado com a FM CONSULTORIA, como material de pesquisa.

Cada pergunta gerou um pequeno relatório. Apresentamos em percentual os três resultados que mais foram citados. Como dito, as perguntas eram abertas, logo o time da FM CONSULTORIA teve de ler cada uma das respostas e fazer um compilado dos insights mais frequentes. Levantamos alguns outros pontos de atenção em cada uma das questões, pontos que precisavam ser analisados futuramente pela empresa. Depois disso, criamos slides mostrando as conclusões de todas as questões levantadas.

Junto a esses pontos de conversa, conseguimos criar uma matriz baseada em quatro pontos: propósito do fundador, imersão na empresa, imersão na marca e contextualização da marca. Isso foi possível porque as conversas com os colaboradores, do CEO ao estagiário, deram um panorama interessante sobre os caminhos.

Conseguimos também entender o propósito da marca, cavá-lo e desvendá-lo. Missão, valores e visão, no brief que a cliente havia respondido, eram os mesmos que em capítulos anteriores, foram passados como modelo para você, leitor. Essas informações foram embasadas pela pesquisa feita. Entendemos que todos estavam no mesmo caminho. Entendemos que os atributos funcionais e emocionais da marca, junto a essa imersão, que reforço, têm no brief – apesar de longo – é de enorme importância ser respondido em um papo com o C-Level (CEO, CFO, CMO, CLO...) e com todo o time de marketing, é o melhor dos mundos. Feito isso, ainda conseguimos, na FM CONSULTORIA, identificar a promessa da marca e os seus diferenciais.

O próximo passo foi estudar os concorrentes, analisando a comunicação, o posicionamento, a presença digital de cada um deles. Esses passos, que serão aprofundados nos próximos capítulos, são de enorme importância no processo de imersão da marca. Até aqui, apenas levantamos o que era a marca e o que ela significava para o time interno. Era preciso saber como seria para o pessoal externo, ou seja, os consumidores.

Passo a passo de como fazer a imersão: nas ruas

Tendo em mãos uma lista de clientes ativos e ex-clientes, separados em perfis distintos, fomos para as ruas conversar. Não abrirei os perfis, mas os macros são simples: consumidores, ex-consumidores, amantes da marca, usuários da marca, haters da marca. A divisão na Officer não seguiu muito esse padrão, mas esse é um padrão básico da metodologia, que, claro, pode mudar de acordo com cada cliente. Sentamos com a Chris para eleger os perfis e depois os nomes de cada um.

O time da FM CONSULTORIA fez a imersão por telefone. Aqui, vale uma dica: em posse da lista de pessoas/empresas a serem pesquisadas, peça ao time de marketing do cliente que ligue e envie um e-mail informando sobre a pesquisa e quem vai ligar. Assim foi feito na Officer: quando o time da FM CONSULTORIA entrava em contato, as pessoas selecionadas já sabiam do que se tratava e se mostraram muito solícitas para ajudar.

As perguntas foram, em sua esmagadora maioria, as mesmas da imersão de dentro da empresa, isso porque era interessante que as respostas fossem parecidas, pois o objetivo era claro: entender percepções de marca! Claro que algumas perguntas mudaram, como:

- ▷ Como você avalia a Officer?
- ▷ Como a Officer o ajuda no seu dia a dia?
- ▷ Por que você compra da Officer e não da concorrência?
- ▷ Como você enxerga a marca no mercado?

Mais uma vez, se você trocar Officer pela sua marca, as perguntas igualmente se encaixam. Algumas, bem mais específicas, não posso publicar aqui, entretanto, é preciso saber que essas perguntas saíram da imersão de marca, na fase anterior, em que foram levantados pontos que a marca precisava melhorar, logo, fomos para o mercado ver a percepção dos consumidores sobre esses problemas. Com a sua marca, você fará o mesmo.

No próximo capítulo, falaremos mais profundamente sobre comportamento de pessoas e voz das ruas. Você verá como usar os dados apresentados aqui para fortalecer a marca.

QUAL A HISTÓRIA DA MARCA?

Uma coisa que qualquer profissional de estratégia deveria saber é que não se começa nenhum projeto de marca sem se saber o que ela é. Nesse processo de imersão, que na FM CONSULTORIA damos o nome de razão da marca, sendo esse o primeiro dos quatro passos que usamos para construir e fortalecer uma marca, é preciso entender a história da empresa com a qual se está trabalhando. Saber, por exemplo, como alguns amigos se juntaram para criar o Outback é importante para a definição de seu direcionamento.

Segundo Renata Lamarco,[33] diretora de marketing da rede no Brasil, foi em 1988, na Flórida, que nasceu o Outback, inspirado no filme *Crocodilo Dundee*, sucesso naquela década. Muitas pessoas acreditam que a marca é australiana, até pela decoração e pelos conceitos, mas é americana e apresenta uma mistura das duas culturas. Saber disso faz muita diferença ao se pensar em campanhas para a marca.

Histórias acrescentam uma credibilidade necessária às marcas. Também apoiam a autenticidade de um produto ou empresa, uma das razões pelas quais o background de uma marca e suas histórias são tão importantes. Pessoas amam histórias. Em minhas palestras e aulas, por exemplo, sempre provoco o pessoal perguntando sobre como eles consomem histórias e conto-lhes dois rápidos momentos. O primeiro é quando, invariavelmente, uso a Maya, minha santa esposa, como exemplo. Estamos num restaurante conversando e, de súbito, ela simplesmente se desconecta dali e fica prestando atenção na mesa ao lado, na conversa. Não que a nossa conversa seja chata ou que ela seja uma fofoqueira, longe disso, mas é que a história chamou a atenção. É mais forte do que ela, na verdade, é mais forte do que todos nós!

Outro momento é quando falo do filme *Transformers*, que, para mim, é um dos melhores da história, com seus robôs de 3 a 4 metros de altura, transformando-se em carros e destruindo as cidades. A franquia dos *Transformers*, que inclui o filme *Bumblebee*, faturou aproximadamente US$ 3 bilhões em bilheteria pelo mundo, tendo o terceiro filme, *O lado oculto da lua* (meu favorito), arrecadado US$ 1,1 bilhão.

---

33 Renata Lamarco (entrevista), "Fala! Marcas", YouTube, 13m25s, postado por *Fala! Universidades*, 8 nov. 2019. Disponível em: <https://www.youtube.com/watch?v=0osPKS-s8gs>. Acesso em: 21 maio 2020.

Aí fica a pergunta: as pessoas gostam ou não de histórias? E o universo Marvel, que movimentou US$ 15,3 bilhões com seus filmes de uma pessoa ficando com raiva e virando um monstro de 3 metros, de um playboy que decide investir em uma armadura ou de um Deus que tem um martelo poderoso, que se une a outros heróis para salvar o mundo?

Percebe que histórias nada reais movimentaram quase US$ 20 bilhões? Se você tem dúvidas sobre isso, acredito que esses exemplos sejam bem esclarecedores.

Percepção de marca

Quando um consumidor faz contato com uma empresa, ele a analisa de várias maneiras. Todos os seus sentidos são utilizados para observar cores, sons, aromas, palavras etc. Tudo será avaliado, mesmo que inconscientemente. Por isso, a percepção de marca é construída por diversos fatores, como:

- Qualidade, preço e custo-benefício dos produtos
- Oferta de produtos inovadores ou exclusivos
- Atendimento recebido
- Rapidez na entrega dos pedidos
- Forma como a empresa trata seus funcionários
- Responsabilidade com o meio ambiente
- Maneira como a empresa faz propaganda e marketing

Até mesmo pequenos detalhes, como a música ou o perfume usado nas lojas, acabam influenciando na percepção de marca. Tudo serve para compor a memória afetiva do comprador. Portanto, a percepção é formada por toda a experiência de consumo oferecida aos clientes em toda sua jornada.

Entender a percepção da marca, pelo consumidor, é também entender a história que ela tem para ele. Histórias de sucesso vendem muito, desde que esse sucesso seja percebido pelo consumidor; do contrário, não passa de uma história sem muita aderência.

Qual a sua percepção em relação à história da Turma da Mônica? Se você tem aproximadamente 40 anos, como eu, deve ter passado um momento de nostalgia pela sua mente, ao se lembrar de quando lia as histórias da "turminha do bairro do Limoeiro". Mas isso passou, você não compra mais uma revistinha dessas para ler. Se estiver à mão, talvez até a pegue, por alguns minutos, para vivenciar esse momento de alegre nostalgia, mas passa. Agora, como é para o seu filho ou filha, que tenha aproximadamente 10 anos? Histórias trazem isso. A história da Harley-Davidson, para a sua filha de 9 anos, pode não interessar em nada, mas para você, na faixa dos 40, pode interessar muito!

Branding afeta as percepções de qualidade do produto, a confiança com que as pessoas compram, sua sensibilidade a preço e aceitação de novos produtos pelos membros do canal de distribuição. A marca funciona a partir de crenças dos consumidores em relação a ela, quando a atitude em relação à marca é determinada por elementos de atributos funcionais e racionais. Quanto mais clara essa crença estiver na mente dos consumidores, maiores as chances de o consumidor verbalizar os motivos e atitudes que o levou àquela escolha. Em uma pesquisa de imersão no ponto de venda, por exemplo, isso se torna fundamental para que o estrategista consiga direcionar os caminhos da marca.

PORQUÊ DA MARCA

Segundo Gisele Perasolo Alves, diretora de marketing internacional da Verizon Media, "a força das marcas está nas histórias verdadeiras que ajudam a construir. Não se trata de uma conversa unilateral, mas de troca, construção colaborativa e geração de vínculos de valor".[34] Aplico diariamente esse conceito em meus clientes na FM CONSULTORIA. Isso pode parecer algo simples e sem importância, mas não deve ser ignorado no desenvolvimento do projeto de marca. Lembrando que esse é um projeto que nunca acaba. Consiste em entender o porquê do nome da marca.

Em casos em que a marca está sendo lançada, o processo é um, mas se a marca já existir e precisar apenas se fortalecer dos pilares, o processo é outro. Em ambos os processos, é sempre feita uma pesquisa de imersão, na qual o time da FM CONSULTORIA conversa com cada colaborador da empresa, do CEO ao estagiário, tentando entender as percepções do nome da empresa. No caso de nomes novos, tenta-se entender as percepções do nome proposto inicialmente para, depois, entender se esse nome realmente representa o que a empresa quer ser. No caso de nomes já existentes, essas percepções guiarão os próximos passos.

O parágrafo anterior está na apresentação da metodologia de branding, material que deu origem a este livro. Por que alguém resolve vender óculos usando pimenta como elemento da marca? Estou falando da Chilli Beans. Caito Maia, seu fundador, idealizou-a em 1997 com um stand no Mercado Mundo Mix, segundo conta em seu livro *E se colocar pimenta?*, no qual o empresário narra a história de sucesso da marca. O nome Chilli Beans remete a um prato da culinária tex-mex (meio texana, meio mexicana), à base

---

[34] Sandra Martinelli, Andreia Roma e Tatyane Luncah (coords.), *Líderes de marketing*: uma visão estratégica e divertida da nossa realidade, São Paulo, Leader, 2019.

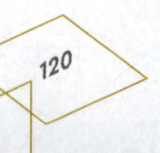

de feijão e pimenta. O publicitário e amigo José Caporino, ao criar o primeiro banner da empresa, errou na grafia e escreveu "chilli" em vez de "chili". Caito revela que fez questão de nunca corrigir, pois, "na numerologia, o segundo 'l' significa dinheiro".[35] Esse é o segredo por trás do nome da Chilli Beans.

Como surge o nome de uma marca?

Essa é uma pergunta que muitas pessoas se fazem, mesmo aquelas pouco ligadas ao universo das marcas e do marketing. Meu pai, por exemplo, grande advogado, sempre vem com alguma história de uma marca que surgiu na sua época. Ele não é ligado ao marketing, mas esse mundo fascina a todos. Não raro, médicos, advogados, engenheiros, arquitetos vêm conversar comigo a respeito.

Um publicitário curioso – característica fundamental para o bom profissional –, se for pesquisar a fundo, verá que a Daimler-Benz foi formada com a fusão da Benz & Cie. e Daimler-Motoren-Gesellschaft em 1926, cuja marca mais famosa é a Mercedes-Benz. O suíço Henri Nestlé pôs seu sobrenome naquela que já foi considerada a maior empresa de alimentos do mundo.

A famosa HP é a sigla de Hewlett-Packard Company, criada em uma garagem em Palo Alto por William "Bill" Redington Hewlett e David "Dave" Packard. A P&G (Procter & Gamble Company) foi fundada em 1837 pelo britânico William Procter e por James Gamble.

Entretanto, há outras marcas que surgem sem o uso do próprio nome dos idealizadores, mas como uma homenagem a algo da cultura de um povo, como é o caso da Montblanc. Em 1906, os alemães August Eberstein (engenheiro), Alfred Nehemias (banqueiro) e Claus-Johannes Voss (dono de papelaria) batizaram a sua recém-fundada empresa de canetas em homenagem ao Mont Blanc, a montanha mais alta da Europa Ocidental.

---

35 Caito Maia, *E se colocar pimenta? A história da marca mais quente do Brasil: sem cortes*, Rio de Janeiro, Alta Books, 2018.

Curiosidades sobre nomes de marcas

Ficam aqui alguns casos interessantes que podem divertir e, ao mesmo tempo, nos ensinar sobre esse universo tão fabuloso das marcas.

Googolplex é um dos maiores números descrevíveis. O nome da empresa, no entanto, veio depois de um erro na grafia da palavra. Larry Page, um dos fundadores, decidiu, então, registrar a companhia com o nome Google.

Adolf Dassler começou a fabricar calçados esportivos quando retornou de seu tempo de serviço na Primeira Guerra Mundial. O nome combina seu apelido, Adi, e as três primeiras letras de seu sobrenome. Foi assim que surgiu uma das mais famosas marcas esportivas do mundo: Adidas.

Seu José e Dona Rosa Mamprin inauguraram, em Louveira, uma barraca para vender lanches, bebidas e frutas para os motoristas à beira da Rodovia Anhanguera: o "Rancho São Cristóvão". O delicioso frango assado que Dona Rosa preparava para o almoço da família transformou o rumo dos negócios. O cheirinho do prato cativava os clientes, que passaram a chamar o rancho pelo nome que hoje vemos em quase todas as estradas de São Paulo: Frango Assado.

Gordon Bowker contou que, para chegar ao nome da sua marca, analisou uma lista de diversas palavras que começavam com "ST" – já que, para ele, essas duas letras juntas passavam a ideia de poder. Segundo Bowker, "num dado momento, alguém surgiu com um mapa de uma mina antiga de Cascatas do Norte e do Monte Rainier, onde havia uma cidade chamada Starbo. Na hora em que vi 'Starbo', lembrei-me do primeiro companheiro de Melville em *Moby Dick*". Assim surgia o Starbucks.

Nice era uma deusa grega que personificava a vitória, a força e a velocidade. Inspirando-se na imagem de bronze de Nice que se encontra no Museu do Louvre, em Paris, surgia a Nike.

Uma empresa de origem coreana tem um nome que pode ser traduzido literalmente como "três" (sam) e "estrelas" (sung). Porém, os ideogramas usados para escrever a palavra também podem significar respectivamente "grande, numeroso e poderoso" e "eterno". Assim a Samsung ganhou seu nome.

Perceba que o nome da marca tem sempre uma boa história por trás. Poderia escrever um livro só com esses pequenos casos de cada uma das marcas, mas isso não ia mostrar como elas se fortaleceram. O primeiro passo para que uma marca seja bem-sucedida é ter uma rica história em seu nome, que represente algo importante ao seu fundador ou que tenha um significado forte, como Nike e Samsung, nos exemplos supracitados, por exemplo.

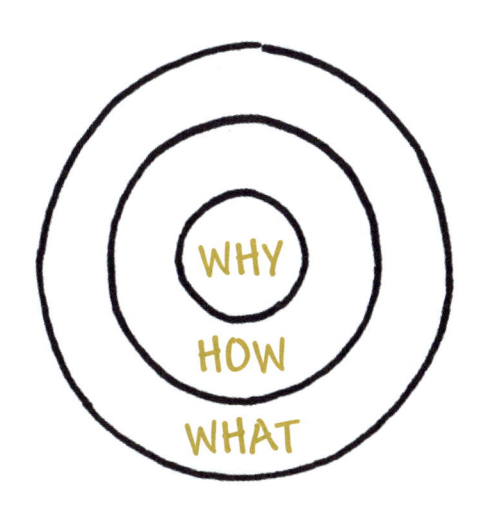

Escolher o nome de uma marca não é fácil. Neste livro, vou contar, por exemplo, o case da Megalodon, uma empresa com que me envolvi profundamente em 2019, cuja missão que me foi dada era a de criar o nome e todo o seu poder de marca. Eu, apaixonado por tubarões, sempre gostei da ideia de trabalhar com algo ligado à "fera dos mares", e não foi nada complicado alinhar uma empresa de estratégia com o animal mais estrategista da face da Terra. Estudei muito sobre tubarões, até chegar ao Megalodon, um tubarão pré-histórico que poderia chegar a 20 metros de tamanho e 50 toneladas de peso, já nascendo com quase 3 metros. Ou seja, a ideia era denotar algo que já nasce grande, como o projeto da Megalodon se propôs desde o começo.

GOLDEN CIRCLE DE SIMON SINEK

Um dos maiores consultores de marca do mundo, Simon Sinek desenvolveu uma teoria muito importante para entender como as marcas podem se diferenciar, denominada Golden Circle. Simon Sinek é inglês, nascido em Londres, em 1973. Autor de cinco livros, começou sua carreira em agências de publicidade em Nova York. Atualmente, Sinek ensina líderes e organizações a inspirar pessoas, com um objetivo ousado de ajudar a construir um mundo em que a grande maioria das pessoas acorde diariamente se sentindo inspirada, segura no trabalho e satisfeita ao final do dia. Ele lidera um movimento para inspirar as pessoas a fazerem coisas que as inspiram.

Segundo Sinek, em seu livro *Comece pelo porquê*, na biologia do Golden Circle, "o *porquê* existe na parte do cérebro que controla os sentimentos e as tomadas de decisão, mas não a linguagem. O *o que* existe na parte do cérebro que controla o pensamento racional e a linguagem".[36]

Sua teoria mostra por que certas empresas que têm os mesmos recursos de outras conseguem mais sucesso. Segundo a sua teoria, muitas empresas duelam pelo mesmo mercado, falam com as mesmas pessoas e possuem os mesmos recursos de mídia, por exemplo, que as outras. McDonald's e Burger King, Coca-Cola e Pepsi, Mercedes-Benz e Audi, TAG Heuer e Rolex, Crawford e VR Collection, todas essas empresas, que possuem claramente outros concorrentes, têm recursos bastante similares: mídia, pessoas, espaço em shoppings, lojas virtuais.

---

36 Simon Sinek, *Comece pelo porquê*: como grandes líderes inspiram pessoas e equipes a agir, Rio de Janeiro, Sextante, 2018.

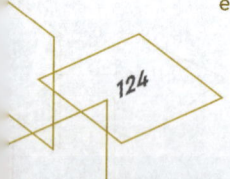

Mas não é isso que os consumidores buscam, eles estão atrás de outros fatores para compra. O dinheiro impacta as pessoas, a marca impacta o coração das pessoas.

Padrão Golden Circle

Para Sinek, todo grande líder inspira, pensa, age e se comunica da mesma forma. Esse padrão levou-o a criar o Golden Circle, pois é esse o padrão que diferencia algumas marcas das outras. Segundo Sinek, trata-se do famoso "segredo do sucesso" por trás das grandes marcas mundiais. Esse padrão passa pelo desenho a seguir.

Por que, como e o quê?

São esses três termos que regem o sucesso de algumas das marcas mais famosas e valiosas do mundo. Combinados dessa forma, eles inspiram pessoas. Sinek é um defensor de que a inspiração leva ao sucesso. Marcas precisam inspirar pessoas a fazerem algo.

A Nike é um dos grandes exemplos. Seu *Just do it* nada mais é do que um convite a fazer alguma coisa, a se mexer. Dove é real beleza, que inspira as mulheres a serem quem elas desejam ser. Zappos é Powered By Service, "energizado pelo serviço", o que mostra a preocupação da marca em vender uma experiência enriquecedora para o consumidor e entregar um produto junto com isso. Anote bem este conceito: **as marcas modernas, e isso não é passageiro, vendem uma experiência e entregam produto. E não o contrário**. Essa noção pode mudar a sua vida dentro das empresas.

Decodificando o Golden Circle

Segundo Sinek, 100% das pessoas sabem o que fazem. Algumas sabem como o fazem, sendo esse seu USP (Unique Selling Proposition), ou seja, a forma única pela qual as pessoas compram. Esse termo será mais aprofundado no capítulo sobre posicionamento. Ressalve-se que pouquíssimas pessoas ou empresas sabem por que fazem o que fazem. Lucro não é o porquê, mas o resultado de um bom trabalho. O porquê é seu propósito, sua causa, sua crença, a razão pela qual sua empresa existe. Lembrando que, ainda neste capítulo, o tema propósito será amplamente debatido, pois se trata de um pilar de enorme importância para quem deseja fazer uma gestão de marca moderna.

A forma como nos comunicamos entra no âmbito de marcas e pessoas, é de fora para dentro, ou seja, começamos pelo o *que*, passamos pelo *como* até chegar no *porquê*, pois é do passo mais óbvio ao mais complexo. Todavia, para inspirar a comunicação, a via é inversa, de dentro para fora, é do *porque*, passando pelo *como* até chegar no o *que*. Marcas que inspiram tem o Golden Circle como um dos segredos do sucesso. Um dos segredos não significa o grande segredo.

Em seu vídeo chamado "TED: Simon Sinek – 'The Golden Circle'", disponível no YouTube com legendas, Sinek dá o exemplo daquela que, talvez, seja a marca mais inspiradora de todos os tempos: a Apple. Em sua essência, ela é apenas uma marca de tecnologia que vende notebooks, tablets, smartphones e smartwatches – assim como a Samsung, a Multilaser e a LG, por exemplo. Se você entrar no site de qualquer uma dessas empresas, poderá comprar um tablet ou um notebook. A Samsung, no Brasil, representa quase 80% dos smartphones; teoricamente, é uma empresa que, aqui, fatura mais do que a Apple, que não tem nem 10% do mercado. A Samsung investe muito em mídia, ao passo que pouco se vê propaganda da Apple. Ou seja, não é o dinheiro investido em mídia que conquistou o coração das pessoas, que amam a Apple. Sem dúvida, se você fizer uma rápida pesquisa de mercado, verá que a Apple é uma marca mais amada do que a Samsung – não que a concorrente coreana não tenha fãs, tem milhares, muita gente que eu conheço tem Samsung porque a prefere à Apple, mesmo tendo dinheiro para possuir o aparelho da maçã mágica. No vídeo, Sinek esclarece a dúvida sobre o porquê de a Apple ser tão desejada e amada.

Ele começa contando sobre por que ele usa Apple. Basicamente, por ser fácil de entender e todos conseguirem usar. Esse é um apelo da Apple que Steve Jobs cultivou na marca desde o seu primeiro dia na garagem da casa de seus pais. Mas ela nasceu diferente, nasceu para nos fazer *think different*. Se a Apple fosse como as outras, provavelmente sua campanha seria algo como: "Nós fazemos ótimos computadores. São lindos e fáceis de usar. Temos uma interface amigável". Sinek provoca: "Dessa forma, você se sentiria inspirado a comprar um?". Bem, a resposta dele (assim como seriam a minha e, provavelmente, a sua) foi: "Não".

Para Sinek, a maioria das marcas faz dessa forma, diz o que faz, como é diferente e melhor, e, com isso, espera que grande parte dos consumidores compre o produto que está sendo ofertado. Mas fica a dúvida: qual marca fará uma campanha dizendo ser pior que a concorrente? Claro que todas se apresentarão como as melhores, por isso esse discurso não é mais tão aceito pelas pessoas, como era havia alguns anos. E isso não inspira em nada.

A Apple utiliza a mágica do Golden Circle para se comunicar dessa forma: "Em tudo o que fazemos, acreditamos desafiar o status quo. Acreditamos em pensar diferente (olha o posicionamento da marca no centro do Golden Circle). A forma como desafiamos o status quo é fazer nossos produtos muito bem projetados, fáceis de usar e com interface amigável. Acabamos fazendo excelentes computadores".

E agora, está inspirado a sair de casa, ir até uma Apple Store, iPlace, Fastshop ou A2You e comprar um produto da marca? O Golden Circle é inverter a informação, é falar de dentro para fora, de uma forma que as pessoas se inspirem a comprar aquela marca, em função dos anseios e valores em comum que têm com esta.

Quem não quer pensar diferente? Quem não quer se destacar na multidão? Quem não quer "sair da caixa"?

"Pessoas não compram o que você faz. Pessoas compram porque você faz."[37] Essa frase de Sinek é enriquecedora por mostrar por que as pessoas se sentem confortáveis em comprar tudo o que uma marca produz. Você compraria um caderno de anotações, estilo Moleskine, da Montblanc, independentemente do preço? É provável que sim, pois, na cabeça do consumidor, a qualidade da caneta ou do relógio é transferida para o produto, mesmo que seja só uma percepção. A Coca-Cola tem uma linha de roupas que é um sucesso, mas, na sua essência, ela é apenas um refrigerante.

De sua parte, a Apple embute todo esse pensamento para o smartphone, o tablet, o smartwacth e o que mais lançar, pois é Apple, mas lembrando: o Golden Circle não é o grande segredo, é um dos segredos, pois de nada adianta a Apple ter uma comunicação inspiradora, se seu MacBook Pro de R$ 14 mil quebrar na semana seguinte à aquisição, ou se seu iPhone 11 Pro Max travar ao usar o Google Maps, por exemplo.

O Golden Circle tem um objetivo muito claro. Ele dá um direcionamento para que as marcas não tenham a necessidade de fazer negócios com todo mundo que precisa do produto que elas vendem, mas, sim, com todo mundo que acredita no que elas acreditam. Essa é uma forma muito mais atraente de fidelizar o consumidor. O grande Martin Luther King não tinha um plano: tinha um sonho! Por isso, engajou mais de 250 mil pessoas a assistirem ao seu discurso; as pessoas não o fizeram por ele, mas porque acreditavam no mesmo sonho dele.

Uma pessoa compra um iPhone porque precisa disso para fazer parte da sua microssociedade, composta por seus colegas de

---

37   Sinek, op. cit.

trabalho, família, pessoas do clube ou da praia que frequenta. Cada um de nós vive em microssociedades diariamente; às vezes, relacionamo-nos com duas ou três delas no mesmo dia. A compra de um iPhone não é necessariamente pelo produto em si, mas por fazer parte disso. O Golden Circle mostra que as pessoas compram o porquê e não o que as marcas fazem.

Uma pessoa que acredita no que a Apple acredita comprou o iPhone 11 e será uma das primeiras a adquirir o 12 assim que este for lançado, pois já possuiu o 3, o 4, o 5, o 6, o 7... O propósito é o que faz as pessoas se inspirarem, elas são atraídas pelo propósito, pelas causas das marcas. O produto é que dá vida a essa causa.

Simon Sinek diz: "Compartilhe seu *porquê*. Comunique com clareza a sua crença em tudo o que diz e faz, isso sugere confiança e percebe-se valor, quando isso acontece, compradores se tornam mais fiéis, pois acreditam no mesmo que a marca".[38]

Apple: do propósito ao sucesso

Propósito de marca não é algo tão novo no marketing. Embora a maioria das empresas só tenha começado a olhar com carinho para isso há pouco tempo, esse não é o caso da Apple. Em 1997, Steve Jobs, um dos mais visionários empreendedores da história, já tinha em sua mente a importância do propósito da marca. Talvez, no que você vá ler a seguir, ele não tenha deixado tão explícito isso, mas quando ele foca em valores-chave, fica mais do que clara a visão do genial fundador de uma das mais famosas e poderosas marcas do mundo, a Apple.

A Apple não foi criada para desenvolver os melhores computadores, mas, sim, para derrubar o status quo do mercado. Ela só conseguiu mudar o mundo por ter sido construída com um propósito

---

38 Ibidem.

verdadeiro que estava no DNA da empresa e, consequentemente, no DNA de cada membro da equipe. O líder carismático que Jobs era conseguiu contagiar cada um dos colaboradores com essa missão, e isso foi passado à frente, de forma muito clara, objetiva e criativa. Anos antes, quando a icônica campanha *1984* foi lançada ao mercado, a Apple já mostrava a que vinha. Era um comercial em que todos se vestiam igual a um orador, que ditava as regras, possível alusão à IBM ou à Microsoft. Tudo sem cor, todos sentados olhando as ordens na tela. De repente, surge uma mulher loira, vestindo roupas coloridas, que joga um martelo e destrói o painel no qual a mensagem está sendo passada, mostrando que ela estava ali para causar, para ser diferente. Na época, o slogan clássico da Apple, *Think different*, ainda não existia, mas a marca já acreditava nisso.

A Apple nunca foi uma empresa determinada a montar computadores mais rápidos ou mais bonitos. Isso qualquer outra empresa poderia fazer. Surgiu para quebrar paradigmas e facilitar a vida das pessoas. Ela tem o porquê dela – dentro da metodologia do Golden Circle – muito bem definido e, não à toa, conseguiu chegar ao lugar de destaque de que desfruta hoje.

Durante um encontro da Apple, em 1997, Steve Jobs anunciou a campanha de marketing *Think different*, para reconquistar o público interno e externo da empresa. Quando ele e a agência pensaram o slogan, estava claro o que a empresa queria comunicar. Conseguiram, de forma sucinta, direta e clara, passar todos os conceitos que constroem a Apple desde que Steve Jobs e Steve Wozniak criaram a marca na garagem dos pais do primeiro.

Se você pesquisar "Steve Jobs marketing" no YouTube, achará o vídeo original, com cerca de 7 minutos. Há uma versão com legendas em português, que recomendo a você assistir. Foque no texto e não na imagem, pois se trata de um vídeo de 1997!

Reproduzo a seguir alguns trechos do que Jobs diz, dando a minha visão sobre como você deve usar esses conselhos para a construção da sua marca:

> *Para mim, marketing é sobre valores. Em um mundo muito barulhento, nós não teremos a chance de fazer com que as pessoas se lembrem de nós. Por isso, temos que ser muito claros sobre o que queremos que elas saibam sobre nós.*

Simon Sinek, em seu livro *Comece pelo porquê*, relata sobre a história da Apple, incluindo a marca como uma das que colocam o propósito à frente do produto. O início do discurso de Jobs que mencionei mostra muito bem isso. As marcas de destaque têm um propósito claro de como elas mudarão o mundo, por isso são as mais lembradas. Não soa estranho vermos pessoas dizendo que compraram um Dell, Lenovo ou LG como seus computadores pessoais, mas posso afirmar que a maioria delas desejava um Mac da Apple, não porque tem a percepção de ser melhor ou mais bonito, mas porque a Apple mostra que veio ao mundo para ser diferente; logo, as pessoas que o têm devem ser diferentes.

Ao menos essa é a percepção de muitos, embora eu não compartilhe em nada dessa visão, mesmo possuindo alguns aparelhos da marca: tenho-os por causa da rapidez e da praticidade do produto, e um pouco por questão de reputação desse mercado publicitário. É incrível como você é notado de forma diferente em uma reunião se chega de Samsung ou de Apple. Acreditem, já passei algumas vezes por situações nas quais me questionaram "como um consultor de marketing digital não tem um Apple?". Até onde eu sei, os planejamentos de trabalho são feitos por mim e não pela máquina.

> *A Apple é uma das seis melhores marcas do mundo, e mesmo marcas do tamanho da Apple precisam de investimento e cuidado para manter relevância e vitalidade. Por anos, a Apple deixou isso de lado, mas, para resgatá-las, não é*

falando que somos melhores que o Windows, ou mais rápidos que outras marcas. Um dos melhores trabalhos de marketing que o mundo viu é a Nike. Eles vendem commodities, sapatos, mas quando as pessoas pensam em Nike, sentem algo diferente pela empresa. Eles nunca falam de produto nas propagandas, não citam que são melhores que a concorrência. Eles apenas honram grandes atletas e grandes esportes, e é isso o que eles são.

A inspiração para a construção de um dos melhores posicionamentos de marca da história veio de outros grandes exemplos. "Pense diferente" da Apple soa tão forte como "Apenas faça" da Nike, mas o que Jobs quis passar é que a Nike não está criando campanhas maravilhosas para falar do seu novo lançamento de tênis ou que eles fazem as pessoas correrem mais rápido. A Nike cria o universo da marca e convida o consumidor a estar dentro. Na FM CONSULTORIA, a Nike é sempre um exemplo nos benchmarks de redes sociais.

No início de 2020, entregamos um trabalho para a Mosaic, junto às agências 80/20 Marketing e Grupo WTW, em que mostramos que a tendência das redes sociais não era mais falar de produtos, mas, sim, de conceitos. Caem as vendas, entra a inspiração. Acreditamos que as redes sociais assim devem se mover.

Quando Jobs diz que eles "honram grandes atletas e esportes", mostra o propósito da Nike aflorando. Segundo Phil Knight, ex-CEO da empresa, a Nike não quer vender tênis, camisetas ou meias. Mas mudar o mundo por meio do esporte, mostrando que qualquer pessoa pode se exercitar, sem precisar ser Michael Jordan, Romário ou Tiger Woods. Esses são (ou eram) garotos-propaganda da marca que avalizam os produtos, divulgando-a mundialmente quando vencem (ou venciam) competições, e o mundo os vê usando produtos Nike – embora sejamos eu, você e

99% da população mundial, que não somos atletas de alto nível, o público-alvo da marca. Inclusive, a Nike lançou uma campanha mundial com foco em mulheres que fogem do padrão de beleza estipulado pela grande mídia, para mostrar que, na inclusão de pessoas ao seu universo, não há preconceito de cor, raça, sexo ou peso. Todos podem fazer parte do universo Nike.

> *Quando voltei à Apple, recontratamos a agência que fez o simbólico comercial 1984. Por oito semanas, trabalhamos intensamente em uma nova campanha, e a nossa questão sobre tudo aquilo era: nossos clientes querem saber o que é a Apple, o que ela representa e onde nos encaixamos neste mundo. O que somos? Não fazemos caixas para que as pessoas terminem seus trabalhos, somos melhores que quase todo mundo em alguns casos, mas a Apple é sobre algo mais do que isso, seus valores centrais são a nossa crença de que pessoas com paixão podem mudar o mundo através do valor, e temos a oportunidade de trabalhar com pessoas assim. Acreditamos que as pessoas malucas o suficiente para pensar que podem mudar o mundo são as que realmente o fazem.*

Quando Steve Jobs resgata os valores da marca, ele quer não apenas vender produtos, isso todos querem, mas que as pessoas entendam por que os estão comprando. Quando levanta a questão sobre o que a Apple é, e deseja que isso seja passado de forma clara às pessoas, ele quer mostrar que a marca é um movimento e que, com isso, ela mobiliza pessoas que desejam participar desse movimento. Os produtos são o que as conectam, as pessoas têm um iPhone para mostrar que aderiram ao movimento, têm um Macbook Pro para indicar que acreditam na mensagem, compram um iPad para gritar ao mundo que querem ser diferentes. Esse movimento faz da Apple a empresa diferenciada que é.

Por isso, em nossa próxima campanha, vamos voltar àqueles valores centrais, o mercado mudou, a Apple mudou, mas os valores centrais nunca devem mudar. Acreditávamos, no começo da empresa, nas mesmas coisas em que acreditamos hoje. Celebramos, nessa campanha, as pessoas que mudaram o mundo, aqueles que nunca usaram um computador, mas que, se o fizessem, seria com um Mac. O tema da campanha Think different usa imagens e frases de pessoas que, um dia, pensaram diferente (John Lennon, Picasso, Salvador Dalí...), pois sabiam do potencial desse mundo, e o que toca a alma da Apple é saber disso.

Dessa forma, Jobs apresenta o primeiro filme com o novo posicionamento, *Think different*, em que aparecem pessoas que mudaram o mundo, como Albert Einstein, Thomas Edison, Martha Graham, Bob Dylan, Pablo Picasso, John Lennon, Maria Callas, Charlie Chaplin, Martin Luther King, Muhammad Ali, Mahatma Gandhi e Amelia Earhart. Quando o visionário Jobs diz que tudo mudou, e ele entrega algo assim, prova que ele não só era atento às mudanças do mundo, como também queria fazer parte delas, entender os movimentos, e liderar na sua área. Foi o que fez. A Apple não é a marca de computadores, smartphones, smartwatches ou tablets mais vendida globalmente. Tem concorrentes de peso, como Samsung e Dell, por exemplo. No entanto, nenhuma das marcas que concorrem com a Apple, por mais gigantes que sejam, tem o carisma de Jobs, que, consequentemente, é entranhado na Apple; nenhuma é tão desejada como a empresa criada por ele. Não à toa, foi a primeira a ultrapassar o montante do trilhão de dólares em valor de marca.

CONTEXTUALIZAR A MARCA

Nos próximos três capítulos, passarei a minha visão do que aprendi em meu período de projeto junto à Agência Santa Clara, do Ulisses Zamboni, meu ex-professor na ESPM e um dos caras que mais admiro e respeito no mercado. Em seu processo de construção de marca, usando arquétipos como um ponto de enorme importância para achar o caminho ideal, a Santa Clara tem uma metodologia exclusiva e bem interessante. Aprendi muito com o projeto da Vitacon por lá, ao lado do Lorenzo Mendoza, meu ex-chefe direto, e do Iuren Ramiro, que eu já conhecia por ser o administrador da PlannersBR, a melhor comunidade do Facebook focada no universo do profissional de planejamento de comunicação. Uma escola, sem dúvida. Vou detalhar o case Vitacon, do qual participei e cujo slogan, *Life is on*, da construtora, vocês podem ver hoje nas ruas.

Segundo a metodologia da Santa Clara, dentro do segmento em que a marca atua, é preciso pesquisar para trazer movimentos de mercado, cenários econômicos e potenciais comportamentos. Esse material deverá trazer para você, estrategista, insights de estudos de cenários e comportamentos. Não deixe de lado, na sua pesquisa, estudos acadêmicos como livros, teses de mestrado ou doutorado. Visões de profissionais, benchmarks e aprofundamentos de tendências levantadas de acordo com pesquisas dentro do universo da marca são válidos. Eu, por exemplo, gosto muito de recorrer a citações de profissionais para embasar os meus pensamentos, e a grande maioria delas – e até minha principal fonte de inspiração – é tirada de livros.

O que essa metodologia pretende trazer é a grande pergunta que fica. Bem, ainda estamos na etapa de estudos da marca, o que, na FM CONSULTORIA, chamamos de razão da marca. Vamos decodificar cada um dos pontos da metodologia da Santa Clara e como você deve aplicá-la no seu estudo de marca.

Trazer movimentos de mercado

Enquanto escrevo este livro, a Natura compra a Avon por cerca de US$ 2 bilhões, tornando-se a quarta maior empresa de beleza do mundo. Se o seu mercado é o de carros ou de apartamentos, a informação pode ser pouco relevante para a sua marca, mas se você trabalha para o Grupo O Boticário, por exemplo, isso é de uma relevância enorme – aliás, para todo o mercado de moda e beleza que englobe cosméticos. Os movimentos do mercado, que ocorrem todos os dias, são reveladores para contextualizar a marca quanto ao cenário em que se está.

Pode ser que, quando este livro chegar às suas mãos, essa nova empresa Natura-Avon não seja mais a quarta maior do mundo, caindo para terceira, quinta ou nona colocação, pois tudo muda muito rápido, assim como quando você levantar alguns dados para a marca com a qual trabalha, estes também já possam ter ficado rapidamente defasados. Seja como for, é preciso ter consciência sobre movimentos de fusões, aquisições ou fechamentos de marcas. No início de 2020, a francesa Kiabi, que se instalara no Brasil em 2018 para brigar com a espanhola Zara no segmento fast-fashion, encerrava suas operações no país. A rede faz parte do Grupo Mulliez, que também é dono da Decathlon, da Leroy Merlin e da Obramax, todas já presentes por aqui. No fim de 2019, a Zôdio, que era do mesmo grupo, também fechou suas operações.

Esses exemplos servem para você entender o que é preciso incluir nesse momento de contextualizar marca.

Cenários econômicos

Se você cursou marketing e/ou publicidade na faculdade, certamente leu Philip Kotler e estudou os ambientes micro e macroeconômicos. Os primeiros são relacionados ao que ocorre dentro da empresa: com colaboradores, funcionários, fornecedores, concorrentes, intermediários, revendedores, clientes e consumidores.

Já os ambientes macroeconômicos, que são os mais importantes neste capítulo, dividem-se em cinco, os quais resumirei aqui:

- Ambiente demográfico: estudo da população de uma região.
- Ambiente econômico: crises econômicas, variação cambial e oscilações da bolsa de valores.
- Ambiente natural: ligado à natureza. Se chove muito em uma região ou faz muito sol, isso influencia no desenvolvimento de alguns produtos e pode ser prejudicial para a sua marca.
- Ambiente tecnológico: é nesse que você mais precisa ficar de olho, pois muda diariamente. Se hoje é o BigData que dá as diretrizes de uma empresa, amanhã pode ser a inteligência artificial. O ideal é ver como as pessoas consomem a tecnologia e como esta está inserida na vida das pessoas.
- Ambiente cultural: a cultura de uma região ou de um país é o que há de mais poderoso na hora de montar a sua estratégia de marketing. O posicionamento de uma marca pode ser o mesmo para o mundo todo, mas a estratégia que ela vai usar depende da cultura de cada região.

Você pode pensar que tudo isso tem mais a ver com plano de marketing do que estudo de marca, e tem razão, até porque qual é o ativo mais importante de uma empresa? A marca.

Potenciais comportamentos

O primeiro item citado, ambiente demográfico, é o mais relevante. No fim do dia, o que mais importa para a marca é o que as pessoas acham dela. Os comportamentos das pessoas mudam muito, ainda mais com a tecnologia cada dia mais inserida em nossas vidas.

Vou relatar aqui uma pequena história que conto em minhas aulas. Hoje é muito legal você dizer que ficou em casa vendo Netflix, pediu uma pizza pelo Rappi e convidou uma pessoa para estar com você pelo WhatsApp, que foi para a sua casa de Uber. Mostra que você é antenado com a tecnologia. Mas, no começo dos anos 2000, quando eu tinha aproximadamente 20 anos, sabe o que eu fazia? Ia até a Blockbuster, alugava um DVD, pedia pizza pelo telefone fixo de casa, ligava para a minha namorada pelo celular, e ela vinha para a minha casa de táxi.

O que mudou? Aparentemente nada, mas a tecnologia está tão inserida na vida das pessoas que, quando conto isso para um público de pessoas de 25 a 30 anos, poucas compreendem que, no final de tudo, o que ocorreu foi uma mudança da forma de atuarmos com o mercado, embora as ações sejam as mesmas.

Antes, pedir uma pizza era tradição de família no sábado de noite, hoje virou algo corriqueiro, pois as famílias mudaram, há mais separações, mais pessoas morando sozinhas ou mais jovens levando mais tempo para sair da casa dos pais. Repare nisso em seu dia a dia.

Insights de estudos de cenários e acadêmicos

Em suas imersões, você deverá fazer muitos estudos de mercado. Só analisando os ambientes macroeconômicos supracitados já é um enorme trabalho a ser feito, que pode consumir semanas ou meses. Mas nem só de pesquisas de mercado vive o marketing. Contextualizar com material acadêmico é muito interessante. Recorro bastante a livros para defender alguns pontos: Jon Steel, Martha Gabriel, Jaime Troiano, Philip Kotler, Walter Longo, Martin Lindstrom, Cecilia Troiano, Rafael Rez, Daniela Cachich, David Aaker, Jack Trout, Simon Sinek, Marcos Hiller, Julio Ribeiro, Renato Mendes, Mark Batey, Lilian Gonçalves, por exemplo, estão entre os autores que me ajudam a defender meus pontos de vista.

Ficarei muito feliz caso o livro que o leitor tem em mãos também possa se tornar uma referência para você e o seu planejamento.

Visões de profissionais

A dica aqui é ouvir quem realmente faz a diferença, o que está longe de ser os "formuleiros" do mercado ou esse pessoal que sai da faculdade, lê quatro artigos no Google, sabe mexer no RDStation e se apresenta como especialista em marketing digital. Cuidado com os especialistas sem curriculum.

Benchmarks

Um dos profissionais que eu mais ouço, e com quem mais aprendo, é o Romeo Busarello, da Tecnisa. Além de nutrirmos uma excelente relação, já pude participar de reuniões com ele e assistir a suas aulas e palestras. É, para mim, ao lado de Walter Longo, o maior nome do marketing digital no país. Eu soube que o benchmark dele para a Tecnisa era a Dafiti. Sim, fiquei com o mesmo ponto de interrogação na cabeça que você, questionando-me por que uma construtora que, na sua essência, constrói e vende apartamentos vai se inspirar – afinal, o benchmark serve para inspirar – em um e-commerce de moda. Mas depois entendi: ele estava atrás de sites que tivessem uma navegação mais intuitiva e, sem dúvida, o e-commerce preza muito por isso. A Dafiti é o maior fenômeno da internet brasileira, nenhuma outra loja online conseguiu o sucesso dela em tão pouco tempo. Faz muito sentido.

Quando for analisar benchmark, a regra é meio óbvia, mas muitas vezes esquecida: olhe outros mercados! Para a Vitacon, olhamos, por exemplo, como a Fiat e a Apple se comunicavam. Assisti até mesmo ao vídeo da Harley-Davidson, *Live by It*, na aula do meu grande amigo – e um dos meus chefes na ESPM – Gabriel Rossi. Olhamos como o Nubank e o Itaú conversavam, batemos um papo com o Banco Fator e a XP Investimentos. Uber e Netflix foram estudadas. São marcas que não representam nenhuma ameaça à Vitacon, mas que possuem uma linha de comunicação que interessava ao projeto.

Aprofundamentos de tendências

Tendência é quando uma mudança desbloqueia novos valores e necessidades humanas. Empresas estão focadas no presente pensando só em vendas, se esquecem de se conectar com novas demandas de consumo. Pesquisadores de tendências olham para o futuro para atualizar pessoas e marcas sobre o que vem por aí. Não se para nunca de estudar e buscar o novo. É uma área de negócios que fica de olho no que é novo e legal, em entender o que é prático e que não seja passageiro, algo que possa ser usado no dia a dia da empresa.

Essa passagem eu tirei do curso que fiz sobre pesquisadores de tendências na Descola. É esclarecedora para você entender.

A Netflix não surgiu por acaso. Reed Hastings e Marc Randolph entenderam uma tendência e construíram uma marca, que foi completamente ignorada pela Blockbuster. O mundo dá voltas, não? A Netflix acabou com a Blockbuster. O McDonald's tem uma linha de saladas não porque é uma marca boazinha que pensa no ser humano, mas porque entende a tendência das pessoas mais saudáveis e que o maior inimigo de uma alimentação saudável são seus Big Mac's com fritas.

A Smart Fit segue a mesma linha, seu sucesso vai ao encontro da tendência de pessoas querendo viver mais e melhor. Dentro desse escopo, podemos analisar diversas marcas, como a Grin, de patinetes elétricos, ou a Yellow Bike, voltadas ao público que preza menos uso de carros. Há também a tendência da economia colaborativa, que tem no Airbnb outro case de sucesso, tal qual o Housi, empresa da Vitacon que aposta no conceito de moradia *on demand* para construir seus empreendimentos de 14, 18, 22, 30 metros quadrados. O Housis percebeu que as pessoas, cada vez mais, têm preferido apartamentos menores, apenas para dormir, dentro da tendência de consumo consciente.

O AliExpress chegou ao Brasil baseado na tendência de que as pessoas buscam cada vez mais a web como um canal de compra mais rápido e econômico que lojas físicas. Não à toa, desde 2015 se discute o futuro dos shoppings que, cada vez mais, seguem a tendência de trocar o papel de centro de compras para centro de experiência e conveniência. Já reparou como muitos shoppings têm suas praças de alimentação lotadas, cinemas cheios, estacionamentos sem vagas e lojas vazias? Por fim, é preciso entender que os jovens, principalmente os Millennialls e a geração Z, buscam cada vez mais a famosa qualidade de vida – olha ela aí novamente –, por isso querem um trabalho mais remoto, com mais flexibilidade e em um ambiente que estimule a criatividade e o network. Assim, os coworkings têm crescido de forma exponencial no Brasil, mesmo com a quebra do WeWork, ainda um dos mais desejados espaços em São Paulo.

Tudo isso é necessário para contextualizar uma marca? A resposta você já sabe, mas eu diria que é preciso fazer tudo isso e muito mais!

CONTEMPORANEIDADE DO SEGMENTO

Cada segmento do mercado tem suas particularidades e suas ameaças. Em seu estudo, tenha em mente que cada passo descrito aqui é sequenciado. Concordo que, às vezes, não há como fazer tudo para todas as marcas, mas a minha missão é mostrar como fazer, como eu faço. Aceitar ou não minhas orientações é uma decisão sua, até porque não sou o dono da verdade. Porém, essa metodologia tem dado certo para mim e, principalmente, para meus clientes. Espero que para você o sucesso seja ainda maior.

Segundo a metodologia da Santa Clara, contemporaneidade é fazer com que a marca se aproprie daquilo que ocorre de positivo no mundo atual, desbravando terrenos nos quais ela possa marcar presença. Por exemplo, em um momento em que o mundo se preocupou mais com a saúde, a Nike entendeu e dominou o terreno de marca que apoia o esporte amador. É preciso levantar dados e explorar nichos que mostrem caminhos a seguir, descobrir verdades da marca e o que ela precisa passar para se comunicar com seus perfis de público. Vamos decodificar aqui cada um dos pontos dessa metodologia.

Causas e territórios

Cada vez mais as pessoas estão buscando marcas que apoiam causas. A Coca-Cola tem projetos para crianças carentes, investindo parte do seu lucro para gerar algo benéfico para o próximo.

A Abduch, construtora a que atendi por um tempo na S8WOW, faz um trabalho mensal de doar cobertores, comida e roupas para moradores de rua. A Riclan, fabricante de doces que tem na Freegells e na Azedinho suas marcas mais conhecidas, que também atendi na S8WOW, possui o programa Pipa (Programa Interno de Prevenção e Assistência à Aids), que foi lançado em 2007 inspirado na Declaração do Milênio. A empresa já recebeu condecorações como: Troféu Incentivo nas terceira e quarta edições do Prêmio CEN Aids no Mundo do Trabalho, em 2007 e 2008.

Territórios são outro ponto que a marca deve se apropriar. No planejamento de comunicação, muitas vezes, tentamos enxergar qual território uma marca pode dominar e liderar. Um exemplo clássico que uso é o da Volvo. Quando Mercedes, Audi, BMW brigavam por luxo, elegância e velocidade, a Volvo valorizou o aspecto da segurança. Volvo não é a mais luxuosa, não é a mais elegante, tampouco a mais veloz, mas é a mais segura. E isso deu um ganho a Volvo muito grande.

Outro case de território interessante foi quando fizemos uma concorrência para a marca Beauty'in, da Cris Arcangeli. A sua marca criou o Alimético, um alimento que faz muito bem à saúde, sendo também um medicamento. O projeto consistia em criar um cenário para que o Alimético fosse divulgado como um produto diferenciado e exclusivo da Beauty'in. Dados de mercado ajudam a tomar essas decisões.

Verdades da marca

Como já foi citado, falaremos muito sobre propósito. Por isso, neste capítulo, não vou me aprofundar nisso para não ser repetitivo. E por quê? Porque é a verdade da marca que constrói um bom propósito. Parece máxima de coach, mas não é. A verdade da marca precisa estar em seu propósito, ou a frase não passsará de uma mensagem bonita na parede da recepção da empresa. Vimos em capítulos anteriores sobre o Golden Circle, a importância de se ter a verdade da marca. Essa verdade é única, não há diversas verdades, há uma só, a razão de ela ser o que é. No capítulo sobre posicionamento, veremos mais sobre Unique Selling Proposition, o famoso USP, que é um outro ponto da verdade da marca.

Sua avó lhe ensinou que a "verdade sempre vence", e isso, nos tempos modernos, é cada dia mais real. Independentemente de posição política, que cada um tem a sua e merece ser respeitada, nas eleições de 2018 vimos muitos mentirosos perdendo a tranquilidade de que seriam eleitos com os pés nas costas.

Na política, vimos apenas um reflexo dos novos comportamentos. As pessoas não suportam mais mentiras. E as marcas que não entenderem isso rápido serão os novos políticos que antes se elegiam facilmente, mas que hoje são trocados por novos discursos que falam o que as pessoas querem ouvir. A nova política tem muito a ensinar às marcas, não à toa, João Doria, Trump e Bolsonaro estão eleitos. Eles falaram o que as pessoas queriam ouvir. De novo, independentemente de política, vamos analisar comunicação e não partido.

CULTURAS E TENDÊNCIAS DO SEGMENTO

Cultura. Não há como falar de marca, pessoas, comportamentos sem citar esse conceito. Ele é de enorme importância para criar conexão entre marcas e pessoas.

Segundo a metodologia da Santa Clara, cultura é "o que o consumidor valoriza no segmento em que a marca atua. O que valoriza, de qual cultura popular a marca pode se apropriar para criar conexão emocional e funcional. Quais sonhos do público a marca poderá realizar?". Um dos maiores publicitários da história do país, Washington Olivetto defende que a propaganda de resultado é aquela que usa a cultura popular como seu mote; não por acaso, ele é o criador do "meu primeiro sutiã" da Valisere, e do garoto Bombril.

Antes de decodificar o conceito da Santa Clara, falemos um pouco sobre cultura, que tanto falta em nosso país. Um dado para confirmar o que eu digo: a Argentina lê mais livros que o Brasil, mas isso é apenas para efeito de comparação. O Brasil é um celeiro de cultura: temos a nordestina, a gaúcha, a carioca, a mineira, a paulista, e tantas outras. Temos excelentes músicos, poetas, comediantes, palhaços, escritores, atores e atrizes. Alguém acha mesmo que Tony Ramos e Lima Duarte ficam tão atrás de Robert De Niro e Al Pacino? Ou que Fernanda Montenegro é tão inferior a Meryl Streep? O Brasil é um celeiro de cultura, e cada região tem a sua própria.

Para uma marca se destacar, é preciso que ela entenda a cultura de cada região e participe dela, não que se aproprie sem que isso tenha a ver com sua história. Já pensou o quão mentiroso, ou, para usar uma linguagem mais moderna, o quão fake seria a marca de luxo Armani produzir uma campanha usando como estilo de música o frevo, muito popular em Pernambuco? Não que o povo pernambucano não tenha estilo para usar Armani, mas é que o estilo de comunicação da marca nada tem a ver com esse gênero de música. Agora, uma Coca-Cola se apropriar do estilo musical faz todo o sentido.

O que a Santa Clara quer dizer quando diz que as marcas precisam valorizar a cultura popular é que *elas podem se apropriar dessa cultura para criar conexão emocional e funcional com as pessoas*. Cultura é um elo importante para o que as marcas mais precisam fazer todos os dias: conectar-se com as pessoas. "Quem procura acha" é uma frase que todo o brasileiro usa, está inserida na cultura popular desde uma campanha criada pelo SBT há alguns anos, que dava a entender que tudo o que as pessoas pudessem procurar de entretenimento poderiam achar no canal. Usar o posto de gasolina para perguntar alguma coisa tornou-se mais um aspecto da cultura popular do brasileiro, depois que o Posto Ipiranga ratificou seu case "Pergunta lá no Posto Ipiranga", tão referencial na comunicação brasileira a ponto de a frase ter caído rapidamente no gosto popular.

Quanto mais uma marca está ligada ao seu consumidor, maiores são as chances de esse consumidor ser um fiel escudeiro dela, e digo isso não apenas na compra, mas na defesa e no amor pela marca. Isso é incalculável.

Para o escritor e especialista em branding Marc Gobé, "incluir emoções positivas através de uma identidade emocional motivadora e da defesa da marca realmente funciona".[39] A cultura pode entrar nesse quesito de várias formas. A primeira, talvez a principal, seria no fato de que a cultura consegue gerar emoções positivas nas pessoas. Como dito, o Brasil é um celeiro de talento, tivemos e temos no humor grandes nomes, como Ronald Golias (para mim, o maior humorista da história mundial), Chico Anysio, Tatá Werneck, Sill Esteves, Jô Soares, Tom Cavalcante, Beto Hora, Marlei Cevada, Danilo Gentili, Paulinho Gogó, entre outros. Cada região nos deu pessoas formidáveis no humor.

39 Gobé, op. cit.

Segundo uma pesquisa publicada no *Meio&Mensagem* em setembro de 2019, o brasileiro vem cada vez mais aderindo a marcas que apostam no social como uma forte estratégia. A pesquisa, produzida pelo Twitter junto a Magna, WMcCann e IPG Media Lab, indica que brasileiros preferem empresas alinhadas a movimentos sociais. A pesquisa ouviu 522 brasileiros do público geral e mais 200 brasileiros usuários do Twitter.[40]

Uma das perguntas que você, como estrategista de marca, precisa se fazer é: "O que a minha marca pode fazer pela sociedade?". Lembre-se: seja muito sincero na ação, ou a marca poderá ser prejudicada por fazer algo pontual apenas para se promover às custas de quem precisa.

Voltando à pesquisa mencionada, "hoje, 26% dos brasileiros já colocam o envolvimento das marcas nessas questões como mais relevante no momento de pagar pelo produto".[41] O número pode não parecer tão expressivo, até porque, segundo a pesquisa, 47% das pessoas, quase o dobro, olham preço e qualidade do produto como primeiro fator de compra, mas analisemos pelo prisma de que, hoje, produtos são muito similares uns aos outros, e preços, em geral, se equivalem.

No começo do livro, apresentei uma pesquisa do site *Mercado & Consumo*, fazendo uma provocação a você, sobre a importância de se ter uma marca forte. Mostrei dados de uma pesquisa da Edelman chamada *In Brands We Trust*. Separei um dado dessa pesquisa, que acredito ser mais oportuno neste capítulo do que no início: "No Brasil, 63% dos entrevistados acreditam que toda

---

40 Thaís Monteiro, Envolvimento cultural de marcas é fator decisivo para compra, *Meio&Mensagem*, 18 set. 2019. Disponível em: <https://www.meioemensagem.com.br/home/marketing/2019/09/18/envolvimento-cultural-de-marcas-e-fator-decisivo-para-compra.html>. Acesso em: 15 maio 2020.

41 Ibidem.

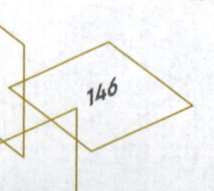

marca tem a responsabilidade de se envolver em pelo menos uma questão social".[42] Ou seja, está mais claro que as pessoas querem comprar de produtos de marcas que se engajem com causas.

Qual shampoo você usa? Ele é tão mais caro que o concorrente? Qual mochila você comprou para a sua filha ir à escola? Qual camiseta você adquiriu para passar o réveillon na praia? Essas são perguntas simples, que remetem a produtos sem muita complexidade na escolha, mas que nos fazem refletir sobre como as pessoas, inclusive nós mesmos, compram.

O ponto é que, cada vez mais, as pessoas estão entendendo a "comoditização" dos produtos que usam, que os preços não são tão diferenciais, mas o que as marcas fazem, isso sim, é um grande diferencial.

Uma das peças que esteve entre as mais comentadas do Festival de Publicidade de Cannes de 2019 foi a Dream Crazy, da Nike. Primeiro, vale lembrar que a Nike é uma empresa de roupas esportivas de alta qualidade e com um preço alto, tal qual Adidas, Reebok, Under Armour. Ou seja, o seu diferencial não é apenas produto ou preço, que se equivalem na concorrência. A peça é narrada pelo ex-jogador de futebol americano Colin Kaepernick, que ficou famoso com o ato de se ajoelhar durante o momento do hino nos jogos. No filme, o atleta mostra que acreditar em algo vale a pena, mesmo que você sacrifique tudo por isso. Kaepernick foi expulso da liga após se ajoelhar durante o hino nacional norte-americano. O gesto do atleta era um protesto pelo assassinato de negros cometidos pela polícia dos Estados Unidos.

A campanha, premiada em Cannes, em nenhum momento se propõe a evidenciar um tênis ou uma camiseta, mas, sim, uma atitude. Isso, para 26% das pessoas, no Brasil, segundo

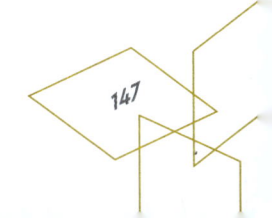

---

42 Para brasileiros..., op. cit.

a pesquisa conduzida pelo Twitter, é um fator que ajuda no momento da compra. Imagine o consumidor na Centauro, uma loja multimarcas, analisando um tênis da Nike, um da Adidas e outro da Mizuno. Nesse momento, é crucial que a marca esteja fortemente presente na mente do consumidor, e ações como a da Nike só reforçam isso.

Essa é uma tendência forte para os próximos anos, pois o envolvimento da cultura no universo das marcas faz mais sentido para o público de 18 a 35 anos, os Millennialls, do que para o público mais velho, geração X. Segundo Camilla Guimarães, uma das responsáveis pela pesquisa, "sempre escutamos os termos relevância cultural, mas antes isso era sobre se associar à música, línguas, religião, culinária, tradições ou ao futebol. A cultura se ampliou bastante. É sobre estar conectado à discussão do momento, como hoje estamos debatendo sustentabilidade, assédio e demais tópicos".[43] Nesse momento desponta, claramente, o perigo entre associar a marca à cultura e estereotipar a cultura, como retratar o gaúcho de bombachas ou o nordestino com o chapéu típico de Luiz Gonzaga. A cultura vai muito além disso, e essa pesquisa é esclarecedora nesse sentido. Por isso, ela serve para embasar este capítulo.

Se você ainda não está convencido, acredito que este gráfico o deixe mais tranquilo, ou preocupado, com a forma com a qual as pessoas estão olhando para as marcas e como estas se apropriam da cultura brasileira.

---

43 Ibidem.

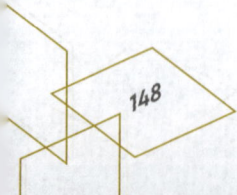

PARA CONSUMIDORES BRASILEIROS, MARCAS CULTURALMENTE RELEVANTES SÃO:

- Informadas — **80%**
- Autênticas — **79%**
- Engajadas — **75%**
- Inclusivas — **75%**
- Inovadoras — **75%**
- Têm boa reputação — **75%**

Fonte: *O Impacto da Cultura, 2019 – Twitter Brasil, MAGNA e IPG Media Lab*

A cultura e a alma da organização

Culturas positivas são mantidas por crenças nucleares denominadas valores, que, por sua vez, são os pilares que informam as pessoas como se comportar. Liderança é o principal motor da cultura de uma empresa. Marcas bem-sucedidas começam com uma cultura organizacional forte, aceita e onipresente. A cultura precisa de uma missão claramente articulada que retrate o comprometimento de cada pessoa na organização. A marca deve refletir a cultura da organização e sua realidade.

Em novembro de 2019, estive presente no evento Future Summit, organizado na ESPM pelo meu amigo Pedro Teberga em parceria com a minha esposa, Maya. No evento, palestrou César Wedemann, head of operations do Nubank. (Eu também não entendo a mania de cargos em inglês em empresas brasileiras operando no

Brasil, mas o que posso fazer?) Em sua palestra, Wedemann explicou como funciona a cultura institucional de sua empresa. E posso dizer com propriedade, pois já fiz muitas pesquisas, sem cunho científico, apenas pela curiosidade que move um profissional de planejamento, que, sem dúvida, o "cartão roxinho", como muitos o chamam, está entre as marcas mais amadas do país.

Segundo Wedemann, "o propósito do Nubank é ser a mais influente empresa do mundo financeiro, por isso o cliente precisa mesmo estar no centro de tudo. São valores do Nubank. Queremos que nossos clientes nos amem fanaticamente". Isso está na cultura da empresa, o que a faz estar sempre desafiando o status quo. Não por acaso, grandes bancos, como Santander, Itaú e Bradesco, o monitoram de perto. Não me estranhará em nada se, em poucos anos, um deles comprar o Nubank.

Perceba que, para o Nubank, o cliente é o centro de tudo. Se você tem conta no Nubank, seja a conta digital, NuConta, seja um cartão de crédito, sabe que isso não é apenas discurso. Vou contar uma rápida história de um ex-cliente meu, CEO de uma empresa que faturava, à época, R$ 60 milhões anualmente, para confirmar sobre a forma como o Nubank valoriza o consumidor.

A esposa do CEO estava fazendo um curso na Inglaterra e teve um grave problema de saúde, chegando a ser internada em um hospital. Ao ser avisado, o marido rapidamente comprou uma passagem para a cidade onde sua esposa estava. Seu irmão, enquanto o levava para Cumbica, lembrou o CEO sobre desbloqueio do cartão de crédito para viagem internacional. Ele, então, abriu o aplicativo do seu banco, fez o desbloqueio, mas, não sabendo o tempo que ficaria no exterior, tentou aumentar o limite, como uma precaução, afinal, é preciso se programar para viajar ao país cuja libra esterlina equivale a quase seis vezes o valor do real! Seu banco, um dos três maiores do país, não autorizou o aumento do limite de imediato, encaminhando a solicitação à burocracia tradicional, sem sequer considerar que a conta da empresa dele era no mesmo banco e agência. Muito menos fez o trabalho de analisar no Bacen (Banco Central do Brasil) a situação do CEO.

O homem, então, lembrou que também era cliente do Nubank, embora só o tivesse usado uma vez, para pagar um almoço de aproximadamente R$ 30. Ele entrou em contato com o banco, contou a sua situação e, em menos de 5 minutos, seu limite pulou de R$ 2 mil para R$ 30 mil. Segundo o atendente do Nubank, o CEO tinha um problema sério a resolver e o banco iria ajudar. Ele não precisou consultar um gerente, encaminhar para análise de crédito, nem passar pela burocracia. O próprio atendente resolveu a questão. Apenas acionou rapidamente o Bacen, viu quem era o CEO e entendeu que poderia dar o limite, pois ele tinha como arcar com isso.

Por sorte, a esposa do CEO se recuperou enquanto ele ia para a Inglaterra, assim, quando ele chegou, ela já estava bem melhor e teve alta dois dias depois. Ele ainda ficou mais alguns dias, totalizando quase uma semana ao lado da amada; quando viu que ela estava curada, voltou ao Brasil. Bem, o banco tradicional, depois de dezoito dias, enviou-lhe um e-mail, dando os parabéns por ter conseguido aumentar o limite do seu cartão. Vocês devem imaginar o teor da ligação que o CEO fez ao gerente daquele banco, não é?

Não é à toa que, para o Nubank, "a cultura da empresa pensa sempre em coisas incríveis". Por isso, de acordo com Wedemann, o banco não é um vendedor de produtos, e sim um consultor. Em suas palavras ditas no evento: "Olhamos o que é melhor para o cliente. Não jogamos produtos na cabeça dele. Somos consultores e não vendedores. Essa é a nova economia, do aprendizado diário". O que o Nubank preza é a experiência do cliente, assim como a Netflix, outro caso de excelência em atendimento que reverte em construção de marca e, obviamente, aumento de clientes.

Visão dos líderes sobre cultura empresarial

Marcia Esteves, CEO da Lew'Lara/TBWA, no livro *Líderes de marketing*, afirma que "a cultura empresarial deve ser o reflexo de quem vive, representar seus valores, princípios e compromissos éticos, sua razão de ser. A cultura deve ser definida pelo grupo que a vivencia".[44] Já Clemente Nobrega, consultor de inovação, diz em seu livro *Innovatrix* que "a cultura empresarial se forma a partir dos hábitos que as pessoas adquirem ao trabalharem juntas. É sobre como resolver problemas da empresa dia após dia".[45]

Você percebe que, com palavras diferentes, Marcia e Nobrega dizem a mesma coisa sobre cultura empresarial? Não tem como fugir: de nada adianta uma empresa estar ligada à cultura do seu povo, seja em uma cidade do interior do Nordeste, seja em uma capital, se a cultura empresarial não estiver de acordo com o propósito e a promessa da marca.

Reforço, mais uma vez, a importância de se entender como tudo está ligado a tudo. Falaremos mais de propósito, promessa, pilares e posicionamento, mas é interessante você já ir se familiarizando com esses termos, pois, se trabalha com marketing, seja numa multinacional, seja na padaria da esquina, você vai trabalhar com marca e, para isso, precisa que tudo esteja em harmonia – ou ela pode desperdiçar o potencial de sucesso que tem.

---

44 Martinelli, Roma e Luncah, op. cit.
45 Clemente Nobrega e Adriano R. de Lima, *Innovatrix, inovação para não gênios*: dois físicos explicam o método para inovar ao alcance de qualquer empresa, Rio de Janeiro, Agir, 2010.

PROPOSTA DE VALOR DE MARCA

No livro *Transformação digital*, o autor, David L. Rogers,[46] constrói um mapa de proposta de valor de marca que eu achei tão interessante que passei a usar no dia a dia dos meus clientes. Até hoje, foi a forma mais clara e direta que consegui achar para organizar um "caminhão" de informações que são necessárias para criar essa proposta, fundamental para diferenciar marcas em meio ao universo do varejo. Diferenciar marca é ter uma proposta eficiente, que combine com outros "Ps" do branding, como propósito, promessa e posicionamento. A soma desses elementos, atrelados a diversos outros que estamos vendo neste livro, é o que faz uma marca ser poderosa.

Desde o começo, estamos analisando aproximadamente sessenta pontos de uma marca, dos quais a proposta de valor é um deles. Posicionamento, outro, promessa, outro; arquitetura de marca; outro; e por aí vai. A proposta de valor é um dos primeiros pontos que a FM CONSULTORIA avalia das marcas, essa metodologia é dividida em seis grupos macros, os quais explicarei um a um.

Identifique os principais tipos de cliente por valor percebido

Quais são os tipos de clientes que a empresa tem e quais as ofertas de serviços que ela oferece a cada um desses clientes? Segmentar o público é um fator de alta importância para uma marca, afinal, nem todo mundo compra, percebe, pesquisa e indica uma marca da mesma maneira. O motivo pelo qual eu compro Coca-Cola é diferente do motivo pelo qual a Maya, minha esposa, o faz. E moramos na mesma casa, comemos, aos finais de semana, no mesmo lugar, e as compras do supermercado, feitas por aplicativos, são para as mesmas pessoas.

---

46 David L. Rogers, *Transformação digital*: repensando o seu negócio para a era digital, trad. Afonso Celso da Cunha Serra, Belo Horizonte, Autêntica Business, 2017.

Defina o valor corrente para cada cliente

Quais são os elementos de valor que a sua marca tem a oferecer e por que eles têm esse valor? Qual a proposta de valor total que você quer oferecer? A Montblanc tem canetas que custam, aproximadamente, R$ 16 mil. A proposta de valor total passa por apresentar ao consumidor quais são os benefícios e serviços que a marca oferece. A Montblanc tem uma troca de peças rápida a um custo não muito alto, por exemplo. A Mercedes, um programa de relacionamento nos EUA, que oferece um serviço tão excepcional – falaremos mais a respeito – que, sem dúvida, é um valor percebido levado em conta quando o cliente americano está em dúvida sobre a nova Mercedes-Benz Classe S ou a BMW 750i. É importante ressaltar na proposta o que o cliente ganha ao consumir aquele produto – lembrando que cada público consome o produto por um motivo diferente.

Identifique as ameaças emergentes

Como as novas tecnologias estão impactando o mundo? Eu, por exemplo, sou um viciado em relógios. Tenho uns vinte em casa. Quando o Apple Watch foi lançado, pensei em comprá-lo, pois trabalho com tecnologia e seria interessante tê-lo. Porém, ao olhar a minha gaveta, com duas caixas de relógios, alinhados e separados, pensando na história de cada um, em como cada um combina com um momento ou um estilo de roupa, desisti na hora do Apple Watch. Nem mesmo o Smartwatch da Montblanc, minha marca favorita, me seduz. Digo isso pensando em como esses smartwatchs podem modificar o mercado da Rolex, da TAG Heuer, da Breitling, da Omega ou da Patek Philippe. Será que essas marcas tradicionais entrarão no mercado de relógios inteligentes? A TAG Heuer entrou; já no site mundial da Rolex, até o início de 2020, não havia nada indicando que ela produziria um modelo inteligente.

A tecnologia traz um ponto importante nesse momento de montar a proposta de valor. Ela muda as necessidades das pessoas. Em 2011, ninguém precisava de um tablet, mas vendo o crescimento dos netbooks, e como isso afetaria as vendas dos MacBooks Air, Steve Jobs resolveu lançar o iPad, uma versão turbinada do Kindle da Amazon. A novidade não só acabou com a febre dos netbooks, como também estabeleceu no mercado mais um produto a mexer com o fetiche de consumo das pessoas, que correram para ter um, sem ao menos saber por quê. O fato é que, hoje em dia, cada vez mais ele se mostra uma opção mais leve em relação a um notebook, com teclado e caneta próprios. Isso também traz à tona outra questão, que é entender os concorrentes e substitutos, uma vez que a Apple acabou com a Sony. A qualidade Vaio, que respaldava a linha de netbooks da Sony, teve de ser transferida para outro produto. Quando Steve Jobs entrava em algum segmento, não o fazia para competir, mas, sim, para ganhar.

Essas ameaças podem enfraquecer propostas de valor. Marcas fortes sobrevivem a ataques e saem mais rápido das crises, entretanto, sua marca não será forte apenas quando houver uma crise, essa é uma construção constante. As que entendem isso, quando enxergam uma ameaça ou crise, estão mais fortalecidas do que as que só olham para esse fortalecimento quando o problema já está instaurado. Na guerra, as fortalezas mais despreparadas são facilmente derrotadas quando o inimigo chega. E, acredite, ele sempre aparece de forma inesperada. Por isso, preparar-se faz parte de uma boa estratégia.

Não se pode ficar parado, é preciso buscar novas tecnologias para se sobressair. A Apple comprou uma briga com as já consagradas IBM e Microsoft, e venceu. Ela trouxe uma tecnologia, design e um novo apelo de comunicação que lhe deram uma proposta de valor mais aderente ao que a IBM ou a Microsoft faziam na época, por ter entendido também outro ponto importante: a mudança de comportamento das pessoas. Esse é um fator fundamental de sucesso das marcas. Já citei aqui o caso do McDonald's, que introduziu salada em seu cardápio, para ilustrar esse pensamento.

Por fim, atente-se que a concorrência pode vir de outros mercados. Cito o Airbnb, mexendo com o mercado de hospedagem no mundo todo, ao oferecer casas e apartamentos de pessoas comuns para pessoas comuns e, assim, tirar turistas das redes hoteleiras. Ou o Uber, que mudou o comportamento das pessoas: se, na década de 1990, os jovens de 16 anos contavam os dias para fazer 18 e poder tirar sua carteira de motorista, hoje vemos jovens de 20 anos que nem habilitação têm, pois só querem andar de Uber.

Avalie as forças dos atuais elementos de valor

Quando você oferecer uma proposta de valor aos seus consumidores, é preciso saber se eles têm a mesma percepção que você, como marca ou empresa. No mundo do planejamento de comunicação, costumo falar que a palavra de ordem é: percepção. Marcos Hiller, excelente profissional de branding e meu amigo, sempre diz que a "comunicação não é o que você fala, mas, sim, o que as pessoas entendem". Uso essa frase em minhas palestras e ilustro o que Hiller quer dizer com algo bem cotidiano: quem nunca brigou pelo WhatsApp com alguém por ter mandado uma mensagem e o interlocutor não entendê-la da forma devida? Raramente alguém diz que isso nunca aconteceu. Porque a comunicação é assim. Quem nunca mandou um "você que sabe" em resposta a uma pergunta que só pretendia dar a oportunidade de a outra pessoa decidir uma dada questão – o restaurante onde jantar, por exemplo –, e a pessoa entender isso como uma ameaça ou indiferença? A comunicação é um campo maravilhoso, mas com enormes complexidades.

Gere novos elementos de valor potenciais

Sua avó já dizia "camarão que fica parado, a onda leva". E ela tinha razão. O saudoso Julio RIbeiro, em seu livro, *Fazer acontecer*,[47] dizia que muito mais empresas fecham por falta de ousadia do que aquelas que ousam. Alinhe tudo isso à frase de Steve Jobs: "As pessoas malucas o suficiente para pensar que podem mudar o mundo são as que realmente o fazem". Nem todo mundo tem capacidade intelectual, persuasão e carisma para provocar mudanças mundiais, como os grandes líderes da história, tanto os bons quanto os maus. Tudo isso é uma introdução para dizer que as marcas que param no tempo, morrem.

Você se lembra de Xerox, Nokia, Blockbuster ou Kodak? São exemplos globais, mas há outros mais próximos. A Netshoes fatura mais de R$ 1 bilhão ao ano em vendas pela internet. Tomou o território que, na década de 1990, era dominado pela World Tennis. Não sei o faturamento desta hoje, mas decerto poderia ser de R$ 1 bilhão, caso ela não tivesse parado no tempo e fechado os olhos para uma nova proposta de valor. A Netshoes, que era uma loja de sapatos sociais no centro de São Paulo, hoje é o maior e-commerce de artigos esportivos do mundo.

Nesse momento, analisar tendências comportamentais é fundamental. Quando fiz o curso de tendências da Descola, tive ainda mais certeza de que pessoas capacitadas, os pesquisadores de tendências, precisam cada vez mais estar nas estruturas das empresas e agências, lado a lado com o time de estratégia, pois podem apresentar novos rumos. Quem diria, nos anos 1990, que os jovens no futuro não iriam querer ter carro, e muito menos apartamentos, para aderir à economia compartilhada? Quem diria que o fator saúde ganharia uma relevância tão grande a ponto de o

---

[47] Julio Ribeiro, *Fazer acontecer*: algumas coisas que aprendi em propaganda investindo 1 bilhão de dólares para grandes empresas, São Paulo, Dash, 2017.

Brasil ter quase 30 milhões de vegetarianos? São essas tendências que movem o mundo e, consequentemente, as marcas. Entender necessidades não satisfeitas também é um potencial pilar para a proposta de valor da marca. Se a faculdade X não tem professores de mercado, apresenta baixo índice de empregabilidade e uma estrutura abaixo da esperada, a faculdade Y pode oferecer isso, se comprovadamente o tiver, como proposta de valor e trazer os alunos insatisfeitos da faculdade X para ela. Há um custo muito baixo por aquisição. Exclusividade é outro ponto importante para a proposta de valor.

Hoje, é difícil conseguir exclusividade no que quer que seja, pois todo mundo copia todo mundo, mas ter um Ricardo Amorim como embaixador da marca de uma faculdade de economia, por exemplo, onde ele poderá ofertar conteúdos exclusivos para os alunos, é um fator muito importante. Ou uma aula com Romeo Busarello: quem o conhece, sabe que se trata de um nome diferencial no concorrido mercado de educação.

Sintetize uma nova proposta de valor prospectiva

Quando se inicia um projeto de proposta de valor, muita coisa vem à mente. Quando se faz uma pesquisa de campo, outras aparecem. Isso é tão normal como tomar água quando se está com sede. Mas o que pode ser oferecido? Bem, o neuromarketing nos mostra que, quanto mais opções, mais o cérebro trava. Por isso, é preciso ser certeiro como um sniper ao encerrar um sequestro. Nesse momento, criar uma matriz ajuda você a enxergar de uma forma mais clara e mapeada tudo o que foi levantado. Assim como a matriz Swot: para os mais novos e cheios de si, ela é ultrapassada, mas, para quem realmente vê o marketing como essencial para mapear oportunidades, essa matriz da proposta de valor poderá ser interessante.

A matriz deve ter quatro pontos:

▷ Quais elementos perderam força?
▷ Quais elementos precisam ser sustentados?
▷ O que tem de novo na tecnologia?
▷ Quais os novos comportamentos?

Desses quatro pontos, você deve avaliar os melhores e focar neles para a sua proposta de valor mais assertiva, que, no final do dia, faça sentido para a marca, mas mais ainda para quem realmente importa: aquele que a consome.

PESQUISA INTERNA

Dentro do pilar de razão da marca, pesquisar a percepção das pessoas dentro da empresa é fundamental. O segredo dessa pesquisa é não ter um roteiro duro, mas, sim, perguntas leves que deixem as pessoas falar o que o coração manda. Frente a um roteiro com uma grande lista de perguntas, o entrevistado já começa a responder sem a menor vontade, porém, quando se trata mais de uma conversa, passa a ser tão agradável que não é nada raro o tempo estourar.

Normalmente, na FM CONSULTORIA, o que fazemos é selecionar as pessoas, definindo no máximo dez perguntas – em geral são sete – e determinar de 30 a 40 minutos o bate-papo. Algumas vezes, as pessoas mais tímidas respondem em 10 minutos, outras, mais extrovertidas e falantes, respondem em 1 hora! Nesse momento, você, como pesquisador, precisa ficar atento a dois pontos:

Deixe o entrevistado falar o quanto ele quiser.

Pegue ganchos da fala e faça perguntas que não estejam no roteiro. O objetivo aqui é aprofundar alguns pontos falados pelo entrevistado.

Faça perguntas abertas, que deixem as pessoas falarem a sua verdade, contarem a sua história. "Por que você trabalha aqui?" ou "O que essa empresa representa em sua vida?" podem ser um bom começo para que as pessoas abram o coração. Se a pesquisa puder ser feita em um lugar neutro, melhor ainda, caso contrário, faça em uma sala fechada com que a pessoa tenha familiaridade, deixando claro que nada está sendo filmado. Nunca permita que pessoas como CEO, RH ou qualquer diretor participem do bate-papo, e muito menos, ao mandar o relatório das respostas, aponte nome ou cargo. Quem responde, precisa ter a certeza e a tranquilidade de que aquela sala é como se fosse Las Vegas, afinal, "o que se faz em Vegas, fica em Vegas...".

Lembre-se de que, antes de começar qualquer projeto, você já tem em mãos um brief detalhado sobre a empresa, aquele apresentado no início deste livro. Ele é muito extenso e precisa ser feito olho no olho. Esse brief precisa ser respondido por pessoas-chave da empresa, normalmente o CEO ou o presidente, e os líderes de áreas como RH, comercial, administrativo, financeiro, marketing e operações. Dependendo do tamanho da empresa, será o chamado C-Level, mas pode ser vice-presidente, diretor ou head, este um dos novos nomes de cargo que o Brasil adora por ser em inglês e soar mais inteligente. Não importa a denominação, desde que seja o mandachuva da área. Oito ou dez visões daquele brief são suficientes, já que nessa pesquisa de imersão não há limite mínimo e muito menos máximo. Quanto mais pessoas você puder ouvir, melhor!

QUAIS PERGUNTAS FAZER AOS COLABORADORES

Na sua visão, a marca transmite:
- ▷ Definição
- ▷ Clareza
- ▷ Personalidade
- ▷ Experiência

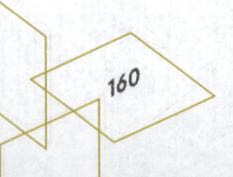

Claro que você precisará formatar uma pergunta, com esses quatro conceitos, mas o que quero passar aqui é que você ouça o maior número de pessoas internas sobre essas percepções. São importantes para entender o que elas avaliam da marca.

Para aprofundar ainda mais essas questões, sugiro que, no seu questionário, você possa fazer perguntas que elas realmente respondam com o coração. Quando a pergunta começa com "o que vem à sua mente quando você..." e, na sequência, você fala uma palavra, a tendência é que a resposta seja mais sincera e do fundo da alma, tal como se pretende.

- Propósito
- Posicionamento
- Produto
- Serviço
- Mercado
- Concorrência
- Público
- Problemas
- Soluções

Jamais, em hipótese alguma, direcione a resposta. Deixe que o entrevistado fale. Não seja o Fasutão da vez, ok? Existe uma tendência de algumas pessoas perguntarem "mas o que você quer que eu responda?" ou "mas o que significa isso?". Deixe falar. Em posicionamento, por exemplo, ocorre muito uma confusão entre posicionamento de marca e posicionamento da empresa no mercado. Aqui, você pode até usar o slogan da marca – se tiver, claro – como exemplo do que deseja ser passado, mas não vá além dessa linha; quanto menos você falar, mais o entrevistado dará insights para você.

Um outro tipo de pesquisa é saber o quanto as pessoas conhecem o seu produto. Nesse momento, os colaboradores são os mais importantes para responder, mas não deixe de lado os diretores e o CEO. Faça estas perguntas para todos:

- O que empresa faz para realmente explicar produtos aos colaboradores?
- Como é o treinamento de vendas?
- Consumidores se sentem bem atendidos e com a percepção de que os vendedores sabem tudo da marca?
- Como é a percepção do consumidor com o call center?
- Você já ligou no seu call center como cliente oculto para saber como agem?

Cliente oculto é quando alguém da empresa se passa por consumidor. Esse tipo de pesquisa é fundamental para o sucesso da marca. O Brasil está entre os piores atendimentos ao consumidor em todo o mundo. Basta você entrar no seu Facebook e ver a quantidade de pessoas relatando algum tipo de absurdo sofrido em atendimento de alguma loja, o que, fatalmente, tende a prejudicar futuras vendas. O cliente oculto acessa as redes sociais da marca para também passar relatórios de melhorias para o marketing; quanto melhor o cliente for atendido, maiores são as vantagens sobre a concorrência!

Outra rápida história

Por volta de 2004, meu pai tinha um Vectra CD, mas pretendia trocar de carro. Olhamos alguns anúncios no Webmotors, e ele chegou até um Honda Civic 2003, da cor que queria. Fomos até a loja. Ao chegar lá, ele entrou no carro, olhou, mexeu, ligou o rádio, e não apareceu um único vendedor para falar com ele. A loja ficava em um shopping de carros. Estávamos apenas eu e meu pai. Três vendedores olhavam para nós, mas não paravam de bater-papo. Meu pai irritou-se e fomos à loja ao lado, e um Volkswagen

Bora verde-musgo, 2003 também, chamou sua atenção, embora fosse R$ 1 mil mais caro que o Civic. Assim que entramos na loja, um vendedor veio conversar com meu pai, explicou sobre o carro, as condições, e foi sincero ao dizer que o Civic era uma escolha melhor, apesar de o Bora ser da Volkswagen. Até 2008, meu pai ficou com o Bora, e ele sempre diz que o adquiriu pelo excelente atendimento que recebera.

Em 2010, comprei em uma outra loja uma Jetta Variant. Estamos em 2020, e o meu amigo Diogo Ganeo, que atua no segmento automobilístico, já vendeu para mim, minha, irmão, minha esposa e minha cunhada, aproximadamente doze veículos. Como fortalecemos isso? Seu atendimento foi impecável! Isso fez toda a diferença.

Voltando ao cliente oculto

Você, como gestor da marca, deve fazer a experiência de pegar seu celular, descer ao térreo e ligar, pelo menos uma vez por semana, para o call center da sua empresa. Peça para o seu CEO fazer o mesmo. Eu sempre me pergunto se quando o presidente da Claro tem algum problema, se ele liga para o seu SAC resolver. Obviamente não, mas deveria, pois precisa saber como o seu 0800 está tratando seu cliente. De nada adianta uma campanha sensacional, se o atendimento – que é ponto-chave da experiência – não for de alto nível. Na história do meu pai, provavelmente o Civic foi vendido a outra pessoa, mas o custo em trazer meu pai àquela loja do shopping rendeu uma venda – e lucro – ao principal concorrente, a loja ao lado, onde meu pai adquiriu o Bora.

COMO CHEGAR AO PROPÓSITO DA MARCA

Comecei a estudar propósito no final de 2018, quando me apaixonei pelo tema. Minha experiência na S8WOW, ao lado da querida e supertalentosa Adriana Cury, só me enriqueceu ainda mais nesse campo. Ler Joey Reiman por indicação do Jaime Troiano foi outro aprendizado, assim como ler o livro sobre propósito que o casal Jaime e Cecília Troiano (também sócios) escreveu. Propósito é o que faz as marcas se movimentarem! Segundo Jaime Troiano, em um dos episódios do podcast que ele faz ao lado da esposa na CBN: "Marcas sem propósito são marcas sem alma". Tenha em mente essa frase e, claro, ouça esses podcasts.

As pessoas não são motivadas por resultados. Tudo se resume ao fator humano – e o propósito é a força por trás disso. É o que mexe com nossas almas e nos inspira a fazer grandes coisas por longos períodos de tempo. Propósito é construído com pessoas e não com consumidores. Para marcas, consumidores não são pessoas, mas, sim, números, um grande erro que talvez a transformação digital venha a mudar. As pessoas querem fazer negócios com empresas respeitosas e que cumprem o que se propõem a fazer, que estabelecem a sua promessa como um pilar de entrega importante, que pensem na experiência do consumidor que está comprando esse discurso. Por isso, é de se esperar que as empresas tenham propósito em suas estratégias, afinal, como diz Joey Reiman: "O propósito tem sido guia, inspiração e razão para crermos em algo maior, é a força com a capacidade de influenciar o modelo de negócios vigente, provocando a mudança de um modelo que atende aos próprios interesses".[48]

---

48 Joey Reiman, *Propósito*: por que ele engaja colaboradores, constrói marcas fortes e empresas poderosas, Rio de Janeiro, Alta Books, 2020.

Segundo Jaime e Cecília Troiano, no seu livro *Qual é o seu propósito?*, esse tema não deve ser debatido em uma única reunião. Para eles,

> *o propósito não nasce de uma sessão de brainstorm nem de uma sacada criativa, ele nasce da revelação da verdade que sempre pertenceu à empresa e talvez estivesse um tanto esquecida em baús antigos. Propósito é um trabalho de muita pesquisa, não é um conceito com vida autônoma, criado por pessoas fechadas em uma sala, é algo construído por meio da história da empresa.*[49]

Em resumo, o propósito não deve ser debatido em poucas horas, ele é um trabalho de meses. Abaixo, vou contar um case da Riachuelo, que a Cecília Troiano comandou, e que consumiu meses de trabalho.

O propósito, em alguns casos, leva até um ano para ser descoberto, pois no dia a dia as marcas estão esquecendo por que existem, concentrando-se mais em preço, produto e promoção, deixando de lado o seu verdadeiro significado, que é o que a diferencia da concorrência.

Segundo Walter Longo, "as interações sociais estão mudando profundamente, e não adianta ficar preso a esquemas antigos de ação. As pessoas precisam se engajar com os valores, com o que as suas marcas prediletas representam para o cotidiano de cada uma delas".[50] Esse é apenas um dos pontos que vamos levantar aqui sobre a importância do propósito.

---

49 Troiano e Troiano, op. cit.
50 Walter Longo, *O fim da Idade Média e o início da Idade Mídia*: como a tecnologia e o Big Data estimulam a meritocracia e a valorização do indivíduo nas empresas e na sociedade, Rio de Janeiro, Alta Books.

As pessoas não estão mais comprando o produto pelo produto, estão comprando uma ideia que simboliza algo muito maior. Não compramos um tênis da Adidas, mas, sim, um produto que simboliza uma história de sucesso da qual, como consumidores, também queremos participar. E o lado bom é que as marcas nos convidam o tempo todo a fazer parte dessa história.

Para Mauro Rubin, da Accenture:

> *O propósito vai muito além de as empresas simplesmente se posicionarem em relação ao assunto do dia. Ter um propósito é ter um compromisso genuíno e significativo em relação a princípios com os quais os consumidores se importam – como saúde e bem-estar, uso de ingredientes naturais, sustentabilidade ambiental e família – e que sustentam cada decisão de negócio.*[51]

O que marcas com propósito ganham?

Um estudo produzido pela agência Ana Couto sobre a percepção dos consumidores revelou: "As empresas que atuam a partir de um propósito são aquelas que não priorizam o lucro, e vão além de vínculos emocionais. E quando o assunto passa a ser propósito, a marca com maior lembrança espontânea é Natura".[52] Trata-se da empresa que comprou a Avon e a The Body Shop por alguns bilhões de dólares, e está sempre nos debates como uma das marcas mais amadas do Brasil. Marcas mais amadas têm uma propensão de ser mais consumidas.

---

51 Jade Gonçalves Castilho Leite, Consumidores preferem empresas com propósitos alinhados aos seus valores, *Consumidor Moderno*, 18 mar. 2019. Disponível em: <https://www.consumidormoderno.com.br/2019/03/18/consumidores-brasileiros-preferem-comprar-de-empresas-que-defendem-propositos-alinhados-aos-seus-valores/>. Acesso em: 17 maio 2020.

52 Luiz Gustavo Pacete, Natura e Nestlé: as mais associadas a propósito, *Meio&Mensagem*, Next, Now #04, 23 maio 2018. Disponível em: <https://www.meioemensagem.com.br/home/marketing/2018/05/23/natura-nestle-e-o-mo-sao-as-mais-associadas-a-proposito.html>. Acesso em: 17 maio 2020.

Outra pesquisa, da Accenture, sobre elementos que pesam na escolha dos consumidores quanto às marcas que consumem, apontou que

> *83% dos entrevistados brasileiros preferem comprar produtos de empresas que tenham propósitos alinhados aos seus valores. O levantamento mostrou que ética e autenticidade são fatores relevantes e contribuem para a criação de conexões entre as marcas e o público final. Marcas que se posicionam em relação a causas que vão além de seus produtos têm mais chances de atrair consumidores e influenciar decisões de compra.*[53]

Mais importante do que os números mencionados na pesquisa é a sua conclusão, que mostra os fatores para a criação da conexão entre marca e público final. Essa conexão é o que as marcas mais buscam, diariamente. E por quê? Porque cliente apaixonado não trai!

Você consegue vender uma Suzuki para um cara que tem tatuado Harley-Davidson no braço? Ou um Dell para uma pessoa que tem Applewatch, iPhone, iPad e iMac no trabalho e MacBook em casa? Se você me convencer a tomar uma Pepsi em vez de uma Coca-Cola, eu lhe darei um bom prêmio em dinheiro! Um amigo meu está no quinto Toyota Corolla. Venda um Honda Civic para ele, quero ver!

---

53 Leite, op. cit.

Propósito é algo a ser divulgado e realizado!

Ainda de acordo com o estudo da Accenture,

> *79% dos consumidores brasileiros querem que as empresas se posicionem em relação a assuntos importantes, envolvendo áreas como sociedade, cultura, meio ambiente e política. Além disso, empresas comprometidas com uso de ingredientes de qualidade, o bem-estar dos funcionários e que investem na redução do uso do plástico conquistam a maioria dos consumidores. Hoje, 77% dos consumidores brasileiros afirmam que suas decisões de compra são impulsionadas por valores éticos e autenticidade das empresas. Outro ponto importante é o fato de 87% desejarem maior transparência sobre a origem dos produtos, condições de trabalho seguras e uma posição clara em relação a questões como testes em animais.*[54]

Acredito que, em breve, esses dados não serão mais os mesmos, tornando-se até maiores. As novas gerações tendem a ser mais preocupados com essas questões, como a do meio ambiente. Entretanto, atenha-se menos aos dados do que aos fatos. Propósito não é algo a ser desprezado, é preciso ter isso como meta para uma proposta de branding que seja duradoura e faça sentido; do contrário, você poderá ter um lindo PowerPoint, Keynote ou Prezi de apresentação, mas de efetivação zero.

POR QUE TER UM PROPÓSITO AJUDA NAS VENDAS?

Porque pesam o prestígio da organização junto aos diferentes públicos, o engajamento de executivos e colaboradores na busca

---

54 Ibidem.

por sustentabilidade organizacional e a indicação do norte para qualquer iniciativa de comunicação.

Em 2019, a Ricahuelo queria recuperar aspectos fundamentais da sua história e da cultura. O CEO, Flávio Rocha, gostaria de desvendar o propósito da empresa, era preciso identificar o que sustenta a marca fast fashion, ou seja, qual sua verdadeira razão de ser no mercado. O projeto durou cinco meses, com mais de cem pessoas entrevistadas em todos os níveis hierárquicos. Desse estudo resultou uma mensagem que toca o coração de cada colaborador: "Riachuelo, o abraço da moda". O que mais me chamou atenção nesse case foi o fato de a Troiano Branding ter feito um estudo comparativo com sessenta empresas listadas na Bovespa, em que foi identificado que aquelas que têm um propósito definido e divulgado para seus públicos (interno e externo) são as que atingem maior capitalização de mercado. Além disso, a troca de funcionários é menos constante, dando uma continuidade na história da marca.

De acordo com Paulo Secches, presidente da Officina Sophia: "Construir um propósito de marca, ou uma marca com propósito é, antes de tudo, de interesse do negócio e condição da sua sustentabilidade futura, com rentabilidade. E este propósito pode ser construído sobre a diversidade".[55]

Em maio de 2015, tive a honra de conversar com o mestre Julio Ribeiro, quando ele trabalhava na construção da JR Planejamento. Além de me inspirar na ideia de montar no mês seguinte a FM PLANEJAMENTO, ele me proporcionou uma das conversas mais enriquecedoras da minha vida. Julio me contou histórias e me mostrou dados de mercado que comprovavam o crescimento

---

55 Sua marca tem propósito?, *ClienteSA*, 31 ago. 2018. Disponível em: <https://www.clientesa.com.br/estatisticas/67326/sua-marca-tem-proposito>. Acesso em: 17 maio 2020.

no faturamento de empresas nas quais os funcionários eram mais felizes, motivados e com um propósito institucional a cumprir. Algumas empresas tinham crescimento de 30% a 40% apenas fazendo um bom trabalho junto a eles, inclusive, a JR Planejamento nascia com o propósito de vender a empresa a seus funcionários. Quando digo vender, refiro-me a conceitos, sonhos, razões, ou seja, propósito.

John Mackey é um dos fundadores e CEO do Whole Foods Market, um das maiores redes de supermercados do mundo, norte-americana, presente em quase quinhentos países pelo planeta, com mais de 91 mil funcionários. É uma rede que comercializa produtos naturais, orgânicos, sem conservantes nem sabores, cores e gorduras artificiais. Em 2017, por US$ 13,7 bilhões, o Whole Foods Market mudou de dono, e hoje, Jeff Bezos, da Amazon, é seu proprietário. Mackey se manteve como CEO. Esses dados são para mostrar a você que é possível ganhar dinheiro com um propósito claro.

Para Mackey, "o propósito de uma empresa é a diferença que ela está tentando fazer no mundo, é o que fornece energia e relevância para a empresa e, principalmente, para a sua marca. Quando isso ocorre, os funcionários não trabalham pelo dinheiro, mas por uma causa, entregam sempre aquele algo mais para a empresa, pois estão inspirados pela sua história".[56] Dessa forma, Mackey inspira os mais de 91 mil colaboradores a fazer sempre o melhor, incluindo reduzir o próprio salário anual para US$ 1, esperando que outros funcionários possam ter uma remuneração melhor trabalhando na empresa.

---

56   Mackey apud Sinek, op. cit.

MASTER IDEAS

Master ideas são um pilar do propósito da marca. Para encontrá-las, é preciso que, ao se escavar o propósito, os pontos sejam avaliados com calma e muita pesquisa. Como dito anteriormente, o trabalho de propósito não nasce de uma reunião de brainstorm, mas de um estudo profundo na essência da empresa. Não de fatos da empresa, mas, sim, do real motivo pelo qual ela foi criada. Desculpe se esse termo, propósito, está um pouco redundante, mas, em muitos casos, as empresas caminham para um lado, esquecendo-se das suas origens, e não há como criar um propósito sem que este esteja no topo de qualquer ação. Como Joey Reiman diz, "o propósito mexe com a alma da empresa".[57] Foque nisso como direcionador para a sua busca pelo propósito, sempre; com esse norte, você poderá identificar os pontos que formam as *master ideas* para encontrar o rumo da marca. Lembrando que o propósito é fundamental para a definição do posicionamento, algo que veremos mais adiante.

Atemporais: são verdades, atravessam gerações, atingindo o passado de uma organização com seus objetivos e expectativas para o futuro.

Ensinam: as melhores ideias do mundo nos fazem melhores.

Satisfazem: um desejo e acendem paixões.

Gritos de guerra: são ordens de comando da ambição coletiva.

Éthos: grandes empresas crescem de sementes plantadas em seus primórdios.

Transformadoras: mudanças holísticas numa organização.

Estratégicas: reposicionam as marcas do racional para o emocional.

---

57 Reiman, op. cit.

Criam: propósitos que afetam a organização como um todo.

Inspiram: marcas e empresas ficam mais entusiasmadas por ter mais significado.

Têm convicção absoluta: são criadas não por pesquisa, mas pela busca por um sentido mais profundo. A fé vence a informação.

Contam uma história: inspirar seus associados dá sentido ao papel deles em sua organização.

Os pontos elencados são os que você precisa analisar para chegar à sua *master idea*. Cada um desses pontos, reforçando, não é definido em um bate-papo em uma sala. É preciso pesquisar muito dentro da empresa para achar a essência dela. Pesquisar a fundo cada uma das pessoas-chave. Teoricamente, quanto mais tempo de casa, mais a pessoa entende a empresa e tem mais a oferecer. Entretanto, as pessoas que trabalham ali há pouco tempo podem ter entrado para realizar um sonho. Quando eu estava fazendo a imersão na Officer Distribuidora, conversei com pessoas que tinham entre um mês e doze anos de casa. Entre as mais novas, algumas sorriam ao responder a questão, pois trabalhar na Officer era, para elas, um sonho realizado.

Um ponto no qual talvez poucas pessoas possam contribuir é quanto ao éthos. Para essa parte, acredito que apenas os fundadores da empresa são habilitados para responder. Segundo Joey Reiman, o éthos são "as raízes que descobrimos e recuperamos, o que torna nossa empresa única, poderosa e preciosa".[58]

Para John Mackey, da Whole Foods Market, "a marca de uma empresa é apenas o modo como as pessoas pensam na empresa ou no produto, então não acho que a marca seja mais importante do

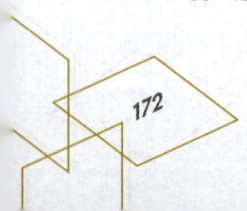

---

58 Ibidem.

que o propósito ou os valores da empresa. Não somos vendedores com uma missão, somos missionários que vendem".[59] Como Reiman disse, é preciso saber as raízes da empresa, e na Whole Foods Market, por exemplo, a raiz é trazer o propósito da marca, no sentido de como ela mudará o mundo via alimentação saudável, para o dia a dia dos seus clientes. Isso é o que mais importa na empresa que tem um faturamento próximo aos US$ 18 bilhões ao ano.

CASE VITACON

Esse case eu apresento não porque ajudei no desenho de seu propósito, pois isso estava claro, mas por ser uma forma de apresentar a você, leitor, como uma marca com um propósito bem definido tem um caminho mais seguro até o coração do consumidor.

Em abril de 2019, quando recebi o convite da Santa Clara, por meio do Lorenzo Mendoza, para fazer parte do time que criaria um novo posicionamento de marca para a Vitacon, fiquei muito empolgado, mas não imaginaria o quão desafiador seria o projeto, muito menos o resultado a que a Santa Clara chegaria. A Vitacon, criada por Alexandre Frankel em 2009, é aquela construtora extremamente ousada que lançou um segmento de apartamentos pequenos e funcionais. São apartamentos de 14, 18, 23, 27 metros quadrados.

Há de outras metragens, mas não fogem muito dessas. Em um primeiro momento, você pode estranhar a ideia de morar em um espaço tão pequeno, mas posso lhe garantir: o projeto é tão interessante que os apartamentos parecem maiores. Digo isso porque, em uma reunião, oito pessoas entraram em um apartamento de 18 metros quadrados. Não seria viável todos morarem ali, mas não ficamos nos sentindo em uma lata de sardinha como pode parecer.

---

59   Mackey apud Sinek, op. cit.

Conceito

A Vitacon é uma marca que tem um forte conceito. O público é o que compra apartamento(s) para investir, em muitos casos para alugá-lo(s) junto ao Housi, empresa da Vitacon que funciona como uma locadora de apartamentos, uma espécie de Airbnb brasileiro.

A Vitacon aposta na mobilidade, entendendo que apartamentos não são feitos como espaços de permanência para as pessoas, mas apenas para dormir. Inclusive, por meio do Housi, você pode alugar um apartamento por uma noite, por exemplo.

Durante o dia, a marca estimula que as pessoas saiam de casa, seja para trabalhar, ir à academia, ao parque, à praia, ou apenas para viver a cidade. O propósito de Frankel é "mudar o mundo por meio da mobilidade". Esse novo posicionamento substitui o antigo, "reinventar a cidade", depois do intenso trabalho de pesquisa da Santa Clara.

"Reinventar a cidade" tinha tudo a ver com o momento em que a Vitacon fora lançada em 2009. A empresa vinha com um novo conceito de apartamentos com metragens pequenas e fora do padrão do mercado. Além disso, Frankel nunca quis "vender tijolo", como ele sempre dizia, mas, sim, "vender experiências". A comunicação da marca não mostra a planta do apartamento ou a futura piscina do projeto, mas, sim, pessoas fazendo ioga no terraço, cachorros andando em shopping ou um evento na rua de um dos empreendimentos. Tudo para estimular que as pessoas simplesmente saiam de suas casas para viver!

Passados dez anos da marca, ela se consolidou. Mudou a forma de as pessoas verem os empreendimentos e, no momento em que ela ganhava mais concorrentes, ou seja, outras incorporadoras fazendo apartamentos com metragens e conceitos similares aos da Vitacon, precisou criar um novo movimento, no sentido de se reposicionar.

Planejamento estratégico

Foram quarenta dias de intenso planejamento. Muitas reuniões, conversas com o time da Vitacon, com clientes e pessoas de outros segmentos, como do mercado financeiro, uma vez que investidor é um importante público para a marca. Fiquei por quinze dias em uma "sala de guerra", isolado com dezenas de papéis presos na parede, desenhando a estratégia e fazendo as conexões necessárias. Depois, repassava tudo com o Lorenzo para apresentarmos ao time de criação. Reforço que o Lorenzo me dava uma liberdade tão grande que, às vezes, confesso, tinha até medo. Mas a parceria com ele, e com a Flávia Biagi, diretora de atendimento da Santa Clara para o projeto da Vitacon, me tranquilizava, pois ambos, além do apoio profissional, me deram uma enorme força moral.

Ao estudarmos a marca, começamos a entender a fundo o propósito do fundador e como ele queria mudar o mundo. Também vimos que os nomes dos empreendimentos eram um tanto confusos, assim como tudo o que era oferecido em cada um deles. Havia nomes similares para a mesma coisa. Entendemos que um trabalho de arquitetura de marca era necessário. E assim procedemos!

Definimos muito bem os três perfis de público da marca e, dentro de cada um, subperfis; e também a forma de abordagem com cada um deles. Na sequência, definimos o Golden Circle da Vitacon e como o propósito, já muito bem definido, se encaixaria em nossa linha de comunicação. Vimos referências, como Airbnb, Netflix, Harley-Davidson, Red Bull, Apple e Tesla, por serem empresas ousadas que mudaram o status quo de seus mercados, tal qual a Vitacon. Muitos estudos e dados do setor e, principalmente, tendências de comportamento foram levantados para defender o caminho ao qual a Santa Clara queria chegar. Nunca o projeto foi baseado no "eu acho que...", mas, sim, em estudos de análises de tendências de consumo em todo o mundo.

Criamos um novo programa de relacionamento, longe de ser por pontos, mas de experiência entre pessoas. Como a marca promove a ideia de "fique fora de casa", há encontros, como festas e eventos, nos empreendimentos, que permitem que os moradores se conheçam. Quem faz parte da comunidade pode ir a festas em outros empreendimentos, ou seja, se eu moro na Faria Lima, posso ir a um evento no empreendimento da Bela Cintra. Isso a marca já fazia, por meio de um aplicativo próprio, mas a Santa Clara deu-lhe um novo nome e o repaginou.

Definimos os pilares da marca, quatro, e como cada um deles seria abordado na comunicação. Identificamos quatro marcas em cada um dos pilares, como XP, Itaú, Uber, Yellow, Montblanc, Nike, BMW e Samsung; analisamos a forma de se comunicar de cada uma delas, para nos inspirar no case Vitacon. Marcas que inspiram são um dos pilares que estudamos aqui. No brief que a FM CONSULTORIA montou para o mercado, apresentado no começo deste livro, há um espaço para preencher com essas marcas, o que é fundamental, pois, em algum momento, foram marcas que inspiraram o empresário a fundar a empresa. No caso da Vitacon, por exemplo, Netflix e Airbnb eram as mais citadas.

Analisamos diversas marcas, mas nunca esquecendo que a Vitacon queria mudar o mundo pela mobilidade. Esse era, como já dito, o fio condutor para tudo o que fazíamos. Invariavelmente, eu, como o responsável pelo planejamento, lembrava isso em reuniões com o time de criação.

Em um determinado momento, para inspirarmos a criação, e guardadas as devidas proporções, comparamos Alexandre Frankel com Steve Jobs, pelo seu estilo inovador, de quebrar paradigmas e querer trazer algo novo. Eu achava que a criação iria tirar um sarro da minha cara, mas a iniciativa acabou sendo o elo necessário para eles entenderem a marca. A Vitacon tem um DNA do

Frankel, tal qual a Apple tem de Jobs. Essa foi a grande comparação; claro, defendemos o perfil do Frankel para entender até onde poderíamos ousar.

Analisamos catorze concorrentes, como Tecnisa, Cyrela, MAC, Gafisa, Setin, You e MaxHaus (marca da qual sou muito fã), entendendo como se posicionavam, o tom de voz nas redes sociais, os públicos que abordavam no online, as mensagens, e como trabalhavam os apelos funcionais e emocionais. Dentro desse estudo, foi criado um mapa de territórios de marca, para identificar onde cada uma se posicionava, onde cada uma era mais forte e onde a Vitacon poderia explorar.

Life is on

Em meio a uma sessão de brainstorm, Fernando Campos, sócio e diretor de criação da Santa Clara, soltou: "Vitacon, a vida é on, life is on". Isso caiu como uma bomba na mesa, no bom sentido. Pô, era isso! A vida em constante movimento, em constante mudança; as pessoas mudam. A Vitacon quer mudar o mundo, a tecnologia muda o mundo. As pessoas passam horas online, ligadas, buscando o novo, buscando algo que faça sentido em suas vidas. As máquinas estão on, o celular está on, as redes sociais estão on. Fazia todo o sentido. O texto do manifesto, apresentado em forma de vídeo ao Frankel, ia muito nessa linha. O conceito estava mais amarrado que mocinha de filme na mão de bandido.

Com esse posicionamento, foi mais simples pensar em ideias, de todos os tipos, até mesmo a criação de um apartamento no palco do show do Seal, realizado em setembro de 2019, de onde as pessoas pudessem assistir ao show. Eu e a Maya fomos a esse show – aliás, um sonho que tínhamos –, mas, infelizmente, a ação não aconteceu.

Com o planejamento pronto, o posicionamento criado, o plano de mídia e, claro, as peças para campanhas online e offline, a Santa Clara ousou e alugou o cinema do Shopping JK para uma apresentação às 9 horas da manhã de uma quarta-feira, a ser feita para o Alexandre Frankel e toda a sua equipe da Vitacon e Housi, empresa do grupo. Foram duas horas de apresentação, encerrada com Frankel levantando-se e, emocionado, batendo palmas, dizendo que jamais uma agência havia conseguido entender tão bem a essência da Vitacon. Fernando Campos fez questão de abraçar um a um. Fomos dispensados, dormimos e, no dia seguinte, às 9 horas, estávamos lá, empolgados em fazer ainda mais pelo cliente!

Esse projeto foi, sem dúvida, um dos melhores trabalhos que fiz na vida, e só tenho a agradecer ao meu mestre e exemplo de pessoa, Ulisses Zamboni, pela oportunidade; ao Fernando Campos, pelos ensinamentos; e ao Lorenzo Mendoza, pela parceira. E a todo o time de criação da Santa Clara, comandado pelo talentoso Luciano Honda, e à equipe de atendimento com a Flávia Biagi. Valeu pelo case e pelos aprendizados!

MARCA

ATRIBUTOS DE MARCA

Quando uma empresa está construindo a sua marca, é preciso pensar nos pilares. Sem dúvida, os atributos estão entre eles. O que a marca oferece ao consumidor é fundamental para que ele crie um link com a empresa. O produto tem de fazer sentido para quem está consumindo. Eu, por exemplo, sou fã de algumas marcas, infelizmente, não posso consumir tudo de todas, mas alguns atributos me fazem me conectar com elas. Sem dúvida, com você e com outras bilhões de pessoas no mundo, também.

MaxHaus é um conceito de apartamento que muito me agrada. Eu já fui ver alguns, mas minha esposa Maya acha que é um apartamento para quem é solteiro ou não tem filhos, e acho que ela está certa. MaxHaus é aquele apartamento que é entregue sem paredes, exceto o banheiro, claro, que o comprador monta do jeito que desejar. Inclusive, ele é vendido com zero, um, dois ou três dormitórios. Mas o que seria "zero dormitório"? Isso chama a atenção, porque é comum vermos propaganda de apartamentos de dois ou três dormitórios, entendendo-se que há duas torres, sendo cada uma com um número de dormitórios, mas zero, como assim? O fato é que ele vem ao estilo "galpão", todo aberto. Eu, particularmente, acho incrível, sai um pouco do padrão tradicional, lembrando aqueles apartamentos de Nova York que vemos em filmes. Sonho em morar em um desses.

Atributos de marca são trabalhados em dois campos: racional e emocional. O racional tem a ver com a razão de compra, aquela que é mais segura, por exemplo, comprar um MaxHaus por ser mais próximo do meu trabalho. Já o emocional seria, por exemplo, comprar o apartamento justamente por ele se assemelhar àqueles de Nova York todo abertos, tão sonhados. São duas formas de compra que, claro, têm tudo a ver com o lado do cérebro ao qual você recorre para investir cerca de R$ 600 mil em um MaxHaus: o esquerdo, da razão, ou o direito, da emoção.

Atributos racionais

São conceitos racionais que a marca defende em sua postura junto ao mercado. Preço é algo racional, mas como exemplifiquei sobre o conceito MaxHaus, a comodidade, como o imóvel se localizar perto do trabalho, pode ser o mais forte dos atributos. Você pode ter se separado e precisa agora de um apartamento menor e mais funcional. O MaxHaus oferece isso. Ou talvez você precise de um apartamento maior, mas tem medo de os móveis não caberem, e por mais que o padrão MaxHaus seja de 70 metros, se você morava em um Vitacon, o MaxHaus pode ser três vezes maior que o seu antigo apartamento de 18 metros – mas algum móvel que você tinha no apartamento, na casa dos pais ou que ganhou pode não caber. Esses atributos são levados em conta no momento de as pessoas comprarem o produto.

O preço é um forte índice de racionalidade. Uma pessoa pode optar em comprar um MaxHaus por ele ter um poder de revenda, por exemplo, maior que o da Cyrela; ou porque o valor do condomínio é menor que o da Cyrela ao lado; ou optar por um apartamento de 70 metros, e não de 90 metros, pela diferença de preço no IPTU. Economia é um dos pontos que pesam no pensamento racional.

Uma pessoa pode optar em comprar uma Bic em vez de uma Montblanc, por causa do desempenho. A Montblanc tem autonomia – depende do tipo de tinta – de escrever cinquenta páginas, ao passo que a Bic tem autonomia para duzentas páginas; entretanto, e olha o preço novamente aqui, o valor da carga da Montblanc é o valor de pelo menos dez Bics, ou seja, pelo mesmo valor, a Bic escreve 2 mil páginas, ao passo que a Montblanc escreve cinquenta. Quando essa briga vai para o atributo emocional, não se cogita a comparação da Bic com a Montblanc, que é um produto totalmente emocional.

Atributos emocionais

Atributos emocionais são aqueles que falam com o coração do consumidor, a ideia de que ele compra o que marca prega e como ela atua, não apenas o produto. Se assim fosse, quem compraria uma caneta de R$ 5 mil, sendo que a Bic faz a mesma coisa por R$ 5? A emoção é o que mais pega as pessoas. Quantos produtos você já comprou sem a menor necessidade, por ter sido impactado por uma promoção, ou porque o vendedor era tão bom que, no impulso, você disse sim?

As emoções que mais influenciam as compras são: ganância, pela recompensa que a decisão garantirá; medo, por pensar no que pode acontecer caso a decisão seja errada; altruísmo, por imaginar o impacto que a decisão terá em outras pessoas; inveja, por comparar o que os outros têm, ou podem ter; orgulho, pelo sentimento de ter tomado uma boa decisão; e vergonha, por ter deixado passar uma boa oportunidade.

Como comunicar para cada perfil?

Quando a comunicação for lançada, você vai impactar consumidores que decidem a compra por um dos lados do cérebro, mas não ache que uma pessoa decide só pelo lado racional, e outra só pelo lado emocional; as pessoas tendem por um dos lados, mas nunca só por um.

Segundo Philip Kotler, "os apelos emocionais tentam despertar emoções positivas ou negativas que motivem a compra, já os apelos racionais estão relacionados com os interesses particulares das pessoas: afirmam que o produto trará determinados benefícios".[60] O que Kotler quer dizer é que as compras são diferentes porque, no momento da decisão, cada perfil de público tende

---

60 Philip Kotler, Hermawan Kartajaya e Iwan Setiawan, *Marketing 4.0*, Rio de Janeiro, Sextante, 2017.

por um lado; mas, como expliquei, reforçando o que Kotler diz, nem sempre as pessoas que compram um apartamento de forma racional comprarão um carro da mesma forma; e quem compra um Jaguar XR na emoção pode comprar um apartamento da Tecnisa de forma muito racional.

Não há uma maneira certa entre esses dois apelos de construir uma marca ou comunicar o produto para o consumidor final. É preciso ter um equilíbrio dos dois, pois ambos os perfis serão impactados pela marca. Contudo, é possível marcas serem mais emocionais do que racionais, como o caso Montblanc x Bic. Elas não são concorrentes, mesmo ambas sendo canetas, pois são de preços diferentes e, obviamente, para públicos diferentes. A Bic é razão: "Preciso de uma caneta, gasto R$ 5 e tenho uma". A Montblanc é emoção: "Preciso de uma caneta que me dê status, gasto R$ 3.700 e tenho uma". Dessa forma, é possível entender como trabalhar os atributos, de extrema importância para a construção das mensagens da marca ao longo do tempo, pois cada um leva a caminhos diferentes. Se o seu atributo mais trabalhado é racional, as comunicações da marca, campanhas têm um apelo; se é emocional, elas têm outro.

Dimensões de marca autêntica

Para a professora de marketing Julie Napoli, ph.D. da Monash University da Austrália, existem três dimensões de marcas autênticas, preenchidas com excelência, na visão dela, pelo Starbucks:

▷ Herança: clientes querem saber de onde vem o produto.

▷ Sinceridade: quais pessoas estão por trás do produto.

▷ Compromisso com a qualidade: quanto as marcas estão comprometidas.

Nas palavras de Napoli: "Os clientes não compram uma marca ou um logo tanto quanto compram um conjunto de valores. Nada melhor para revelar os valores de uma empresa do que por meio de histórias que motivem e despertem paixões nas pessoas que trabalham e consomem".[61]

DEFININDO: MISSÃO, VALORES, VISÃO E FILOSOFIA DE MARCA

Nas minhas aulas, sempre inicio esta parte perguntando quem viu esses termos na época da faculdade. Obviamente, quem estudou publicidade os viu, e meus alunos nos cursos de branding são publicitários. Uma parcela de alunos chega a virar a cara, acreditando que branding é apenas inovar sem olhar para o passado. Pois bem, por esses alunos, que são profissionais de mercado, eu apenas lamento, pois quem quer construir uma marca forte precisa pensar nesses pilares. De fato, voltemos à sala de aula, voltemos ao livro *Administração de marketing*, um clássico mundial, do "titio" Philip Kotler, cuja contribuição para o marketing direciona as nossas carreiras, tendo sido ele eleito o sexto homem mais influente do mundo dos negócios. Se você não o respeita, de novo, eu só posso lamentar.

Kotler define muito bem o que é a missão da empresa. Segundo ele: "Uma organização existe para produzir e vender alguma coisa. Quando o negócio é iniciado, a missão é clara, porém, ao longo dos anos e com as mudanças do mercado, a missão pode não mais fazer sentido".[62] É nesse momento que a empresa precisa rever sua missão para seguir relevante no mercado. Sem uma missão clara, o propósito enfraquece. Ao falar de propósito, aqueles

---

[61] Napoli apud Mark Batey, *O significado da marca*: como as marcas ganham vida na mente dos consumidores, trad. Gabriel Zide Neto, Rio de Janeiro, Best Business, 2010.

[62] Kotler e Keller, op. cit., p. 87.

alunos citados no parágrafo anterior se empolgam: é o assunto da moda, o mesmo que, na obra mencionada, Kotler já explicava como sendo um diferencial. Mas propósito e missão são temas diferentes, e bem complementares; uma pena que, para muitos, não passam de frases de efeito que alguém coloca na parede da empresa. Quem pensa assim, acaba acreditando que o post do Facebook é tudo o que a empresa precisa. Pensamento esse que só potencializa a miopia de marketing, que também estudamos na faculdade de publicidade e propaganda.

O mercado está cheio dos "xoxialmedia" (termo pejorativo para aquele profissional que acredita apenas em post patrocinado em redes sociais como o grande diferencial de uma campanha), e isso é ótimo, pois quem estuda o marketing e entende que ele, acima de tudo, é a proteção da marca, terá emprego para o resto da vida. Já para quem só faz post...

Missão

Para Kotler, "uma declaração de missão bem formulada dá aos funcionários um senso compartilhado de propósito, direção e oportunidade".[63] Já Peter Ducker,[64] ao abordar o momento em que a marca está perdendo o rumo da sua missão, afirma que é preciso fazer algumas perguntas básicas que, em muitos casos, são ignoradas:

▷ Qual é o nosso negócio?

▷ Quem é o cliente?

▷ O que tem valor para o cliente?

▷ Como deveria ser o nosso negócio?

---

63 Kotler, Kartajaya e Setiawan, op. cit.
64 Ducker apud Kotler, Kartajaya e Setiawan, op. cit.

Perceba que, nas quatro questões de Ducker, duas se referem diretamente ao cliente e a quarta tem a ver com o futuro do negócio baseado nas pessoas, ou seja, como sempre digo, o consumidor, no fim do dia, é a peça mais importante desta engrenagem chamada varejo.

Para definir uma missão clara e objetiva, é preciso partir do entendimento de que a empresa não apenas produz um produto ou presta um serviço, como também entrega um benefício ao seu consumidor final. Veremos que as empresas não mais vendem produtos, mas, sim, resoluções de problemas, que podem ser racionais ou emocionais. Pode ser comprar uma Coca-Cola para matar a sede, racional; ou uma Mercedes-Benz para saciar o ego, emocional.

O Google, por exemplo, tem uma missão muito clara: "Organizar as informações do mundo todo e torná-las acessíveis e úteis em caráter universal". A mensagem é objetiva, direta, e é algo que a marca faz todos os dias, desde que foi criada. Por sua vez,

> *para ser percebida como uma empresa social e ambientalmente responsável e atuante, a Natura parte da premissa de que os impactos ambientais de sua atividade decorrem de uma cadeia de transformações, da qual representa somente uma parte. Por isso, acredita que, para ter eficácia, as ações ambientais precisam considerar cada cadeia produtiva de maneira integral.*

Coloquei essas duas missões como exemplo porque, além de serem marcas que eu admiro e uso (muito mais o Google, claro), mostro também que a declaração de missão não tem tamanho ou jeito de escrever, só precisa ser verdadeira, escrita do fundo da alma da empresa. Muito mais importante do que isso é aplicar em seu dia a dia essa missão. Essas duas empresas o fazem, com maestria, diariamente.

Valores

Nesse momento, a sua busca é pelos princípios da empresa. Quando você diz para alguém quais são os seus valores, expõe conceitos como honestidade, transparência, inteligência, entre outros, e não está errado em fazer isso. Com as marcas, acontece o mesmo, é preciso que esses, e outros, conceitos estejam no DNA da marca. Sem esses pilares, o propósito, repito, que muitos buscam como o Santo Graal do branding, se mostra muito fraco.

Muitas empresas possuem a mesma lista de valores. A questão não é ter cinco ou dez valores, ou ter os mesmos que outras empresas, mas como aplicá-los no dia a dia das marcas. A lista, bem, essa qualquer estagiário faz, porém, para executá-la, nem sempre ele consegue.

Retomando o gancho dos valores de empresas e pessoas, hoje, com o marketing moderno, o que mais temos visto são pessoas preocupadas com marcas que têm os mesmos valores que os seus, marcas que se engajam com causas, marcas que têm no propósito sua forma de se comunicar e agir. Reforce em sua mente: é preciso agir e não apenas indicar isso no papel ou na área do site em "quem somos".

Marcas que, de fato, põem o propósito em execução estão à frente nas decisões das pessoas, nos novos rumos que o varejo está tomando. Vale lembrar que o propósito tem entre seus pilares: missão, visão, valores e filosofia da marca.

A Faber-Castell é uma marca que consegue se reinventar sempre. Ela fez parte da infância de milhares de pessoas. Fico feliz em ver que ela faz parte da infância da minha filha, Fernanda, assim como fez parte da minha. Eu usava muito lápis de cor para pintar meus desenhos, normalmente, focados no meu São Paulo Futebol Clube, ao passo que ela foca nas histórias que cria com as amigas e depois "digitaliza" nos aplicativos como TikTok e Likee. A Faber-Castell é de 1796, ou seja, tem mais de 220 anos. E tem se reinventado como marca desde então. Seus valores estão explicados no que ela chama de "Essências de marca".[65]

Mais adiante, voltaremos a analisar essa marca, pois ela vem inovando dentro de um mercado que exige cada vez mais a transformação digital como pilar essencial para o seu negócio prosperar. Se quiser entender mais sobre esse conceito, sugiro que adquira o livro *Transformação digital*, de minha autoria.[66] A Faber-Castell, sem dúvida, é um exemplo de marca e inovação que faz a diferença, afinal, não é qualquer empresa que passa dos 200 anos de vida!

Visão

É quando as marcas olham para o futuro. Aonde elas querem chegar? Uma coisa é certa: Apple, Mercedes-Benz, Coca-Cola, Microsoft não começaram do tamanho que estão hoje e, provavelmente, em alguns anos, estarão ainda maiores. Quando nasceram, seus fundadores tinham a visão de onde queriam que elas fossem. Dificilmente acertaram que, um dia, seriam as maiores do mundo, mas a ambição estava inserida na concepção institucional desde o primeiro dia.

Quando o meu querido São Paulo Futebol Clube nasceu, havia dois times importantes na cidade de São Paulo, até hoje adversários tradicionais, Palmeiras e Corinthians. O São Paulo, assim como esses rivais, nasceu tímido, em uma pequena sala de um escritório no centro da cidade, mas sempre almejou ser grande, o maior do Brasil. Não à toa, poucos mais de vinte anos após sua fundação, teve início a construção do estádio Cícero Pompeu de

---

[65] Disponível em: <https://www.faber-castell.com.br/Empresa/EssenciasDaMarca>. Acesso em: 18 maio 2020.

[66] Felipe Morais, *Transformação digital*: como a inovação digital pode ajudar seu negócio nos próximos anos, São Paulo, Saraiva Uni, 2020.

Toledo, o Morumbi, que, por muitos anos, foi considerado o maior estádio particular do mundo. Os fundadores do clube, entre eles o pai do meu querido amigo Homero Bellintani Filho, o sr. Homero Bellintani, criaram uma marca – e aqui estamos falando de marca e não apenas de futebol – que tinha a visão de, um dia, ser grande. Começou pequena, com pouco mais de dez homens entre os seus fundadores, com a visão de transformar o clube no maior. E por muitos anos conseguiu.

Como já dito neste capítulo, a Natura é um case de sucesso quando se fala de construção de marca, muito em função da visão que um dos seus fundadores teve, quando iniciavam a empresa. Não se pretendia que ela fosse apenas mais uma no mercado. Luiz Seabra não considerava a ideia de se limitar a uma empresa de cosméticos, idealizava uma companhia que ajudasse a aumentar a autoestima das pessoas. Um tempo depois, trocou a ideia de autoestima por bem-estar, mas sem alterar seu propósito inicial.

Outro exemplo que vale a pena é a Nike. A sua missão é de "vender artigos esportivos, buscando inovação tecnológica, proporcionando conforto para seus clientes. Visão: ser uma referência em artigos esportivos, mantendo assim um vínculo com qualidade de vida e de pessoas". Percebe que são textos diferentes, mas que se complementam? A Nike deseja vender artigos buscando inovar, essa é a sua missão, ao passo que sua visão é ser referência em artigos esportivos. Seus produtos refletem isso, ela é uma das marcas mais vendidas do mundo, do segmento esportivo, e também uma das que mais buscam tecnologia – basta lembrar do case Nike+, um cobranding (quando duas marcas se juntam) com a Apple, revolucionário na época, tendo impulsionado as duas marcas em vendas, consolidando-as na lembrança e na preferência das pessoas. Sempre que uma marca inova, tem a preferência das pessoas.

De acordo com Carmine Gallo, presidente da Gallo Communications Group: "O líder empresarial, por definição, define a visão. No entanto, a visão será ignorada se não estiver acompanhada de uma história convincente".[67]

Outro dia estive em uma loja da Kopenhagen. Chamou-me a atenção que a declaração de visão, missão e valores estivesse presente no caixa. Tirei uma foto, mas como ficou péssima, não tive como publicá-la aqui. Mas vou reproduzir os valores da marca para que você entenda que eles não devem formar um mero conjunto de frases legais na parede: precisam ser vistos no dia a dia da empresa.

Visão: ser um grupo competitivo que atue de forma abrangente no segmento alimentício, através de um portfólio de produtos com qualidade, representado por marcas fortes, com características e propostas.

Missão: a Kopenhagen, tradicional grife de chocolates finos, tem como missão fabricar produtos de altíssima qualidade, preservando seu sabor com sofisticação e originalidade. Preocupada em proporcionar felicidade através de seus chocolates, está sempre atenta às mudanças do mercado para inovar e ir ao encontro das preferências de seus consumidores, oferecendo as melhores lojas, o melhor atendimento e o melhor produto para consumir e presentear. Trabalhando com prazer e emoção, visamos atender com excelência o interesse do investidor, a motivação do colaborador e a satisfação do consumidor.

---

67 Gallo, op. cit.

Valores:

Lideranças interativas

Trabalho em equipe

Proatividade

Qualidade

Ética e respeito

Como atingiremos: disseminando nossa visão, realizando nossa missão e trabalhando nossos valores, com todos os colaboradores, parceiros, clientes e consumidores, fortaleceremos nossa posição como a melhor empresa brasileira de chocolates finos.

Fica o reforço: não é para ter essas frases no site e na parede da empresa, é preciso implementá-las na prática!

Filosofia

É a forma como a marca se posiciona em seu dia a dia e como a empresa atua dentro da sua estrutura. A forma com a qual isso é passado ao mercado. Não resta a menor dúvida de que os quatro elementos aqui indicados (missão, valores, visão e filosofia) estão ligados de uma maneira que um não vive sem o outro; são pilares importantes para a construção do propósito e do posicionamento da marca, para que ela se diferencie no mercado. Marcas que não têm esses pilares definidos são, como diz Jaime Troiano "marcas sem alma". E eu reforço: são marcas que não inspiram ninguém a nada.

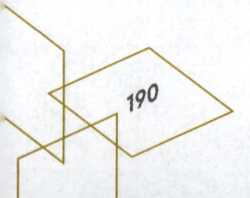

A moda é um dos campos nos quais mais se trabalha a inspiração. O homem se inspira a estar sempre atraente para conquistar as mulheres. Seu lado sexual é sempre mais forte; já para a mulher, nem sempre a conquista remete ao sexo. Entretanto, a moda trabalha muito isso, não à toa, o arquétipo mais usado é o do amante, sobre o qual ainda abordaremos; mas o arquétipo amante não remete à literalidade da palavra, sendo amante "o outro" ou "a outra". Então, para ilustrar como uma marca trabalha a sua filosofia, ou seja, o seu dia a dia, vou usar o case de uma das marcas mais icônicas da moda, a Prada, que até teve um filme com seu nome, *O diabo veste Prada* (2006), altamente recomendável, com Meryl Streep no papel de Miranda Priestly, a editora-chefe da revista *Runway*.

A filosofia da Prada

Em 1913, Mario Prada, um artesão de bolsas, se juntou ao seu irmão Martino para criar acessórios de luxo, malas de viagem, bolsas e acessórios em couros especiais e diferenciados, como o couro de leão-marinho, por exemplo, na grife que eles chamaram de Fratelli Prada. O cuidado com a produção artesanal, pensada em cada detalhe, foi o que caracterizou o início da grife. Em 1919, foi inaugurada a primeira loja Prada, localizada na Galleria Vittorio Emanuele II, onde até hoje se encontra.

Por anos, a marca não foi o que é hoje, o que remete, mais uma vez, ao que eu disse sobre marcas nunca nascerem gigantes. Apenas quando a neta de Mario, Miuccia Prada, assumiu o comando é que a marca teve a sua reviravolta, isso em 1985, mesmo indo contra a vontade dos fundadores de nunca ter uma mulher na direção. Aqui podemos ver o que falamos no início do capítulo, quando Kotler dizia que a missão de uma empresa deve seguir os rumos do mercado. Em 1913, aquele era o pensamento dominante da época, de que a mulher tinha de ser dona de casa. Todavia, na década de 1980, a mulher já conquistava seu espaço. E foi nas mãos de Miuccia que a Prada se tornou o que é, com ela, até hoje, no comando da empresa, ao lado de Patrizio Bertelli, seu marido e CEO da marca.

O ponto de virada veio com o Nylon nos anos 1980. A criação de bolsas Prada com linhas simples e que traziam o luxo para um material tão comum e renegado pelos designers foi uma revolução, que elevou a marca a outro patamar. Os anos 1990 chegaram com o lançamento da Miu Miu, uma homenagem ao apelido de Miuccia e uma resposta aos seus anseios de desenhar para uma mulher mais jovem, livre e divertida, aqui, mostrando que a marca, em sua missão e valores, deveria atuar com outros tipos de público, porém sem perder a sua essência, seu propósito. As inovações de Miuccia mudaram os rumos da marca, mas não a sua essência de qualidade, bom gosto e requinte.

Na mesma época, Miuccia lançou a Fundação Prada, com o objetivo de trazer exposições que enaltecessem projetos com foco no debate da arte contemporânea, mais uma vez reforçando o pensamento da marca, em que a arte, sem dúvida, é uma forte inspiração. Arte, moda, música, poesia, teatro, cinema, cultura em geral, andam de mãos dadas; a marca cria conexões poderosas que transformam a Prada no que é hoje, uma das grifes mais desejadas do mundo. Se você, amigo leitor, é homem e quer agradar uma mulher, ofereça-lhe um produto da Prada, a chance de errar é 0,00001%.

Talvez uma das características mais presentes na moda Prada seja o empoderamento feminino. No desfile de primavera/verão 2018, a coleção Comics trouxe estampas de histórias em quadrinhos retratando mulheres poderosas e incríveis, mas que não perdem a sua feminilidade, a essência do que é ser mulher. O empoderamento começa pela inspiração para a coleção: o trabalho da pioneira Tarpé Mills, criadora da Miss Fury, a primeira história em quadrinhos de ação que trazia uma mulher como personagem principal. De novo, a essência, a missão, os valores e a visão da marca são preservados, mesmo com a sua filosofia adaptando-se às mudanças do mundo. Prova disso é que, em 1913, seus fundadores não queriam uma mulher no comando; hoje, não só há uma no comando, como a Prada vem trazendo a figura da mulher como personagem principal de sua história.

A história completa você pode conferir no site da Farfetch, um e-commerce de moda de luxo: "A Farfetch existe pelo amor à moda. Acreditamos no fortalecimento da individualidade. Nossa missão é ser a plataforma global de tecnologia para moda de luxo, conectando criadores, curadores e consumidores".[68] Ela faz isso com maestria, todos os dias.

ARQUITETURA DE MARCA

O termo arquitetura representa uma organização. Ao construirmos ou reformarmos um imóvel, sempre pensamos na pessoa do arquiteto para organizar como as coisas das nossas casas, ou empresas, vão se encaixar. O termo, quando aplicado na gestão de marca, não é muito diferente, chega para organizar tudo o que a marca oferece ao mercado, como o posicionamento de submarcas de produtos. Grandes corporações, como Coca-Cola, Nestlé, Unilever, Procter&Gamble, usam esse tipo de estratégia para dividir suas submarcas e definir como cada uma marcará presença no mercado de varejo.

Em outras palavras, essa arquitetura é a forma como uma empresa determina a estrutura e os nomes de suas marcas, e também qual a relação entre elas. Ou seja, é a estrutura lógica e estratégica do portfólio de produtos de uma organização. O posicionamento da marca-mãe ajuda a identificar as associações mais prováveis que venham a influenciar as percepções do ajustamento de uma extensão de marca.

---

[68] Disponível em: <https://www.farfetch.com/br/style-guide/icones-de-estilo-e-influenciadores/a-filosofia-da-marca-prada/>. Acesso em: 18 maio 2020.

Organização da arquitetura de marca

A forma com a qual as marcas se organizam tem basicamente três tipos, conforme veremos a seguir. Cada empresa organiza as marcas de acordo com o que acredita ser o ideal. No próximo subcapítulo, apresentarei um case muito interessante da marca de carros alemã BMW a esse respeito. É preciso ter em mente: como as marcas vão trabalhar no mercado? Se você seguiu os passos nos capítulos anteriores, essa resposta você já tem.

Monolítico: a arquitetura de marca parte do princípio de que há uma marca principal, forte e única. Portanto, todas as outras submarcas utilizam a mesma marca-matriz, com variação na descrição de acordo com o produto ou serviço. Clientes são fiéis à marca, com isso, as características e os benefícios dos produtos não possuem tanta importância quanto a promessa da marca para o consumidor.

FedEx é um grande exemplo de marca monolítica. A FedEx Corporation comanda tudo; abaixo dela, há a FedEx Services, que, por sua vez, está acima da FedEx Officer, que está acima da FedEx TechConnect. Ao lado da FedEx Services há a FedEx Express, com três submarcas inferiores na hierarquia: FedEx, FedEx SupplyChain e FedEx Trade Networks.

Há outras divisões, mas acredito que já deu para você entender o pensamento. Tudo é "FedEx algum serviço", em que cada divisão atua em uma área, trazendo um portfólio de produtos maior, podendo, assim, cobrir mais áreas do mercado no qual a logística seja o mais forte. No caso da FedEx, a empresa é monolítica, mas atua sempre no mesmo segmento.

Endossado: sinergia de marketing entre o produto ou a divisão e a marca matriz. Cada produto ou submarca têm uma presença de mercado claramente definida e distinta, mas são endossados pela marca-mãe. As submarcas possuem uma identidade independente, mas a marca matriz está sempre presente com maior poder, conferindo credibilidade às demais.

A Apple segue essa linha. Diferentemente da FedEx Services, por exemplo, ela não vem na frente do produto. As pessoas não têm um Apple iPhone, mas, sim, um iPhone da Apple, um MacBook Air da Apple, embora haja o relógio Applewatch. Perceba que uma marca pode ter um produto que saia um pouco da curva, com um nome que penda mais para o lado monolítico, dentro de um universo de submarcas que compõe sua estrutura.

Independente: série de marcas de consumo bem conhecidas. As marcas atuam de forma independente umas das outras, o que não quer dizer isolada. A marca matriz pode ser invisível ou irrelevante para o consumidor; cada submarca tem a sua própria imagem.

O Grupo Pão de Açúcar (GPA) tem algumas marcas próprias sem muita conexão com a marca Pão de Açúcar, mas que ficam abaixo do guarda-chuva da rede. Se analisarmos o Pão de Açúcar Minuto, voltamos ao cenário anterior, de como uma marca pode possuir algumas unidades de negócio com nomes mais para o lado monolítico. No entanto, o GPA tem marcas como: Extra, Mini Extra, Assaí Atacadista, Compre Bem, Aliado Minimercado, James Delivery. Essas são marcas voltadas a pontos de venda para o consumidor final, que podem comprar, dentro desses pontos de venda, marcas como Taeq, Qualitá, Casino, Fábrica 1959. Ou, se preferirem, as pessoas podem pedir pelo telefone produtos da Cheftime, ou acumular pontos, em uma parceria com a Raia Brasil por meio do programa Stix de fidelidade, ou ter um programa de fidelidade usando a empresa Multibenefícios.

Marcas ganham desempenho organizando melhor suas ofertas. Independentemente do tamanho da sua empresa, a arquitetura eficaz da marca pode contribuir para melhor segmentar e gastar menos para comunicar.

As marcas, dentro da sua organização, podem seguir papéis complementares aos que vimos anteriormente, como, por exemplo:

- **Interessantes/empolgantes:** há sempre um motivo para falar delas.
  AXE, Nascar, Pixar, Red Bull.

- **Envolventes/engajantes:** engaja públicos.
  Lego, Disney, Amazon, Google.

- **Inovadores/dinâmicos:** estão sempre criando o novo.
  Apple, 3M, Virgin, GE.

- **Passionais/movidos pelo propósito:** comunicam propósito maior e criam paixão.
  Whole Foods, Ben & Jerry's, Kashi, Patagonia.

É totalmente possível que uma marca seja, por exemplo, endossada e envolvente/engajante, como o próprio Google, que tem uma arquitetura endossada, com Gmail, Google Maps, Google Docs, Google Agenda, Google Analytics, Google Sala de Aula, Google Fotos, Google Tradutor, entre outros. Até o Google Pixel, celular da marca, podemos incluir nessa lista, que conta com centenas de produtos.

A marca se posiciona como uma empresa que endossa tudo o que faz; seus produtos levam o nome da marca-mãe. Mas é também uma marca envolvente, pois dificilmente as pessoas não a utilizam todos os dias. O Google, na minha visão, foge do termo monolítico, pois há produtos da marca que não levam o nome Google antes, como os casos de YouTube, YouTube Kids, YouTube Music, YouTube TV, Chrome, Chromecast, Android, Android Auto, Hangouts Chat, Keep, Drive, Tilt Brush, Waze, Voice. O universo Google vai muito além de buscador, mídia e mapas online para usar no carro.

Certa vez, quando o Orkut ainda era vivo, minha querida amiga e referência Martha Gabriel fez um desafio em uma palestra, pedindo para que as pessoas ficassem uma semana sem usar nada que fosse do Google, incluindo o Orkut – na época, a maior rede social do Brasil –, o Gmail, o YouTube (que o Google já tinha comprado) e até mesmo o Blogger, então forte concorrente do Wordpress na construção de blogs. Claramente ninguém conseguiu. Hoje, com uma oferta ainda maior de serviços, é mais complicado não usar nada que seja do Google por um dia, que dirá por uma semana!

Segundo Jaime Troiano,[69] para se criar a arquitetura da marca, são necessários alguns pontos importantes, juntando com os anteriormente elencados:

1. Identificação da personalidade da marca-mãe: valores que ela deve representar, transcendendo as personalidades de unidade de negócios e produto.

2. Definição dos segmentos de mercado para quem ela é importante: clientes, entidades, públicos internos, fornecedores e segmento financeiro.

3. Reavaliação do sistema de identidade visual da marca: diante das marcas de unidades de negócio e produto.

4. Formulação de um plano de comunicação: dirigida para consolidar a percepção desejada pela marca-mãe.

5. Combinação de sistema: de controle para eficácia da implementação da marca.

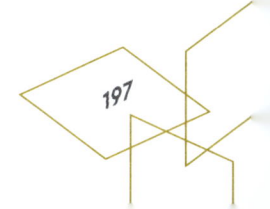

---

69 Troiano, *Brand Intelligence*, op. cit.

CASE BMW

Quando estávamos criando toda a estrutura do planejamento da Vitacon, um dos problemas que entendemos que a marca tinha era a necessidade de reorganização de arquitetura. Encontrei diversas pesquisas sobre o tema, mas uma que me chamou muito a atenção foi sobre a BMW, uma marca claramente endossada e que, na minha visão, pode se apropriar do posicionamento de interessante/empolgante, afinal, uma BMW 750i ou uma BMX X6 são carros que não passam desapercebidos no trânsito.

A BMW AG é a marca corporativa. É ela que comanda toda a empresa. Abaixo dela, a BMW denomina as *masterbrand*, algo como marcas-mãe do segmento, sendo a BMW, sozinha, a única representante. Na sequência, a BMW denomina as marcas que dividem a empresa, *companies or divisions*, sendo a BMW Ltd e a BMW Motorcycles suas representantes, indicando de forma clara que motos estão em uma divisão à parte dos negócios da marca.

A seguir, vem a BMW Dealer Name, que perfaz as concessionárias, chamada pela marca de *retail*, em que vende a próxima camada da divisão, chamada *sub brands*, com as linhas de carro como BMW Série 3, BMW Série 5, BMW X Series e BMW M, sua divisão esportiva. Por fim, a marca divide os produtos ou serviços como BMW 335i, BMW 530d, BMW X6 e BMW Z4.

Há, obviamente, uma forte razão para que a marca BMW faça essa divisão, que, de fato, faz muito sentido. Na Vitacon, por exemplo, usamos essa estrutura como base para a nossa arquitetura, sendo a Vitacon a marca a endossar os empreendimentos, trazendo o *on* (do posicionamento *Life is on*) para o nome: On Imarés, On Lorena, On Loefgreen (*On* somado ao nome da rua onde o empreendimento será construído). Mas também mantivemos nomes que saíam dessa estrutura, como o Hub Urbano, e reorganizamos os benefícios dos empreendimentos, antes jogados em estruturas mais claras, como, por exemplo, Work, que mostra a sala de reunião privada com wi-fi com carregadores para dispositivos móveis; ou o Experiência, que reúne diferenciais como ambiente instagramável ou lavanderia coletiva. A arquitetura da BMW nos inspirou na organização da arquitetura da Vitacon.

Sem parecer um corretor, mas já o sendo, como profissional de marketing, vale a pena você conhecer esse conceito para entender como é possível vender a mesma coisa, mas de forma diferente.

O QUE É SEU NEGÓCIO?

Este capítulo é tão breve quanto essa definição precisa ser. Imagine que você está em um elevador – pessoal de startup ama esse exemplo – no térreo e tem até o 15º andar para explicar o que a sua empresa faz. Você tem aproximadamente 30 segundos para isso. Como fazer? Esse exercício é o que você precisa desenvolver para explicar, de forma clara e objetiva, o que a sua empresa realmente faz, imaginando que as pessoas que o estão ouvindo são bem leigas no assunto. Por leigas, não me refiro a pessoas sem inteligência, mas, sim, sem conhecimento da sua área. Meus pais, por exemplo, um advogado e uma psicóloga muito renomados, com altíssima inteligência, não sabem ao certo o que eu faço, pois são totalmente leigos em marketing e comunicação – assim como eu sou totalmente leigo em direito. Já em psicologia sou menos leigo porque, como profissional de planejamento, o meu "material de trabalho" é o comportamento humano.

Alguns exemplos

Vou citar aqui alguns exemplos de marcas, explicando, do meu modo, o que cada uma faz. Esse exercício ajuda você a fazer o mesmo pela sua empresa. Nem sempre é simples, em 30 segundos, explicar o que a empresa faz, e mais complicado ainda é fazê-lo por escrito.

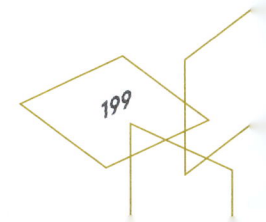

McDonald's: comida ao estilo fast-food, baseada em hambúrguer, batata frita, refrigerante e sorvete, a preços populares.

Mercedes-Benz: fabrica carros de luxo, que exalam elegância e conforto. Carros para pessoas com alto poder aquisitivo e de bom gosto.

VR (Vila Romana): vestuário para o homem bem-sucedido, com alto poder aquisitivo, e que precisa se destacar com suavidade e elegância.

Bacio di Latte: sorvete artesanal para quem gosta de consumir doces gelados e com muito sabor.

Livraria Cultura: espaço que inspira as pessoas a ler. Um ambiente aconchegante, onde os frequentadores respiram arte, há uma enorme variedade de livros de todos os temas e para todos os gostos e idades.

Separei algumas das marcas que mais admiro e consumo. É mais fácil, para mim, falar dessas marcas, pois sou consumidor de todas. Mesmo não podendo adquirir carros da Mercedes-Benz, consumo outros produtos da marca, como livros, camisetas, bonés, óculos e perfumes. Essa é a forma como vejo o que uma empresa é, o que oferece e seus diferenciais, no momento em que tenho de decidir entre, por exemplo, comprar uma camisa na VR e na Siberian, ou gastar um pouco a mais no sorvete da Bacio di Latte e não tomar um Kibon na padaria.

Fiz isso de forma proposital, assim, você entende que é preciso ouvir o consumidor para definir exatamente o seu negócio, já que, no mundo dos negócios, mais forte do que aquilo que você acha que faz é o que as pessoas entendem que você faz. De nada adianta, por exemplo, o McDonald's vir com um discurso de saúde e qualidade de vida, sendo que as pessoas pensam em comer seus lanches na sexta-feira, que é o "dia do pé na jaca", como popularmente se diz. Por um tempo, trabalhei na Avenida Paulista e isso era nítido: às sextas, lanchonetes como McDonald's, ou seu concorrente, Burger King, ficam lotadas, com filas, às vezes, na rua.

E pegando esse exemplo como gancho, você poderia ter lido o que eu descrevi sobre o McDonald's e dizer: "Ah, mas isso cabe ao Buger King também". É verdade, por isso é preciso trabalhar uma marca, pois não é apenas esse descritivo – tal como eu fiz com outras marcas – que vai definir o que a marca é. Contudo, é um norte para você saber o que defender. A soma de todos os pontos, os quase sessenta que estou abordando neste livro, é o que faz uma marca se diferenciar.

FM CONSULTORIA: empresa com foco em entender comportamentos para trazer uma comunicação mais assertiva e relevante para as marcas.

É assim que defino a minha empresa, por exemplo. Se estou em um evento e um amigo me apresenta a um potencial cliente, nem sempre temos tempo de explicar a fundo o que a empresa faz, então é preciso ser rápido. No meu cartão, por exemplo, uso uma frase que criei e da qual gosto muito: "Planejar não é certeza do sucesso, mas não planejar é certeza do fracasso", reforçando, assim, a mensagem que desejo passar.

QUAIS OS DIFERENCIAIS DO SEU NEGÓCIO?

Esse é um ponto que tem uma forte ligação com a questão anterior. A pergunta para isso é simples: "Por que as pessoas compram meu produto?". A fórmula ideal, a meu ver, é sentar com o fundador, ou fundadores, da empresa e elencar cinco pontos essenciais que diferenciam o negócio, marca e produtos do mercado, entendendo o que a marca pode trazer para a vida das pessoas, apostando na experiência única e inesquecível.

No capítulo sobre posicionamento, falaremos mais sobre o Unique Selling Proposition, o famoso USP, que vai ajudá-lo a entender mais sobre esses diferenciais. Mas é preciso sentar e ver o que realmente faz as pessoas comprarem seu produto, e tenha certeza de que preço é apenas um dos pontos, há muitos outros.

Quando dou aula de planejamento estratégico digital em MBAs, o meu exercício é sempre o mesmo. Pego um brief que recebi em 2010, no lançamento da Mercedes-Benz C180 Blueefficiency, e trago o mesmo desafio em sala de aula, lançar o carro usando a internet como plataforma de divulgação prioritária. Quando começamos a conversar em sala sobre os motivos pelos quais as pessoas compram uma Mercedes-Benz, os mais citados são "elegância, motor, qualidade, marca forte, beleza, status e conforto". Tudo isso tem muito a ver com a marca, ela realmente exala isso a quem a adquire. A seguir, faço uma pergunta simples: "Audi e BMW também não exalam isso?".

O silêncio toma conta da sala. Então, faço uma pequena provocação: pego um pen drive que simula a chave de uma BMW, coloco na mesa e digo: "Se isso fosse a chave do meu carro, vocês, agora, estariam pensando que eu ganho muito dinheiro e sou bem-sucedido, certo? Pois é isso que quem tem um carro desses quer que as pessoas pensem; porém, se essa chave fosse de uma Audi ou uma Mercedes-Benz, o efeito seria o mesmo". E todos concordam com o exemplo, pois é uma realidade. O que faz, então, a Mercedes-Benz vender quase o dobro do que a BMW e a Audi vendem juntos – pelo menos entre os concorrentes C180, BMW 320 e Audi A4 – no mercado nacional? Essa resposta é que o estrategista de marca precisa responder.

Falar da Apple é mais fácil, ela tem décadas de uma construção sólida e diferenciada. Mas você sabia que a Samsung vende quase dez vezes mais smartphones do que a Apple no Brasil? Não dá para comparar, porém, o fetiche de consumo de um Apple em relação a um Samsung, como já abordamos: os fanáticos por marcas como Apple, Netflix e Harley-Davidson disparam na liderança.

Como achar o diferencial?

Olhe para dentro do seu negócio. Quando falei de propósito nos capítulos anteriores, mostrei como a marca pode se diferenciar. Agora, de fato, é preciso elencar o que a diferencia da concorrência. Um caminho mais curto, e também o mais eficiente, é conversar com quem consome o seu produto. Existem inúmeros segmentos e formas de as pessoas comprarem, cada uma compra de um jeito, por algum motivo, por isso as marcas precisam entender seu mercado e ter uma comunicação que fale com diversos momentos das pessoas.

Achar o seu diferencial, ou diferenciais, não é nada fácil, é preciso investigar o porquê de o criador da marca ter montado ela. Às vezes, a marca faz a mesma coisa que a concorrência, mas de um jeito totalmente novo. O Nubank é um cartão de crédito como os do Santander, Itaú ou Bradesco, tem a bandeira da Mastercard, e isso não o diferencia em nada; só que, em uma pesquisa sem nenhum cunho científico, pude levantar alguns dados.

O ano era 2016, eu era professor de graduação da FMU, onde dava aula para cinco turmas, sendo às segundas e quintas-feiras de noite, e às sextas-feiras pela manhã. Com isso, eu tinha uma base de duzentos alunos para conversar. O Nubank estava começando a sua operação no Brasil, ainda era uma novidade, mas já ostentava um poder de influência muito interessante. Descobri, naquela época, que as pessoas pediam o Nubank por alguns motivos como:

▷ Aplicativo com controle de gastos

▷ Porque um amigo tinha de indicar

▷ Porque o cartão era roxo

▷ Porque a comunicação era diferente e descolada

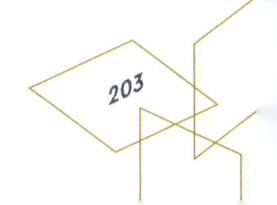

Basicamente, esses eram os quatro principais motivos que aqueles duzentos alunos, entre 17 e 30 anos, tinham para pedir o Nubank. Uma parcela bem pequena já o possuía, e uma parcela menor ainda não o queria, apenas pela não necessidade de mais um cartão. Na época, o Nubank tinha uma taxa de 7% ao mês, que era menos da metade da taxa de 15% ao mês que os cartões convencionais têm. Hoje, o Nubank tem a mesma taxa do mercado, mas aquilo me chamou a atenção: absolutamente ninguém me disse que havia adquirido o Nubank por causa da taxa menor do que a de outros bancos; os diferenciais eram outros. Apostaram nisso focando o atendimento ao cliente como fator principal, da mesma forma como em outros cases que já vimos.

O Nubank foi atrás do seu diferencial, pesquisou, entendeu mercados, viu como os outros bancos atuavam e fez diferente. Outro ponto: controlar os gastos via aplicativo ou de forma online, todos os bancos tinham, mas só o Nubank transformou isso em algo diferenciado.

Em *Guiados pelo encantamento*, o autor, Joseph A. Michelli, apresenta como a Mercedes-Benz atua nos EUA (falarei mais sobre isso em outro capítulo). Ele abre o livro da seguinte maneira: "O consumidor anseia por experiências consistentemente marcantes e esperam que as empresas as entreguem. Quando as empresas proporcionam experiências excepcionais, os clientes tornam-se defensores leais de suas marcas".[70] O seu diferencial está na experiência! E, claro, no que a sua marca promete e cumpre. Quem promete e não cumpre é político em época de campanha.

---

[70] Joseph A. Michelli, *Guiados pelo encantamento*: o método Mercedes-Benz para entregar a melhor experiência do cliente, São Paulo, DVS, 2017.

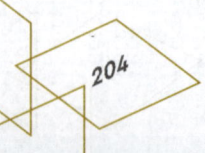

CONCEITO DE MARCA

Você se lembra do capítulo sobre Golden Circle, em que mencionei a clássica frase de Simon Sinek: "As pessoas não compram o que você vende, mas porque você vende"? Muito do conceito da marca é explicado nessa ideia.

Talvez você esteja pensando que existem muitos pontos que se assemelham entre si no campo de marca, mas não é bem assim. Cada ponto tem de ser muito bem avaliado. Construir uma marca é um jogo de habilidade e estratégia, tal qual o xadrez, mas também é um enorme quebra-cabeças que precisa ser montado com as peças certas. O conceito de marca mostra o que a marca realmente é e porque ela existe. Na construção do Golden Circle, essa informação é crucial para o sucesso da metodologia e, consequentemente, da empresa como um todo.

O conceito da marca pode ser passado em sua logomarca. A da Amazon, por exemplo, é uma seta laranja, que simboliza um sorriso, mostrando a satisfação de seus clientes. A seta inicia na letra A e aponta para a letra Z, denotando que a empresa comercializa de tudo, em vários nichos. A Amazon é uma loja virtual com milhares de produtos entregues por aqueles que compram em sua plataforma online.

Já a marca japonesa Toyota tem o símbolo formado por três elipses, que representam as três vertentes da filosofia da empresa: o coração, o produto e o progresso tecnológico. Eles se unem de uma forma que apresenta o T em volta de um círculo, mostrando que o T está protegido, assim como as pessoas dentro de seus carros.

O conceito da Amazon é a entrega de tudo em qualquer lugar do mundo, já a Toyota tem como conceito de marca o coração (ser humano), o produto (qualidade) e a tecnologia (constante movimento), o que a aproxima das pessoas. Esses conceitos nunca são quebrados em produtos, tecnologias, ferramentas ou comunicação. A Amazon entrega de TV a caneta, de geladeira a tablet, de camiseta a terno, ao passo que a Toyota é a marca que passa às pessoas a percepção de que seus veículos são sólidos, duradouros e de alta qualidade. Não à toa, o Corolla, de seu portfólio, é um dos cinco carros mais vendidos do mundo.

PROMESSA DE MARCA

Segundo Jaime Troiano: "É preciso ultrapassar esse limite da racionalidade e compreender os verdadeiros laços entre consumidores e marcas."[71]

Costumo dizer que o branding tem seus 5Ps: **propósito, promessa, percepção, posicionamento** e **pessoas**. Esses cinco pilares, na minha visão, sustentam o branding como um todo. Já passamos por propósito e abordaremos posicionamento em outro capítulo. Sobre pessoas, já deu para perceber que as cito a todo o momento, pela simples razão de que elas são o aspecto mais importante de uma empresa e, consequentemente, de uma marca. Neste capítulo, focaremos única e exclusivamente na promessa.

Sou casado com a Maya Mattiazzo. Em nosso primeiro encontro, prometi ser uma pessoa. Não que eu tenha a enganado, mas quando saímos em maio de 2012, vendi a marca Felipe Morais tal como essa marca realmente era. E, óbvio, ela vendeu a marca Maya Mattiazzo da mesma forma. Se, em algum momento, as promessas feitas naquele jantar fossem quebradas, fatalmente hoje não estaríamos mais juntos. Trago esse exemplo simples e cotidiano para que você entenda a importância da promessa. Promessa é dívida, mas, no mercado de varejo, isso é uma lei! Promessas quebradas são confianças que vão embora. Sei que parece frase de coach, mas essa é uma realidade, uma filosofia que você, como gestor

---

71   Troiano, *As marcas no divã*, op. cit.

de marketing, precisa levar para a sua vida. Não importa se você trabalha no universo de marcas como diretor de criação, gestor de comunidades, planejamento, mídia, ou mesmo atuando no marketing das empresas: no fundo, todos nós somos gestores de marketing e marcas.

Promessa de marca é, na sua essência, a mensagem que chega ao consumidor do que aquela marca, produto ou serviço se propõe a fazer ao cliente, o que de fato a empresa entrega. Tem muito do propósito da marca nessa promessa, que precisa, acima de tudo, ser verdadeira. Para isso, cabe ao consumidor entender essa verdade. Pode até parecer simples, cria-se uma frase prometendo o melhor e pronto, mas, mais do que criar a frase, é preciso tomar cuidado para que ela seja cumprida, ou pode ocorrer um problema muito sério quando se promete algo e não se cumpre.

Desde pequeno, meu pai sempre me disse que a confiança era a chave para tudo. Eu aprontava muito, e ele sempre me dizia que no dia em que a confiança entre nós acabasse, eu perderia muitas coisas. Então, prometia me comportar, e assim eu ganhava a liberdade para fazer as coisas que eu queria com meus amigos. Aprendemos assim o poder da confiança, e esse ensinamento de pai para filho, que eu passo para a minha pequena Fernanda, e que certamente vocês receberam dos seus pais, que receberam dos pais deles, reverbera para a vida e para o quanto confiamos ou não em uma marca.

Como um rico empresário se sentiria ao pagar R$ 2 milhões em uma Ferrari, mas perceber que ela não tem o desempenho de velocidade prometido? A Hyundai sofreu muito com o Veloster, um carro que, pelo próprio nome, prometia ser veloz, o que não se verificava nas ruas. Era um modelo lindo, mas que ficou pouco tempo no mercado. Como uma pessoa se sentiria ao pagar R$ 20 por uma cerveja artesanal que tem o mesmo gosto de uma que ele compra no supermercado por R$ 5? Como você se sentiria se seu chefe prometesse um aumento, mas, no dia combinado, dissesse o famoso: "Veja bem, a empresa está passando por dificuldades...", e, logo a seguir, ele aparecesse no Instagram postando fotos de uma viagem à Itália com esposa, filhos, genro, nora... então, esses sentimentos de frustração acabam com a esperança dos consumidores de que a marca vai, realmente, lhes oferecer o que eles esperam.

Segundo Mark Batey:

> *Ao explorar verdades e valores culturais profundos e universais, o significado implícito das marcas geralmente é menos influenciado pela categoria e mais contaminado pela cultura do que seu significado principal. O significado principal da marca é como os consumidores a percebem, já o que está implícito é a extensão emocional junto à significação psicológica dos atributos, benefícios e outras associações.*[72]

Não fique apenas na promessa, ou a sua marca será uma mentira na mente das pessoas.

Prometeu? Cumpra!

Você conhece alguém que vai ao McDonald's para aquele famoso almoço de domingo, quando a família toda fica por horas na mesa? Ninguém faz isso, simplesmente porque o McDonald's vai na linha do fast-food, ou seja, de refeição rápida. Você entra, paga, consome e vai embora. Essa é a promessa do McDonald's. E tudo bem com relação a isso, até porque, para aqueles que, às vezes, só têm vinte minutos para comer, não será na Famiglia Mancini que essas pessoas irão; porém, para o almoço de domingo, essa é uma dica especial.

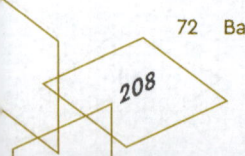

---

72 Batey, op. cit.

Quando uma pessoa vai ao supermercado e compra um Johnnie Walker Red Label, pagará, em média, R$ 80. É um bom whisky, sem dúvida, de uma marca de amplo reconhecimento mundial, mas que promete uma determinada qualidade por seus anos de envelhecimento. Quanto mais velho, mais caro é o whisky. Red Label tem 12 anos de envelhecimento. Seu "irmão" mais velho, o Blue Label, 21, e um custo superior a R$ 900, isso sem contar a famosa garrafa de cristal, que passa dos R$ 10 mil! Perceba que a promessa de cada produto é distinta. De um lado, um whisky de 12 anos tem uma qualidade mediana, por isso um preço mediano e, provavelmente, um público mais jovem. Já o whisky de 21 anos tem uma qualidade mais premium, um preço mais alto e, provavelmente, um público mais velho e sofisticado. Pode-se dizer que o Red Label quem toma é o estagiário, ao passo que o Blue é para o CEO. Uma simples analogia para você entender comportamentos. A marca de ambas é a mesma, mas os dois produtos não oferecem a mesma promessa. Isso pouco importa; o que importa mesmo é que esses produtos cumpram as respectivas promessas!

Não existe experiência sem promessa cumprida!

Esse é um outro ponto fundamental para que uma marca tenha sucesso no mundo dos negócios. Já dissemos que "a experiência é o novo marketing", conforme Steve Cannon, presidente da Mercedes-Benz. Todavia, sem uma promessa clara e que seja cumprida, a experiência jamais existirá na sua forma mais plena.

Como já vimos, a Disney cumpre à risca a promessa de marca: ela deseja criar a magia no mundo real. E o faz! Você pode até pensar que a sua marca é pequena demais para ser comparada a ela. De fato, poucas têm o tamanho do principal parque de diversões do mundo, mas quando Walter Elias Disney o construiu, ele não era gigante. Tudo começou quando ele criou um personagem baseado em um rato, com o nome de Mickey Mouse. Foi Lillian Bounds, esposa de Walt Disney, quem o batizou. E não tenha dúvida, a

Disney é o que é muito porque a promessa de marca foi cumprida à risca. A experiência precisa ser coerente com a promessa para que a reputação da marca se sustente.

Nas palavras de Marc Gobé: "Excelentes produtos levam a grandes emoções e confiança. O nível de confiança na marca se baseia no fato de não haver desconexões entre a promessa e a experiência. A publicidade precisa ser a mensagem de uma promessa que será cumprida ou não funcionará".[73]

Reputação de marca: só existe com promessas

Isso é fato, não há como mudar. A reputação de uma marca só existe se esta tiver uma sólida promessa. Do contrário, em que as pessoas acreditarão? O tema reputação de marca está em alta, ainda mais atualmente. Marcas nascem e morrem todos os dias nas redes sociais, você pode ter um enorme sucesso, como é o caso dos maiores comediantes de stand-up do Brasil. Até 2015, quem eram Nando Viana, Rodrigo Marques, Fabiano Cambota, Fábio Rabin, Renato Albani, Rafael Portugal ou Murilo Couto? Voltando mais, à geração anterior, quem seriam Rafinha Bastos, Marco Luque ou Danilo Gentili sem o YouTube? Talvez continuassem a ser, até hoje, brilhantes comediantes, mas fazendo pequenas apresentações em algumas casas de show ou bares; graças à internet, passaram a transmitir seu humor para milhões de pessoas, tornaram-se famosos, construíram suas marcas e acumulam um sem-número de seguidores.

Temos muito a aprender com esses fenômenos das redes sociais, como os youtubers, pois eles sabem como engajar a audiência. Goste-se ou não, eles – os famosos influenciadores – têm um poder de persuasão incomparável, auxiliando as marcas a venderem mais na internet. E por quê? Porque usam a reputação de

---

73 Gobé, op. cit.

youtuber para validar o que vendem. Sabemos que isso não é novo, que a Xuxa atestou a Monange por décadas. Mas, hoje, a visibilidade é muito maior, pela amplitude de mídias existentes; antes, eram apenas os 30 segundos na Rede Globo.

Jamais esqueça: **promessa é dívida!**

COMPONENTES DE MARCA

Essa é uma área que diferencia a marca no mercado. São elementos únicos, inconfundíveis, que geram fácil identificação: ícones, cores, formatos, tipologia, elementos gráficos pelos quais a marca é reconhecida de longe.

Uma das primeiras pessoas com quem comecei a aprender branding foi o Marcelo Trevisani. Em 2009, lecionávamos na Integra Cursos, experiência muito interessante por nos proporcionar a oportunidade de assistir a aulas um do outro. Numa delas, lembro-me de um slide do Trevisani em que ele mostrava um fundo laranja e um quadrado azul-escuro no meio. Difícil descrever por aqui, mas, de cara, os alunos já mataram ser algo relacionado ao Banco Itaú. Na mesma aula, ele mostrou, na sequência, um fundo vermelho, com uma onda branca no meio. Em menos tempo, os alunos sabiam se tratar da Coca-Cola.

Outro dia, eu estava com a minha filha em um restaurante. Na mesa ao lado, um casal conversava quando o marido tirou do bolso uma caneta. Eu não vi, mas a pequena Fernanda, sempre atenta a tudo, só de reparar na imagem branca no topo da caneta, logo me chamou e disse: "Papai, essa não é a Montblanc de que você tanto gosta?". Poderia aqui citar inúmeros exemplos, como o Swoosh, a famosa "voltinha" da Nike. Num outdoor de fundo branco com o Swoosh em preto, milhares de pessoas no mundo saberiam que aquela peça se referia à Nike.

Esses exemplos servem para que você possa abrir a mente quando o assunto é marca. Neste capítulo, estamos falando de componentes, que podem ser, por exemplo, o verde Tiffany ou o vermelho Ferrari. Podem ser elementos como curvas, da Coca-Cola ou da Nike. Ou um símbolo que remeta à neve no topo de uma montanha, como a Montblanc; ou mesmo incluir um personagem na sua comunicação, como o Ronald McDonald, ou as vaquinhas da Ben & Jerry's. Um outro exemplo clássico é a Disney com sua tipologia marcante e única, que influenciou marcas como Bradesco e Coca-Cola.

Ao fim desse tema, vou me aprofundar no case da Megalodon, uma empresa que, junto a outros sócios, montei para trabalhar com startups. Megalodon é um tubarão pré-histórico que desapareceu há 2,6 milhões de anos. Ele tinha, em média, 18 metros. Há todo um conceito do porquê de a marca ter esse nome, mas não há a menor dúvida de que um dos componentes da marca é um tubarão, e que o azul deveria dominar a comunicação da marca, pois remete ao mar, local onde viveu o Megalodon. Há quem acredite que espécimes desse monstro marinho ainda vivem em águas profundas dos mares pelo mundo.

Mas a minha marca precisa desses componentes?

Sendo bem sincero? Sim! Quando se estuda neuromarketing, é possível entender o quanto esses elementos que compõem uma marca são importantes. Trata-se de ícones, tipologias, símbolos, que a diferenciam. Quanto mais esses elementos forem combinados, melhor, pois como são milhares de variações, as combinações tornam mais difícil que haja algo igual à sua marca.

Por exemplo, quantas cores a escala Pantone nos apresenta? Com quantas fontes se pode escrever um nome? Quantos ícones são possíveis de ser usados? A Nike tem o Swoosh, criado exclusivamente para a marca e, detalhe, a um custo de US$ 35! A Disney tem uma tipologia própria, trabalha o ícone do castelo da princesa em cores sóbrias, como o branco, por exemplo. A Mercedes-Benz tem um ícone de estrela e está sempre atrelada à cor prata, que remete a elegância e requinte.

Analisando friamente, são elementos que muitos podem usar para compor a marca, mas é a combinação desses elementos que faz a diferença para ela ser única. Criar algo para a sua marca a deixa mais única. A maioria dos logos é assim, são desenhos criados para a marca, registrados, e só a marca pode usá-los, entretanto, não é apenas um desenho ou uma fonte legal que vai diferenciar a sua marca. Pense sempre, ao criar a sua marca, em ícones, cores, formatos, tipologia e elementos gráficos.

TIPOS DE ASSOCIAÇÕES E REDES ASSOCIATIVAS DE MARCA

Com o que a sua marca pode se associar? Será mesmo que a Anitta na Ambev é uma boa associação de marca? Será que Michael Jordan e Nike têm um bom casamento? A Xuxa representava a Monange? Essas são algumas questões nas quais os gestores deveriam pensar antes de criar as associações que ficaram na história da marca. Sabe o Neymar vendendo Bateria Heliar? Pois bem, qual a conexão?

A matriz de associados com a marca tem três pilares que servem para entender melhor que tipo de associação pode ser feita:

Atitudes: racionais e irracionais. Consistentes e inconsistentes. Muito se diz que as pessoas esperam atitudes de marcas e que, para isso, é preciso ter um porquê. Atitudes que movam as pessoas. Não basta apenas falar, é preciso fazer. Quando a Coca-Cola usa o comercial do SuperBowl, o mais caro do mundo, para dizer que apoia a diversidade, mostrando um casal homossexual com uma criança, como família, isso é uma atitude de marca que muda a percepção.

Atributos: relacionados a produto e sem relação com o produto. Os atributos de produto se baseiam em entender: design, características físicas, composição e ingredientes, basicamente, de que o produto é feito. Sem relação é quando se entende: preço, personalidade da marca, imagens de uso, valores e emoções da marca, têm ligação com o produto, porém ainda mais com a marca. Baseado nisso é que os gestores deveriam questionar as celebridades que se associam a sua marca. Nem sempre audiência nas redes sociais reverbera para as marcas; se assim fosse, o CQC teria sido o programa de maior audiência da história da Band, uma vez que, na época, das dez pessoas mais seguidas no Twitter, sete eram integrantes do programa.

Benefícios: funcionais, experienciais, sensoriais, expressivos e emocionais. Benefício é algo de bom, de benéfico, que o consumidor recebe. Uma caneta Bic é totalmente funcional, apesar de a marca desfrutar de um apreço tão grande pelos consumidores a ponto de também entrar no campo emocional – e tudo bem a marca transmitir um ou dois desses benefícios, podendo até criar campanhas em que as pessoas relatem seu carinho por ela. Não é nada incomum ver pessoas bravas nas empresas porque alguém pegou a sua Bic. Esses benefícios são transmitidos aos produtos, materializando o que a marca quer passar. Não adianta nada a Mercedes-Benz comunicar que seus produtos são de qualidade se em uma semana o carro enguiçar; a emoção acaba, a expressão de marca que o público da Mercedes que passar – basicamente status – se quebra, o encanto evapora.

Quando esses três pontos estiverem bem alinhados, é hora de pensar nas redes associativas da marca, ou seja, quais associações primárias devem ser feitas. A metodologia para isso passa por três etapas. O núcleo principal das conexões primárias da marca – aquelas mais fortes – é ativado espontaneamente ao pensar na marca, produto ou serviço, e numa característica ou atributo. A partir desse núcleo, todo tipo de outras associações pode ser acionado, dependendo do contexto em que a marca seja encontrada e das pistas que forem dadas.

Passo 1: Pesquisa com consumidores, diretores, funcionários, colaboradores e parceiros.

Passo 2: De forma espontânea, sem pensarem muito, vão falando o que vem à mente para a associação primária.

Passo 3: De forma espontânea, sem pensarem muito, vão falando o que vem à mente a partir da associação primária, conceitos que liguem a isso e que possam se ligar entre si.

Quando você estiver gerenciando uma ou mais marcas, pense sempre nesses pontos. Não associe a sua marca a qualquer um, principalmente nessa onda de youtubers. Tome muito cuidado, audiência não é tudo, às vezes nem verdadeira ela é. Pense bem no que os atributos da celebridade agregam aos atributos da marca. Michael Jordan é um dos maiores atletas da história, o "Pelé do basquete", de modo que a Nike se associar a ele tem muito a ver. Agora Zezé di Camargo vendendo consórcio? Luan Santana vendendo apartamento em Santa Catarina? Pense bem no que esse tipo de associação pode agregar!

PERSONALIDADE E SIGNIFICADO DA MARCA

Esses dois pontos são muito convergentes, pois dão a cara que a marca precisa ter. Sempre há aquela pergunta: se a sua marca fosse uma pessoa, quem ela seria? Eu, sinceramente, respeito essa metodologia, mas não a utilizo. É um pensamento meu, prefiro ir por outros caminhos. Personalidade é o que as pessoas mais querem de uma marca. Pessoas se conectam melhor a quem tem personalidade, aquelas mais quietas são sempre as que menos aparecem.

Segundo Mark Batey, o nível de branding em que uma marca se encontra determina e é determinado pelo

> *significado que ela tem para os consumidores e, portanto, pela relação deles com a marca. No caso de uma que seja nova, os aspectos funcionais vão ser assimilados rapidamente, mas leva muito mais tempo para que as características mais sutis e emocionais dela apareçam. É mais fácil ganhar a cabeça do que o coração do consumidor. O significado das marcas com personalidade distinta e mais emocional sobre os consumidores. Gradualmente, os valores simbólicos ela evolui, e ela se torna importante pelo que simboliza.*[74]

O que você verá na sequência é como chegar a esses significados.

Personalidade da marca

Quando a Mercedes-Benz vem ao mundo com seu *The best or nothing*, o Omo com "Se sujar faz bem", a Apple com *Think different*, não são apenas frases, são formas de pensar, o que dá a personalidade às marcas, isso sem contar o desafio que a Nike propõe diariamente no cérebro das pessoas com o *Just do it*.

A personalidade de uma marca deve ter coerência com os valores, com a missão e com a visão do negócio, além de representar a sua verdade com características únicas. Nesse quesito, com a vida ganha pelo produto, a marca projeta uma personalidade, como poder, dedicação, perfeição ou força.

Essa construção de personalidade é composta de diversos elementos de propriedade da marca, como seu posicionamento de mercado, sua postura diante de diversas situações positivas e negativas, suas ações de marketing, sua comunicação e, ainda,

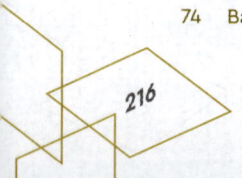

---

74 Batey, op. cit.

o modo como sua própria identidade corporativa é transmitida ao mercado e à sociedade. E, também, é a partir da personalidade que você consegue estabelecer um determinado comportamento para uma marca para infinitas situações que o mercado pode apresentar.

Significado da marca

Pessoas fazem suas escolhas pelo significado simbólico dessas escolhas. Para entender mais sobre como achar esse significado de marca, você, como gestor, pode comandar uma pesquisa, dentro do conceito de percepção, de como as pessoas compreendem o significado da marca, para um simples alinhamento. De nada adianta a marca ter um caminho de significado se as pessoas a percebem de outra maneira; a confusão será benéfica apenas para a concorrência.

O gestor deverá criar uma pesquisa junto ao consumidor, em que ele não tenha muito tempo para reflexão ou para questionar demais. São perguntas rápidas, sem múltiplas escolhas, para que as pessoas possam responder o que lhes vem à mente, seja o que for, apenas usando mais o coração e menos o cérebro. O resumo das principais associações feitas pelo consumidor e das percepções dominantes é a maneira pela qual o consumidor define certa marca espontaneamente, e esse é o caminho a seguir com o significado da marca.

Vale lembrar que, antes de criar a personalidade e o significado, ou mesmo de repensar os dois, o gestor de marca deverá passar por diversas fases do processo. Reforço que, neste livro, cada uma das fases anteriores seguiu uma ordem para chegarmos até aqui; entretanto, para se chegar com mais certeza ao significado e à personalidade, é preciso ter feito de forma coerente as associações e redes associativas da marca, conforme visto no capítulo anterior.

Segundo Mark Batey: "As empresas criam identidades de marca, as pessoas constroem identidade para si mesmas de uma série de maneiras, incluindo as marcas e seus significados".[75] Se não ocorrer essa sintonia entre as partes, dificilmente haverá sucesso no processo como um todo.

Modelo de significado de marca

Nossa metodologia de branding tem várias pequenas metodologias que a formam. Isso mostra que ela não é um punhado de achismos: tem estudos, visões de muitas pessoas e, o mais importante, cases práticos, como venho apresentando. O da Megalodon Investimentos estará no próximo capítulo.

Dentro do modelo de significado, o gestor de marca precisa, antes de tudo, identificar as informações sensoriais da marca, ou seja, o que a marca causa no cérebro do ser humano. Meu amigo Fernando Kimura poderá explicar melhor a vocês, pois ele é um dos maiores, se não o maior, especialista em neuromarketing do Brasil.

Neuromarketing é um dos temas que abordo em meu livro *Transformação digital*.[76] Nele, explico em mais detalhes do que se trata, mas, para você ter uma ideia, essa técnica de pesquisa é praticamente infalível. Além de Kimura, Martin Lindstrom é outro autor a se debruçar sobre o tema, sendo este o maior nome mundial da área. Referências feitas, hora de explicar um pouco mais a respeito.

Neuromarketing é uma técnica de pesquisa que analisa as respostas de estímulos diretamente no cérebro do ser humano. É uma técnica em que cientistas colocam monitores na cabeça das pessoas para analisar o cérebro e acendem luzes, de acordo com a região do cérebro mais estimulada pelos cinco sentidos do ser humano

---

75 Ibidem.
76 Morais, op. cit.

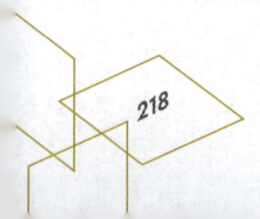

(visão, olfato, paladar, tato e audição). Pode ser uma música (aliás, falaremos de branding sensorial em outro capítulo), uma imagem, um som, um tempero único (como o das costelinhas do Outback, pelas quais sou apaixonado) e por aí vai. Com o neuromarketing, as marcas sabem as reações verdadeiras a tudo e, com isso, direcionam suas campanhas com mais exatidão na mensagem. Claro que isso é um breve resumo de tudo o que o neuromarketing pode fazer, mas, caso tenha se interessado em saber mais, busque os livros de Lindstrom e os vídeos, no YouTube, do Kimura.

Identificadas essas informações sensoriais, o próximo passo é entender os padrões arquetípicos de cada uma delas. Quando for aplicar essa metodologia na sua marca, acredito que você já saberá muito sobre todos os tópicos, mas se quiser ir adiantando o conhecimento, o livro O *herói* e o *fora-da-lei*, de Margaret Mark e Carol S. Pearson,[77] é o mais completo que já li sobre o tema.

As informações sensoriais também devem estar relacionadas com as emoções físicas; pontos como o manifesto da marca, o que as pessoas veem, qual a consciência delas sobre a empresa, os produtos e serviços e como a marca influencia a categoria são importantes para essa análise. Dessa forma, permita-me novamente voltar ao tema do neuromarketing, uma vez que ele ajuda nesses estudos.

Ainda não é uma pesquisa barata, apenas multinacionais a utilizam, mas você pode fazer de um jeito mais simples, econômico e direto: pergunte às pessoas! Pode ser pelos seus canais digitais ou, o que eu acho mais válido, nos pontos de venda físico da sua marca. O olho no olho é sempre a melhor pesquisa, costuma dizer Ken Fujioka, um dos grandes profissionais de planejamento de comunicação do Brasil.

---

77   Margaret Mark e Carol S. Pearson, O *herói* e o *fora-da-lei*: como construir marcas extraordinárias usando o poder dos arquétipos, São Paulo, Cultrix, 2003.

Por fim, fica uma frase que mostra como o branding deve ser visto nos dias atuais: os significados de marca podem evoluir, ser adaptados e reinterpretados para corresponder aos estilos individuais. Ou seja, não se prenda mais a velhos conceitos de marca, o Google está aí para provar que é possível "brincar com a marca" sem que ela perca a sua essência, personalidade e poder. O "Méqui", uma campanha do McDonald's de 2019, mostra a mesma coisa!

CASE MEGALODON INVESTIMENTOS

Por volta de julho de 2018, dois amigos vieram com a seguinte missão: "Felipe, estamos em negociação com um fundo de investimentos que vai aportar um dinheiro no Brasil para que possamos pegar dez startups de diversos segmentos como moda, comunicação, fintechs, healthtech, entre outros, para estruturar e alavancar. Seremos uma empresa com uma unidade central que comandará todas as startups, que terão equipes dedicadas a cada uma delas, porém com uma decisão única, da nossa empresa. Queremos ser grandes e oferecer alguns diferenciais para o mercado, além de dinheiro. Expertise será essencial".

Passado esse brief, por WhatsApp, comecei a pensar como eu estruturaria uma marca que nem sequer existia. Como eu seria o CMO da operação – até o fechamento deste livro, por uma série de questões, o fundo ainda não havia aportado o dinheiro –, era de minha responsabilidade criar algo, do zero. Mesmo os meus amigos pouco sabiam sobre o que seria a marca; sabiam apenas o que eles tinham em mente, ou seja, um resumo. Estávamos montando uma startup para... cuidar de startups! Mas se a vida não lhe traz desafios, para que viver, não é verdade?

O que eu achei sensacional é que seria a primeira marca em que eu poderia executar essa metodologia de branding, que, obviamente, estava muito menor do que é hoje. Lembro-me de ter recebido o brief em uma sexta-feira de tarde, então, no sábado, fui andar pelas ruas do meu bairro para ir pensando em algo que fosse interessante. Eu sempre fui apaixonado por um animal em particular: o tubarão. Para mim, o símbolo do marketing deveria ser esse, é um animal muito inteligente, que usa de estratégia para caçar e age com voracidade.

Pensei em algo que remetesse ao tubarão. Pesquisando um pouco, cheguei ao Megalodon, um animal pré-histórico que tem de três a quatro vezes o tamanho do que hoje conhecemos como o maior tubarão do mundo, o tubarão branco. Um animal que chegava a comer uma tonelada de carne por dia. Estava aí o conceito: uma empresa que se iniciaria grande, tal qual o Megalodon, que chegava a pesar 50 toneladas.

O próximo passo foi entender qual seria o propósito da marca. Chamei meus amigos, depois outras pessoas que participariam do projeto, para um papo. Fomos a um restaurante em São Paulo e começamos a conversar de forma amistosa. Eu, com meu caderninho e uma caneta em mãos, fazia poucas perguntas, mas anotava tudo o que diziam. Dessa forma, consegui chegar ao éthos, ou seja, à origem da empresa. Ela não seria muito diferente das empresas que atuam no setor de startups, era fato, mas teria expertise que poucas têm – o diferencial seria esse. A Apple, sempre uma referência, não faz nada que a Samsung ou a LG não façam: notebooks, smartphones, smartwatchs e tablets, mas seu diferencial está na forma de fazer, e, para tal, há enormes talentos no comando da empresa. Era isso que a Megalodon seria, uma empresa que traria expertises notáveis para o processo, pessoas que já tinham em suas histórias profissionais casos de sucesso com pequenas, médias e grandes empresas.

Depois, fomos definindo a cultura, os valores, a estratégia, as táticas da empresa, no que acreditávamos, por que existíamos, como venceríamos no mercado, as verdades atemporais e, por fim, as ações oportunas. Cada um desses pilares foi bem definido para chegarmos ao propósito de marca e, aí sim, irmos para a mídia divulgar o que a marca é. Como disse, o projeto não morreu, por isso, por contrato, não posso abrir detalhes, mas estou aqui contando o passo a passo da construção para que você entenda o que foi feito, e por que foi feito.

Com o propósito em mãos, tínhamos dois dos 5Ps do branding definidos: pessoas e propósito. Era preciso ir mais a fundo; com isso, nesse papo, consegui extrair insights que me deram o norte para pontos como atributos de marca (funcionais e emocionais), missão, visão, filosofia. Definimos o negócio em duas linhas, o que facilitou muito para vender o projeto a outros fundos de investimento, até chegarmos a mais um ponto dos 5Ps: promessa de marca. Definido isso, conseguimos entender a personalidade da marca e, na sequência, mais um P da metodologia, a percepção, que gostaríamos de passar ao mercado.

Esse papo com todos os envolvidos durou cerca de quatro horas, mas foi muito enriquecedor. Por certo, sozinho, eu não chegaria aos caminhos que cheguei com a ajuda de todos eles, cujas identidades preciso manter em sigilo, só podendo revelar o nome da empresa e sua função de forma mais abrangente possível.

O próximo passo foi inserir as informações dentro da metodologia da pirâmide de Ketler, na qual entendemos a ressonância da marca e como ela precisa se portar em um mercado competitivo. Não que o modelo de negócios da Megalodon fosse tão competitivo, afinal, fundos de investimentos têm empresas batendo a sua porta todos os dias; o foco da Megalodon não é ser um fundo, mas, sim, criar uma gestão única dos seus projetos. Logo, o mercado é mais competitivo para os projetos do que para a marca.

A imagem da marca era o mais simples. O próprio nome já dizia o que era e, mesmo assim, a criação do logo e da identidade visual foi um problema junto à agência que contratei. Acabamos seguindo outro rumo – sem problemas, afinal, essa agência é minha parceira em negócios até hoje.

O próximo passo era criar o último P do branding que faltava: o posicionamento. Como profissional de planejamento, confesso, esse é o P que mais gosto de criar. Foi pensado no Unique Selling Proposition, baseado no papo do restaurante. Depois, foi pensado na matriz Swot da marca, em seus atributos; dessa forma, a metodologia da FM CONSULTORIA, de planejamento, foi decisiva para chegarmos à frase final. Com o posicionamento em mãos, criamos o texto de manifesto da marca, a brand persona e o arquétipo mais apropriado para a marca. Fomos "preenchendo caixinhas" até chegar aos pontos que gostaríamos. Como dito, na época, a metodologia estava bem longe do que ela é hoje: havia apenas 29 tópicos a serem analisados; atualmente, são 58.

Dessa forma, construímos uma estrutura de marca sólida, mesmo para uma marca que ainda não existe. Decidi apresentar esse case aqui para você entender que essa metodologia não é apenas para Coca-Cola, Montblanc, Mercedes-Benz, Apple ou Netflix. Ela é para você, que está iniciando uma empresa, que tem uma startup, que tem uma pequena empresa que fatura R$ 200 mil ao ano, que fatura R$ 1 milhão ao ano, e, claro, para marcas como Chevrolet, Tecnisa, Casas Bahia, entre outras. Espero que a Megalodon saia do papel o quanto antes, ainda que o faça de uma forma mais enxuta do que seria na ideia inicial, com cinco e não dez startups. Mas a sua construção de marca em nada será alterada.

PERFIS DESEJÁVEIS DE PÚBLICOS

Neste capítulo, vamos ver um pouco mais sobre perfil de consumo e mais uma metodologia dentro da metodologia macro na qual o livro é baseado. Como já dito, os 5Ps do branding são essenciais para um bom fortalecimento de marca. O P de pessoas é fundamental para qualquer estratégia de marketing, incluindo, claro, o fortalecimento de marca, ou mesmo seu reposicionamento. Não custa lembrar que marcas mais fortes vendem mais, são ícones e praticamente "se vendem sozinhas": na verdade, é preciso um trabalho forte de gestão de marca, branding, que faça a diferença no momento de decisão de compra.

O site *Mercado & Consumo*, em fevereiro de 2020, publicou uma matéria sobre o Blue Box Cafe, da Tiffany, que estava sendo aberto em Londres. Trago esse exemplo para que você entenda o poder da marca e como as pessoas se apaixonam por ela. A experiência que o mesmo Blue Box Cafe traz na famosa 5th Avenue, em Nova York, talvez um dos mais famosos endereços do mundo, a Tiffany quer levar para Londres. Repare que estamos falando de um café de uma badalada joalheria. Como uma empresa que vende um anel que custa milhares de dólares vende também croissant? Isso é uma experiência de marca que a empresa de joias quer passar.

Segundo a matéria:

> *a tonalidade icônica da marca, Tiffany Blue, é infundida por toda parte, criando a ilusão de jantar dentro de uma das famosas caixas azuis da Tiffany.*
>
> *Enquanto isso, os interiores homenageiam a herança de artesanato de Tiffany e sua maior fonte de inspiração – a própria natureza – com impressionantes recursos de pedra amazonita e motivos flora e fauna de Tiffany pintados à mão.*[78]

É essa experiência de marca que faz com que os consumidores vão além do produto. Por mais que no mesmo local se compre

---

[78] Blue Box Café da Tiffany abre sua primeira unidade em Londres, *Mercado & Consumo*, 18 fev. 2020. Disponível em: <https://www.mercadoeconsumo.com.br/2020/02/18/blue-box-cafe-da-tiffany-abre-sua-primeira-unidade-em-londres/>. Acesso em: 20 maio 2020.

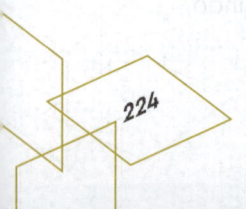

uma joia de US$ 50 mil e um croissant de US$ 10, é todo o universo da marca que está sendo colocado ali, estimulando a fantasia que a Tiffany gera no imaginário dos consumidores. Quando falarmos de arquétipos, você entenderá como isso cria a conexão. E já fica aqui o spoiler: a Tiffany é o amante.

Nas palavras de Richard Moore, vice-presidente de divisão, Global Store Design e Visual Creative Merchandising, Tiffany & Co.: "Temos uma presença de longa data em Londres e, ao apresentar o The Tiffany Blue Box Cafe aqui, oferecemos aos nossos clientes nesta cidade mais uma maneira de mergulhar no mundo da Tiffany".[79] Ou seja, é a experiência de marca que, realmente, vale nesse tipo de ação. Se ela fará vender mais joias, é difícil afirmar, mas, por sentimento, acredito que sim, e, nessa ação, o perfil a ser impactado talvez seja o perfil sonho. Mas que diabos de perfil é esse? Bem, é o que passaremos a ver agora.

Nós utilizamos aqui a metodologia exclusiva da FM CONSULTORIA junto a nossos clientes para entender o perfil de cada um e como a comunicação será direcionada. Nesse momento, o perfil planejamento que tenho entra em ação, afinal, planejamento e branding andam lado a lado, como arroz e feijão; ambos caminham sozinhos e cumprem as promessas, mas, juntos, ganham muito mais força.

Passo 1

Por meio de quatro perguntas na metodologia de imersão, você vai entender cada um dos perfis de público e como se comunicam. Explicarei melhor na sequência, mas sem dúvida que o perfil "roda girar" é o que mais receberá investimentos, embora os perfis sonho, tendência e alcançável não possam ser descartados. Cada um tem seu momento, sua mensagem e sua forma de comprar.

---

79   Ibidem.

As perguntas são focadas em entender, dentro dos perfis, quais são as personas de cada um. Se você ainda não criou as personas, não tem problema, essa metodologia vai lhe dar um norte; se você já as criou, ela vai ajudar a afiná-las melhor. Todas as perguntas têm ligação com perfil de consumidor, ou seja, um breve desenho das pessoas da marca.

- Qual perfil mais gera dinheiro para a marca? (roda girar)
- Com qual perfil a marca deseja falar? (sonho)
- Com qual perfil a marca pouco fala? (alcançável)
- Quais perfis de tendência? (tendência)

Cada pergunta remete a um perfil.

A resposta precisa ser com um perfil, mesmo que básico, da persona de cada um. Vou usar uma marca, de forma fictícia, para explicar melhor as respostas, porém, antes, apresentarei as definições de cada um dos perfis.

Roda girar: perfil de quem paga a conta, ou seja, quem traz o maior faturamento para a empresa; consequentemente, é o perfil com o qual a marca mais quer se comunicar.

Sonho: público muito mais reduzido, mas com alto poder de compra. A ideia é sempre entender mais desse perfil para saber como impactá-lo de forma única, pois o retorno do investimento pode ser o maior de todos os perfis.

Alcançável: a marca se comunica pouco com ele. Esse perfil gosta da marca, mas pouco compra dela, talvez por serem produtos de alto valor agregado; entretanto, pode ser um público com alto poder de influência, pode ser quem usa ou mesmo quem decide pela compra.

Tendência: como são os novos comportamentos e como falar com eles? Refere-se a novas tribos que surgem diariamente; é preciso entender como agem e como isso poderá dar o norte da marca.

E como isso se aplica?

Suponha que você está fazendo a gestão da marca Netflix no Brasil. Como disse, e repito, os dados aqui apresentados serão fictícios, pois o que importa é você entender a metodologia, o pensamento, o modus operandi. Se você não souber o que fazer com os dados, eles não passarão de números em um Excel, daí a importância da inteligência de dados.

Dentro da matriz, desenvolvida com exclusividade pela FM CONSULTORIA, como poderíamos traçar os perfis desejáveis para a Netflix?

RODA GIRA	SONHO
▷ Homens e mulheres ▷ Entre 30 e 40 anos ▷ Fãs de séries ▷ Classe AB ▷ Usam Rappi para pedir comida e não perder a maratona ▷ Heavy users de internet ▷ Comentam tudo nas redes sociais	▷ Terceira idade ▷ Entre 60 e 70 anos ▷ Classe AB ▷ Fãs de filmes clássicos ▷ Têm prazer em ver filmes tomando vinho ▷ Usam e-mail e WhatsApp
ALCANÇÁVEL	**TENDÊNCIA**
▷ Homens e mulheres ▷ Entre 50 e 60 anos ▷ Fãs de filmes clássicos ▷ Classe AAA ▷ Tomam vinho comendo queijo enquanto assistem aos filmes ▷ Heavy users de internet ▷ Indicam filmes para sua rede de amigos	▷ Adolescentes ▷ Entre 12 e 17 anos ▷ Fãs de filmes de ação e comédia ▷ Classe CD ▷ Reúnem-se na casa de um, do grupo, para pedir pizza pelo iFood e ver os filmes ▷ Heavy users de internet ▷ Gostam de ver séries pelo celular enquanto se locomovem no transporte público

Vale a reflexão

Uma pesquisa feita pela Netflix no Brasil pode ter indicado que 52% de sua audiência mensal é de homens e mulheres de 30 a 40 anos, por isso, eles estão enquadrados em "roda girar", ou seja, são os que mais trazem resultados financeiros para a empresa.

A mesma pesquisa mostra que 8% da audiência tem entre 60 e 70 anos. Mas por que se enquadra em sonho? Primeiro porque a população acima dos 60 anos no Brasil é muito expressiva, logo, trata-se de um público potencial a ser atingido. Depois, que eles têm uma vida mais calma, em que a TV é um aliado para momentos de relaxamento, e buscam qualidade. Analisar o número de pessoas da terceira idade com acesso à TV a cabo pode ser um parâmetro para saber se vale a pena investir.

Na mesma pesquisa, 23% das pessoas que assistem à Netflix têm entre 50 e 60 anos, mas são de classe AAA. A empresa dispõe dessas informações, pois ela tem os dados do cartão, e, por meio de um cruzamento simples com a base da Serasa Experian, é possível saber, com exatidão, a classe social de cada usuário – que paga – a Netflix. Essas pessoas têm grande poder de consumo – logo, o valor da Netflix não "pesa" no orçamento – e altíssimo poder de influenciar pessoas do seu círculo social e outros perfis. É possível alcançar este perfil, ainda mais em canais de mídia com foco nesta classe, como sites e portais de notícias econômicos, por exemplo.

Por fim, 17% dos acessos são de jovens. Com poucos recursos financeiros, pode ser que sejam os pais que pagam o serviço, até porque nem 30% das pessoas no Brasil têm cartão de crédito. O Brasil é um país classe C, logo, tudo o que tem potencial de ser algo em massa, a chance de a classe C ser a maior consumidora é enorme. A Netflix custa cerca de R$ 30 por mês, o que pode "pesar" mais na conta dos jovens do que na classe AAA; porém, por haver muito mais pessoas na classe C do que na A, e sendo um ticket médio igual, as chances de a C ser mais rentável é maior do que a A, logo, é uma tendência, porque cada vez mais os pacotes de planos de celular estão sendo ampliados e com custos reduzidos. Até mesmo a Netflix cede a pacotes de uso gratuito para que as pessoas possam ver suas séries favoritas.

Basicamente, é assim que avaliamos como os perfis desejáveis são desenhados. A ideia aqui é entender como os esforços de comunicação serão usados e decifrar os comportamentos que a marca pode mapear para tornar esses potenciais clientes em clientes reais.

PSICODINÂMICA DAS CORES NA CONSTRUÇÃO DE UMA MARCA

O efeito das cores no cérebro humano é algo estudado há tempos e que precisa ser levado em conta no dia a dia das marcas. Não há como fugir desse efeito, afinal, as cores ajudam em percepções. Um cartão black, por exemplo, pode dar a sensação de status, mesmo que ele seja do Banco Original, do qual é possível possuir um com apenas R$ 20 na conta. Preto é sofisticação. O prata da Apple representa toda a tecnologia, isso sem falar no vermelho que ajuda a Coca-Cola e a Ferrari a se destacarem nos segmentos em que atuam. Por mais que a Ferrari também tenha carros nas cores amarela, preta, prata, branco e azul, o vermelho é tão clássico que falamos em vermelho Ferrari, uma cor própria da marca. As cores estão sempre associadas a sentimentos e efeitos.

No livro *A psicologia das cores*, a autora Eva Heller mostra como é possível trabalhar com marcas a partir de treze cores psicológicas.

Cores primárias: vermelho, amarelo e azul

Vermelho: o vermelho está materialmente ligado a sangue, fogo e energia. Estimula o apetite. Usado para destacar ofertas, ou promoções, ou emergência.

Amarelo: clareza e alegria. Prende a atenção das pessoas nas vitrines.

Azul: cria uma ideia de segurança e confiança na marca. É associado com água, céu e paz.

Cores secundárias: verde, laranja e roxo

Laranja: transmite a ideia de energia. É a cor mais atrativa para influenciar compradores impulsivos.

Verde: saúde e prosperidade. Crescimento, abundância. Proporciona relaxamento.

Roxo: sabedoria, respeito e realeza. Imaginação e inteligência. Utilizado em cosméticos e produtos de beleza.

Cores mistas: rosa, cinza e marrom

Rosa: compaixão, carinho, amor e romance. Coloca as pessoas em contato com o lado do carinho de si mesmas.

Cinza: chuva, neblina e pó. Remete à antiguidade e tristeza.

Marrom: terra e estabilidade. Cria raízes para um futuro próspero. Organização e constância, principalmente no dia a dia.

Preto, branco, prata e ouro são cores sem uma definição mais profunda

Branco: cerimônias religiosas e paz. A sensação causada por essa cor é de tranquilidade e iluminação.

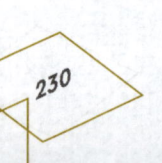

Preto: luto e escuridão. Tristeza e obscuridade. Também é muito usado para expressar seriedade, elegância e sofisticação.

Prata: riqueza, glamour, fascínio, diferença, natural. Traz o elegante e o tecnológico.

Ouro: preciosidade, riqueza, extravagância. Mostra grandeza.[80]

Você sabia que a cor preferida das pessoas é o azul?

Claro que isso é uma média. Eu, por exemplo, nunca escondi a paixão pela cor preta, o que explica minha paixão por Montblanc e por quase sempre ter tido carros pretos. Porém, por mais que algumas pessoas prefiram o vermelho, o branco ou o roxo, o azul é uma cor que raramente alguém não gosta. Dentro de estudos de cores, o azul possui 111 variações entre mais escuros e claros, podendo, cada um deles, ser usado em um momento; é uma cor que traduz todos os bons sentimentos. Será que é por isso que o cantor Roberto Carlos é tão fã dessa cor? O verde vem em segundo como a cor favorita das pessoas, seguido de vermelho, preto, amarelo, violeta, laranja e branco.

O efeito no branding

Podemos alcançar dois efeitos emocionais diferentes no consumidor a partir do uso da cor: prazer e estimulação. A própria classificação das cores em quente, fria ou temperada exemplifica essa lógica. Defina suas paletas de cores por meio desses conhecimentos simbólicos. Pode ser uma forma segura de atuar, já que sua aplicação há tempos é difundida e, também, carregada de significados consolidados.

---

80   Eva Heller, *A psicologia das cores*: como as cores afetam a emoção e a razão, trad. Maria Lúcia Lopes da Silva, São Paulo, Gustavo Gili, 2012.

Citei o caso da cor azul para você entender melhor como utilizá-la. Não me aprofundarei aqui nessa ciência porque, no livro de Eva Heller, você poderá entender muito mais profundamente o que as cores fazem pelas marcas. Mais adiante, você verá sobre *brandsense*, ou seja, a forma como as marcas devem usar os sentidos para estimular a compra. Você verá que a visão tem um papel fundamental no momento da compra, o que se relaciona diretamente com o tema que ora abordamos, psicologia das cores, afinal, a cor estimula o cérebro a ter sensações diferentes e, assim, ajuda na decisão. Se você quer abrir uma conta em um banco, há um azul que você nunca viu, o Neon; um roxo que você já viu, o Nubank; e, ainda, um laranja, o qual você já viu milhares de vezes na TV. A chance é enorme de você depositar o seu salário no Itaú, por tudo o que envolve a marca. Inclusive a cor!

As cores estimulam alguns pontos no cérebro humano e, com isso, ajudam no processo de decisão de compra pelas pessoas, comandadas por seus cérebros recheados de informações em que as cores exercem papel fundamental no momento de optar pela marca A ou B. Entre 62% e 90% das avaliações do consumidor sobre um produto são baseadas essencialmente nas cores, assim como mais da metade dos consumidores desiste de comprar um produto por este não ser de sua cor favorita.

Associações

O McDonald's tem cores que remetem à fome. Decerto, quando os irmãos McDonald's criaram o logo, não pensaram nisso, mas o vermelho de urgência e o amarelo de otimismo fazem o link da comida boa e rápida.

Para 80% das pessoas, as cores aumentam o reconhecimento da marca, enquanto que para 60% ela potencializa a aceitação ou a rejeição de um produto. Os anúncios coloridos são 26% mais reconhecidos pelos consumidores que suas versões em preto e branco. Entre as mulheres, azul, roxo e verde são as cores preferidas; para os homens, azul, verde e preto. Do outro lado, laranja, castanho e cinzento são as cores que mais desagradam às mulheres, e castanho, laranja e roxo são as mais odiadas pelos homens.

Quando estiver criando a sua marca, ou mesmo repensando a atual, não deixe de estudar profundamente as cores. Aqui, você viu a importância delas e um caminho a seguir. Recomendo que você faça uma pesquisa das treze cores junto aos consumidores, com as imersões necessárias, e, ao definir por uma ou duas, que as estude profundamente, assim como suas aplicações. Lembre-se de que o vermelho escolhido, por exemplo, não será apenas para destacar um logo: ela será nada menos do que a linha de comunicação da sua marca.

COMO ENCONTRAR UM PICO DE EMOÇÃO DA MARCA

É preciso criar um pico emocional para que as pessoas se relacionem com a marca, um pico que a concorrência não tenha. Novamente citando o neuromarketing, essa ciência nos mostra como picos emocionais marcam mais a nossa vida. Interrompa a leitura por dois minutos, feche os olhos e pense em momentos marcantes de sua vida. Do primeiro beijo, da primeira noite de amor, de quando passou na faculdade, de um assalto, do enterro de um ente querido. Seja para o bem ou para o mal, os picos emocionais que temos são constantes e marcam. Dificilmente você se lembra do que almoçou há três dias, mas sabe o nome do restaurante, o sabor da pizza, quantos refrigerantes tomou, o valor da conta, a data e o horário exatos do primeiro beijo que deu na pessoa que está com você até hoje.

Quando a Valisere lançou a campanha do "meu primeiro sutiã", em 1987, idealizada pelo genial Washington Olivetto, ela não apenas vendeu um sutiã para uma garota, isso qualquer outra marca faria. Ela criou um pico emocional acima da média, pois mostrava para as meninas que, no momento em que se tornassem mulheres, a Valisere estaria com elas. Isso é criar um pico emocional com a marca.

Outra marca que cria picos emocionais é a Harley-Davidson. Pessoas tatuam a marca em seu corpo. Não pode haver fanatismo maior do que isso. Quando um médico, de 55 anos, tira seu jaleco branco, sai do consultório, guarda a sua Montblanc no bolso, desce até a garagem e entra em seu Mercedes-Benz para ir para casa, ele está cumprindo uma rotina diária. Mas quando acorda no sábado às 6 horas da manhã, veste uma calça jeans preta, uma camisa de caveira, um colete preto, um capacete preto, monta em sua Harley-Davidson e vai, junto a um grupo de amigos, de São Paulo a Itu, apenas pelo prazer de estar na estrada tomando sol, ele é outra pessoa. Nesse momento, o pico de emoção com a marca é tão grande que, se a Suzuki lhe oferecer 90% de desconto para comprar uma Suzuki Boulevard, ele não vai nem querer ouvir.

E como identificar isso?

A resposta pode ser simples, mas a forma é complexa. Pesquisa! O que faz o aluno da ESPM ter orgulho de dizer aos seus amigos que ele estuda lá? O que faz uma pessoa sacar uma Montblanc de R$ 2 mil para escrever um bilhete? O que faz uma pessoa sair de casa para ver o novo filme dos *Vingadores* no Cinemark? Por que, ao ter sede, uma pessoa bebe Skol e tenta convencer todos a fazerem o mesmo? A resposta dessas perguntas dará o caminho para encontrar esse pico. Não é fácil, mas é possível. Como diz Walt Disney: "Gosto do impossível, pois lá a concorrência é menor". Talvez por isso, a Nike tenha superado a Adidas, mesmo a marca alemã tendo sido líder mundial de mercado quando a Nike nem sequer existia.

Esses picos emocionais, ao serem identificados, viram elementos para a comunicação e fortalecimento da marca como um todo. Como você já leu aqui, sou totalmente contra fazer post em redes sociais apenas por fazê-los. Entendo que são importantes canais de relacionamento, comunicação e fortalecimento, mas sou contrário a campanhas legais apenas por views, como a do chocolate Bis, "Bombou, ganhou", do início de 2020. A ação presenteava, com uma caixa do produto, cada DP que, comprovadamente, um aluno tenha pegado na faculdade. A ideia era associar o aluno repetente ao Bis.

Mas o que a marca ganha com isso? Qual o pico emocional para a marca, a não ser a revolta das pessoas ao ver uma marca do tamanho de Bis beneficiando quem dá mau exemplo? Será que amanhã a Taurus irá aos presídios de São Paulo oferecer um troféu a quem matou pessoas? Você imagina a Maternidade Pró-Matre parabenizando estupradores por terem gerado filhos que lá nasceram? O pico de emoção das marcas precisa ser saudável e positivo, do contrário, cria repúdio ao produto. Não sei se Bis perdeu vendas, mas, em casa, ele ficará um bom tempo sem entrar.

IMAGEM DE MARCA: O QUE A SUA EMPRESA PRECISA TRANSMITIR?

É essencialmente tática, ou seja, trata-se de um elemento que impulsiona resultados, e a sua gestão deve ser permanente. Pode-se afirmar que sua função no mercado atual é mais do que ser simplesmente consumida e lembrada, definindo os elementos usados e o porquê de cada um.

Existe uma certa confusão entre identidade e imagem de marca, que vou esclarecer aqui. A identidade de marca é a história que a empresa conta sobre ela, ao passo que a imagem de marca é a percepção que o consumidor precisa ter sobre o que a marca representa. A identidade da Disney é ser um parque temático com diversos personagens criados pela empresa; já a sua imagem é um lugar repleto de magia. A identidade da Montblanc é ter produtos de alta qualidade e sofisticação, enquanto a sua imagem é o status que uma caneta de R$ 10 mil traz ao consumidor. É mais ou menos assim o desenho desses conceitos.

O site *Nova Escola de Marketing*, do meu grande amigo Rafael Rez (que vocês devem seguir, não apenas ele, como também a escola), apresenta uma definição muito interessante sobre imagem de marca:

> *A imagem ideal de uma marca deve seguir um composto: transmitir confiança, qualidade, responsabilidade e ética. A diferenciação se dá na estratégia de posicionamento e na exploração do mercado de forma inusitada: quanto maior a força da marca, maior será a sua presença no mercado. Mais importante do que isso é saber que o composto abrange o alinhamento do posicionamento de sua imagem, desde o uniforme do funcionário até a apresentação do produto no ponto de venda.*[81]

Entendemos, então, que imagem de marca é um ponto importante para a percepção da empresa. Como profissional de planejamento, posso dizer que, entre as cinco palavras que mais temos de nos ater, percepção está entre elas. Não importa o quanto você trabalha na construção e no fortalecimento da sua empresa, e consequentemente da sua marca, se o seu consumidor não perceber você como uma marca que, além de forte, vai ajudar ele no momento em que ele estiver com um problema. A Coca-Cola é uma delícia num copo cheio de gelo, mas, em julho, em Bariloche, numa temperatura abaixo de zero, a marca não passará nem perto da mente do consumidor, que, decerto, estará sonhando com um chocolate quente.

---

81 Disponível em: <https://novaescolademarketing.com.br/imagem-marca/>. Acesso em: 20 maio 2020.

Segundo um estudo de Martin Lindstrom, publicado em seu livro *Brandsense*,[82] o batimento cardíaco das mulheres aumenta em 22% quando elas enxergam uma caixa de joias da Tiffany. O poder da imagem da marca chega a esse nível. Essa imagem da Tiffany atrelada a luxo, sofisticação e requinte é o que faz toda a diferença no momento da compra, na comparação com uma joia da Bvlgari, por exemplo, que também é de alta qualidade, sem dúvida, mas não tem o mesmo apelo e história de marca da Tiffany.

ÍCONE DE MARCA

Ícone e personagem de marca são itens complementares que vamos debater neste capítulo. Uma marca sobrevive sem eles, não há dúvida, mas se você parar para pensar rapidamente nas marcas com as quais convive diariamente, verá que, em todas, há um ícone ou um personagem, quando não os dois, para fortalecer o lado lúdico na mente das pessoas, seja o perfil de público que for. São elementos que ajudam na memorização das marcas junto às pessoas e, com isso, o seu fortalecimento. Um palhaço de cabelo vermelho e roupa amarela lhe diz algo? E uma onda branca e um fundo vermelho?

Enquanto escrevo este capítulo, em minha casa, em um sábado pela manhã, vejo-me rodeado de marcas. Em todas elas, há ícones. Por exemplo, ao meu lado está o livro do Rafael Rez,[83] que estou relendo, ótima fonte para inspirar-me novos insights. Na capa, há o ícone da DVS, editora que também assina o livro que o leitor tem ora em mãos.

Ícone pode ser o logo. Ou não. Depende do que o gestor de marca define. No campo do marketing, não há certo e errado, mas, sim, formas de pensar e agir, que dão certo ou dão errado.

---

82 Lindstrom, *Brandsense*, op. cit.
83 Rafael Rez, *Marketing de conteúdo*: a moeda do século XXI, São Paulo, DVS, 2011.

Ícone x logomarca

No caso da Apple, o logo é a maçã, que também pode ser o ícone da marca. Ícone e logo podem ser os mesmos em alguns casos. Já no McDonald's, por exemplo, o Big Mac pode ser o ícone. A Apple tem uma tipologia própria para escrever o nome da sua marca, ou seja, uma fonte única para isso. Com a Montblanc é a mesma coisa: a imagem que representa a neve sob os Alpes Suíços seria logo ou ícone? Se é o logo, a tipologia própria da Montblanc é o quê? E a estrela da Mercedes-Benz ou as hélices da BMW: são logos ou ícones? Trata-se de perguntas cujas respostas exatas eu, sinceramente, não sei; para mim, logo seria a tipologia escrita dessas marcas, e ícones, os símbolos citados.

Cheetos, por exemplo, tem também uma tipologia própria, que remete a fantasia, sabor e diversão, ao mesmo tempo que tem o seu ícone, o Chester Cheetah, que pode ser, assim como o Ronald McDonald, o personagem da marca. Personagens de marcas podem ter o formato de ícones visuais, animais, figuras fictícias ou os fundadores das empresas. São criados para garantir um elemento identificador forte, que possua alguma relação com a categoria, com o público-alvo ou, ainda, com os produtos que a marca oferece. Ou seja, são mais um elemento de fortalecimento de marca na mente das pessoas.

Parece que ficou confuso, não? Mas branding é um grande quebra-cabeça que você precisa, com muito estudo, pesquisa e análises, montar da melhor forma. Na minha visão, figuras como Chester Cheetah, Ronald McDonald, o coelho da Duracel, o Frango da Sadia ou o Mr. Pringles (da famosa marca de batata) são personagens de marca, ao passo que o M amarelo do McDonald's, o quadrado azul sobre fundo laranja do Itaú ou as quatro bolinhas prata da Audi são símbolos de marca. A minha recomendação é que você tenha os dois.

De acordo com uma análise feita pelo site *Mundo do Marketing* (que você precisa seguir!):

> *A criação do personagem "Senhor Quaker", em 1877, foi inspirada em uma figura humana de uma comunidade religiosa chamada "The Quakers". Esta comunidade era famosa na época por seus hábitos saudáveis de alimentação, algo que se conectava fortemente aos objetivos da nova empresa.*
>
> *Na mesma época, em meados de 1890, a marca Michelin fez algo ainda mais ousado e criou um personagem fictício. A ideia surgiu quando um dos fundadores da empresa se deparou com uma pilha de pneus e imaginou que seria possível criar um personagem para sua marca. Pouco tempo depois, com a ajuda de um desenhista, nascia o famoso "Bibendum".*[84]

Na Megalodon, por exemplo, case que já contei, tomei a liberdade de criar ambos. O nome da empresa tem uma tipologia própria, que dá a sensação de algo agressivo, como a empresa se pretende; ao mesmo tempo, não poderia fugir do tubarão pré-histórico, que dá o nome à empresa, como seu ícone.

Toddynho

Segundo o mesmo artigo do *Mundo do Marketing*,

> *a marca Toddynho é uma referência de construção de relacionamento com seu público. Ao criar uma bebida láctea, pronta para beber, e com valor nutricional, a marca atingiu em cheio as mães de seus consumidores. O uso do personagem Toddynho serviu para envolver o público infantil em histórias de aventura e fantasia, resultando em uma marca*

---

[84] Rodrigo Puga, Análise de ícones visuais e personagens de marcas, *Mundo do Marketing*, 25 nov. 2015. Disponível em: <https://www.mundodomarketing.com.br/artigos/rodrigo-puga/35028/analise-de-icones-visuais-e-personagens-de-marcas.html>. Acesso em: 20 maio 2020.

> com forte ligação emocional. Os altos índices de preferência e fidelidade de compra da marca são o resultado de um processo de identificação de características comportamentais do público, e de um consistente trabalho de construção de personalidade para o personagem. Toddynho é imaginativo, brincalhão, alegre, aventureiro, amigo e companheiro. Um amigo que toda criança gostaria de ter![85]

Trata-se de um personagem que cria uma conexão com seu público: a criança, que não costuma apreciar alimentos saudáveis, vê no Toddynho o seu "companheiro de aventuras". Assim, a marca constrói um apelo lúdico junto ao público infantil. No final do dia, a marca quer apenas que as crianças peçam Toddynho para suas mães, que, entendendo ser uma bebida saudável, compram o produto.

PIRÂMIDE DE KELLER

Mais uma metodologia que vamos analisar aqui para montar a sua marca. Dentro do universo de marketing, há várias dessas metodologias que, somadas, ajudam a construir uma marca forte. Não importa se você está fazendo apenas redes sociais, mídia de performance ou uma campanha específica, é preciso lembrar, sempre e sempre, que cada gesto conta para a marca, ou seja, cada post, cada promoção, cada banner no UOL são tijolos a mais na construção. Um prédio não fica de pé se há tijolos soltos ou mal colocados. Pense nisso.

A contribuição da metodologia de Kevin Lane Keller, professor de marketing da Tuck School of Business da Dartmouth College, para o marketing é tão intensa que Philip Kotler o convidou para ajudar na atualização da do livro *Administração de marketing*, na minha opinião, a principal publicação da nossa área. O conceito da pirâmide de Keller é construir uma marca forte baseada na percepção das pessoas sobre o seu produto. Tão simples quanto isso.

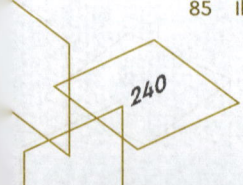

---

85 Ibidem.

Já falamos de *brand equity*, porém, dada à grande importância para as empresas, volto ao tema. Segundo Keller: *"Brand equity é a força do que os clientes aprenderam, ouviram, sentiram em relação à marca, tendo experiências ao longo do tempo".*

O desenho a seguir mostra como a pirâmide é construída. Como toda metodologia, ela tem passos a serem preenchidos. Cada passo é ligado ao outro, logo, para construir essa pirâmide, é preciso paciência, análises e muito estudo. Não basta inserir um monte de informação baseada no "achismo" pois não funcionará; aqui, as opiniões são baseadas em pesquisas feitas com os consumidores para entender percepções de marca e produto e, com isso, melhorá-las para o sucesso da sua marca/empresa.

RELACIONAMENTOS QUE TAL NOS UNIRMOS?	**RESSONÂNCIA**	**FIDELIDADE INTENSA** ATIVA
RESPOSTA O QUE VOCÊ ME DIZ?	**JULGAMENTOS** / **SENSAÇÕES**	**REAÇÕES ACESSÍVEIS** POSITIVAS
SIGNIFICADO O QUE VOCÊ É?	**DESEMPENHO** / **IMAGEM**	**ASSOCIAÇÕES FORTES** FAVORÁVEIS E EXCLUSIVAS
IDENTIDADE QUEM VOCÊ É?	**PROEMINÊNCIA**	**CONSCIENTIZAÇÃO** PROFUNDA DA MARCA

Quatro questões de Keller para saber mais sobre a empresa

▷ O que a marca é?
▷ O que a marca significa?
▷ O que a empresa pensa ou sente?
▷ Qual tipo de associação o mercado faz com a marca?

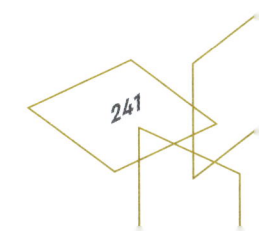

A partir dessas quatro questões, bem simples, você já pode ter uma ideia da percepção. Veja que são perguntas bem amplas, e isso é proposital! O que diferencia, obviamente, são as respostas. Deixe as pessoas falarem. Não force ou direcione as respostas em nada. Apenas deixe que o coração das pessoas fale mais do que o cérebro.

Como você pode observar, a pirâmide é dividida em quatro partes macro, em que cada uma delas tem dois elementos a serem preenchidos com as pesquisas feitas com o consumidor. Então, veremos como se preencher cada uma delas.

Proeminência

Palavra que deriva de proeminente, que significa "aquele que se destaca por qualidades intelectuais ou morais, ou pela riqueza ou poder". Nesse desenho, temos a identidade e a conscientização para, via pesquisa, saber o que as pessoas entendem da marca. Essa metodologia serve para qualquer tamanho de marca, seja uma multinacional bilionária, seja para uma modesta loja de bairro de uma pequena cidade do interior. Sempre lembro que Apple, Google, Mercedes-Benz, Starbucks, Coca-Cola não nasceram gigantes: elas se tornaram gigantes pois entenderam como fortalecer suas marcas.

Identidade (quem é você)

As pessoas sabem exatamente o que, por que, como você trabalha? Sabem o que você faz para a comunidade? Sabem a origem do seu produto? Sabem a sua história? Sabem por que você existe? Sabem por que a sua marca muda a vida delas? Sabem o que a sua marca faz para resolver seus problemas? Em suma, as pessoas sabem o seu propósito?

Conscientização (profunda) da marca

As percepções de marca estão corretas? Some todas as questões elencadas com mais esta. Será mesmo que as pessoas sabem o que é a sua marca? Na sua essência? Entendem seu posicionamento? Sabem o que significa seu logo?

Se nesta primeira etapa a resposta de tudo for satisfatória, ou seja, a maioria das pessoas, e eu diria acima de 75%, respondeu a todas as questões de acordo com os objetivos da sua marca, ótimo: você está no caminho. Contudo, se a maioria respondeu coisas totalmente distantes do que você desenhou para a marca, sinto informar, mas você identificou um grave problema logo no início da pesquisa, o qual a comunicação precisa resolver, pois a sua marca não é forte o suficiente junto ao seu público, e isso dá margem para a concorrência crescer. E, provavelmente, a comunicação deverá dispor de uma verba maior, às vezes extra, para branding.

Desempenho e imagem

Se no primeiro quadrante, você identificou como as pessoas enxergam a marca, neste é preciso saber se elas associam a marca ao que realmente ela é. Coca-Cola é um refrigerante ou algo que mata a sede de forma mais prazerosa? Mas se mata a sede de forma mais prazerosa, ela não concorreria com a Heineken, então? Como já dito, o branding é um enorme quebra-cabeças que precisa ser montado, desmontado e remontado diariamente.

Significado (o que você é)

O desempenho da marca depende muito desse fator. Imagine uma marca de moda, como a VR Collezioni, ser vista apenas como uma marca para altos executivos. Ela pode tanto segmentar o seu público e ter menos gente entrando na loja como pode ser uma marca de moda masculina um pouco mais abrangente, capaz de atender o alto executivo que comprará seu terno de R$ 2 mil, mas também o jovem que está iniciando no trabalho e pode comprar uma camisa de qualidade por R$ 300 (mesmo que em cinco vezes no cartão).

O significado é como as pessoas entendem o que a marca é. Como meu amigo Marcos Hiller sempre diz: "A comunicação não é o que a marca diz, mas o que as pessoas entendem".

Associações fortes (favoráveis e exclusivas)

A marca é **confiável**? Será mesmo que eu vou até o supermercado comprar Omo porque ele vai limpar bem a minha roupa? **Durabilidade**: o produto dura quanto tempo e entrega o que promete? O Nivea Men Deep promete 48 horas de proteção; será que em duas horas estarei com um mal cheiro debaixo do braço? **Eficácia do serviço**: se o meu MacBook quebrar, levando-o à Apple Store, eles vão resolver o problema tal como é a promessa da marca? O **design** é diferenciado? Vou comprar uma BMW, Audi, Jaguar ou Mercedes-Benz, escolho pelo design, mas qual será que mais agrada à minha rede de amigos? O **preço** é justo? Por que a Coca-Cola custa R$ 4 no restaurante onde como diariamente ao lado da empresa, mas R$ 12 no Figueira Rubayat? O que muda na Coca-Cola? O ambiente faz o preço.

Os grifos são os pontos de associações que a marca precisa responder para que as pessoas possam comprar o seu produto, sendo uma caneta de R$ 10 mil ou uma Coca-Cola de R$ 4. Tudo é um conjunto de associações que passa na mente do consumidor no momento da compra.

Julgamentos e sensações

Os julgamentos que as pessoas têm em relação à marca são fundamentais para saber se elas vão comprar ou não. Você recebe um anúncio da Ray-Ban no seu celular, está no shopping, e sabe que lá há uma loja da marca. Dirige-se até a loja para ver o modelo. O seu julgamento é que a marca é de qualidade e o preço de R$ 600 dos óculos, por exemplo, não está caro quando falamos de uma das principais marcas do mundo no segmento. Mas se, no Instagram, você for impactado por um anúncio de óculos de Tom Ford pelo mesmo preço, automaticamente você vai desconfiar, pois esta marca tem óculos na faixa dos R$ 1,7 mil; logo, se um Ray-Ban lhe é oferecido pelos mesmos R$ 1,7 mil, o seu cérebro vai travar, pois há algo bem estranho em tudo isso.

Os julgamentos e sensações se baseiam muito na forma com a qual as pessoas entendem a superioridade da marca e do produto, frente ao segmento. Óculos de sol têm um objetivo claro: proteger nossos olhos dos raios solares e nos ajudar a enxergar melhor de dia. Entretanto, as marcas do segmento é que diferenciam seus preços, tanto pela reputação que ostentam, por qualidade, durabilidade e segurança, por exemplo, em uma eventual necessidade de conserto.

Essa sensação de segurança é que faz o consumidor julgar se a compra é válida ou não. Para produtos de maior valor agregado, como, por exemplo, óculos de R$ 1,7 mil de Tom Ford, é necessário um poder de decisão maior do que para óculos de grau na promoção por R$ 99 em dez parcelas. Nesse caso, se ficou bom no rosto, leva-se; no caso de Tom Ford, ficar bom no rosto é o mínimo que se espera.

Resposta (o que você me diz)

É como as pessoas se sentem de acordo com a sua marca. Como um homem de 35 anos, classe A, de São Paulo, se sente usando um Tom Ford na praia de Maresias? É essa resposta que precisa ser analisada mensurando o que o consumidor sente versus o que a marca quer passar. Se aqui as respostas não estão combinando, a marca tem um grave problema a ser resolvido. E urgente!

Reações acessíveis (positivas)

As pessoas só compram aquilo que lhes agrada. Em 98% dos casos é isso. Diria apenas que, no mercado de seguros, a compra é feita pelo preço versus o que é oferecido, já que seguro é algo que compramos sem nunca querer usar. Nesse caso, buscamos também as reações positivas de marca, como: **quente, divertida, emotiva, segura, aprovação social** e **autorespeito**. Essas sensações que as marcas nos passam são mais um fator importante para que as pessoas comprem os produtos oferecidos. Uma marca jamais conseguirá passar todas essas sensações juntas, mas despertar uma ou duas na mente das pessoas é importante.

Utilizo Ray-Ban há mais de 25 anos. Os meus primeiros óculos de sol, que ganhei aos 15 anos, eram dessa marca. Desde então, sempre tenho um modelo comigo. A parceria da Ray-Ban com a Ferrari me fez ir à loja e comprar um dos modelos, logo, tenho uma certa experiência para passar sobre o que percebo da marca. Para mim, a Ray-Ban passa uma sensação positiva de segurança. É uma marca cujos óculos eu sei que dificilmente vão quebrar – dos modelos que tive até hoje, apenas os primeiros eu doei por terem ficado pequenos. Outros dois tenho há dez anos, além dos da Ferrari, recém-comprados. Não vou passar vergonha ao ir a algum lugar e ouvir: "Nossa, que marca é essa?", com aquele ar de "o cara anda com óculos falsificados...". Se eu ouvisse isso por estar usando um Tom Ford, que eu não tenho, seria trágico, uma vez que a Tom Ford passa a sensação de aprovação social: gasta-se com óculos dela o valor equivalente a cinco óculos da Ray-Ban. Há modelos muito legais desta por R$ 250.

Ressonância

Chegamos ao topo da pirâmide, em que o lado psicológico é muito importante. Caracterizada por fortes ligações entre o consumidor e a marca, a ressonância de marca muda à medida que os clientes se sentem "em sincronia" com a marca, possuem um vínculo psicológico com ela, de lealdade e confiança. Criar ressonância significa permear a mensagem da marca na vida e na mente dos seus consumidores, mostrando o quanto ela é fundamental para o dia a dia deles. A ressonância de marca é medida por quatro pilares bem sólidos. Não à toa, ela é o topo de pirâmide. Ocorre que esse é o item mais complexo de se chegar e, se as outras três etapas não estiverem em sintonia entre o que a marca quer passar versus o que o consumidor percebe, dificilmente a ressonância será a esperada.

Lealdade com a marca

Se a marca é especial para o consumidor, ele não vai trai-la. Dificilmente uma pessoa comprará mais de uma Harley-Davidson por ano, mas essa mesma pessoa pode comprar produtos da marca, que não são necessariamente motos: capacete, jaqueta de couro, óculos de sol, relógio, balde de gelo, luvas e até kit de churrasco da marca. O cliente fiel é aquele que, antes de comprar um determinado produto, verá se a Harley-Davidson o oferece; se sim, a compra está quase garantida.

Apego e atitude

As pessoas amam tanto a sua marca que nem sabem ao certo quais as outras da categoria, não querem levar em conta se são melhores ou não. No mercado de carros de luxo é assim. Impossível que um Jaguar, uma BMW ou uma Audi sejam carros ruins ou muito inferiores aos da Mercedes-Benz, mas esta já chegou a um estágio de maturidade que faz com que alguns achem defeitos que nem existem nos outros e mascarem os defeitos da Mercedes-Benz como justificativa da opção por ela.

Senso de comunidade

Pertencimento é uma das palavras do momento nos discursos de marketing. E não está nada errado. Não estamos falando apenas de inclusão de minorias, o que é algo fundamental, mas de pertencimento a uma tribo. A Harley-Davidson faz muito bem isso, você pode ser um médico de 50 anos, um engenheiro de 40, um publicitário de 30 ou um advogado de 60. No momento em que estão todos de preto, com o sol iluminando a estrada e o vento no rosto, pilotando um modelo da marca – seja qual for –, todos são iguais, todos pertencem a um mesmo grupo; há um ritual, uma hierarquia, um porquê de estarem ali. Isso é um exemplo para você se inspirar e construir a sua comunidade e fazer com que as pessoas se sintam importantes, únicas, e entendam que ali fazem a diferença, que não são apenas números para a marca.

Advogados da marca

Chegar a este estágio é para poucos. A Heineken promove briga no bar pois há um grupo de fãs da cerveja que a defende "com a própria vida" contra qualquer uma da InBev. Critique Steve Jobs para uma pessoa que está trabalhando no iMac, ouvindo um som pelo iPhone enquanto baixa um novo e-book no iPad e, ao mesmo tempo, olha a sua frequência cardíaca no Applewatch. Quantas brigas travo com meu grande amigo Gustavo Zanotto por ele ser tão fã de Pepsi como eu sou de Coca-Cola.

Esse é um nível que poucas marcas conseguem. Se formos para o campo do esporte, é mais fácil entender esse conceito. Entre em uma roda de amigos e deixe que um torcedor do Corinthians diga que o meu São Paulo FC caiu para a segunda divisão em 1990: é certo que vai haver uma ampla discussão; eu, com fatos, ele com achismos baseados em jornalistas mal-intencionados. Chegue a Los Angeles e diga que o Chicago Bulls é melhor que os Lakers, e promova, assim, uma grande guerra na cidade. Os argentinos acham que Maradona foi melhor que Pelé, e para a mesma mídia esportiva decadente, Michael Schumacher foi melhor que o grande Ayrton Senna; outros dizem que Kobe Bryant foi melhor que Michael Jordan. Por todos os lados, haverá fãs incondicionais, que vão defender seus pontos de vista a todo custo.

Advogados da marca são assim, você pode ler duzentas matérias sobre os malefícios da Coca-Cola no organismo, mas eles têm uma defesa que põe em xeque estudos da Nasa (brincadeira, é claro).

Tendo os quatro pilares supracitados bem desenhados e definidos, a ressonância passa por outros dois pilares importantes para entender percepções:

Relacionamento (que tal nos unirmos?)

Aqui podemos elencar os pilares "lealdade com a marca" e "apego e atitude" como forma de entender essa união e esse relacionamento que se espera do consumidor com a marca.

Fidelidade intensa (ativa)

"Senso de comunidade" e "advogado da marca" se encaixam nessa parte da pirâmide que mostra como as pessoas se fidelizam à marca diante do que ela entrega de promessa.

O quebra-cabeça do branding está ficando cada vez mais pronto. São metodologias atrás de metodologias que direcionam o seu pensamento, mas é importante relembrar: não é a metodologia que faz a marca, ela só ajuda nas perguntas. O que importa são as respostas que ela traz para os gestores de marca e marketing.

MAPEANDO A CONCORRÊNCIA E ARQUI-INIMIGOS

A concorrência nem sempre é o que as marcas avaliam ser. Parece uma frase confusa, mas explico. Até algum tempo atrás, as pessoas iam à Magazine Luiza e pagavam suas compras com um cartão de crédito do Itaú. Hoje, elas podem comprar o mesmo produto e pagar com a conta digital que a Magazine Luiza tem junto com o Banco do Brasil. A Magazine Luiza se tornará, em breve, concorrente de Itaú, Santander e Bradesco.

Até 2014, o Santander brigava com Itaú, Caixa, Banco do Brasil e Bradesco por clientes. Hoje, esses bancos têm uma forte concorrência do Nubank, que nasceu como um banco 100% digital, uma fintech, e que passou, em 2020, dos 20 milhões de clientes. Certa vez, ouvi que, nesse novo mundo digital, é possível que seu maior concorrente ainda não tenha sido criado, mas poderá incomodar muito daqui a cinco anos, até quebrar a sua empresa. Nunca é demais citar que a Blockbuster poderia ter comprado a empresa que a quebrou, a Netflix.

Quando avalio a concorrência, utilizo dois pensamentos: os concorrentes que a marca visualiza e os que o Google traz. Vou contar aqui como fiz e apresentei esse mapa na Julio Okubo, uma das principais joalherias do Brasil.

Primeiro: é um tanto comum se pensar que qualquer marca concorra com o líder da categoria, mas será mesmo? Por exemplo, no segmento de carros, podemos dizer que o Onix concorre com um Porsche 911? Ambos são carros.

No caso do segmento da Julio Okubo, a Vivara é a líder e referência, mas, por mais que analisemos a marca, a Julio Okubo não se põe como concorrente da Vivara. Em um vídeo dos 30 anos do SBT, o mestre Silvio Santos deixa claro que o SBT nunca concorreu com a Globo, pois esta tem uma audiência muito superior – embora, hoje em dia, venha caindo. Mas, por muitos anos, o programa principal do SBT, do próprio Silvio, dava uma audiência que não chegava nem perto do programa de menor audiência da Globo; portanto, o SBT concorria, na verdade, com Rede Record, Band e até RedeTV. O caso da Gazeta é parecido: sua audiência é muito inferior à das outras para conseguir concorrer, mas ela pode se pôr na briga com a TV Cultura. A categoria de TV paga é outra história.

Com esse pensamento, analisemos a Vivara, apenas para entender como ela se comunica, pois uma marca que tem Gisele Bündchen como garota-propaganda está muito à frente das outras em conhecimento de marca, número de lojas, faturamento e tamanho de empresa. Os produtos podem ser os mesmos e até estar nos mesmos shoppings, mas os valores e públicos, não. A Julio Okubo se posiciona como referência em pérolas, no papel isso é ótimo; na comunicação, as pessoas mal sabem disso. Na pirâmide de Keller, a marca já derraparia na base.

Dryzun e HStern eram as marcas que, na visão dos diretores da Julio Okubo, concorriam diretamente com ela, em função de preço, faturamento, número de lojas e até perfil de público. Por exemplo, o ticket médio varia muito de loja para loja. Analisamos, na FM CONSULTORIA, o que eu acho mais importante em termos de marketing digital:

- ▷ Comunicação, usabilidade, disposição de produtos, fotos e conteúdos nos sites e/ou lojas virtuais de cada uma das marcas concorrentes. Por meio do Google Analytics da Julio Okubo, vimos também os fretes e tempos de entrega nas principais cidades que o sistema de métricas nos mostra. As cinco principais cidades.
- ▷ Fãs/seguidores nas redes sociais. Os últimos vinte posts, quais os apelos de comunicação, interações, respostas da marca, critério de postagens.
- ▷ Temas dos vídeos, inscritos, views, comentários dos vídeos no YouTube.
- ▷ Notícias sobre a marca, os canais que mais publicam, se a marca é protagonista das notícias dentro do Google Notícias.
- ▷ Selecionamos cinco palavras-chave mais importantes do segmento, então analisamos busca natural, busca paga, remarketing (sites e redes sociais), Google Business e Shopping.

Outro ponto fundamental para entender a concorrência é a pesquisa com consumidores. Aqui as perguntas devem ser simples:

- ▷ Quando você quer comprar um produto do segmento, quais marcas você avalia?
- ▷ Onde inicia a sua pesquisa para compra?
- ▷ Onde se encerra a pesquisa e você não compra?
- ▷ Onde você compra?

Feitas essas quatro perguntas, outras questões se apresentam, mais fechadas e diretas:

▷ Com relação à marca x (a que você gerencia), por que você compra?
▷ Com relação à marca x (a que você gerencia), por que você não compra?
▷ Qual o diferencial dela para as outras marcas?
▷ Cite duas marcas que você avalia como sendo concorrentes da marca x (a que você gerencia).

Veja os resultados junto com o time de marketing da empresa para mapear, no máximo, três concorrentes diretos. Mais do que isso, você poderá se perder no meio do caminho. O ideal é que pelo menos um desses três seja o mais citado na pesquisa com os consumidores.

Depois disso, ampliamos essas pesquisas para algo que acreditamos ser fundamental: pormo-nos no papel do consumidor. Para isso, pegamos as mesmas palavras-chave elencadas e localizamos concorrentes não citados, mas que o Google mostrava. No caso da Julio Okubo, por exemplo, Monte Carlo, Virtual Joias e Joias Gold eram concorrentes fortes. Por mais que a Julio Okubo fosse maior, no momento de comprar os produtos pela web, essas lojas apareciam com grande relevância nas buscas. O consumidor entende que o Google está lhe mostrando essas lojas como algo interessante e ele as leva em consideração na escolha. Claro que a Vivara também entra nesse "bolo" por isso; identificamos que, no online, ela era um concorrente como todos os outros.

Por fim, analisamos cada uma das sete marcas, Julio Okubo e seus seis concorrentes, para ver o posicionamento de cada uma delas e entender como se apresentam na mente das pessoas. Das sete, apenas duas tinham um posicionamento – o que é muito triste de se ver em 2020.

O time da FM CONSULTORIA é muito qualificado para fazer essas análises. Usamos designers para entender sobre o site, especialistas em redes sociais para os estudos da área e, por fim, pessoas de mídia performance, certificadas pelo Google, para estudar sobre as palavras. Há ainda a minha visão de planejamento para amarrar tudo isso e trazer os insights que esses estudos mostram, assim como avaliar os posicionamentos de marca/slogans de cada uma.

Arqui-inimigo!

Toda marca tem o seu Coringa do Batman, seu Lex Luthor do Superman ou seu Megatron do Optimus Prime (Transformers), no qual você deve concentrar todas as forças. Falar que o do Burger King é o McDonald's, o da Pepsi é a Coca-Cola, o da Samsung é a Apple, e vice-versa, é chover no molhado, mas é preciso entender qual é o seu.

Essa metodologia eu aprendi no trabalho que fiz com a Santa Clara, agência que tem como sócio e CEO Ulisses Zamboni. A metodologia aqui é simples e lógica: é preciso achar aquela marca que mais incomoda a empresa. Nem sempre é a marca líder, pode ser, às vezes, a que melhor trabalha o universo digital dentro de uma estratégia de fortalecer a sua presença no online, com foco nas novas gerações que têm o digital em seu DNA.

Eleger o arqui-inimigo não é das tarefas mais complicadas. Normalmente, os gestores da empresa, do CEO ao estagiário, o identificam e, nas pesquisas com consumidores, uma mesma marca acaba aparecendo como a mais citada nesse sentido. Haverá diversas visões nesse momento, algumas vão apontar a marca A, outros a B e talvez até a C; mas a minha experiência em pesquisas desse processo mostra que 80% das pessoas acabam indicando a mesma marca.

EMBAIXADOR DA MARCA INTERNO

É pessoa de dentro da empresa que vai dar a "cara para bater". Esse embaixador precisa ser um funcionário que conhece muito da marca, que tem anos de casa, que desfruta de grande confiança dos fundadores e/ou da alta diretoria, ou seja, aquele que vive a empresa, veste a camisa, a quem o fundador daria um cheque em branco assinado sem se preocupar com algum tipo de roubo.

Na visão da alta gestão, qual funcionário pode ser um embaixador da marca e por quê?

A metodologia de pesquisa entrevista mais profundamente esse funcionário entendendo o seu amor, respeito, dedicação pela marca, e também a sua visão de mercado, de comportamentos e de mundo, que possa ajudar no fortalecimento da marca como um todo, para depois orientar como ele deve se portar com essa função. Ser embaixador da marca é uma grande honra, porém, é também uma responsabilidade enorme. Sim, a frase de tio Ben para Peter Parker, em *Homem-Aranha*, faz todo o sentido aqui: "Com grandes poderes, vêm grandes responsabilidades".

Eleita a pessoa, a marca precisa fazer o processo de *media training*, muito conhecido no meio da assessoria de imprensa – sugiro contratar uma. É um processo de treinamento dos porta-vozes de determinada organização, com o objetivo de aperfeiçoar sua capacidade de se relacionar com os jornalistas, seja para entrevistas, seja para eventos ou encontros de relacionamento.

Recomendo também que o eleito tenha um treinamento com o time de redes sociais, para saber o que pode ou não ser feito; e, por fim, um treinamento com o time de marketing e/ou marca, para saber como se posicionar dentro da brand persona – sobre a qual ainda nos debruçaremos – criada para a marca.

Por ser uma pessoa que vive a marca, isso será mais fácil do que contratar um influenciador ou a celebridade do momento para exercer esse papel, mas é preciso fazer esses treinos de forma constante e ter pessoas do marketing atentas a tudo.

CASE OUTBACK BRASIL

Um dos meus restaurantes favoritos não poderia ficar de fora, afinal, eu tenho certeza de que, do mesmo jeito que ele é um dos meus, também deve ser de uma grande parcela de leitores. Homens e mulheres o adoram, e não é um simples "achismo": pelo menos aqui em São Paulo, frequentemente o Outback está lotado.

Em novembro de 2019, o programa *Fala Marcas* entrevistou Renata Lamarco,[86] diretora de marketing da rede. Como sempre faço em palestras, aulas e eventos, anotei uma série de pontos.[87] Um dos motivos pelos quais apresento esse case é a forma como a marca se posiciona. O ambiente de seus restaurantes é caloroso, informal e acolhedor. A proposta de valor da marca é essa, é o que faz a diferença no mercado, frente à concorrência.

O Outback tem um problema para segmentar seu público porque, por ser um restaurante com comidas variadas, mesmo que haja seus produtos principais, como a famosa costelinha, a marca precisa se comunicar com três perfis distintos:

▷ Executivo no almoço;
▷ Jovem na happy hour;
▷ Jantar de família aos finais de semana.

Talvez, se estivéssemos frente a frente, você pudesse me questionar sobre tudo o que eu falei sobre segmentação de públicos

---

86 Lamarco, op. cit.
87 Todo esse conteúdo também já está disponível no meu site: www.felipemorais.com.

para as marcas, e estaria certo; mas também há marcas que são mais complicadas de segmentar, como a Coca-Cola, por exemplo. No caso do Outback, são três perfis muito diferentes entre si, sem dúvida, por isso, é preciso que a marca escolha um tom de comunicação que não apenas agrade a todos, mas que reforce atributos da marca.

Daí a linguagem da marca ser jovem e informal, pois o ambiente é assim. Perceba que a linguagem da marca está alinhada com o ambiente e seus produtos. Não há como se optar por uma linguagem mais séria em um local onde a happy hour é um grande chamariz para as pessoas.

O ambiente, por mais que seja escuro e intimista, proporciona diversão às pessoas. O principal foco na comunicação é trazer a experiência Outback para as campanhas, isso é sempre dito e reforçado nas peças. Basta ver as campanhas de rua e de internet, os locais onde a marca mais investe, para entender como é feita. Os atributos de marca estão sempre claros, e o apelo dos produtos – facilitado por se tratar de comida – ajuda na construção da mensagem. Eu achava o "Eu ouvi Outback?" um posicionamento de campanha genial, mas a marca decidiu, após pesquisas, mudar tudo.

A geração X é o grande público da marca, que chegou ao Brasil em 1997. De acordo com Lamarco, "existe uma memória afetiva muito boa, pois eles vinham com os pais e agora vêm sozinhos, por isso são uma grande prioridade da marca".[88] Por ser uma prioridade, ouvir os feedbacks dos consumidores nas redes sociais é fundamental para a experiência que a marca proporciona.

---

88   Lamarco, op. cit.

Pesquisas mostram que a marca é inovadora, por isso o Outback está sempre atrás de novas tendências. Comportamentos estão sempre sendo analisados, frente à rapidez das mudanças. A marca estuda com muita frequência a jornada de consumo, algo que deveria estar na lista de tarefas diárias de qualquer time de gestão de marca ou marketing.

Sempre falo nas minhas aulas da importância desse conceito, mostrando que, em 2016, naquela que talvez tenha sido a pior crise do Brasil nos últimos trinta anos, muitos restaurantes viveram momentos tensos, com a clientela em queda. O Outback, por sua vez, estava sempre lotado. Conforme sua filosofia de negócio, são três pilares fundamentais da experiência de marca:

▷ Atendente próximo;
▷ Ambiente mais intimista;
▷ Produto de alta qualidade.

O fato de o garçom se abaixar e olhar no seu olho, de falar o nome dele, de estar sempre rindo e ser rápido no atendimento, de ter sempre um gerente passando pelas mesas querendo saber se está tudo bem, faz do Outback um local onde as pessoas querem ir, não se importando muito com o preço, mas, sim, com a experiência que viverão; as campanhas têm fotos muito bem trabalhadas que "quase exalam o cheiro da comida pelo post", e o ambiente é intimista, apropriado para um papo com os amigos.

É assim que a marca é construída. Com forte apelo à experiência nos pontos de venda, devendo ser replicada na comunicação, sem esquecer seus atributos e diferenciais. Deu vontade de comer lá?

EXPERIÊNCIA DE MARCA

Como você acabou de ler a respeito do case Outback, a experiência é muito importante para uma gestão de marca, de branding, bem-feita. Não adianta uma campanha maravilhosa com o ator ou a atriz em alta da novela, ou com o jogador de futebol mais famoso do mundo, gastando milhões de reais em mídia, se a experiência for ruim. Diariamente, por exemplo, a FM CONSULTORIA analisa algumas lojas virtuais e vê: campanhas de remarketing que direcionam para a home do site, peças de e-mail marketing que não abrem, produtos que não têm em estoque e o sistema só avisa no momento do pagamento.

A FM CONSULTORIA analisa também as fintechs, um dos assuntos mais comentados dos últimos anos no varejo. Temos alguns projetos desses na casa, nas áreas de moda, educação e para jovens, e vemos cada absurdo quando se fala de experiência que a vontade é de chorar. Aplicativos que não funcionam, códigos para recuperar senha que, ao digitar, dá erro, tentativa de transferir dinheiro da sua conta corrente para a poupança que falha ou o péssimo uso dos chatbots pelas fintechs. Essa experiência faz com que o consumidor desista. Eu, por exemplo, que tenho paciência zero para burrice, encerro logo a minha conexão com marcas que falham em coisas primárias. Acredito que muitos de vocês fazem o mesmo.

Por isso, este capítulo é dedicado à experiência que a sua marca precisa passar para seus consumidores permanecerem sempre fiéis a você.

EXPERIÊNCIA É O NOVO MARKETING

Steve Cannon, em um evento em Detroit, disse que a "experiência é o novo marketing".[89] Até o momento, ele ainda é o número 1 da Mercedes-Benz global. Entendo essa frase no meu dia a dia de planejador de marcas. Por mais que a minha formação seja em planejamento de comunicação, não há como fazer comunicação sem pensar em como isso vai afetar a construção da marca. Tudo o que fazemos, do pequeno post no Facebook à grande campanha de lançamento de um produto, constrói marca. Isso é fato, portanto, me coloco como um profissional de construção de marcas, assim como qualquer outro que atue no mercado de comunicação, propaganda e marketing.

No seu livro *As marcas no divã*, Jaime Troiano reforça o posicionamento de Cannon ao dizer que

> o marketing precisa desenvolver marcas com plataformas duradouras, criar uma ligação com a vida e as emoções de seus consumidores para que eles se sintam mais seguros, mais importantes, mais bonitos, mais livres, mais inovadores, mais corajosos, mais inteligentes ou mais sedutores. São esses momentos de reflexão estratégica que criam laços mágicos com o consumidor.[90]

Em suma, precisamos gerar mais experiências memoráveis.

Para Vivian Haag Galvão Leite, diretora de marketing da Tetra Park, "é preciso provocar reações, sensações e memórias afetivas

---

89 A experiência do consumidor é o novo marketing, *jet.*, 2015. Disponível em: <https://www.jetecommerce.com.br/blog/a-experiencia-do-consumidor-e-o-novo-marketing/>. Acesso em: 9 jun. 2020.

90 Troiano, *As marcas no divã*, op. cit.

nas pessoas. O marketing é baseado na experiência".[91] Por sua vez, Loraine Ricino, diretora de marketing da GOL Linhas Aéreas, defende que "o verdadeiro norte para definir uma bela estratégia de marketing, hoje em dia, são os dados, o famoso data drive marketing".[92] Essas duas visões sinalizam como a experiência e os dados devem andar lado a lado para criar a experiência.

Para uma excelente experiência de marca, é preciso que as empresas entendam como funciona o BigData. E por que isso? Porque essa ferramenta ajuda muito no entendimento de todo o processo de pesquisa do consumidor. Sendo assim, conseguimos, como estrategistas de marca, elaborar pontos que sejam essenciais nesse relacionamento entre pessoas e marcas. É nessa experiência, que é o novo marketing, segundo Cannon, que as marcas mais devem se ater. Muitos profissionais dizem que o marketing moderno é orientado a dados; na minha humilde opinião, estão certos.

Eu apenas incluiria, como sempre, pessoas nesse processo. Para mim, o marketing é direcionado, cada vez mais, a dados e pessoas. A experiência é o elo que une essas duas pontas do marketing moderno. Não estamos mais orientados a produto ou mercado, estamos no marketing 4.0, orientado a dados e pessoas.

Marcas que se diferenciam são aquelas que pensam nesses dois pilares antes de pensar em campanhas ou post em redes sociais. Reforço: post em redes sociais é fundamental, mas não é a única coisa a ser feita no processo de comunicação e marketing digital. Infelizmente, em pleno ano de 2020, o mercado ainda pensa assim. Agências e consultorias – como a FM CONSULTORIA – recebem briefs e fecham projetos com grandes marcas baseadas apenas em conteúdo para redes sociais. Agências diferentes fazendo coisas diferentes não constroem marcas!

---

91   Martinelli, Roma e Luncah, op. cit.
92   Ibidem.

O que é Big Data

Serei muito simplista em defender o que é o Big Data: empresas de dados que captam dados. Achei essa afirmação excelente, ouvi-a do meu grande amigo e parceiro Leonardo Silva, da LRS Tecnologia, empresa à qual estamos desenvolvendo projetos usando o IBM Watson como algo interessante para inteligência artificial e machine learning. A ferramenta da gigante IBM é um grande aliado para o pensamento de dados não estruturados que o Big Data capta; por outro lado, é preciso entender que o Big Data é uma ferramenta de dados, logo, ele traz dados e não soluções. Transformar esses dados em informação relevante é papel do estrategista, do ser humano! Embora se acredite que as ferramentas e máquinas podem, ou poderão, substituir os seres humanos, nós ainda temos a melhor das ferramentas, o cérebro humano, que é capaz de interpretar dados de uma forma diferente, com pensamento analítico e estratégico. Um dia as máquinas poderão fazer isso? Nunca se sabe, mas nos próximos anos, não!

No meu livro *Transformação digital*, faço a seguinte definição:

> Big Data é a análise e a interpretação de grandes volumes de dados de grande variedade. Para isso são necessárias soluções específicas para Big Data que permitam a profissionais de TI trabalhar com informações não estruturadas a uma grande velocidade. As ferramentas de Big Data são de grande importância na definição de estratégias de marketing. Com elas é possível, por exemplo, aumentar a produtividade, reduzir custos e tomar decisões de negócios mais inteligentes. O Big Data é para trazer padrões de comportamentos que gerem insights estratégicos para a sua marca, deve ser usado para descobrir o que o mercado não descobriu ainda, mas que o consumidor anseia. Em resumo, é uma ferramenta de competitividade estratégica muito importante para o futuro do seu negócio, entretanto,

> como toda a pesquisa, o Big Data não é exato, e sim traça probabilidades, o que requer ainda mais pensamentos do estrategista com relação ao que fazer com os dados extraídos, trabalhados e expostos pelas ferramentas. A ferramenta não faz o planejamento da marca. O estrategista o faz![93]

Esse trecho explica bem o conceito. A ideia é mostrar como as empresas podem trabalhar o Big Data para a construção da sua mensagem que traga experiência como o ponto alto da conexão entre marcas e pessoas.

Idade Média x Idade Mídia

Walter Longo lançou, em 2019, um livro sobre essa sua teoria: *O fim da Idade Média e o início da Idade Mídia*, cuja leitura recomendo. Ele fala não apenas da importância do Big Data, mas como isso deve ser usado no dia a dia das pessoas, analisando seres humanos e tecnologias, e como, cada vez mais, a média será substituída pelo indivíduo. Não acredito que possa haver melhor experiência do que a que seja exclusiva para pessoas.

> Até hoje, em qualquer área do comportamento humano, tudo foi avaliado e orientado pela média da população. Mas estamos mudando essa forma de ser e estar. Contamos com o imprescindível auxílio da tecnologia, da ciência e do Big Data para gerar as mudanças e estimular a meritocracia e a valorização do indivíduo, nas empresas e na sociedade.[94]

Basicamente, o que Longo quer dizer, e ele aprofunda sobre isso em seu livro, é que as pessoas são julgadas pela média da população, ou seja, os professores dão uma aula pela média da sala, pois lá há tanto pessoas que sabem muito quanto outras que nada entendem. Posso

---

93 Morais, op. cit.
94 Longo, op. cit.

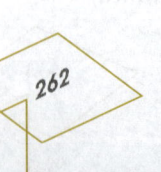

dizer que isso ocorre de fato, pois desde 2008 estou dentro de sala de aula e, muitas vezes, ouço de alguns alunos – graças a Deus poucos – que a minha aula é fraca, pois eles já sabiam a matéria. Porém, ao questionar se a maioria aproveitou a aula, a resposta sempre vem positiva, tanto é que, em média – olha aí, falando de média novamente –, sou avaliado sempre acima de 9,0.

É a média, algo que Longo defende em seu livro, tendo o Big Data como pilar principal, que as marcas precisam excluir, do seu dia a dia, trazendo mais análises individuais para o processo; dessa forma, traremos, como empresas e marcas, uma experiência de consumo muito maior. Devemos ter em mente que as pessoas não apenas compram produtos: elas compram sonhos, resoluções de problemas, status e desejos. A comparação é batida, mas sempre pense por que uma pessoa vai até o shopping e compra uma Montblanc de R$ 10 mil. Vale lembrar que, no novo marketing, as empresas não mais vendem produtos, e sim ideias, conceitos e sonhos. Pare por 5 minutos, ligue a TV e veja os comerciais, dez deles. Perceba que, provavelmente, oito não vendem produto, mas, sim, marca, sonhos e ideias!

Seguros nos EUA: saindo da média, entrando no indivíduo

Em março de 2018, estava na IBM para um evento sobre inteligência artificial e machine learning. Fui a convite do meu amigo Leonardo Silva, citado há pouco. No evento, a IBM mostrava uma aplicação sua nos EUA para seguro. Não me lembro da marca, mas vou traduzir como se fosse no Brasil, para que você, leitor, possa entender o exemplo com mais clareza.

João tem 25 anos. Mora no bairro do Morumbi e trabalha nos Jardins. João vive com os pais, e namora Angélica, que mora em Pinheiros. Ele tem um Chevrolet Onix 2018 preto, segurado pela SulAmérica Auto. O itinerário padrão de João é, de segunda à quinta-feira, pegar a Avenida Giovanni Gronchi por 2 quilômetros, chegar até a Ponte Cidade Jardim, pegar a Avenida 9 de Julho e chegar ao seu trabalho na Rua Estados Unidos. João demora 1h30 para fazer esse trajeto, entre 7h30 e 9 horas. De segunda à quinta-feira, ele volta pelo mesmo trajeto. Às sextas, vai para a casa de Angélica, pegando a Estados Unidos, a Rebouças, até chegar à Rua Cônego Eugênio Leite, onde Angélica mora com duas amigas. De fim de semana, eles vão a lugares diferentes, mas, de noite, raramente João pega o carro: usa Uber para se locomover.

Pedro tem 25 anos. Mora no bairro do Morumbi e trabalha em Moema. Pedro é vizinho de João. Tem um Chevrolet Onix 2018 preto segurado pela SulAmérica Auto. De segunda à sexta-feira, ele faz o mesmo trajeto. Sai de casa, pega a Avenida Giovanni Gronchi por 800 metros. Depois, a Avenida João Dias, até chegar à Marginal Pinheiros. Pedro está sempre atento, pois, ouvindo a Rádio Bandeirantes, sabe que aquela é uma das áreas de maior risco de assalto em São Paulo. Às sextas-feiras, ele gosta de ir para baladas, de carro. Nos fins de semana, só sai de carro de noite no sábado e sempre volta muito tarde. Pedro não é um motorista consciente e não se preocupa muito com isso.

Segundo a teoria do Walter Longo, Pedro e João pagam o mesmo valor de seguro, mas João deveria pagar menos, pois ele é mais prudente do que Pedro. Nos EUA, isso já ocorre, graças a um aparelho instalado no carro, baseado em inteligência artificial e machine learning, que entende toda a performance do carro. Um GPS, instalado nesse aparelho, funciona como o Waze, ou seja, mostra as rotas. Junta as informações do carro, como frenagem, velocidade, viradas bruscas, locais aonde vai, horários de saída, de chegada, como dirigiu. Se o motorista está bêbado, o aparelho entende isso, pela sua dirigibilidade. Com esses dados em mãos, nos EUA, Pedro pagaria um seguro mais alto que João. Na média, a SulAmérica Seguros receberia o mesmo valor, porém, em vez de R$ 1 mil por mês de cada um, receberia R$ 500 de João e R$ 1,5 mil de Pedro.

As ferramentas de Big Data servem para isso. A partir desses fatos, criam-se algoritmos para acompanhar os hábitos dos consumidores em potencial e seu possível interesse e relacionamento. Segundo Longo: "Os algoritmos percebem toda e qualquer informação gerada por nós ou que nos cerca, e são capazes de cruzá-las infinitamente, extraindo desses cruzamentos conhecimento vital sobre nossas atitudes; conseguem captar até nossos padrões de comportamento imperceptíveis para nós mesmos".[95]

Quer experiência melhor que essa?

Quanto mais customizada, melhor será a experiência de marca. Quanto a SulAmérica Auto ganhará de representatividade de marca? Nem falamos de vendas, isso é uma enorme consequência de uma ação de experiência bem coordenada e que faça sentido para o consumidor. Experiência faz sentido para o cliente, não apenas para a marca; esta, obviamente, jamais poderá ter prejuízo em suas ações, mas ela precisa, para uma boa experiência de marca, pensar antes no consumidor do que nela.

Outro ponto desse aplicativo é sobre dados. Toda a performance do carro é captada e pode ser usada para, por exemplo, avisar, via aplicativo, com quinze dias de antecedência, sobre manutenção, que é preciso trocar as pastilhas de freio, afinal, devido ao histórico do veículo, a tendência é que, em quinze dias, as pastilhas fiquem finas e acabem danificando o disco do freio, elevando o custo do cliente.

Segundo Longo: "O consumidor exige criatividade na oferta dos produtos e não perdoa os erros das empresas. Gosta de personalização no atendimento, mas deseja manter seus dados pessoais resguardados. As marcas precisam chegar no consumidor com respeito e consideração e não mais o inverso".[96]

Dados e pessoas: eis o novo rumo do marketing; a experiência não é o que a marca espera, mas o que o consumidor percebe ser.

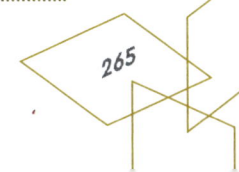

---

95 Ibidem.
96 Ibidem.

O QUE A SUA EMPRESA PRECISA PASSAR?

Essa é uma das perguntas mais simples de responder: credibilidade!

Não adianta nada ter um caminhão de dinheiro para entregar uma mensagem para o consumidor, se ele não acredita em você. A Hyundai, por exemplo, gasta milhões de reais para dizer que seus carros são melhores que os alemães. Acredito que não esteja funcionando, já que a Mercedes-Benz C180 e a Audi A3 estão no topo dos sedãs, acima de R$ 100 mil, mais vendidos, ao passo que sedãs como o Azera e o Elentra não estão sequer entre os dez. Não se trata de falta de credibilidade da Hyundai, afinal, na categoria 1.0, o HB20 faz enorme sucesso. É que a mensagem nem sempre soa como verdadeira para as pessoas. O Azera é um carro lindo, sem dúvida, mas, sendo sincero, com R$ 270 mil você optaria por um Hyundai ou por uma Mercedes-Benz C300? Um Azera ou uma Audi A5? Um coreano ou uma BMW 330i?

Não estou, reforço, dizendo que a Hyundai não tem credibilidade ou que mente, ela até tem embasamento para se posicionar porque seus carros são melhores que os alemães. Mas a percepção das pessoas é outra. As marcas precisam passar confiança, e a experiência de marca gera essa confiança diariamente. Um dos pontos para gerar essa confiança é trazer para a experiência os cinco sentidos do ser humano, de modo a criar uma forte e emocionante conexão entre marca e consumidores. Nesse sentido, Martin Lindstrom desenhou o conceito de branding sensorial, que veremos a seguir, como uma metodologia, mais uma, para criar essa atmosfera de experiência.

Nas palavras de Alexandre Slivinik, que conheci por meio do meu mestre e amigo Roberto Shinyashiki: "Os clientes anseiam por experiências consistentemente marcantes e esperam que as empresas entreguem isso". Slivinik é um profundo conhecedor do método de magia que a Disney aplica. Vale a pena seguir seu perfil no Instagram (@alexandreslivnik).

BRANDING SENSORIAL

De acordo com Philip Kotler: "Marca deve oferecer ao menos um benefício, porém, marcas distintas exigem algo mais, precisam oferecer uma experiência sensorial e emocional plena". O que nos chama a atenção nessa ideia é o fim da frase: "oferecer uma experiência sensorial e emocional". Veremos isso dentro dos conceitos que Martin Lindstrom nos traz em seu livro *Brandsense*.[97] Fica a dica para leitura.

O conceito se baseia em trazer para o universo da comunicação e marca os cinco sentidos básicos do ser humano: olfato, visão, tato, paladar e audição. Segundo estudos de neuromarketing, em que Lindstrom é a referência mundial, os cinco sentidos, quando acionados em favor da marca, criam uma atmosfera única de conexão. O termo "conexão de marca" é um dos que você mais tem lido aqui porque, no fim das contas, o que as marcas precisam fazer é exatamente se conectar às pessoas de uma forma única.

Segundo o estudo de Lindstrom, "80% das impressões que formamos quando nos comunicamos com outras pessoas não são verbais, o que significa dizer que são sensoriais".[98] Ou seja, quando se diz que uma imagem vale mais que mil palavras, você entende a verdade desse ditado popular. "Experimentamos toda a nossa compreensão de mundo através dos sentidos, incorporar os cinco sentidos tem funcionado espetacularmente bem ao conectar emocionalmente as pessoas aos rituais da fé."[99] Um estímulo de marca não apenas motiva o comportamento impulsivo de comprar, mas também conecta as emoções diretamente à marca. Alcançar um estímulo de marca é uma das maiores dificuldades para se estabelecer um relacionamento sensorial que crie lealdade de longo prazo.

---

97 Lindstrom, *Brandsense*, op. cit.
98 Ibidem.
99 Ibidem.

Cinco sentidos são o que os consumidores querem. Jogos simuladores de 4D, que incluam visão, audição, tato e olfato, são uma obsessão permanente em parques temáticos e fliperamas ao redor do mundo. Quanto mais pontos de contato sensoriais os consumidores conseguirem acessar quando estão pensando em comprar uma marca, maior será o número de memórias sensoriais ativadas. E quanto maior for o número de memórias sensoriais ativadas, mais forte será a ligação entre marca e consumidor.

O apelo multissensorial afeta nitidamente a percepção da qualidade do produto e, portanto, o valor da marca. No meu curso EAD de planejamento estratégico digital na ESPM, proponho um desafio para os alunos de usarem os cinco sentidos para vender um Honda Civic; os resultados nos trabalhos são sempre incríveis, o que me deixa feliz e orgulhoso dos alunos!

Para Lindstrom, "o objetivo final do branding sensorial é criar um vínculo forte, positivo e duradouro entre a marca e o consumidor".[100]

Caso Hoteis.com

Em 2016, o meu amigo Leandro Ogalha, ainda como um dos sócios da Tboom Comunicação, convidou a FM CONSULTORIA para uma concorrência junto ao site Hoteis.com. A concorrência era para ganhar a conta da empresa, e o nosso acordo era que, se ganhássemos, eu trabalharia na conta durante o contrato vigente. Quando recebi o brief, eu tinha acabado de ler o livro *Neuromarketing aplicado à redação publicitária*, em que a autora, Lilian Gonçalves,[101] fala muito sobre os cinco sentidos. Empolgado com isso, criamos um planejamento baseado em como usaríamos

---

100 Ibidem.

101 Lilian S. Gonçalves, *Neuromarketing aplicado à redação publicitária*: descubra como atingir o subconsciente de seu consumidor, São Paulo, Novatec, 2013.

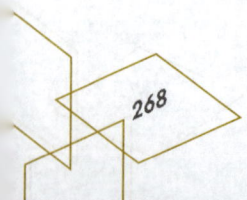

os cinco sentidos para gerar uma experiência, mesmo que digital, e cativar os potenciais turistas a usarem o site como referência para buscar hotéis para suas viagens.

A primeira referência foi Las Vegas. Não há como não pensar nessa cidade quando se fala de estímulo. E não só de estímulo visual, Las Vegas é uma cidade que o transporta para outra dimensão. A cidade inteira tem um barulho único (audição); às vezes, passando na porta de um hotel/casino, ouve-se uma música. Las Vegas tem boa comida (paladar), há lojas como a Hershey's, em que só de se postar diante dela, você sente o cheiro (olfato), ou, como dizia meu avô Severino, "escuta o cheiro", uma brincadeira de quando ele começava a fazer churrasco. Em Las Vegas, tudo o que você vê, quer tocar (tato), pois é uma cidade mágica. E nem só pelos casinos, a atmosfera toda é envolvente. Então, escolhemos a cidade como nossa referência, por ser bastante adequada para um planejamento de comunicação de uma empresa que atua no segmento de turismo.

Visão

Já que 80% das atividades cerebrais são ativadas pela visão, a conexão das pessoas deveria ser por algo que as fizesse desejar os locais. Uma vez que 95% das nossas decisões são feitas no subconsciente, é lá que as marcas precisam se comunicar. Eis, novamente, a importância do neuromarketing na construção das marcas. Há viagens de trabalho e lazer. Nas de trabalho, basicamente você não escolhe nada, a empresa em que você trabalha, ou à qual vai prestar serviços, é que escolhe tudo. Essas viagens costumam ser corridas, a ponto de você mal ter tempo de visitar algum lugar. Quando dou aula em Fortaleza, pela ESPM ou pela FGV, por exemplo, tenho a vantagem de ir na sexta-feira cedo e conseguir pelo menos duas horas na praia; entretanto, há cidades em que eu chego à 1 hora de sexta, dou aula das 8 horas às 18 horas no sábado, e às 20 horas já estou dentro do avião voltando para São Paulo. Diante desse cenário, não foi nada complicado imaginar que as campanhas deveriam trazer imagens de felicidade, mas com a realidade.

Uma foto de um casal jovem na praia, com ele de bermuda e camisa, ela de saia e chapéu, não é adequada: quem se veste assim? A vista dos hotéis também deveria ser explorada, porque entendíamos que, no pacote que faz uma pessoa decidir pelo hotel A ou B, a vista tem peso, assim como os serviços oferecidos, como café da manhã, wi-fi e academia (ainda que ninguém a frequente).

Tato

Como gerar a sensação de tato pelo digital? Lembra que 95% das nossas decisões são feitas no subconsciente? Então a ideia era brincar com imagens que despertassem no cérebro a sensação de tocar algo, como, por exemplo, uma foto de uma mão pegando areia, uma parceria com a Sundown para distribuição de amostra de protetor solar, onde só o cheiro – e aí usaríamos outros elementos na ação – já remetesse à praia, local que denota felicidade, descanso e amigos. O protetor solar, que levaria via QR Code ao site da empresa, usaria o tato, para pegar no produto; a visão, com uma foto de uma praia do Nordeste; e o olfato, pois o cheiro remete à praia. Tudo para direcionar aquela pessoa à praia da foto e fazê-la decidir em viajar usando a plataforma da Hoteis.com.

Olfato

Os aromas de viagem são simples de brincar. Não apenas o da praia, como já dito; um aroma do campo para vender um hotel-fazenda é algo a ser usado. Na ação, ninguém disse que precisava ser 100% digital, por isso, abusamos de ideias que fizessem o link do mundo real e do mundo virtual, além de usar imagens que dessem a ordem ao nosso cérebro de remeter o pensamento a elas, e até transportar as pessoas para os lugares onde quisessem ir.

Os aromas armazenados na memória afetiva são poderosas armas de decisão de compra, pois reavivam lembranças positivas associadas a experiências. Logo, se uma família tivesse tido uma experiência agradável em um hotel-fazenda, o simples fato de uma ação que gerasse o aroma do campo, com imagens, textos e sons do site remetendo a isso, poderia elevar as vendas do site, aumentar os acessos e conversões da empresa, o que era a nossa meta. Mas nem jogando um caminhão de dinheiro no Google se consegue isso.

Audição

Um estudo de Martin Lindstrom[102] mostrou que, em um supermercado, na seção de vinhos, foi feito um teste. No corredor dos vinhos chilenos, tocavam músicas do país. Nos de Itália, Alemanha e Argentina, a mesma coisa. As vendas nesses corredores aumentaram em quase 30% na comparação com os corredores de outros países em que a música não era tocada.

Os sons conhecidos ativam marcadores somáticos que processam informações de experiências prazerosas que tivemos em algum momento da vida. Esse movimento injeta dopamina no cérebro, desencadeando a vontade de querer repetir aquela experiência. Assim, nada melhor do que um som de mar para remeter àquela viagem inesquecível na praia, ou mesmo uma música de balada para quem está buscando um pacote de réveillon para Florianópolis.

Paladar

É possível estimular o paladar pela internet? Segundo o neuromarketing, sim. E de uma forma simples: a imagem de pessoas comendo ativa os neurônios-espelho que passam ao cérebro a sensação de se estar comendo o mesmo alimento da cam-

---

102 Martin Lindstrom, *A lógica do consumo*: verdades e mentiras sobre por que compramos, Rio de Janeiro, Harper Collins, 2018.

panha. Os neurônios-espelho são responsáveis por fazer você bocejar quando vê uma pessoa bocejando. Por fazer você falar ao telefone do mesmo jeito como a sua mãe faz, ou dirigir da mesma forma como seu pai dirige. São os neurônios que nos fazem repetir as mesmas ações de pessoas em quem confiamos e as quais idolatramos.

Uma imagem de uma pessoa comendo aquele peixe na praia, aquela comida de fazenda, ou mesmo tomando aquele energético no fim da tarde na praia, com um DJ ao fundo, ativam o paladar para criar as conexões.

Cinco sentidos

Perceba que o uso dos cinco sentidos é como em Las Vegas. A todo momento ele é estimulado. A imagem de um fondue e vinho, em uma mesa ao lado da lareira em Campos do Jordão, é muito batida, acredito, mas quando você está na sua casa, deitado na cama, debaixo das cobertas, no frio, e dá de cara com essa imagem no seu Instagram, não sente vontade de ter aquilo para você? E quando você, às 8h30, já está transpirando por causa do calor, chega à sua mesa ainda sem o ar-condicionado funcionando, abre seus e-mails e recebe uma newsletter da Hoteis.com com aquela imagem de Recife: sol, praia, cerveja gelada e alegria. Qual a chance de você querer largar tudo e ir naquele momento para o Nordeste brasileiro?

Dividi os cinco sentidos um a um para explicar cada um deles, e no parágrafo acima, indiquei pequenas e rápidas ações isoladas. Mas a sensação que a marca precisa passar é que todos os sentidos sejam estimulados ao mesmo tempo. Vá uma vez a Vegas e veja se você não ficará com vontade de voltar para lá outras vezes!

INSPIRAR: O NOVO PAPEL DAS MARCAS

"As empresas identificam o que inspira, assusta, acalma e seduz os consumidores", diz Martin Lindstrom.[103] Um estudo da SemRush, divulgado em setembro de 2019, mostrava que as marcas, principalmente nas redes sociais, inspiram as pessoas a fazer algo a mais. A Nike é grande referência desse estudo. Seu posicionamento, *Just do it*, já é revelador nesse sentido: quando a esmagadora maioria das campanhas dela mostra pessoas comuns, como eu e você, correndo no parque, subindo uma ladeira, andando na rua, cria a conexão de que a marca também é para nós. Recorrer a Michael Jordan, por exemplo, é apenas para que ele use toda a sua credibilidade de atleta para endossar os produtos, que são feitos para que nós, "pobres mortais", possamos ir além.

No começo de 2020, produzi um estudo para a Mosaic Fertilizantes. Foi o primeiro trabalho que fiz junto ao Grupo WTW e à 80/20 Marketing, duas empresas parceiras que contrataram a FM CONSULTORIA para o desafio. O foco era em como a marca precisava se posicionar nas redes sociais. Mostramos, além de embasamento, como Nike, Coca-Cola, Montblanc e Mercedes-Benz agem nas redes, trazendo essas marcas como referência de como a Mosaic poderia inspirar as pessoas. Obviamente é mais fácil vender um tênis, um refrigerante, um relógio ou um carro, produtos desejados, do que fertilizante, que é um produto específico; por isso, precisávamos entender como este poderia inspirar as pessoas. E o ponto, depois de pesquisas, estudos e imersões, foi: o prato do brasileiro.

Entendemos que o fertilizante da Mosaic contribui para o agronegócio de uma forma simples. Quanto mais qualidade no fertilizante, mais as plantações ficam melhores, produzindo itens com mais qualidade para o produtor rural, grande público da empresa. Esse produtor, por sua vez, vende sua colheita para supermercados

---

103 Ibidem.

com mais facilidade, pois o consumidor final passa a comprar mais por entender essa qualidade do produto. A mesa do brasileiro era o ponto das ações. Felizmente, a Mosaic aprovou na hora o plano e, desde então, as agências tocam esse projeto sempre inspirando as pessoas a serem melhores.

Uma universidade tem a obrigação de fazer isso com seus estudantes. Ela não pode acreditar que eles são meros "RAs" (registro de aluno), precisa entender que estão ali para estudar; desejam ser alguém na vida, e bem-sucedidos. O sucesso não é fácil, mas também não é impossível. Ensino de qualidade não é apelo de campanha, é obrigação da universidade. Ela precisa inspirar, e um dos tópicos para isso pode ser mostrar o sucesso que outros alunos conquistaram ali. Houve uma campanha da ESPM na década de 1990 que me marcou muito. Alguns dos mais famosos publicitários que por lá passaram, sentados em uma cadeira, com um fundo preto, diziam que não tinham feito a ESPM, mas que a ESPM os tinha feito. Eram depoimentos reais de ex-alunos que, naquele momento, eram grandes nomes da propaganda nacional. Qual aluno não entrou na faculdade de publicidade entre os anos 1980 e 2000 para ser um Washington Olivetto?

Em 2001, quando entrei na FMU, meu sonho era ser ele, embora Nizan Guanaes, Marcello Serpa, Francesc Petit, José Zaragoza, Roberto Duailibi, Alex Periscinoto e Mauro Sales também tenham inspirado muitos à carreira publicitária. O sucesso de pessoas comuns inspira os outros a chegarem lá!

Segundo Marc Gobé, é preciso olhar o consumidor com os olhos da Apple, pois se existe uma empresa inspiradora, sem dúvida é a criada por Steve Jobs:

> as marcas precisam estar perto de pessoas, verdadeiramente prontas para inspirá-las. A Apple tem os melhores comerciais porque tem os melhores produtos. Também tem

a conexão mais forte com seus consumidores através de produtos desenhados para inspirar e de suas lojas ambientadas que se tornam o destino preferido dos consumidores. A marca nunca permanece no mesmo lugar e a sua comunicação melhora a sua promessa.[104]

O Boticário: inspirador

Essa é uma das marcas mais amadas do Brasil, sem dúvida. Seus produtos têm qualidade inquestionável, mas, além disso, a empresa em si entende muito bem as essências da marca. "Toda forma de amor" vai ao encontro dessa nova fase do mundo, em que, finalmente, os homossexuais estão com poder para ser livres de preconceitos! A campanha é baseada em histórias reais de minicurta-metragem sobre como as pessoas se conhecem e se apaixonam. A marca valoriza todos os seus clientes, independentemente de credo, cor ou sexualidade, e cria produtos com a única aspiração de que sejam símbolos do amor, para que eles sejam suas próprias histórias de sucesso.

O que ela inspira?

O respeito pelas pessoas. Marcas que respeitam as pessoas tendem a ter muito mais sucesso do que aquelas que, no discurso, falam A, mas, no dia a dia, fazem B. Segundo Marc Gobé, as empresas precisam ir além para conquistar o consumidor: "Todo o espírito do branding emocional se baseia em um encontro íntimo e pessoal com consumidores. O mundo corporativo precisa de lógica, e o mundo do consumidor é movido pelas emoções. Branding tem tudo a ver com estilo de vida, cultura, emoção e aspiração".[105] O jogo da conquista é diário. Aqui, neste livro, o que você está vendo vai além de posts bonitos no Facebook, estamos falando de uma grande plataforma de marca com diversos pontos para ser preenchidos todos os dias. Só paramos de construir marca quando ela morre.

---

104 Gobé, op. cit.
105 Ibidem.

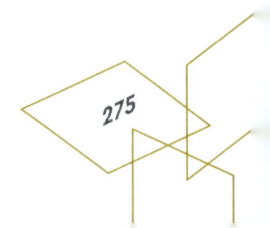

Airbnb: *belong anywhere*

O que nos inspira é pertencer a algo ou algum lugar. Maslow, em sua famosa pirâmide, criada na década de 1950, já mostrava que as pessoas têm uma enorme necessidade de pertencimento. Não é nada novo dizer que as marcas são elos que as pessoas têm para pertencer a algum movimento. Em fevereiro de 2020, meu grande amigo Rafael Rez fez uma postagem em seu Instagram (@rafael.rez) que dizia o seguinte:

Marcas são aspirações.

O cliente compra a história que a marca conta, não o produto.

Se dirijo uma BMW, sou bem-sucedido.

Se ando de Harley-Davidson, sou livre.

Se uso Apple, sou moderno.

Se uso Dior, sou sensual.

Se me hospedo no Ritz, sou a nata da sociedade.

Seja a história que o seu cliente quer contar sobre ele

Esse era um post de Rez cuja legenda dizia: "Essa é a conexão poderosa entre marketing e storytelling". Concordo com meu amigo, até porque marcas precisam cada vez mais de storytelling para se diferenciar no campo das decisões de compra. Mas, voltando ao Airbnb, avalio ser interessante notar a conexão que faço da campanha com o que o Rez passou em seu post. As pessoas querem pertencer a algo! Se eu piloto uma Harley, quero pertencer a um grupo livre por algumas horas. Livre de trânsito, de responsabilidade, de contas para pagar, até da família, para poder desfrutar daquele momento único, de você com você mesmo.

Hoje o Airbnb é uma comunidade de milhões de pessoas em quase todos os lugares do planeta. Cada um de vocês está ajudando a criar um mundo no qual podemos nos sentir sempre em casa: alugar uma casa pelo aplicativo é gerar uma experiência única e pertencer a uma comunidade de milhões de pessoas. Quanto mais pessoas na comunidade, mais as pessoas querem pertencer a ela, pois a multidão dá a sensação de segurança de que ali há algo bom para quem está entrando. Por isso, o Airbnb inspira essa sensação.

> *Pertencer sempre foi um estímulo fundamental da humanidade. Costumávamos não valorizar o pertencimento como devíamos. As cidades eram vilarejos. Todo mundo se conhecia e todos sempre tiveram um lugar para chamar de lar. [...]*
>
> *O Airbnb é diferente da maioria das marcas. Somos uma comunidade de indivíduos e, mesmo assim, há uma consistência que nos mantém unidos, através dos valores que compartilhamos. Temos uma crença comum no pertencimento, mas a expressão de cada um com relação a esse conceito será sempre um pouco diferente. Todos temos a nossa própria visão de mundo, nossa própria história para contar. [...]*
>
> *Com o Create Airbnb, permitimos que cada um em nossa comunidade crie seu próprio símbolo exclusivo sob o abrigo da nossa bandeira comum. Este símbolo pode ser tão único quanto qualquer indivíduo, sempre com uma característica diferente onde quer que você o encontre. Portanto, personalize seu próprio símbolo que nós ajudaremos a materializar a sua história com produtos que mostram sua identidade única como um anfitrião ou viajante Airbnb.*[106]

---

106 Disponível em: <https://blog.atairbnb.com/belong-anywhere-br/>. Acesso em 22 maio 2020.

Essa é a visão da marca que inspira as pessoas a pertencer, participar, ser uma comunidade. Essa marca foi a que inspirou, até por ideia do Lorenzo Mendoza, VP de Planejamento da Santa Clara, o projeto da Vitacon, que tem essa visão de pertencimento. Resgato agora o case para apresentar como as marcas precisam inspirar as pessoas.

Harley-Davidson: Live by it

Em 2019, numa das brilhantes aulas do meu amigo Gabriel Rossi em um dos seus cursos no CIC da ESPM a que assisti, ele apresentou um vídeo que, sem dúvida, mexeu demais comigo. Passei a usá-lo, dando-lhe o devido crédito, nas minhas aulas de branding, pois esse vídeo é revelador de como uma marca inspira as pessoas em volta dela. O vídeo mostra, em preto e branco, motoqueiros com suas motos andando por uma estrada e recitando um movimento de marca.

A trilha sonora ajuda na dramatização. Se você buscar *harley davidson anthem legendado* no YouTube, verá o vídeo, de pouco mais de 2 minutos, na íntegra. Usando uma gíria das redes sociais: "Eu queria morar nesse vídeo!". Abaixo o texto-manifesto do vídeo para que você entenda o que desejo passar.

> *Acreditamos em seguir nosso próprio caminho, não importa em que direção o resto do mundo esteja.*
>
> *Acreditamos em impedir o sistema que é construído para esmagar indivíduos como insetos no para-brisa.*
>
> *Alguns de nós acreditam no homem lá em cima, todos nós acreditamos em colocar isso no homem aqui embaixo.*
>
> *Acreditamos no céu e não acreditamos no teto solar.*
>
> *Nós acreditamos na liberdade.*

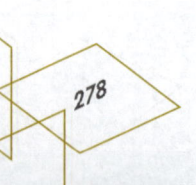

Acreditamos no pó, na queda de ervas daninhas, nos búfalos, nas cordilheiras e no pôr do sol.

Acreditamos em alforjes e acreditamos que os vaqueiros estavam certos.

Acreditamos em recusar-nos a juntar-nos a alguém.

Acreditamos em usar preto porque não mostra sujeira ou fraqueza.

Acreditamos que o mundo está amolecendo e não o acompanhamos.

Acreditamos em ralis de motocicleta que duram uma semana.

Acreditamos em atrações na estrada, cachorros-quentes de postos de gasolina e descobrir o que há na próxima colina.

Acreditamos em motores estrondosos, pistões do tamanho de latas de lixo, tanques de combustível projetados em 1936, faróis do tamanho de trens de carga, cromo e tinta personalizada.

Acreditamos em chamas e caveiras.

Acreditamos que a vida é o que você faz e nós fazemos disso um passeio infernal.

Acreditamos que a máquina em que você está sentado pode dizer ao mundo exatamente onde você está.

Não nos importamos com o que todo mundo acredita.

Amém.

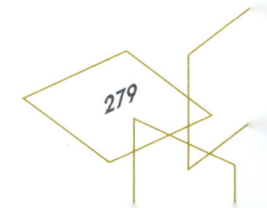

Se um texto desses não inspira ninguém, não sei o que poderia inspirar. Simon Sinek, em seu livro *Comece pelo porquê*, diz que

> a Harley-Davidson sempre foi absolutamente transparente em relação àquilo em que acredita. Foi disciplinada quanto a um conjunto de valores e de princípios-guia e obstinadamente consistente em tudo o que dizia e fazia. Depois de tudo isso, a logomarca se tornou um símbolo. Para marcas se tornarem símbolos, as pessoas têm que se inspirar a usá-las para dizer quem elas são. A Harley não identifica mais uma empresa ou produto. Ela identifica uma crença.[107]

E o texto-manifesto que você leu diz muito isso!

CASE MERCEDES-BENZ EUA

Venho repetindo a respeito de muitos conceitos propositalmente, entre eles, o da experiência. Uma frase que mudou muito a minha visão de marketing é do CEO da Mercedes-Benz, Steve Cannon: "A experiência é o novo marketing", que tenho levado a meus clientes. Não é fácil, mas é possível!

Joseph A. Michelli é um psicólogo, palestrante e autor americano que, desde 2004, escreve livros de negócios; fez um trabalho brilhante ao estudar, a fundo, como a Mercedes-Benz encanta o mundo. O livro *Guiados pelo encantamento*,[108] da própria DVS Editora, é uma obra que todos os profissionais de marketing e marcas devem ler e reler pelo menos duas vezes ao ano! A obra traz a visão da marca. Vou ser muito honesto com vocês: se eu já era fã da Mercedes, por ter trabalhado em 2010/2011 com a sua conta digital, junto à Agência Tesla, onde conheci meu grande amigo Daniel Barros (profissional criativo

---

107 Sinek, op. cit.
108 Michelli, op. cit.

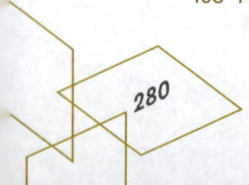

e estrategista), depois de ler esse livro, fiquei ainda mais inspirado por ela. Hoje, possuo um carro da marca, ano 2012, pelo qual paguei o valor de um 1.0, zero, mas a estrela é a estrela. Vou reproduzir aqui alguns pontos disso, com meus comentários, já lamentando que a Mercedes-Benz Brasil não tenha trazido essa cultura para terras brasileiras.

Steve Cannon comanda o crescimento nos próximos anos, acreditando que dependerá do foco na construção da melhor experiência do cliente para que a marca mantenha o ritmo de crescimento anual. É preciso que todos os departamentos estejam em sintonia com isso. Cannon entende que

> *o foco das experiências necessitava estar à altura dos automóveis Mercedes-Benz e dos ambientes em que eles eram vendidos e revisados ou consertados. A combinação dos produtos da empresa com experiências relevantes envolventes automaticamente conecta os clientes com a marca em uma esfera importante para uma forte relação de amor.*

A procuração da experiência completa não deve nunca ser apenas no âmbito da venda, mas de todos os pontos de contato das pessoas com marcas, produtos e serviços. Assim como a Disney, a Mercedes-Benz busca inspiração em outros setores, como, por exemplo, a moda de luxo. A empresa alemã quer entender como as experiências, em outras marcas e segmentos, se dão, para aperfeiçoar o seu processo. Não me surpreenderia se Gucci, Cartier, Louis Vuitton, Hermès ou Rolex sejam inspiração para a Mercedes-Benz, afinal, outros segmentos devem nos inspirar também. Eu, por exemplo, para criar uma estratégia de relacionamento em uma universidade, cliente da FM CONSULTORIA, estou de olho em como o Hospital Sírio-Libanês faz, de forma perfeita, todo o relacionamento com o cliente.

Para que a experiência do cliente seja perfeita, o treinamento com a equipe precisa ser constante. Como disse, é preciso engajamento de todos para o sucesso, do CEO ao faxineiro – nada pode sair do roteiro. A Disney faz treinamentos constantes com seus funcionários, desde os mais novos, aos mais antigos. É preciso que todos sintam a magia da empresa e, com ela, produzir o encantamento dos clientes. Na Mercedes-Benz, o pensamento é o mesmo.

A promessa da marca vem de uma mudança cultural. A Mercedes-Benz diz para os clientes: "Satisfeito não é o suficiente, nós precisamos surpreender e encantar. É preciso transformar o comum em extraordinário". A distância entre estar satisfeito e estar encantado é longa. A linha A, agora, é a linha de entrada da marca. A ideia é que da A vá para a C, depois à E, e chegue à S, que é a top de linha da marca. Talvez esse cliente um dia vá até à linha de alto luxo da marca (sim, é possível que uma marca de alto luxo tenha uma linha ainda mais luxuosa), chamada Maybach. Quando um americano gasta US$ 33 mil para comprar uma Classe A Sedan, ficar satisfeito é o mínimo que ele deseja, mas a marca quer que ele fique encantado e fiel, para, no futuro, gastar US$ 95 mil na S, ou até US$ 173 mil em uma Maybach.

"A manutenção das comunidades de clientes online precisa ser vista de forma a ser gerenciada e criar mecanismos para que cada vez mais pessoas sigam, compartilhem e interajam com a marca. Essas comunidades possuem valiosas informações quando as marcas pedem em sites e feedbacks."[109] Não se cria uma experiência de marca sem ouvir, diariamente, as pessoas. O processo de experiência jamais estará terminado; ele está em constante mutação. Ao medir a opinião do cliente para avaliar os pontos fortes da experiência de entrega a

---

109 Michelli, op. cit.

ele, deve-se avaliar a importância relativa ou o peso dos vários componentes da entrega. Não há como ser diferente, a cada dia, novas pessoas entram nas concessionárias da marca e novas experiências surgem, novas dúvidas, novos problemas ou novas formas de vender, e tudo isso deve ser compartilhado. As comunidades online são importantes para ouvir o consumidor fora do ambiente, mas é na concessionária que a mágica realmente ocorre.

Leve isso para o ponto de venda da sua loja. As experiências podem ser diferenciadas em vários pontos, mas é no momento da compra que a mágica ocorre, é no momento da compra que o cliente abre a carteira e passa o cartão em troca da mercadoria que a sua marca oferece. Traga para esse momento especialistas em vários assuntos dentro do ecossistema da mágica. Especialistas em marketing digital, pois cada vez mais a jornada de consumo do setor se inicia no online; especialistas em comportamento de consumo, como psicólogos, sociólogos, professores do tema em faculdades de ponta; especialistas em ponto de venda, em ferramentas que possam mapear esses pontos; especialistas em marketing de relacionamento. Crie um comitê para inspirar a sua equipe do dia a dia, como vendedores, gerentes e pessoal do SAC, a serem melhores. A Mercedes-Benz faz isso, une esses dois times, visando sempre o melhor para o consumidor, afinal, o intuito dela é "criar lembranças duradouras".

Mbrace

> *O MayDay é o recurso mais chamativo nos novos Kindles. Ao apertar um botão no menu de opções, você pode iniciar uma conversa em vídeo com um representante do suporte da Amazon que tem possibilidade de controlar o seu tablet. A Amazon estabeleceu como meta não mais de 15 segundos de tempo de espera para qualquer pessoa que solicitar assistência Mayday. Clientes ficam cada vez mais fiéis quando suas tecnologias os ajudam a resolver seus problemas sozinhos, se desejarem. Você não precisa ser uma marca luxuosa e icônica para utilizar tecnologia relevante para aprofundar seu relacionamento com os clientes.*[110]

O Mbrace é uma assinatura especial junto à Mercedes, que custa US$ 280 anuais, em que o usuário pode usufruir de uma série de serviços interessantes no seu aparelho, incluindo trancar e destrancar portas a distância, localizar veículos em um mapa integrado (desde que estejam a pelo menos 1.600 metros de distância), assistência técnica na estrada para diversos assuntos e muito mais. Inspirada no MayDay, da Amazon, a Mercedes-Benz tem seu próprio assistente tecnológico. De novo, uma empresa do setor de automóveis se inspira em uma loja virtual.

Inspire-se nesse case da Mercedes-Benz e faça a diferença na sua marca por meio de uma experiência que, em primeiro lugar, ouça as pessoas, diariamente. Depois, ouça os times e traga pessoas de fora, com larga experiência nos assuntos para ajudar, e que, a todo momento, a cultura da empresa se volte a um único elemento: consumidor!

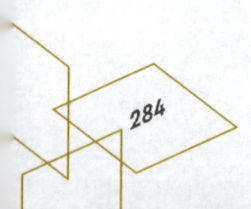

---

110 Ibidem.

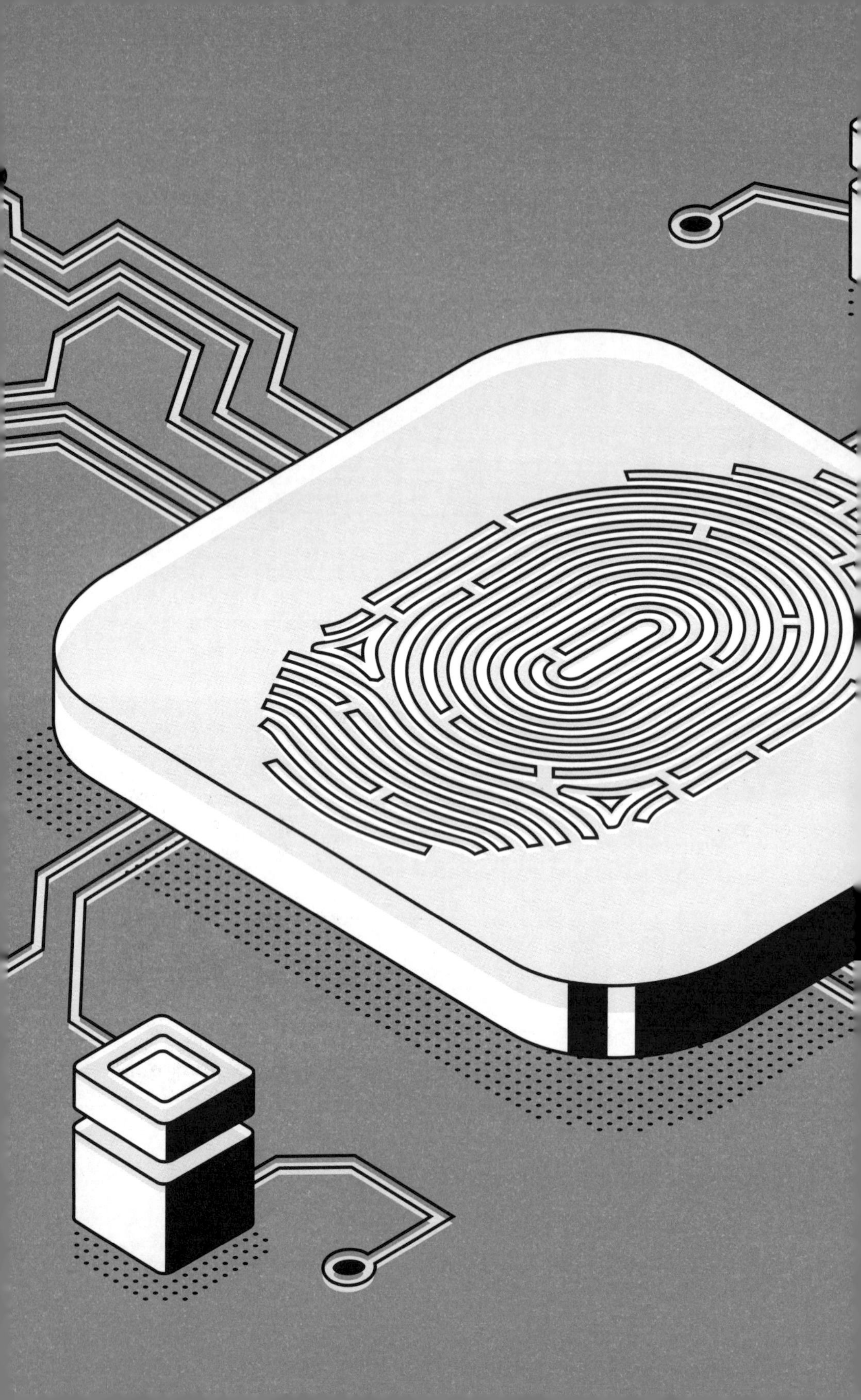

PARTE 2
VOZ DAS RUAS

Voz das ruas é como, na FM CONSULTORIA, chamamos as pesquisas de rua, nome que surgiu quando, um dia, o time conversava sobre pesquisar mais nas ruas. Essa metodologia foi rapidamente incluída no pacote de serviços da consultoria, fazendo parte tanto dos nossos processos de branding como nos projetos de planejamento de comunicação ou de forma avulsa para algumas empresas que precisam criar pesquisas antes de tomar qualquer decisão. A metodologia tem ido muito bem e vou apresentá-la aqui.

Antes de iniciar, apenas um breve resumo do que vimos até o momento. Você pode pensar que, dos quatro passos da metodologia, razão da marca é a que mais abordamos e que, por isso, as outras serão tratadas de forma superficial. Não é verdade. Razão da marca também não é o passo mais importante. O fato é que, nesse primeiro momento, entendemos muito sobre a empresa e todo o universo dela, por isso, sim, é o processo que demanda mais tempo, mas a partir de agora estaremos focando em três pontos: **pessoas, posicionamento** e **campanha**.

Sem o embasamento feito até aqui com o primeiro passo, razão da marca, teríamos feito achismos ou apenas apresentado o que o consumidor nos passa no processo de voz das ruas. Na verdade, como venho defendendo, tudo é um processo em que um passo é dado preparando o terreno para o próximo. Quando abordamos os 5Ps do branding – promessa, propósito, percepção, posicionamento e pessoas –, deixamos claro que tudo tem a ver com a marca, e que promessa e propósito são necessários para um posicionamento forte. Até aqui, é tudo relacionado à empresa. Quando pensamos em pessoas, e aí vem o campo da mensagem, nós nos pomos a ouvi-las, a entender suas demandas, a cruzar estas com os pensamentos da empresa e a criar uma mensagem única. Tudo rigorosamente em sintonia!

Agora, sim, vamos falar de ouvir pessoas!

CINCO NÍVEIS DE RELACIONAMENTO COM AS MARCAS

Como dissemos, todos os pontos aqui serão relacionados com pesquisar pessoas. É preciso, em um primeiro ponto, ouvi-las em diferentes meios. As redes sociais, por exemplo, precisam ser ouvidas, aliás, na minha visão, são canais mais a serem ouvidos do que para vender propriamente, mas sou "voto vencido" nesse quesito no que tange ao mercado como um todo.

Por meio de pesquisas, você conseguirá, a partir das respostas dos consumidores, padrões que levarão a enquadrar grupos de pessoas em cinco estágios:

▷ Presença
▷ Relevância
▷ Desempenho
▷ Vantagem
▷ Vínculo

Esses pontos têm a ver com o nível de relacionamento entre pessoas e marcas:

Presença: o quanto a marca está presente no dia a dia das pessoas, mesmo, às vezes, de forma inconsciente; em uma eventual decisão de nova compra, a marca é a primeira a vir-lhes à mente. Pode ser o caso da Panasonic: talvez você não se lembre da marca da sua geladeira, fogão ou microondas, pois comprou há tempos, mas se amanhã for trocar algum deles, e na sua casa a Panasonic dominar, é possível que seja a marca a ser pensada.

Relevância: o quanto a marca é relevante para o seu dia a dia. Por exemplo, você abandonou carro, não tem mais, mas precisa se locomover, então Uber se torna a sua marca mais relevante nesse momento. Relevância é o quanto as pessoas decidem por uma marca, sem pensar na concorrência, já que ela cumpre o que promete e talvez possa surpreendê-las com uma experiência única.

Desempenho: o quanto a marca realmente cumpre o que promete. Os MacBooks ganharam mercado não apenas por ser Apple ou pelo design, mas porque a sua bateria dura até 9 horas. Raramente alguém usa o notebook desligado da tomada, mas esse desempenho dá segurança ao usuário. Ele poderá não precisar jamais de um notebook com uma bateria tão longeva, mas essa segurança baseada no desempenho da marca é interessante para ele no momento de compra.

Vantagem: o quanto a marca dá vantagens ao consumidor. Compre com Mastercard e concorra a prêmios incríveis. Isso é uma vantagem frente ao Visa. São duas bandeiras de cartão de crédito que cobram as mesmas taxas, mas no Mastercard há essa vantagem. Isso, no entanto, pouco fideliza o consumidor, atrai os caça-promoções que são como amores de verão: acabou a época, ele é facilmente trocado.

Vínculo: o quanto as pessoas amam a marca, sendo esse, na minha visão, o item mais importante. É o estágio que a Toyota consegue com homens de 45 anos andando em seu quinto Corolla. A Apple, então, nem se fala, assim como os jovens que deixam de sair para "maratonar na Netflix". Esse estágio é alcançado apenas pelas marcas que são fortes no mercado. Não é qualquer uma que consegue isso.

E como achar em que momento as marcas estão?

Pesquisa é, sem dúvida, a base para qualquer estudo e análise. Dentre as pesquisas que você está fazendo, insira três perguntas no meio, com o objetivo de encaixar a marca em um desses cinco pilares, de acordo com a percepção de pessoas. Ou seja, se 78% delas, por exemplo, responderem que o que as fazem comprar a marca XPTO é o desconto que ela oferece, isso se enquadra em vantagem; porém, se 81% das pessoas responderem que é a marca que sempre quiseram comprar, pode se tratar de vínculo. Inclua na pesquisa estas três perguntas:

1) No momento em que você pensa na (nome da marca), qual destas cinco palavras vem à sua mente?

- Diariamente.
- Fidelidade.
- Segurança.
- Promoção.
- Paixão.

Essa ordem repete a ordem anterior, ou seja, "diariamente" se refere a "presença", assim como paixão a vínculo.

2) No momento de pesquisa na compra, qual destes cinco termos você mais leva em consideração?

- Confio e quero ao meu lado todos os dias.
- Marca que mais me chama atenção.
- Pago um pouco mais, pois entrega um pouco mais.
- Compro só quando está em promoção.
- Não vejo preço, sempre quero dessa marca.

Assim como na primeira pergunta, cada item desses representa um dos conceitos primários deste capítulo, logo, "Confio e quero ao meu lado todos os dias" se refere a "presença", e "Não vejo preço, sempre quero dessa marca" a "vínculo".

3) Depois que você compra o produto, qual sua sensação com a marca?
   - ▷ Está cada dia mais presente em minha vida.
   - ▷ Fiz uma compra que me trouxe vantagem.
   - ▷ O produto cumpre o que promete.
   - ▷ O produto é barato, se quebrar rápido, entenderei.
   - ▷ Essa marca me surpreende.

De novo, cada item tem a ver com a ordem inicial, sendo que "Está cada dia mais presente em minha vida" se refere a "presença", e "Essa marca me surpreende" a vínculo.

Seu trabalho, depois, é fazer percentuais das respostas 1, 2 e 3. Em seguida, ver o encaixe. Existe uma boa possibilidade de a resposta mais frequente à pergunta 1 ser presença; à 2 ser desempenho; e, à 3, ser vantagem. A notícia ruim é: você tem um enorme trabalho de percepção a ser feito. O resultado ideal é que nas respostas 1, 2 e 3 saia, na maioria das vezes, o mesmo conceito; assim, a percepção de relacionamento estaria de acordo com o que você espera. Mas é claro que, ainda que o conceito seja o mesmo, é preciso ver se ele está de acordo com o que a marca quer passar; em caso negativo, a percepção está errada!

COMO CRIAR UMA PESQUISA ONLINE

É preciso que você crie um formulário que tenha aderência ao que quer descobrir. Parece óbvio, mas nem sempre o que é óbvio é de fácil execução. Existem ferramentas pagas e gratuitas para esse tipo de pesquisa. Normalmente, uso o Google Formulário, gratuito, em que é possível criar mais perguntas. Há também Typeform e MindMiners – esta última conta com uma comunidade de respondentes cadastrados. Pode ser usada para direcionar seus questionários a um perfil específico de entrevistado. Já ajuda muito nos estudos, mas não é só isso a ser feito!

A plataforma SurveyMonkey é gratuita até dez questões, acima disso passa a ser pago. Acho o Google mais fácil de usar, por isso o prefiro aos outros; entretanto, há empresas como a OpinionBox que são sistemas pagos e trazem bons resultados de pesquisa, dentro do brief que você passou.

Passo 1

Plataforma decidida, agora é o momento das perguntas. O primeiro passo, e o mais importante, é saber: qual o objetivo da pesquisa? O que você precisa descobrir? Qual embasamento você espera que as respostas lhe deem? Qual a finalidade disso? Se você estiver em dúvida ao que responder a si mesmo, sugiro o famoso "um passo para trás" para saber o real motivo da pesquisa. Isso vale para tudo o que você deseja buscar sobre marcas, mercado, pessoas e concorrência. Esse modelo que estou passando aqui não é apenas para fazer a pesquisa do capítulo anterior, mas de todas que aqui abordamos e as que não abordamos, e que são necessárias fazer.

Passo 2

Saber as perguntas a serem feitas: sexo, idade, classe social e região onde mora são aspectos importantes, pois o Brasil de proporções continentais são "vários Brasis" em um só! O perfil do paulista é diferente do mineiro, que é diferente do carioca, que é diferente do nordestino, e por aí vai! Se a sua marca é local, entender o bairro mencionado pelas pessoas, ou pelo menos se é zona sul ou oeste, é um ganho. Para marcas nacionais, essa resposta será muito aberta e pouco conclusiva.

- Por que as pessoas compram da sua marca?
- O que mais gostam?
- Quais os concorrentes principais?
- Percepção de preço

Essas são algumas perguntas que precisam obrigatoriamente ser feitas. No capítulo do começo do livro, sobre o modelo de brief para as empresas, você viu mais ideias de perguntas. É quase impossível fazer uma lista de perguntas aqui que vá ajudá-lo, pois cada segmento, cada marca, cada produto têm suas particularidades. Há, como mostrei, perguntas obrigatórias em todos, sem dúvida, mas é preciso que os gestores de marca e marketing entendam as mais relevantes.

Passo 3

O tamanho importa muito! Questionários longos são chatos, e as pessoas respondem qualquer coisa. Dar prêmio trará mais respostas, mas nem sempre as certas. Quantas pessoas respondem qualquer coisa apenas para completar o questionário atrás do brinde? Se a resposta tem de ser sincera, então que só se submeta ao questionário quem quiser, e sem estímulos. Virão menos respostas, mas mais certeiras quanto ao caminho. O número ideal de respostas é de 15% a 25% da base de clientes e/ou cadastrados na marca.

Passo 4

Divulgue em todos os canais digitais. Não tenha medo. Divulgue! Faça campanha, se for paga melhor ainda, em todos os canais. Crie peças em Instagram, Facebook, Twitter e LinkedIn que direcionem para o formulário. Coloque banner no site. Faça vídeos no YouTube. Envie para grupos de WhatsApp. Peça aos vendedores que divulguem em suas redes sociais. Use e abuse do mailing!

Quanto mais divulgar, melhor, só considere que há consumidores da marca a serem impactados. Quem não conhece a marca ou não a consome, pouco se interessará em responder.

E como extrair insights da pesquisa?

O mais importante da pesquisa não são os resultados, mas o que você fará com eles. Um conceito que trago da minha vivência de profissional de planejamento digital é que a pesquisa nunca é a resposta, mas, sim, um norte para onde se caminhar. É apenas uma de várias armas para fortalecer marcas.

Sempre digo em sala de aula, e reproduzo aqui, que é impossível ensinar percepção às pessoas. Cada uma tem a sua. Impossível agora eu querer ensinar você a interpretar um texto ou números: você tem uma visão, eu, outra, sua equipe, outra, e por aí vai. É preciso saber "ler os números" e, com isso, trazer insights, ou seja, caminhos e pontos de atenção. O bom estrategista é aquele que enxerga o que mais ninguém enxerga. Parece frase de empreendedor de palco, mas é a pura realidade. Grandes empresas têm em seus quadros estrategistas que, além de lerem os números de uma forma diferente do mercado, têm peito para arriscar. Às vezes erram, outras acertam, mais erram do que acertam, isso é fato, mas os acertos se sobressaem sempre. Romeo Busarello conta em suas aulas e palestras o quanto ele errou e acertou na Tecnisa, que até hoje é referência no universo digital; ele, na minha humilde opinião, é o principal executivo do universo digital que temos.

Saiba interpretar dados de acordo com a sua percepção de marca. Trace os caminhos da marca com base nisso e os objetivos dela. Raramente a pesquisa não traz nada; às vezes, não trazer nada de novo significa caminho certo, mas se ela não trouxer nada, é porque está totalmente errada!

IMERSÃO COM PESSOAS

Esse é um dos mais importantes passos que você vai dar em meio a esse processo. Entender a cabeça das pessoas é fundamental para saber como se comunicar com elas. Desde já, afirmo que você precisará estudar muito sobre neuromarketing. Martin Lindstrom é o grande autor da área, com livros vendidos em muitos países; comece por ele, mas não fique só nele. Para se formar uma opinião sobre um assunto, o ideal é você ouvir muitas outras e formar a sua.

Philip Kotler já nos mostrava, havia tempos, que temos alguns perfis de comportamento para saber como cada um interage com uma marca ou produto. Se analisarmos friamente, todos nós, em algum momento, seremos um dos perfis. Se você não gosta de um produto, influencia a sua esposa a não usá-lo. Você pode não usar um produto, mas o compra para a sua filha usar. Poderia apresentar muitos exemplos assim, mas você já entendeu, e ainda me aprofundarei mais sobre isso.

Segundo Kotler, as pessoas desenvolvem cinco tipos de perfis no momento da compra: **iniciador**, **influenciador**, **decisor**, **comprador** e **usuário**.[111] Como dito, dependendo do momento, você pode ser um ou dois desses perfis. O segredo do marketing é falar com o consumidor a mensagem certa, no momento certo. Com o marketing digital, isso é muito mais possível do que com o marketing offline, porém é preciso saber usar ferramentas e analisar dados para isso.

Iniciador é aquele perfil que não compra, não usa, não decide uma compra, mas é quem pode dar o primeiro estalo. Por exemplo: a Montblanc lança uma nova coleção de caneta. Você, que é apaixonado pela marca, tende a comprá-lo; sabendo disso, sua mãe, que está passeando no shopping, lhe manda por WhatsApp a foto da vitrine da loja da marca.

---

111   Kotler e Keller, op. cit.

Influenciador é aquele que influencia a sua compra. Pode ser seu pai ligando para dizer que a caneta é linda, que está com um bom preço, que se informou de que é possível parcelar em dez vezes, e que seria interessante, no seu momento de carreira, ter uma caneta com a representatividade da Montblanc.

Decisor é quem decide pela compra. Pode ser o comprador e usuário, ou não. Pode ser, por exemplo, o seu chefe. Digamos que você tem uma boa relação com ele, e sabe que ele gosta de canetas. Você, então, lhe mostra a foto e ele diz para você comprar. Ele influenciou a sua compra, mas também, pela posição dele, ele pode ter tomado uma decisão por você. Se você é homem, esse papel cabe à sua namorada ou esposa, já as mulheres tomam decisões ouvindo mais outras mulheres do que homens. Logo, se você é uma mulher, pode ser que a sua melhor amiga, que está com você dentro do shopping, olhe a caneta e diga para você comprar. Influenciador e decisor em um certo momento se confundem, por isso é bom entender o perfil da pessoa para saber o quanto o mundo externo influencia ou decide a compra.

Comprador é quem compra o produto, não importando se é quem vai utilizá-lo. Pode ser que quando o seu pai lhe falou da caneta, você tenha dito que, naquele momento, estava meio apertado porque acabara de consertar o carro e o serviço saíra um pouco mais caro do que o imaginado. Assim, seu pai pode comprar a caneta e lhe dar de presente.

Usuário é quem usa o produto. Pode ser o comprador. Você pode, por exemplo, ir até o shopping em que seus pais estão e comprar a caneta para seu uso. Seu chefe pode indicar uma loja em que ele confia ou mesmo sua esposa dizer que no site da Montblanc o produto está com frete grátis e que entrega em um dia, evitando o seu deslocamento até o shopping lotado.

Esses perfis de Kotler são fundamentais para entender as relações entre pessoas no momento da compra. Não adianta dizer que você compra produtos porque quer, que ninguém o influencia, pois essa é uma grande mentira.

Perfis únicos de consumo

Chamo assim outro ponto para entendermos sobre pessoas. Nesse momento, vamos cruzar dados para conseguir desenhar melhor as pessoas. No quarto passo da metodologia, sobre construção de mensagem, veremos sobre construção de personas, em que essa pesquisa que está sendo feita agora se torna fundamental para a persona, mas você vai ver que não é apenas essa pesquisa que traz dados para essa construção, há muito mais por aí!

Nesse momento de perfis únicos, vamos entender quatro perfis em relação ao sentimento das pessoas com as marcas. Todas as marcas têm esses perfis, tanto marcas gigantes, como Chevrolet, Puma, IBM, quanto pequenas, como Planet Girls, Bic ou Guaraná Jesus. Até mesmo marcas ainda menores, como a lanchonete Kaskata's, no bairro do Ipiranga, ou o açougue Santa Amália, no Brooklin, ambos na zona sul de São Paulo. É preciso saber quais os perfis mais próximos ao sentimento da marca. Se forem os ruins, há um problema muito maior do que se imagina, ou seja, nada de post de Facebook para tentar resolver um problema desse tamanho.

Existem duas perguntas-chave a serem feitas no momento de entendimento do sentimento do consumidor em relação à empresa. São questões que você vai fazer para todos os perfis. De acordo com as pesquisas, vai entender o sentimento: "Quando compro ou uso essa marca, eu sinto..." e "Quando compro ou uso essa marca, o tipo de pessoa com a qual eu me relaciono é...". Deixe as pessoas responderem o que o coração manda! Dessa forma se entende o sentimento que as pessoas têm com relação à marca com a qual você está atuando. Essas duas perguntas-base você pode fazer para cada um dos quatro perfis sobre os quais falaremos a seguir.

Para dividir esses grupos, na FM CONSULTORIA, pedimos ajuda para o cliente. Sentamos, mostramos um breve resumo de cada um dos perfis – os quais aprofundaremos aqui – para que o cliente nos ajude. Contudo, se você já é o cliente, fica ainda mais fácil. Não é difícil encontrar grupos dentro desses quatro perfis. No CRM, mesmo que esse CRM seja apenas um Excel, você consegue identificar. No call center consegue identificar os mais exaltados, assim como nos perfis de redes sociais.

PERFIL 1: CONSUMIDOR

Pessoas que compram e consomem o produto da empresa. Elas mantêm a empresa de pé. São as que entram no Kaskata's e pedem um cheeseburger com fritas, vão à Planet Girls e compram uma calça jeans ou saem da concessionária dirigindo um Chevrolet Cruze.

Perguntas a serem feitas:

- Por que compra?
- O que chama a atenção?
- Preço é diferencial?
- Como é o atendimento?
- Qual experiência você espera?
- Compra da concorrência? Sim/não e por quê?

Essa lista é o que você precisa saber. Se quiser inserir mais perguntas nela, fique à vontade. Apenas entenda que fazer muitas perguntas pode irritar o entrevistado, que começará a responder qualquer coisa para que isso acabe logo.

PERFIL 2: EX-CONSUMIDOR

São as pessoas que já compraram e consumiram o produto da empresa. Também já ajudaram a empresa em muitos momentos, mas, por algum motivo, não querem consumir mais nada. Descobrir esse motivo é o que há de mais importante nessa pesquisa. Bill Gates não diz que as melhores fontes de pesquisa são os clientes insatisfeitos? Pois bem, nem todo ex-cliente é um insatisfeito, há inúmeros fatores que fazem as pessoas comprarem ou não da empresa, dos quais um deles é a insatisfação. Mas a concorrência vir com algo mais atraente ou a promessa da sua marca não fazer mais sentido também podem ocorrer. Descubra isso!

São aquelas pessoas que, antes, entravam no Kaskata's e pediam um cheeseburger com fritas, mas hoje fazem isso no Joaquin's. Que iam à Planet Girls e compravam uma calça jeans, mas hoje estão fazendo isso na Zara. Pessoas que trocaram o Chevrolet Cruze pelo Honda Civic. Entender esse porquê pode ser um dos maiores pontos estratégicos para a sua marca, e a chave para entender o que você precisa fortalecer dentro de uma gestão de branding.

Perguntas a serem feitas:

- ▷ Por que não compra mais?
- ▷ O que mais lhe desagradou?
- ▷ O que a marca não cumpriu?
- ▷ O preço influenciou?
- ▷ Compra da concorrência? Sim/não e por quê?

Reforçando: essa lista é o que você precisa saber. Se quiser inserir mais perguntas nela, fique à vontade. Apenas entenda que fazer muitas perguntas pode irritar o entrevistado, que começará a responder qualquer coisa para que isso acabe logo.

PERFIL 3: AMANTES

São as pessoas que não só compram e consomem o produto da empresa: na verdade, elas o amam! São os applemaníacos que têm MacBook, iPhone, iWatch e iPad. São os harleiros que têm não apenas uma moto da Harely-Davidson, mas também jaqueta, camiseta, bandana, capacete e relógio da marca. São as meninas que criaram a hashtag #loucasporplanet por vontade própria para mostrar seu amor pela Planet Girls.

Certa vez, eu estava em uma reunião com um importante varejista de São Paulo. Além da gerente de marketing e os sócios, estavam também minha esposa e sócia, Maya, e nosso querido amigo Marcos Hiller. O projeto era para um total reposicionamento de marca, que infelizmente não evoluiu.

Durante a reunião, Hiller perguntou ao cliente se havia uma "Dona Maria" nas lojas. Os clientes riram, e deu-se o seguinte diálogo:

– Quem seria a Dona Maria?

– Dona Maria é aquela pessoa que ama a loja. Que vai todo o santo dia lá. Sempre compra alguma coisa; quando não compra, aparece ao menos para dar bom-dia, ao segurança até à gerente da loja – explicou Hiller.

– Sim, temos uma Dona Maria, na unidade do Ipiranga.

– Então, precisamos conversar com ela. Urgentemente!

– Mas, Hiller, por quê? – questionou um dos donos.

– Simples. Porque eu preciso entender qual "vírus" a picou para ela ter se apaixonado pela sua marca. Esse motivo é o fio condutor de todo o projeto.

Esse foi um dos grandes aprendizados que tive com Hiller, que tem total razão. Quanto mais soubermos do motivo pelo qual as pessoas amam as marcas, mais poderemos traçar uma linha de comunicação nesse sentido.

Quem ama, não trai! São aquelas pessoas que entram no Kaskata's e pedem um cheeseburger com fritas. E que, por mais que sejam convidadas a ir ao Seu Oswaldo (tradicional hamburgueria do Ipiranga concorrente do Kaskata's), não aceitam, com medo de trair o lugar que realmente amam. São pessoas que comem no Kaskata's pelo menos uma vez por semana e brigam com quem não disser que ali é o melhor sanduíche do mundo! São meninas que amam tanto a Planet Girls a ponto de não apenas criarem a hashtag, mas de tirarem fotos – e postá-las em suas redes sociais – usando produtos da marca com orgulho. Não compram exclusivamente lá, mas a Planet é sempre a primeira opção. São pessoas que, para optarem pelo Chevrolet Cruze, já tiveram Corsa, Omega, Vectra, Blazer, Onix ou Celta – têm uma história com a Chevrolet de muitos anos.

Perguntas a serem feitas:

- O que faz você gostar tanto da marca?
- Por que a indica?
- Por que a recomenda?
- Qual promessa a marca cumpre?
- Compra da concorrência? Sim/não e por quê?

Nessas perguntas, mais do que nas outras, deixe o coração falar. O "vírus" a que Hiller se refere estará nessas respostas. São elas que vão traçar o fio condutor para que outras pessoas se apaixonem pela marca.

Reforçando: essa lista é o que você precisa saber. Se quiser inserir mais perguntas nela, fique à vontade. Apenas entenda que fazer muitas perguntas pode irritar o entrevistado, que começará a responder qualquer coisa para que isso acabe logo.

PERFIL 4: HATERS

Para essas pessoas, não importa o que você diga, elas não suportam ver ou ouvir falar da sua marca. Um tipo de rejeição que as pessoas tendem a nutrir por personalidades, como políticos, artistas, músicos ou esportistas. Isso também ocorre com as marcas, basicamente por três motivos:

▷ A pessoa não simpatizou com a marca desde o começo;
▷ Teve experiências ruins com ela;
▷ É tão apaixonada pela concorrência, que despreza a sua marca.

Na minha opinião, a opção 2, experiências ruins, é a que mais promove essa raiva que as pessoas nutrem por uma marca. Eu, por exemplo, tive uma experiência tão ruim com uma marca de carros alemã, que isso elevou a minha percepção da concorrente, Mercedes-Benz; se eu ganhasse R$ 10 milhões na MegaSena, a última coisa que eu compraria seria um carro dela. Claro, isso é uma experiência minha, tenho amigos que amam a marca que não funcionou comigo. E você, já passou por uma experiência similar? Pense bem, há alguma marca que você nunca mais usou depois de ter tido uma experiência ruim com ela?

Uma camisa de grife que perdeu a cor na terceira lavada? Um sapato que quebrou no momento de uma palestra na empresa? Uma caneta caríssima que falhou no momento de assinar um documento importante? Um laptop de última geração que não ligou no momento da apresentação ao seu cliente? Um carro que passou mais tempo no mecânico do que na sua garagem? Um banco que cobrou valores errados por meses? Um aplicativo de banco que nunca funciona? Um chatbot que mais atrapalha do que ajuda? Uma experiência ruim assim faz o consumidor gerar um sentimento de raiva com a marca que, às vezes, chega a ser superior ao que ele tem pelo rival do seu time de futebol.

Essa pessoa dificilmente será revertida de volta para a marca. Dentro do fluxo, esse consumidor pode ser um caso perdido; não vai adiantar a marca se comunicar com ele, pois será ignorada. Ele vai cancelar a inscrição da newsletter, não a seguirá nas redes sociais, dificilmente entrará no site dela, o banner na home do portal será ignorado. Esqueça essa pessoa como consumidor, mas a tenha como uma enorme fonte de pesquisa para melhoria.

Algumas dessas pessoas se mostraram até interessadas em ajudar a marca, pois em algum momento tiveram uma relação. No meu caso com a marca alemã que mencionei, consegui adquirir um carro dela depois de anos sonhando com isso. Mas esse sonho se tornou uma enorme frustração; se a marca me ligar, vou contar-lhe o que aconteceu, até para desabafar. Registro aqui esse relato pessoal para exemplificar que isso pode ocorrer com outras pessoas. As pessoas que detestam uma marca em função de experiências ruins, sem a menor sombra de dúvida, se sentem traídas por ela. Esta, por sua vez, não tem a obrigação apenas de ouvir, mas de agir! De melhorar a experiência, de melhorar processos, ou produtos, se for o caso; e de comunicar isso muito bem. Até convidar esse perfil para conhecer a "nova marca"; mas, como temos insistido aqui: se prometeu, cumpra!

Na minha visão, uma experiência ruim é o item que mais gera uma raiva no consumidor. Isso só pode ter ocorrido se, por exemplo, ele foi correntista de um banco que lhe cobrava taxas indevidas; ou entrou na loja no shopping e comprou uma camisa que desbotou rápido; ou estava usando um sapato para um encontro de negócios importante que furou e o fez passar vergonha. Em algum momento, a promessa não foi cumprida.

Perguntas a serem feitas:

▷ O que houve entre você e a marca?

▷ Qual a sua grande frustração?

▷ Como o problema poderia ter sido resolvido?
▷ Se fosse resolvido, voltaria a se relacionar com a marca?
▷ Compra da concorrência? Sim/não e por quê?

Nessas perguntas, mais do que nas outras, deixe o coração falar. Entenda que virá muita crítica, desabafo e hostilidade. A pessoa entrevistada está muito magoada, e talvez esse movimento faça com que ela tenha uma outra percepção da marca; não apostaria muito nisso, mas alguns entrevistados podem, dependendo do relacionamento, dar a famosa segunda chance.

Reforçando: essa lista é o que você precisa saber. Se quiser inserir mais perguntas nela, fique à vontade. Apenas entenda que fazer muitas perguntas pode irritar o entrevistado, que começará a responder qualquer coisa para que isso acabe logo.

Jornada de consumo

Um dos pontos mais importantes no estudo de pessoas é entender as novas dinâmicas de jornada de consumo. Alguns defendem uma jornada fluida de quatro passos, outros de cinco ou seis, mas há estudos que mostram uma jornada com vários pontos, vários caminhos, com linhas ligando A ao C, que liga ao B e, depois, ao D. Mais parece uma macarronada da nossa avó do que uma linha reta.

Cada um tem a sua metodologia, e eu ainda prefiro pensar na linha reta de cinco pontos que aplico diariamente em meus projetos. Inclusive, enquanto escrevo este capítulo, comando duas pesquisas em dois clientes diferentes. Estamos, nesse momento, desenhando as suas jornadas de consumo e aplicando essa metodologia.

Dentro da jornada de consumo que aplicamos nos clientes da FM CONSULTORIA, conforme dito, temos seis importantes passos para entender como o cliente chega até a empresa. Para um projeto mais completo, no entanto, comprar o produto não é o fim da jornada. Darei o exemplo de um casal de 30 anos (Paulo e Bianca), que se casará em dois anos e que está buscando um apartamento de dois dormitórios para comprar e morar. Acredito que, com o exemplo, você entenderá mais como funciona o estudo dessa jornada e como poderá aplicá-lo à sua marca; independentemente do tamanho da empresa, todo produto tem a sua jornada de consumo.

Um ponto importante nesse momento é ter um desenho das personas da marca, isso facilitará o estudo dessa jornada, tornando-se ainda mais assertivo. A seguir, farei personas de forma simples, apenas para que você entenda todo o pensamento, pois, na sequência, você vai ver como se desenha a jornada.

Personas: Paulo e Bianca

Paulo, 30 anos. Nasceu em São Paulo. Filho de um médico e uma psiquiatra. Sem irmãos. Advogado, é sócio minoritário de um escritório de advocacia na região da Avenida Paulista. Formando no Mackenzie, cursa um mestrado na mesma faculdade. Tem um Jetta 2014 preto, que adora. Gosta de viajar à praia, onde costuma degustar seu prato favorito: frutos do mar. Tem um salário de R$ 25 mil e uma participação de 10% nos lucros do escritório. Pretende ser pai até os 35.

Bianca, 30 anos. Nasceu em Campinas. Aos 18, foi morar em São Paulo sozinha. Filha de um empresário e de uma professora infantil. Bianca tem um irmão mais novo, Pedro. Seus pais se separaram quando ela tinha 10 anos; ambos casaram novamente, mas não tiveram mais filhos. Nutricionista, ela trabalha em uma clínica na região da Avenida Brasil. Formada pela USP, pensa em fazer uma pós em breve. Trabalha desde os 19 anos na mesma empresa. Não tem carro por opção, gosta de andar de Uber.

Aos finais de semana, caminha em parques e mantém a forma na academia da clínica. Prefere comida saudável, mas aos fins de semana se permite comer outras coisas. Ama chocolate. Já foi promovida três vezes na clínica e hoje é chefe de departamento, com um salário de R$ 15 mil. Gostaria de ter um filho depois dos 35 anos, pois deseja fazer sua pós antes da maternidade.

Paulo e Bianca se conheceram por meio de um amigo em comum, quando ambos tinham 22 anos, e estão juntos desde então. Paulo ainda mora com os pais, e Bianca com a mesma amiga desde que chegou a São Paulo. Ambos têm R$ 300 mil guardados em FGTS, poupança e aplicações. Decidiram que o apartamento que querem precisa ser novo, e podem gastar no máximo R$ 1 milhão. Paulo quer a região dos Jardins por ser uma boa localização para ambos, Bianca ama a Vila Madalena, onde mora desde que chegou a São Paulo. Paulo vive na Vila Mariana desde a adolescência.

Passo 1: escolha

Esse é o momento em que o cliente está apenas analisando as possibilidades. Seja uma Bic ou um apartamento. Todo o produto passa por essa etapa, por isso, não há diferenciação quanto ao tamanho de empresa para que essa jornada seja aplicada. Paulo tem olhado o Google em busca de opções de apartamentos nos Jardins. Ele deixa claro a sua busca no Google: "apartamento novo nos Jardins", e por mais que apareça todo o tipo de anúncio, ele só clica em links que entende que respondem à sua dúvida. Bianca, por sua vez, tem pesquisado mais sobre o bairro.

Digita no Google "restaurantes nos Jardins" ou "lugares bacanas próximos à Avenida Paulista", pois ela quer se familiarizar bem com a área antes de decidir. Na Vila Madalena, ela já conhece tudo o que há.

Depois desse primeiro passo, o Google, Paulo e Bianca entram em sites de imobiliárias ou em empresas que ajudam na busca, como Loft, QuintoAndar e Imovelweb. Pesquisam tudo o que podem. Esse processo pode demorar meses, assim como há mercados em que a pesquisa demora semanas, dias, horas ou, às vezes, minutos.

Passo 2: compra

Depois de meses olhando sites de imobiliárias, filtrando os apartamentos que interessavam de acordo com as preferências, marcando visitas com diversos corretores, passando sábados e domingos, quase o dia todo, olhando cada empreendimento, Paulo e Bianca chegaram a um acordo. Um apartamento nos Jardins, de três dormitórios da Tecnisa, no valor de R$ 950 mil. Paulo convenceu Bianca a morar no bairro pela proximidade do trabalho. A rua fica perto da Avenida 9 de Julho, e Bianca vai demorar 15 minutos de ônibus para ir até a clínica; já Paulo, poderá ir a pé para o escritório. Na verdade, Paulo queria outro apartamento, mas Bianca decidiu por aquele. O encantamento foi total, em função do preço, do corretor que foi extremamente educado e solícito, das informações no site da empresa, da facilidade em aprovar o crédito. Toda a experiência foi sensacional. Paulo e Bianca estão encantados e, desde que assinaram o contrato, já acompanham o passo a passo da obra, que será entregue em até quatro meses.

Passo 3: utilização

Passaram-se os quatro meses, e Paulo e Bianca mudaram-se para o novo lar. Bianca, ansiosa, passava com muita frequência no apartamento, logo, não teve muitas surpresas. Já Paulo, ao levar os pais pela primeira vez quando pegaram as chaves, se surpreendeu com os elogios do pai em relação a tudo. A mãe de Paulo chegou até a escolher, entre os três dormitórios, aquele que seria o do futuro neto ou neta. Tudo o que Paulo e Bianca compraram na planta foi entregue, o sonho vendido foi concretizado. Começou, então, a fase do open house, o que faz a marca chegar muito bem ao passo 4.

Passo 4: relacionamento

Paulo e Bianca estão tão felizes com o apartamento que passaram a indicar a Tecnisa para todo mundo. Danilo, o amigo de Paulo que estudou com Bianca e os apresentou, está namorando Jéssica, com quem pretende se casar em breve. Paulo já deu o telefone do corretor para ele, Bianca já fez Jéssica baixar o aplicativo da Tecnisa e ir conhecendo tudo. Outros amigos de Paulo e Bianca estão na mesma fase, e o casal indica a Tecnisa sempre.

A marca não parou de se comunicar com o casal depois da venda. Periodicamente, a Tecnisa se mantém em contato com Paulo e Bianca por meio de diversos canais, mostrando dicas do bairro, de manutenção do apartamento e até de filmes na Netflix, uma vez que o time de Business Inteligence da marca já entendeu, pela navegação do casal, seus hábitos, como o de que, aos sábados, é mais raro eles estarem em uma pizzaria do que no sofá de casa assistindo a alguma série.

Passo 5: recompra

Passaram-se oito anos. Paulo e Bianca têm a Giovana, que nasceu quando o casal tinha 34 anos. Bianca engravidou ao fim de sua pós. Paulo finalizara o mestrado um pouco antes. Nesse meio-tempo, ele ganhou uma participação maior no escritório, e Bianca é agora a diretora geral da clínica. Salários dobraram, e eles acham que aquele apartamento ficou pequeno para os quatro – Lucky, um spitz-alemão, também chegara para alegrar a casa.

Bianca sonha em voltar para a Vila Madalena. Acha que é um bairro mais arborizado e, portanto, mais adequado para Giovana. Paulo concorda. Eles estão buscando um imóvel Tecnisa por lá, pois a experiência com o atual empreendimento os deixou muito satisfeitos. E, claro, Danilo também comprou um Tecnisa e se casou com Jéssica.

QUAL O OBJETIVO DA JORNADA DE CONSUMO?

Simples: entender em que momento o consumidor está e como se comunicar com ele. O grande problema é que as marcas param no passo 2. Elas usam o Google como ferramenta de captar o consumidor que está no passo 1, escolha, os levam para o site, determinam um vendedor para negociar aquele produto a qualquer custo e, ao completarem o passo 2, partem para o próximo. Sabe quando o McDonald's está lotado, você faz seu pedido, paga, e a atendente olha por cima do seu ombro e diz "próximo"? Pois é assim que as marcas, na sua esmagadora maioria, tratam os consumidores. A pessoa comprou, virou estatística, e parte-se para o próximo, quando, na verdade, é preciso se relacionar com esse consumidor.

Eu não usei a Tecnisa à toa, ou por ser fã do que o Romeo Busarello fez – e ainda faz – com a marca. A Tecnisa tem ciência de dois aspectos: quanto tempo, em média, as pessoas trocam de apartamento; e que, na vida adulta, elas tendem a se relacionar com outras que estejam num momento de vida similar ao delas; logo, quando um casal como Paulo e Bianca compra um apartamento, quantos outros "Paulos e Biancas" eles conhecem no trabalho, na pós-graduação, no clube, entre os amigos de infância ou da praia?

A dica que fica é: não deixe o consumidor virar mera estatística, isso é o que o financeiro faz. Transforme-o em um fã da marca, e só se faz isso quando a marca mantém um relacionamento constante com ele. Pense que ele pode demorar um mês, um ano ou até uma década para comprar outro produto do segmento em que você atua, mas ele vai comprar. As gerações depois da X, em especial, dificilmente ficam com o mesmo carro, a mesma casa, o mesmo celular, o mesmo laptop, o mesmo corte de cabelo, o mesmo estilo de roupa, a mesma academia, a mesma faculdade. Às vezes, trocam até mesmo o cardápio! O mundo é uma constante mudança, e as marcas precisam se adaptar a isso. Quantas vezes você ouviu essa frase? Então, aplique-a! Entenda que o mais importante não é vender, mas, sim, relacionar-se para vender mais e melhor.

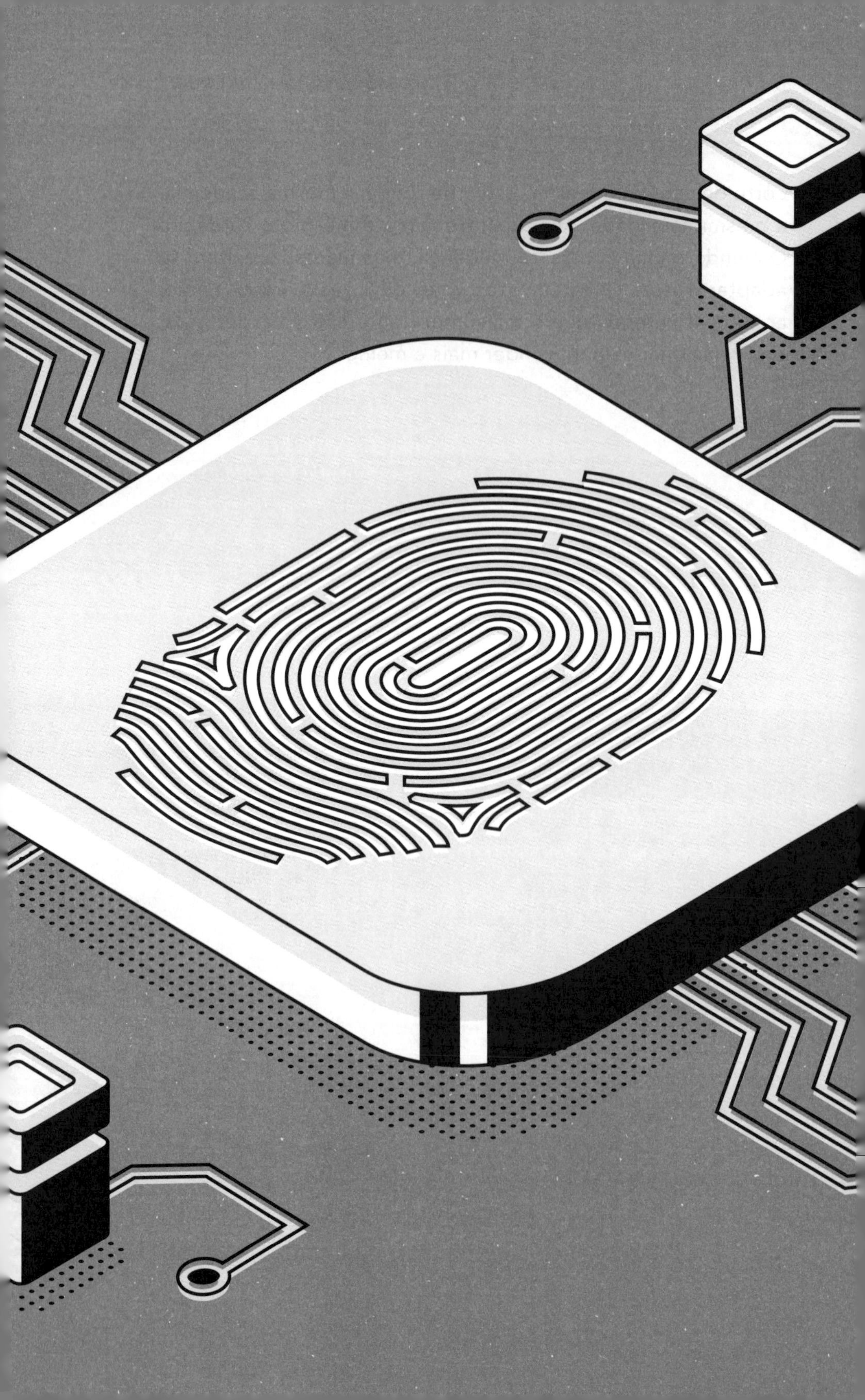

PARTE 3
POSICIONAMENTO

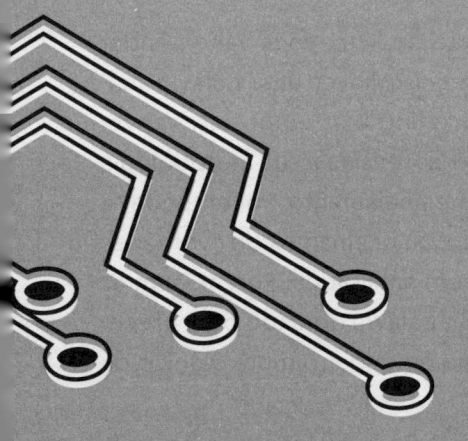

Chegamos à minha parte favorita. Já passamos por pesquisas, imersões, estudos, análises, e agora começa o grande diferencial que um estrategista de marca traz para o processo. Você já tem embasamento suficiente para conseguir traçar uma frase que faça todo o sentido para o momento em que a marca está, mas essa frase não é simplesmente um conjunto de palavras que você junta e pronto; ela possui embasamento, pesquisas e estudos. É uma frase que deve atrelar a marca ao seu consumidor.

Pode até ser que "Dedicação total a você" tenha surgido de um insight de Michael Klein, ou de alguma outra pessoa dentro das Casas Bahia, não duvido, mas quantas outras frases de posicionamento foram tão fortes com insights? É uma pergunta que nunca vamos conseguir responder. A propósito, o posicionamento das Casas Bahia, sinceramente, não sei quem criou, mas é genial!

O que você vai ver nas próximas páginas é uma forma de chegar à frase adequada! Como dizia o grande Telê Santana: "É impossível atingir a perfeição, mas é possível aproximar-se dela" – e o mestre estava certo. *Just do it*, "Dedicação total a você", *Think different*, *The best or nothing* e "Porque se sujar faz bem" são frases, na minha opinião, que chegaram muito perto da perfeição, pois representam a essência das marcas Nike, Casas Bahia, Apple, Mercedes-Benz e Omo, respectivamente.

Na metodologia dessa terceira parte do livro, você vai entender que, para o elo ser completo, é preciso haver uma palavra mágica, afinal, a magia envolve o marketing e as empresas. Vai ver como o pai do posicionamento, Al Ries, ensina a sua metodologia das famosas sete leis para criar um planejamento. Vai entender a metodologia da FM CONSULTORIA, que chamamos de "verdades da marca", com onze pontos a serem analisados. Porém, sem as partes 1 e 2, você não teria nenhuma palavra de dado para preencher esses onze campos. Bem como entender o motivo único da venda, os pontos fortes, fracos, as oportunidades e ameaças (sim, ainda se usa a matriz Swot para um bom planejamento). Com tudo isso em mãos, poderá criar a frase e saberá como defendê-la.

Por ser um profissional de planejamento digital, na minha essência, não há como eu não ter um carinho especial pela parte de posicionamento de marca, pois, ao lado de pessoas e inovação – como a transformação digital –, está entre as minhas maiores alegrias dentro da função de estrategista.

Você vai reparar que as partes 3 e 4 são menores que as duas primeiras, e eu explico. A parte de pesquisas e imersão é quase 75% do seu trabalho dentro dos 5Ps do branding: promessa, propósito, posicionamento, percepção e pessoas, que você identifica nas fases 1 e 2. Os "Ps" de promessa, propósito, percepção e pessoas você identificou nas fases razão da marca e voz das ruas. O "P" de posicionamento é o que você verá agora; por fim, na construção de mensagens é onde você vai materializar as fases 1, 2 e 3, e trazer ao grande público os 5Ps do branding "nas ruas". Por isso, o trabalho é muito maior nas primeiras fases. Agora é só diversão!

POSICIONAMENTO DE MARCA

Posicionamento de marca é o lugar que uma empresa ocupa na cabeça de seus consumidores. Uma marca bem posicionada no mercado é aquela que tem as suas principais vantagens e características evidenciadas e afirmadas na mente do público.

Segundo Al Ries e Jack Trout, no clássico livro *Posicionamento*, o nome da marca é fundamental para o seu sucesso. Para os autores, "o nome é o gancho que pendura a marca na escada de produtos que há dentro da mente do consumidor. Na era do posicionamento, a decisão de marketing mais importante que você pode tomar é escolher o nome do produto".[112] Como já dito, nomes podem ser siglas, sobrenomes, nomes inventados, nomes místicos, bíblicos, retirados de livros, entre outras fontes. Não importa muito a origem de inspiração, mas, sim, que esse nome represente bem o que a empresa faz e que seu posicionamento fique muito claro!

Tom Peters, coautor do livro *In Search of Excellence*, diz que "em um mercado cada vez mais superlotado, os tolos competem nos preços. Os vencedores encontram uma maneira de criar valor duradouro na mente dos clientes".[113] E vem dessa reflexão de Peters a questão se o MacBook é o computador portátil mais barato, se a Coca-Cola é o refrigerante mais barato no Pão de Açúcar ou se a Mercedes-Benz está competindo centavo a centavo com a Audi.

O que o posicionamento faz é trazer a essência da marca por meio de uma frase ou modo de trabalhar no mercado que inspire as pessoas. Nem sempre as empresas possuem um slogan claro da sua marca. Percebo muito isso ao entrar em sites de diversas marcas e não encontro com clareza o seu posicionamento, embora, quando falamos de posicionamento de mercado, todas possuam. Nunca consegui descobrir se a Montblanc, por exemplo, tem um slogan, e não é preciso que tenha, mas é bem evidente que ela atua no mercado de produtos de luxo.

O que mais vamos abordar aqui é sobre marca, sobre marketing, sobre o seu posicionamento na mente das pessoas. A maneira como a marca se posiciona na mente do consumidor tem de ter enorme aderência ao seu posicionamento de mercado. Uma marca não pode querer trabalhar elegância na sua comunicação sendo que ela não atende o mercado de luxo – o mercado

---

112 Al Ries e Jack Trout, *Posicionamento*: a batalha por sua mente, São Paulo, M.Books, 2019.

113 Thomas J. Peters e Robert H. Waterman Jr., *In Search of Excellence*: Lessons from America's Best-Run Companies, Nova York, HarperBusiness Essentials, 2006.

popular pede outros apelos. Não que o mercado popular não é elegante, mas é que, às vezes, a elegância assusta o consumidor, que acredita que aquela marca não é para ele, mesmo sendo. A forma de se comunicar com as pessoas é cada dia mais importante para o seu entendimento.

Posicionamento x slogan

Essa é uma das principais dúvidas que ouço do cliente, mas a resposta é simples, raramente eles são diferentes. O slogan acaba sendo o posicionamento da marca, ou, pelo menos, uma frase que seja derivada do posicionamento. Em meus trabalhos, eu tendo sempre a trabalhar o posicionamento como o slogan, pois prefiro ter frases mais curtas para posicionar marca na mente das pessoas. Frases longas são muito mais difíceis de ser posicionadas. Por exemplo: quando você ouve que uma marca tem "Dedicação total a você", claramente você entende que aquela empresa, no caso as Casas Bahia, é um império que trabalha 365 dias para fazer o consumidor feliz. Não à toa é uma das empresas no Brasil que mais lucram, sendo um enorme sucesso de marca.

Quando uma empresa diz ser *The best or nothing*, ela tem uma clara mensagem a ser passada: quer comprar do concorrente, tudo bem, mas o melhor, só comigo. Ou seja, quer comprar BMW ou Audi, sem problemas, mas você quer o melhor? Venha para a Mercedes-Benz. Aliás, esse "venha" logo me lembrou do posicionamento de "venha para o mundo de Marlboro". Quer um posicionamento mais convidativo do que a marca criar um universo de ilusão? Calma aí. Ilusão? Sim, o marketing vende sonhos e não produtos – e convida você a fazer parte dele. Pena um slogan tão sensacional para um produto tão prejudicial à saúde, que me desculpe quem fuma – graças a Deus nunca tive esse vício –, mas você sabe que cigarro mata! Poderia aqui fazer uma lista enorme de empresas que dizem "apenas faça" como um movimento para que seus consumidores tenham coragem de sair de casa, com seus tênis, e correr 10 quilômetros nas ruas, apenas porque a Nike diz just do it, mas acredito que você tenha entendido essa parte.

Uma reflexão extraída do livro *Branding*, de Alice M. Tybout e Tim Calkins: "A essência da marca é o engajamento criativo do cliente com a oferta da empresa, cocriado e coproduzido pelos clientes, a essência paradoxal da marca permite que desejos opostos sejam concorrentemente saciados".[114] Vimos que posicionamento é importante e que a essência da marca está presente nessa construção. Cocriar com o cliente é um excelente caminho para que ele se sinta mais inserido no dia a dia da marca. Será que Omo considerou essa reflexão de Tybout e Calkins?

A partir de agora, você vai entrar no universo da metodologia de posicionamento da FM CONSULTORIA, o passo a passo de como chegar ao posicionamento de marca que seja mais relevante para o seu negócio. Reforçando, o que veremos aqui é como a marca vai se posicionar na mente do consumidor, não no mercado. Quando falarmos dos territórios a serem dominados, abordaremos um pouco mais sobre como se posicionar no mercado, porém, o grande foco aqui é chegarmos à frase relevante e que fale ao coração do seu consumidor de forma única, que seja direta e que engaje as pessoas na sua causa. A frase que inspira!

VISÃO DE AL RIES SOBRE POSICIONAMENTO

"O posicionamento começa com um produto, um serviço, uma empresa. Não é o que você faz com tudo isso, mas o que você faz na mente do consumidor".[115] É assim que Al Ries, a quem se credita a criação do termo posicionamento de marca, inicia seu livro

---

114   Tybout e Calkins, op. cit.
115   Ries e Trout, op. cit.

Posicionamento, uma das obras referenciais da área – algo que desejo que este livro também se torne no seu dia a dia.

Neste capítulo, veremos pontos que aprofundam o que é esse conceito, pontos importantes que vão se unindo para chegar ao posicionamento de marca. O que o consumidor vê, no final, é uma frase: *Just do it* (Nike), *Think different* (Apple), "Dedicação total a você!" (Casas Bahia). Esses exemplos são frases que as pessoas leem, mas, para chegar a elas, é preciso um árduo trabalho, sobre o qual veremos em detalhes.

O que é posicionamento?

"É uma explicação direta, clara e bem definida de uma marca. Não é criar algo novo e diferente, mas manipular aquilo que já está dentro da mente, reatar as conexões já existentes. Na comunicação, mais é menos. Elimine ambiguidades, simplifique mensagens ao máximo para tornar ela duradoura".[116] Essa é a definição clara de Al Ries sobre tema.

Quando as Casas Bahia dizem se dedicar totalmente a você, o recado é entendido e você "compra" a ideia de que a marca realmente movimenta o mundo apenas para agradar-lhe. Pode parecer uma grande viagem da minha cabeça, mas a empresa não venderia mais de R$ 25 bilhões ao ano se milhares de pessoas não tivessem comprado a ideia. Quanto ao que Al Ries diz sobre simplificar, mostro aqui meus posicionamentos favoritos de marca:

- Apple: *Think different*.
- Casas Bahia: "Dedicação total a você".
- Nike: *Just do it*.
- Omo: "Porque se sujar faz bem".
- Tecnisa: "Mais construtora por metro quadrado".

---

116 Ibidem.

Olhem que simples. A Apple, com duas 2 palavras, e a Nike, com três, já passam tudo o que representam na vida das pessoas, criam conexão emocional. A promessa da marca precisa ser altamente convincente para que o posicionamento seja coerente. "Pense diferente" é o que a marca de tecnologia que mais inova no mundo diz.

Em março de 2020, Daniela Cachich, VP de marketing da Pepsico Brasil, de quem sou assumidamente fã, deu uma entrevista para o podcast Next, Now, do portal *Meio&Mensagem*. Nele, Cachich falou sobre a importância de as marcas entenderem o cotidiano das pessoas para se posicionar: "Existem tensões, causas, propósitos que estão muito ligados ao dia a dia das pessoas, e elas esperam que, cada vez mais, as marcas se posicionem sobre isso. Porém, uma coisa nunca muda, que é a verdade da marca. Para se posicionar, é preciso que a essência e a verdade da marca estejam alinhadas com a essência e a verdade das pessoas".[117] Eis uma realidade que você vai entender ao longo desse terceiro passo da metodologia, que é, na minha humilde opinião, o mais legal de todos.

Alinhe expectativas

O posicionamento alinha na mente das pessoas tudo o que a marca diz e faz. Alinha expectativa, percepção de desejos do consumidor com o propósito da marca, ou, como Daniela Cachich disse, com a verdade da marca. Verdade e propósito andam juntos, lado a lado, como bife e batata frita ou cheeseburger e Coca-Cola!

---

[117] Karina Balan e Luiz Gustavo Pacete, Social listening e experiência, *Meio&Mensagem*, 16 mar. 2020. Disponível em: <https://www.meioemensagem.com.br/home/marketing/2020/03/16/next-now-04-social-listening-e-experiencia.html>. Acesso em: 25 maio 2020.

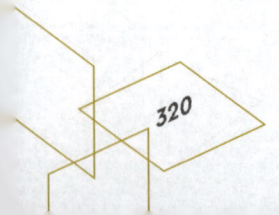

Desejo é a palavra que ajuda no momento de posicionar marca. Entender o desejo das pessoas é fundamental. Em sua palestra no RDSummit, em novembro de 2019, meu amigo Fernando Kimura falou sobre os desejos anônimos.[118] Vou pincelar aqui tratados por ele: "Desejos são universais, mas também são únicos". Entender o desejo das pessoas com o que a marca promete é, sem dúvida, a melhor equação para criar a frase que vai posicionar a marca na mente das pessoas.

Segundo Kimura, os desejos são:

- Ser
- Amar
- Ampliar
- Enxergar
- Estar
- Pertencer
- Ser parte de algo maior
- Compartilhar
- Aprender

Peguemos este último. Sem a menor sombra de dúvida, não foram meus belos olhos verdes que fizeram você comprar este livro, mas o seu desejo de aprender e claro, de aplicar todo o aprendizado à sua marca. E para quê? Aí vem o outro desejo, de pertencer a um seleto grupo de pessoas que chega a postos de liderança como diretores, vice-presidentes e CEOs das empresas. Quem não quer isso?

---

118 Fernando Kimura, palestra "Desejos anônimos", RDSummit 2019, YouTube, 39min20s, 18 mar. 2020. Disponível em: <https://www.youtube.com/watch?v=tNp1US1yylU>. Acesso em: 25 maio 2020.

Meu desejo de compartilhar é o que mais aflora, afinal, eu poderia guardar todo esse meu conhecimento para mim. Aí vem a pergunta: mas por quê? O que ganharia com isso? Ganha-se muito mais compartilhando do que guardando o conhecimento.

E por que digo tudo isso?

Pelo simples fato de que você precisa entender que é necessário atrelar os desejos das pessoas ao posicionamento da marca. Como disse, e repito, é a equação mais poderosa de todas! Desejos são entendidos em forma de pesquisa, entretanto, um jeito de entender o desejo é perguntando às pessoas o que elas querem; outro, com ferramentas digitais que revelem o que elas fazem!

Um exemplo que eu sempre dou em sala de aula vem de uma palestra a que assisti em um dos eventos do Fórum do E-commerce, realizado em 2017 pelo site *E-Commerce Brasil*, dos queridos Tiago Baeta e Vivianne Vilela. No exemplo, a palestrante falava sobre o crescimento de compras de produtos de sex shop pelo mobile. Na época, as vendas online pelo mobile começavam a crescer, hoje é uma enorme realidade. A palestrante contou ter feito uma pesquisa e descobriu que o produto mais vendido era o vibrador para o público masculino, mesmo esse produto sendo originalmente desenvolvido para mulheres. Como a compra era muito maior pelo celular, a conclusão foi que o aparelho é mais fácil para levar ao banheiro, local onde as pessoas podem se esconder do mundo e fazer o que bem entender; lembro-me até de ela dizer, brincando, que é nesse local que se iniciam as trocas de vídeos pornográficos nos grupos dos homens. Como compra em sexshop é algo que muitos têm vergonha em admitir, fazer a compra escondido é uma saída e o celular se mostra a ferramenta principal para isso.

Esse exemplo pode abrir a sua mente para mostrar que nem sempre o que as pessoas falam é o que elas são. Pessoas falam uma coisa, mas fazem outra.

As famosas sete leis de Al Ries

Al Ries criou sete leis para ajudar as empresas a direcionarem o posicionamento das suas marcas. Elas precisam ser levadas em consideração, porém, nessa terceira etapa do branding, não são apenas essas sete leis que farão você ter um bom posicionamento de marca. Elas serão importantes na construção como um todo.

Defina os valores da sua empresa

Já falamos muito sobre isso, concorda? Então, vamos falar mais ainda! Algumas páginas atrás, vimos um depoimento de Daniela Cachich sobre verdade das marcas, certo? Os valores têm a ver com isso. Valor é aquilo que você tem dentro de si, logo, as marcas precisam ter dentro delas. No que a Coca-Cola acredita? No que a Montblanc acredita? No que o Doritos acredita?

Já falamos sobre a importância de os valores da empresa serem parecidos com os valores das pessoas para criar conexão emocional, portanto, tenha valores sólidos e, acima de tudo, não os deixe na parede da empresa, deixe-os no coração das pessoas.

Segundo uma pesquisa da Harvard Business Review, 64% dos consumidores citam os valores em comum como o principal motivo para se relacionar com uma marca.[119]

Foque no que o seu produto tem de melhor

A Apple vende laptops, tablets, smartphones e relógios inteligentes. Assim como Samsung, LG e Lenovo. A Panasonic vende microondas, geladeiras, aparelhos de som, assim como Brastemp, Consul e Sony. A Fiat vende carros, assim como Chevrolet, Volkswagen e Ford. Isso faz parte de todo o mundo capitalista em

---

[119] Glauber Serafim, Como se posicionar no mercado, *Elevon*, 10 jul. [s.a.]. Disponível em: <https://www.elevon.com.br/como-se-posicionar-no-mercado/>. Acesso em: 9 jun. 2020.

que vivemos, mas vamos aos pontos. Samsung e LG podem até chegar à finura de um MacBook Air, mas não à sua velocidade. A Brastemp faz uma geladeira ótima, mas o Econavi, uma tecnologia que monitora a geladeira no dia a dia com sensores, fazendo-a funcionar de acordo com a rotina da casa e, assim, economizar energia, é exclusivo da Panasonic. A Chevrolet faz excelentes carros, mas será que com a mesma tecnologia Fiat, dona da Ferrari?

Se o seu produto tem um diferencial, aposte nisso. Se não tem, olha, vai ser bem difícil vender a mesma coisa que a concorrência para o mesmo público. Parece redundante, mas é real: sem diferencial não há diferença.

Procure atender a mercados de nicho

Acredito que a grande maioria das marcas já faz isso, entretanto, tenha um pouco de cuidado com o que é nicho. Por exemplo, a Ferrari é um mercado de muito nicho, mesmo estando dentro de mercados bilionários. Em um primeiro momento, ela está inserida dentro do mercado de automóveis. Mas o público que compra o Fiat Mobi é totalmente diferente de quem compra uma Ferrari 488 Pista. A Ferrari também é nicho quando se fala de carros de luxo esportivos, segmento em que ela limita sua concorrência a Lamborghini, Porsche e Bugatti. Mas a Ferrari também entra no mercado bilionário da moda de luxo, atendendo os endinheirados que têm poder de compra de um carro como esse, mas que também consomem Gucci, Prada ou Rolex.

Quanto mais nicho for o seu mercado, menor é o número de pessoas que terão o poder de compra ou o desejo de ter produtos da sua marca. O mercado vegano é nicho, está crescendo, mas um carnívoro, como eu, não tem a menor vontade de entrar nesse segmento como consumidor, assim como um vegano não quer passar nem perto da onda das hamburguerias gourmet. Atenda ao nicho, mas pesquise bem aquele no qual vai entrar; às vezes, você pode até criar um nicho de mercado.

Posicionamento tem clareza

- "Tecnisa é mais construtora por metro quadrado." Está claro o que a empresa faz?
- "Dove, a real beleza." Está claro o que o produto proporciona para quem usa?
- "Centrum de A a Zinco." Está claro se tratar de um produto que lhe traz todas as vitaminas necessárias para o seu dia a dia?
- "Momento Starbucks" indica com clareza que é para você tirar um momento só seu na agitada vida de cidade grande?
- "Onde tem amor tem beleza" mostra que O Boticário vai muito além da venda de produto?
- Quem disse, Berenice é uma marca, do Grupo O Boticário, que já nasce provocando um pensamento nas pessoas.
- "Panasonic pra você." Está claro que é uma empresa que tem o consumidor no centro de tudo? (Mesmo eu achando que o *Ideas for life* era um dos melhores posicionamentos de marca, mas a Panasonic do Japão decidiu pelo "Panasonic pra você".)

Para que as pessoas entendam a mensagem, é preciso que esta seja a mais direta possível. Slogans que precisam de grandes explicações não são bons. Lembro-me de uma campanha assim. Eu atuava no planejamento de uma agência online, cuja conta era dividida com uma agência offline. Para uma campanha, o cliente havia pedido um posicionamento novo para um produto. Não vou citá-lo aqui, para preservar o nome das agências. Quando chegamos à reunião, o time da agência online tinha um posicionamento, e o da offline, outro.

O da agência digital era curto, direto e dizia o que o produto era. Já o da offline, uma frase enorme e confusa. Tão confusa que ninguém da agência conseguia falar o posicionamento sem lê-lo em alguma das peças. Depois de muita discussão, a contragosto, levamos o posicionamento ao cliente, que não apenas o vetou, como deu uma bronca monumental na agência offline. Ele foi muito claro: "Se nem vocês que criaram a frase conseguem entendê-la, como isso vai criar conexão com o consumidor?". Ele realmente tinha a razão. Prevaleceu o posicionamento da agência digital.

A conclusão disso é que a sua frase de posicionamento precisa ser curta, direta e certeira!

Humanize o posicionamento da sua marca

"De mulher para mulher, Marisa" dizia exatamente o que a marca queria passar. Foi substituída por "Todas na moda, uma nova Marisa", o que dá a entender que a marca está mais próxima das pessoas que querem algo novo. "O mundo é mais bonito com você" convida as pessoas a serem parte do universo da Natura.

São dois exemplos de humanizar. O fato de a palavra "você" estar, por exemplo, no slogan da Natura ajuda na humanização, mas não é só isso que humaniza uma marca. A palavra "você" tem um enorme poder no cérebro, mas não é só essa a conexão. Trazer o Ronald McDonald ou o Tony The Tiger humaniza as marcas, mas não o seu posicionamento.

Para o melhor desenho de como humanizar o posicionamento de marca, entenda, conforme falado, os desejos das pessoas e crie a equação perfeita! Coco Chanel, um dos maiores ícones da moda, dizia: "A minha marca ajuda as pessoas a definirem quem são elas mesmas". Porque ela conhecia o desejo de cada mulher ao criar seus perfumes.

Inspire as pessoas a fazer algo

Falar do Just do it da Nike é batido, mas é o principal caso dessa lei de Al Ries. Quando o Nescau Cereal diz "Descubra o sabor do chocolate", ele inspira as crianças, seu grande público, a experimentar o produto, que já foi a "energia que dá gosto". O Nescau inspira que as crianças brinquem, pois é isso que uma criança deve fazer.

Quando o protetor Sundown diz que a "Vida gira em torno do sol", é um claro movimento para que as pessoas saiam de suas casas e tomem sol, não só por ser altamente importante para as vitaminas do corpo, mas por remeter a exercícios e prazer, coisas que as pessoas precisam diariamente. O Pão de Açúcar é o "Lugar de gente feliz" e, não à toa, as campanhas apelavam para essa felicidade. Comprar é sempre bom, pagar nem tanto, mas o que o supermercado diz é que ali as pessoas podem ser felizes, pois estão consumindo diversos produtos de que gostam. E para popularizarem a famosa sandália um dos maiores cases de mudança de imagem e posicionamento de marca do país, as Havaianas recorrem ao "Todo mundo usa", provocando o desejo nas pessoas de estar na moda: se todos usam, por que eu não? Sai "As legítimas", entra "Todo mundo usa".

São slogans que podem, sim, ser entendidos como posicionamentos de marcas inspiradores. Como dito, só o slogan da Apple já seria o melhor exemplo de posicionamento que inspira, mas é preciso mostrar que outras marcas também o fazem. O do Omo, "Porque se sujar faz bem", é inspirador, mas já falamos muito desse case.

Quando for criar o slogan da sua marca, que pode ser o posicionamento ou uma variação dele, lembre-se de inspirar as pessoas com esse movimento, criar algo na mente das pessoas que as faça "seguir o líder".

Jamais copie

Acho que essa regra é a mais básica de todas. Já pensou a Samsung "pensando de forma diferente"? O Bob's "amando muito tudo isso"? A Audi sendo "o melhor, ou nem precisa de mais nada"? Perceberam que eu não copiei literalmente os posicionamentos de Apple, McDonald's ou Mercedes-Benz, fiz apenas uma brincadeira para você entender como seria não apenas estranho, mas ridículo da parte das marcas?

Sempre é preciso cuidado na questão de como se posicionar. Lembrei-me de uma história que viralizou rapidamente nas redes sociais. Uma agência estava sendo criada, e os donos quiseram se posicionar na economia compartilhada e nas ondas das redes sociais. Idealizaram uma campanha para que as pessoas pudessem criar um nome para eles. Só que a "grande ideia" saiu pela culatra, pois foi só uma pessoa responder ao post com: "Se vocês não têm criatividade nem para criar o nome da agência, como terão para fazer uma campanha?", que a brilhante ideia se tornou um enorme problema para a agência. Errado, o comentário não está...

UNIQUE SELLING PROPOSITION (USP)

Toda marca tem, ou deveria ter, um diferencial. Isso é um conceito básico daquelas que desejam se sobressair no mercado, algo que você deve ter aprendido no primeiro dia da faculdade de publicidade, marketing ou administração. O USP representa esse diferencial.

Na visão de Jaime Troiano:

> *Unique Selling Proposition (USP) é uma ideia diferenciadora, positiva e de apelo que coloca seu produto, empresa e marca de uma forma perceptualmente distintiva na mente e no coração dos seus clientes e consumidores, é a razão de ser*

que consumidores atribuem para escolher a sua marca e não seu concorrente. É a garantia de conseguir o desejado e valioso posicionamento poderoso, sedutora inesquecível. Identificar USP exige, essencialmente, conhecer o negócio da marca ou empresa a partir de suas entranhas.[120]

Faça um rápido exercício: liste mentalmente cinco marcas que você mais admira, gosta e/ou consome. Use um desses três critérios para que o pensamento fique mais claro. Se quiser, pegue papel e caneta e anote esses pensamentos. Ficará até mais fácil de você conseguir conectar as ideias.

Agora faça uma lista do que você avalia ser o diferencial de cada uma delas. Um ou dois pontos que, na sua visão, diferenciam essas marcas das outras. Pesquise no Google se a sua avaliação está coerente com o que as marcas realmente oferecem, se o que você entende ser um diferencial de fato é, se essa é a percepção de como a maioria das pessoas enxerga, se o caminho da marca está certo.

Por mais que as empresas estejam cada dia mais voltadas ao commodity, elas precisam se diferenciar. Com os avanços tecnológicos, os produtos vêm se tornando mais parecidos, e as pessoas passam a ter a mesma percepção sobre tudo. Por exemplo: quando se fala de carro, caneta, laptop, smartphone, carteira ou óculos de sol, a resposta, normalmente é: "Ah, mas isso são só óculos de sol...", ou: "Ah, mas isso é um celular como qualquer outro...". Essa percepção é um perigo para o mercado. Para empresas que não pensam no fortalecimento de marca, é um perigo ainda maior, pois uma pessoa pode lhe dizer: "Ah, mas isso são só óculos de sol..." , e a resposta: "Sim, mas é da Porsche Deisgn...". Percebeu como a história muda? Percepção é a palavra-chave do sucesso das marcas nos dias de hoje.

---

120 Troiano, *Brand Intelligence*, op. cit.

Seja diferente

Essa é uma regra básica para a sobrevivência das empresas, responder ao consumidor, de forma única, à pergunta que ele sempre se faz quando pensa em comprar um produto. Ele olha o produto na prateleira ou no site e: "Mas o que essa marca faz por mim?".

Pelo menos é o que imagino quando um empresário pensa na loja da Montblanc do Shopping Morumbi, diante de uma caneta que custa R$ 5 mil.

Mais adiante, contarei uma experiência curta e sem nenhuma base científica sobre essa caneta de R$ 5 mil, mas, antes, é preciso entender que o Unique Selling Proposition, que vamos chamar de USP, é aquele fator único que faz com que as pessoas decidam pela marca A, B ou C.

Voltemos um pouco no tempo para entender o conceito USP: o Orkut era a grande rede social do mundo, mas ficou no básico e não demorou muito para perder o reinado. O Facebook inovou e tomou seu lugar. Todavia, com seu grande foco na publicidade, a mais famosa das redes sociais agora está perdendo espaço para o Instagram, que, não à toa, foi comprado pelo Facebook por alguns bilhões de dólares.

Quando o Facebook comprou o Instagram, muitos se questionaram o porquê disso, pois ambos eram plataformas de relacionamento, sendo que o Facebook tem muito mais possibilidades de interação do que o Instagram. Acredito que o USP do Facebook seja o fato de ele ter um design e ser muito mais amigável que o extinto Orkut; mas, mesmo com esse diferencial, ele tem perdido espaço para o Instagram, que tem um foco maior em imagens.

As pessoas estão entendendo que o Instagram é mais interessante pelas fotos e vídeos, que tem menos propaganda e atinge mais pessoas, eleva o engajamento, e talvez o USP do Instagram seja esse.

Como achar o USP da sua marca?

A tradução de USP é "proposta única de venda", e essa é uma forma de entender o que a empresa é e faz pela vida das pessoas. Por meio de pesquisas, é possível entender o que a empresa é e o que a diferencia da concorrência. O USP é o que faz o consumidor escolher o produto da sua marca, ou seja, é o que o faz pagar R$ 4 mil de mensalidade em uma faculdade, ou R$ 10 mil em uma bolsa. Mas também é o que faz uma pessoa estudar na ESPM e não na Faap ou no Mackenzie. É o que faz uma mulher pagar R$ 9 mil em uma bolsa da Prada, mas não em uma da Saint Laurent ou da Dolce & Gabbana.

Para chegar a um USP coerente, existem três perguntas básicas a serem feitas:

- O que os seus consumidores anseiam?
- O que os seus competidores fazem bem?
- O que você faz bem?

O USP não é posicionamento, é a base para um bom posicionamento. USP é uma frase que dá o norte para a marca. Pode se tornar um posicionamento em alguns casos, mas a sua missão dentro do marketing não é essa. O USP do M&M's é: "Derrete na boca, não na sua mão". Pesquisei em diversos sites e não descobri se esse é o posicionamento da marca, mas é interessante mostrar que o USP pode, ou não, ser o posicionamento. No caso do M&M's, pela minha lembrança, o USP e o posicionamento são os mesmos.

Pesquisa rápida sobre USP

Certo dia, fiz um pequeno e rápido teste. Fui ao Shopping Ibirapuera, em São Paulo, em um sábado de tarde. No shopping, há duas lojas que revendem Montblanc, além da loja oficial da marca. Entrei nas três, para olhar canetas, algo que faço com frequência pela paixão que tenho pela marca. Nas três oportunidades, selecionei mentalmente canetas da mesma faixa de valor, em torno de R$ 5 mil. Enquanto os vendedores me mostravam a caneta, eu esperava o momento certo para questioná-los: "Mas por que comprar uma caneta de R$ 5 mil?". E as respostas vieram, praticamente as mesmas:

▷ Qualidade do produto.

▷ Durabilidade do produto.

▷ Marca forte.

▷ Tradição.

Nenhum desses apelos me convenceu, pois se eu fosse pagar R$ 5 mil em uma caneta, esses pontos eram os esperados! Obviamente, não comprei nenhuma, pois, apesar de gostar da marca e ter alguns produtos dela, investir R$ 5 mil em uma caneta está fora da minha realidade. Em uma das lojas, um vendedor soou um pouco mais convincente, ao dizer que "essa não é uma caneta para usar, mas, sim, para ter no bolso durante uma reunião de negócios...". Fiquei pensando em alguns dos clientes que atendo e me lembrei, especificamente, de três, dos quais dois são CEOs e um é diretor geral. Por algumas vezes, conversei com eles sobre a caneta.

Curiosamente, os três possuem dois modelos diferentes em suas mesas. Usam pouco, mas, quando estão em reunião, pelo menos uma delas está no bolso da camisa. Usam-na apenas para assinar alguma coisa. Um deles, quando quer anotar ou desenhar alguma coisa para nos orientar, pede um papel e pega a Bic que fica em cima da mesa de reunião. Não deixa de ser engraçado.

É de se questionar: por que aquele CEO pagou aproximadamente R$ 6 mil nas duas canetas, sendo que ele usa a Bic no dia a dia? Outro usa a sua caneta-tinteiro apenas para assinar documentos, mas o outro modelo, não tinteiro, ele usa na maior parte das outras situações. O diretor geral possui um conjunto e usa a lapiseira com muita frequência, já a caneta, menos. Comporto-me como ele quando estou em reunião: uso muito mais lapiseira do que caneta, uma vez que escrevo mais rápido do que digito e, por isso, não levo laptop às reuniões. Adoro escrever!

Então, fico imaginando que o USP da Montblanc só pode ser o status! Nada além disso! Qualidade e durabilidade as marcas concorrentes, como Cartier, têm, mas será que esta tem o mesmo poder de marca? Precisaria de uma pesquisa mais detalhada para afirmar isso com precisão. Aqui, conto apenas a minha percepção para que você reflita, mostrando o que é o USP e como chegar a ele. Você verá que o USP é um dos mais importantes pontos para se alcançar o posicionamento de marca, do terceiro passo da metodologia.

MATRIZ SWOT

O leitor provavelmente é, ou foi, estudante de marketing ou de publicidade e propaganda. Não que, para se trabalhar na área, seja necessário ser formado em uma dessas duas competências. Dito isso, acredito que esse conceito da matriz Swot lhe seja familiar, por isso, não ache que vou aqui passar conceitos que você viu por diversas vezes durante seu período de estudante. A matriz Swot, infelizmente, caiu em desuso no Brasil porque alguns "gênios" entenderam que isso era "coisa de trabalho de conclusão de curso" de faculdade e a consideram pouco relevante. Na minha opinião, isso é uma grande perda para o pensamento estratégico.

Em meus projetos, uso bastante essa matriz. Há clientes que me elogiam, pois mostra que eu pensei verdadeiramente na marca. São poucos que a consideram "perda de tempo", mas se você der ouvido a todo mundo e mudar de ideia a cada opinião, você nunca terá a sua personalidade e metodologia próprias. Sempre aprendemos, sempre estamos alterando as coisas, para melhor, pois o mundo muda, as pessoas mudam, as formas de se comunicar mudam. Só tome cuidado com as críticas de profissionais sabichões.

Os segredos da matriz

Como você já sabe, a matriz é formada por um quadrante com pontos fortes, pontos fracos, oportunidades e ameaças, porém não se trata apenas de inserir ali algumas informações para se obter uma matriz que o ajude na tomada de decisão. Para chegar a esses pontos, é preciso fazer uma pesquisa de muita qualidade. Todas as pesquisas de que falamos até aqui – e de que ainda falaremos mais – vão lhe dar dados suficientes para inserir pontos importantes na matriz. Lembrando que não se insere nela mais do que cinco pontos, ou acaba ficando confuso e a pessoa se perde. Cuidado com isso, afinal, no marketing, menos é mais!

Como estrategista da marca, você precisa mostrar a sua inteligência, mostrar que as informações que colheu nas pesquisas fazem sentido, entretanto, quem dá esse sentido é você. Esse é o segredo principal da matriz. Não há software que substitua a análise do ser humano nos dados; por mais que o Big Data e o Machine Learning estejam cada dia mais avançados, a sensibilidade humana ainda não pode ser substituída por máquinas.

Outro segredo é saber cruzar informações para ser relevante. Há dois aspectos positivos da marca (pontos fortes e oportunidade) e dois negativos (pontos fracos e ameaças). Ao fazer o cruzamento na matriz, no formato de um X, você conseguirá desenhar a inteligência que a marca precisa.

O X da questão

A seguir, mostro como esse cruzamento é feito dentro da metodologia que está sendo a base deste livro, a forma com a qual ignoramos os achismos dos "gênios" do marketing e usamos essa matriz para chegar ao melhor posicionamento de marca que podemos.

Pontos fortes da marca servem para blindar das ameaças: sempre haverá ameaças, ou de tecnologia, ou de produto, ou de comportamentos – seja uma pandemia, como a de 2020 do coronavírus, seja uma crise econômica, como a que vivemos em 2016–2017. Os pontos fortes da marca precisam combater isso. Claro que pandemias não são combatidas com valores de marca, entretanto, é nesse momento que os valores podem fortalecê-la. Como será que a Ambev saiu da crise depois de ter sido uma das primeiras marcas a produzir e doar álcool-gel?

Uma ameaça que as marcas sempre vão enfrentar está no campo da tecnologia e dos comportamentos, são conceitos que sempre mudam. As marcas que não acompanham isso acabam se perdendo. Como ponto forte, a marca precisa ter esses dois conceitos bem inseridos em seu DNA. Marcas centradas no consumidor ganham muita relevância.

Oportunidades como armas contra os pontos fracos: oportunidades no mercado, você conseguirá identificar várias todos os dias. Mas qual faz sentido para o momento da marca é que faz a grande diferença. Reforço que os campos tecnologia e comportamentos são os mais importantes, daí a importância de pesquisas de tendências de mercado para identificar o que pode ser feito. Pontos fracos não são eternos, eles mudam. Você poderá eliminar um, mas outro surgirá. Não existe empresa no mundo que não tenha seu ponto fraco. Por exemplo, por mais que a Apple posicione seus produtos para um público endinheirado – ao menos no Brasil –, pagar R$ 500 mil em um computador é um ponto, na minha visão, muito fraco. Preço é fator de decisão de compra, mas não sou eu que vou questionar a estratégia da mais valiosa marca do mundo.

A oportunidade vem da tendência. Segundo Nina Grando, em seu curso "Pesquisador de tendências" (Descola),

> uma tendência é quando uma mudança desbloqueia novos valores e necessidades humanas. Empresas estão focadas no presente pensando só em vendas, esquecendo-se de se conectar com novas demandas de consumo. Tendências são movimentos que impactam a vida das pessoas. Mudam a forma como pensam, consomem e se comportam. Pessoas começam a questionar processos, isso as faz buscarem opções que vão ao encontro de seus valores.

Portanto, insisto na necessidade de você se aprofundar nos estudos de tendências para ir a fundo na sua matriz Swot, para que isso faça sentido no posicionamento sugerido para a marca.

As tendências são armas poderosas para que você fortaleça os pontos fortes da marca, baseados em oportunidades, e ajudam a eliminar pontos fracos. Essas tendências podem, também, ser importantes para transformar ameaças em oportunidades para a marca.

Matriz Swot no posicionamento de marca

O primeiro passo é ter bem claros os atributos, a USP, o propósito, o perfil de público, o mercado em que atua, a concorrência e a promessa da marca. Se você seguiu até aqui a metodologia, passo a passo, esses sete pontos você já os tem bem mapeados. Traga o que é mais importante em cada um deles, para esse momento. Insira no mesmo slide os aspectos mais importantes desses sete pontos e, ao lado, a sua matriz Swot. Você terá um panorama muito interessante do caminho que a marca precisa seguir. Por exemplo: será que o propósito, a promessa e a USP da marca estão bem alinhados com o ponto forte da matriz? Será que o perfil de público está alinhado com oportunidades? Será que os dados de mercado e da concorrência são mesmo ameaças? Esses cruzamentos não têm uma regra, têm a sua percepção da leitura dos dados.

Com essa leitura, você chegará a insights interessantes, a pensamentos conclusivos e embasados. Está aí a inteligência que as marcas precisam que você traga. Ou seja: inserir um monte de dados de pesquisa em uma matriz pode até ficar legal na apresentação, mas, sem a inteligência do que aquilo pode trazer, não passará de um trabalho acadêmico.

VERDADES DA MARCA: OS DEZ PONTOS ANALISADOS PARA O POSICIONAMENTO

Chega o momento em que pesquisas, estudos e análises precisam ser postos em uma metodologia que traga insights de posicionamento. Até o momento, vimos algumas metodologias que nos ajudam a entender dados e caminhos, agora é hora de afunilar tudo isso em busca da frase que fará mudar a percepção de marca na mente das pessoas. Não é fácil, mas é possível.

Uma dica que dou aqui é revelar o que fazemos na FM CONSULTORIA. Por mais que eu tenha sido um bom redator publicitário no começo da carreira, com facilidade em escrever, acabo passando essa missão a um redator publicitário. Conversamos e apresento a ele todos os estudos, dessa forma fica mais fácil de a frase ser criada por uma pessoa que é especialista em frases de impacto. Confesso que o trabalho tem um ganho altíssimo quando isso ocorre, pois o redator tem uma forma de escrever mais publicitária, encantadora e vendedora do que o planejamento, embora este tenha de dar o embasamento necessário.

Na S8WOW, por exemplo, eu produzia todo o racional de posicionamento e o repassava para a Adriana Cury criar a frase e o texto-manifesto. Ela é uma das maiores profissionais de criação do país, tendo sido, por três anos, presidente e chief creative officer da McCann-Erickson (hoje, W/McCann). Tive a oportunidade de trabalhar em 2019 com ela. Que pessoa sensacional! Além da enorme competência, a humildade dela encanta! Bem, imaginem dentro desse cenário como o projeto ganhava em qualidade. Como diz meu amigo Daltro Salvador: "É um golaço!".

O primeiro passo para a matriz é ter os mesmos sete pontos da matriz Swot (atributos, USP, propósito, perfil de público, mercado em que atua, concorrência e a promessa da marca). Isso vai ajudar a embasar a construção. Você deverá preencher a tabela a seguir com aspectos importantes de cada um dos dez pontos que chamamos de verdades da marca. Não se esqueça de ser sucinto, direto e certeiro. Menos é mais!

Tabela de verdades da marca: fase 1

TÓPICO DA MARCA	INSIGHTS PARA POSICIONAMENTO
Objetivo	Onde a marca quer chegar?
Valores	Valores sólidos da marca
Missão	O que a empresa se propõe a fazer?
Propósito	Razão pela qual a marca existe
Público	Perfil comportamental
Promessa	O que a marca promete e cumpre
USP	Qual a razão única de compra?
Experiências	Positivas que a marca deseja passar
Mensagem	Valores para serem fixados
Imagem	Positiva que a marca quer passar

Você pode estar olhando essa tabela e pensando que há algo estranho, uma vez que já fez todos esses estudos em outros passos. Bem, se você seguiu a metodologia passo a passo, realmente você os tem, mas eles são, nesse momento, pilares para a construção da frase de posicionamento.

Veja bem, não estou menosprezando o posicionamento de marca ou reduzindo-o a uma frase. Só é preciso entender que podem ser necessários dias, semanas, ou meses para se chegar à frase ideal, que é o que o consumidor final verá. Não é apenas uma frase, há todo um estudo para se chegar a ela. Muita pesquisa é necessária para se alcançar bons resultados.

Apenas para um ponto de reflexão: Rogério Ceni, ex-goleiro do meu glorioso São Paulo FC, fez mais de 120 gols na carreira. Seu primeiro gol de falta foi em 1997. Antes desse primeiro gol, porém, Rogério bateu mais de 15 mil faltas durante alguns anos nos treinos. Depois do primeiro gol, chegava a treinar 200 faltas por dia. Em resumo, sem muito estudo, pesquisa e trabalho, os resultados não virão!

O primeiro passo está completo

Dos dez passos da tabela, você pegou apenas o que é mais importante em cada um deles, certo? Há alguns que são bem curtos e diretos, como objetivo, propósito, promessa, USP, experiência e imagem. Desses, você é capaz de colocar na íntegra as conclusões a que chegou, porém há outros, como valores e missão, com mais informações. Recomendo se ater aos conceitos mais importantes.

Público-alvo é o mais complexo, pois é onde mais temos informações, logo, aqui seu poder de síntese é o mais testado. Seja bem específico, resuma e traga o que há de mais importante para essa tabela.

Tabela de verdades da marca: fase 2

TÓPICO DA MARCA	INSIGHTS PARA POSICIONAMENTO	PONTOS DE ATENÇÃO
Objetivo	Onde a marca quer chegar?	1 ou 2 palavras de destaque
Valores	Valores sólidos da marca	1 ou 2 palavras de destaque
Missão	O que a empresa se propõe a fazer?	1 ou 2 palavras de destaque
Propósito	Razão pela qual a marca existe	1 ou 2 palavras de destaque
Público	Perfil comportamental	1 ou 2 palavras de destaque
Promessa	O que a marca promete e cumpre	1 ou 2 palavras de destaque
USP	Qual a razão única de compra?	1 ou 2 palavras de destaque
Experiências	Positivas que a marca deseja passar	1 ou 2 palavras de destaque
Mensagem	Valores para serem fixados	1 ou 2 palavras de destaque
Imagem	Positiva que a marca quer passar	1 ou 2 palavras de destaque

Aqui, o poder de síntese novamente se faz presente. Na fase 1 da tabela, você inseriu alguns insights importantes para cada tópico de marca, agora, nesta fase 2, vai levantar no máximo duas palavras que chamaram sua atenção nos insights. São essas palavras que vão formar uma espécie de nuvem em que o redator poderá "brincar" e formar frases com elas.

O ideal é que trabalhe com apenas uma de cada tópico da marca. Isso facilitará muito o seu trabalho. Seja criterioso nesse momento, pois são essas palavras que representam cada um dos tópicos, dentro de vários conceitos que você levantou. O objetivo da marca pode ser vender, crescer ou conquistar. Cuidado com palavras abrangentes, ainda que, em alguns momentos, elas sejam inevitáveis. Mas a frase precisa ser direta, transformando o abrangente em algo mais focado para o público. Quem toma Coca-Cola não quer só tomar um refrigerante: quer fazer parte de uma comunidade muito maior de pessoas que vivem a felicidade. Há muito mais na Coca-Cola do que o produto em si.

PALAVRA MÁGICA DA EMPRESA

Por que a empresa precisa de uma? Acho que essa é a pergunta que mais passará na mente de quem está lendo este capítulo. Bem, tudo começa porque as empresas precisam de magia para encantar seus clientes. Acredito que você já percebeu isso. Não falo apenas da Disney, marca que, decerto, é a primeira que vem à nossa mente quando pensamos em magia, mas de toda e qualquer empresa. Essa magia precisa estar no ar, no momento da experiência da compra; caso contrário, a magia da concorrência pode encantar mais.

O marketing é uma eterna guerra, algumas vezes a marca ganha, outras não. Faz parte do jogo. Depois que a seleção brasileira de futebol de 1982, comandada por Telê Santana, fracassou na Copa do Mundo, entende-se que nem sempre o melhor vence. Estamos falando "apenas" da maior seleção de todos os tempos em todas as Copas. A Apple não ganha todas as batalhas contra a Samsung, na verdade, especificamente em vendas, ela perde de longe para a coreana. O McDonald's não ganha sempre do Burger King, a Coca-Cola vende menos que a Pepsi em muitos lugares do mundo, e a BMW lidera vendas em países em que a Mercedes-Benz está em segundo ou terceiro lugar.

A magia que vemos aqui nessa palavra, baseada em toda a metodologia que estamos abordando, é o elo que precisa ser feito. Você vai entender como achar esse elo, como pôr essa palavra em exposição para que esse link seja feito, nos capítulos a seguir.

Não é apenas produto ou apenas marca que criam toda essa magia: é a empresa!

Quando falamos de empresa, estamos nos referindo a todo o conjunto que a rege, do produto à marca, do colaborador ao consumidor, do time da limpeza ao CEO. Todo esse conjunto transforma o que, um dia, foi um grande sonho de uma pessoa na realidade que ela comanda.

Não é segredo para ninguém, mas nenhuma empresa começou grande, porém quem a idealizou quis, um dia, ser grande. Poucos chegaram lá, mas os que conseguiram pensaram grande, agiram grande e construíram marcas grandes. Não se constrói algo grande do dia para a noite.

Não se é grande com magia, mas com muito trabalho, entretanto, para crescer, é preciso haver magia na empresa. Em resumo, não ache que você vá crescer magicamente; a magia precisa estar no envolvimento da sua marca com o consumidor.

Vimos muito disso no capítulo sobre a Mercedes-Benz, a forma como ela gera o encantamento. A magia em torno da "estrela" é o que movimenta milhares de pessoas, todos os dias, a trabalharem para fazer o melhor carro, dar o melhor atendimento e entregar o melhor produto. Essa magia contamina outras pessoas a criarem excelentes campanhas para que, no final, milhares de consumidores possam sair de suas casas, ir até a concessionária mais próxima e realizar o sonho de ter uma Mercedes-Benz. O encantamento movimenta pessoas.

Simon Sinek, autor da teoria do Golden Circle, que já vimos aqui, diz, em seu livro *Comece pelo porquê*, uma frase que chama a atenção: "Há muitas maneiras de motivar as pessoas a fazerem coisas, mas a fidelidade vem da capacidade de inspirá-las".[121] Há melhor maneira de inspirar uma pessoa senão levando a ela um pouco de magia?

---

121 Sinek, op. cit.

Como achar a magia?

Essa é uma tarefa que pode ser difícil ou muito fácil. Se você seguiu essa metodologia à risca, provavelmente será muito fácil, mas se simplesmente quiser fazer de qualquer forma, pode ser bem mais complicado, não para achar a palavra, mas para saber onde usá-la.

Basta ver todos os seus estudos para entender que existe uma palavra que foi citada diversas vezes nas pesquisas. Por exemplo, quando fizemos o trabalho com a Officer, "relacionamento" foi um termo citado por praticamente todo mundo, tanto do time interno quanto do externo. Foi simples achar a palavra mágica. Quando fizemos o trabalho com a Amíssima, a palavra "elegante" também apareceu diversas vezes. Tínhamos a palavra mágica na nossa frente, bastava entender como usá-la. E a metodologia também apresenta isso.

Depois que você analisou os onze pontos para posicionamento, o que chamo de "verdades da marca", você vai conseguiu identificar de forma mais clara e fácil essa palavra. Porém, é fundamental que ela esteja de acordo com atributos, promessa e propósito da empresa, ou então não passará de uma palavra sem magia.

Lembre-se de que o grande guarda-chuva deste livro são os 5Ps do branding, sendo posicionamento um deles; portanto, a palavra tem de estar ligada, diretamente, aos outros Ps, e não apenas ao posicionamento. Uma empresa como a Officer, que vende commodities (hardware, automação e software), precisa se diferenciar da concorrência por algum atributo forte, ou passará a ser apenas mais uma. No mercado cada vez mais dominado por commodities, é preciso se diferenciar pela marca.

Todos diziam que relacionamento era o forte da empresa, ao lado de atendimento, então tomamos o cuidado de analisar com calma os dois pontos e optar pelo relacionamento, uma vez que ele abrange o atendimento e mostra o sentido de pertencimento que as pessoas querem ter com a empresa. Usando a metodologia, ficou mais simples chegar a essa palavra.

Posicionamento mágico

Sem dúvida, a palavra mágica precisa estar no posicionamento da marca. Fazemos diversas pesquisas para achá-la, e não à toa. A palavra magica cria o link entre o consumidor e a empresa por meio do que ela representa. Precisa ser aquele elo entre o que as pessoas esperam e o que a marca entrega. Promessa e propósito de marca são os dois pontos, dentro dos 5Ps, que embasam a sua decisão de posicionamento, tendo os desejos do P de pessoas como algo a ser conquistado por meio do P de posicionamento.

Quando for criar a frase do posicionamento da marca, não opte por uma frase jogada. Há todo um método para isso, e é muito do que estamos vendo aqui. Logo, essa palavra mágica, reforço, precisa estar na frase, no começo, no meio ou no fim. Não há um local certo, certo é ela estar presente.

CONSTRUINDO O POSICIONAMENTO DE MARCA

Você já passou pela fase das onze verdades da marca e a palavra mágica. Antes disso, passou por quase quarenta outros pontos para entender o que a sua marca é. Esses passos nunca foram em vão, eles ajudaram você a chegar até aqui com uma visão interessante da empresa e, principalmente, da marca. Você conhece como poucos o que a marca é, o que faz e para onde ela vai! Isso é um fato! Chegar ao posicionamento, agora, vai parecer muito mais fácil, mas isso só ocorre porque você pesquisou ao longo dessa trajetória!

Pegue os onze insights que levantou no momento das onze verdades da marca e some a palavra mágica. Em muitos casos, essa palavra está presente nas onze verdades da marca, aliás, não estranhe se nos onze insights alguns se repetirem, pode até ser que, com muita repetição, a palavra mágica seja essa palavra que se repetiu algumas vezes na fase das onze verdades da marca.

Faça um breve resumo para o redator

Isso vai ajudar você a organizar as ideias. Jurandir Craveiro, um dos grandes nomes do planejamento que temos no Brasil, em um vídeo para o canal da Descola no YouTube, fala sobre a importância de escrever bem. Segundo Craveiro: "Não é fácil aprender a escrever, exige prática, muita leitura. Ler textos maiores, livros, saber como viajar no texto, isso faz toda a diferença. É péssimo quando você vê textos mal escritos e que perdem a magia da mensagem".[122]

Já para passar o brief ao redator, quanto mais sucinto, melhor. Passe dados, pesquisa, caminhos, concorrência, tudo o que for possível, mas de uma forma rápida e direta. Ele precisa estar imerso na marca, sem dúvida, mas o foco dele é fazer do limão uma limonada, ou seja, pegar onze palavras que você concluiu serem as mais relevantes e, dentro disso, fazer uma frase, tendo uma regra indiscutível: a palavra mágica precisa estar presente nessa frase. Isso é fundamental.

Dentro desse jogo de palavras, você vai receber do redator – ou você mesmo montará – algumas frases que façam muito sentido. Vale lembrar que a frase pode ser uma única palavra também, é mais difícil passar a mensagem assim, mas, se conseguir, parabéns! Em outros capítulos, falamos do poder de síntese de grandes posicionamentos de marca como *Think different*, *Just do it* ou

---

[122] Jurandir Craveiro, Start #2, canal Descola, YouTube, 4m22s, 13 maio 2015. Disponível em: <https://www.youtube.com/watch?v=zw41Pd3CRLo>. Acesso em: 29 maio 2020.

"Dedicação total a você". Frases curtas, diretas e que fazem sentido pela forma com a qual as marcas Apple, Nike e Casas Bahia trabalham. Há também aquele tipo de posicionamento que deixa claro o mercado em que a marca atua, como "Lojas Marabraz: preço menor, ninguém faz". Aqui, claramente, trata-se de uma marca que se posiciona fortemente para o público de baixa renda que busca preço antes de qualidade.

Dentre as frases feitas, selecione a principal. O redator não tem essa responsabilidade, ela é sua como estrategista da marca. Ele pode ter um bom conhecimento da marca, pode, às vezes, ser usuário dela ou ter feito, no passado, campanhas para ela. Mas, no atual momento, com tudo o que você pesquisou, você detém um conhecimento que talvez mais ninguém tenha, nem mesmo os fundadores, pois eles não tiveram acesso às conversas que você teve. No máximo, leram os relatórios de pesquisa, mas os sentimentos que você tem em relação às conversas, aos insights que lhe ocorreram durante o processo são só seus, e é esse o momento de pô-los em prática para definir a frase perfeita. Ou pedir para o redator refazer tudo!

CASE OMO: PORQUE SE SUJAR FAZ BEM

Um dos melhores cases de posicionamento de marca, na minha humilde opinião, é o do Omo, da Unilever. Primeiro, porque é um produto com pouco apelo, sabão em pó, portanto sem o glamour de uma Kopenhagen ou o desejo que um Rolex desperta; segundo, porque é um posicionamento que entende bem a nova mulher.

Esse é um case que eu sempre conto em sala de aula e vale a pena repassar aqui. No meu livro *Planejamento estratégico digital*,[123] também abordo esse case, quando trato de posicionamento de

---

123 Felipe Morais, *Planejamento estratégico digital*, 2. ed., São Paulo, Saraiva Uni, 2017.

marca, um tema muito importante tanto quando se está gerenciando e construindo marcas, como quando vamos comunicar essa marca ao público.

Um pouco de história

O nome Omo é acrônimo de uma expressão inglesa, *old mother owl* (velha mãe coruja), usada para definir a sabedoria e o zelo maternos. A coruja chegou a ilustrar as caixas do produto na Inglaterra no início do século XX, mas nunca foi estampada nas embalagens brasileiras.

Omo foi a marca que introduziu a categoria sabão em pó no Brasil, no final dos anos 1950, mudando a forma como as mulheres lavavam suas roupas (sim, na época só elas cuidavam disso, eram outros tempos), uma vez que o que reinava nas casas era o sabão em pedra. Em 1959, as primeiras lavadoras de roupa chegaram aos lares brasileiros, o que ajudou a consolidar o Omo como produto presente nos lares brasileiros.

Omo é tão forte no Brasil que, no Prêmio Folha Top Of Mind, criado em 1991, ela foi a única a ganhar em todas as edições, como marca mais lembrada do seu segmento e também uma das mais lembradas de todos os segmentos – apenas Omo conseguiu essa proeza. Estamos vendo como marcas fortes se sobressaem. Omo é quase que um sinônimo de categoria, como Gillete e Bombril, por exemplo. As pessoas vão ao supermercado para comprar essas duas marcas citadas e não uma lâmina de barbear ou uma palha de aço, assim como não vão atrás de um sabão em pó, mas, sim, de Omo, que é vendido em diversos países, dos quais o Brasil é o carro-chefe.

Posicionamento da marca Omo

Antes do atual posicionamento, "Porque se sujar faz bem", Omo tinha um posicionamento que criava um link com o que o produto prometia: "Lava mais branco". Omo sempre quis estar próximo ao consumidor, afinal, é uma marca que ele compra para usar e não porque tem um grande desejo.

Essa proximidade fez com que a marca entendesse os novos comportamentos e pudesse mudar seu posicionamento. Se antes ela "lavava mais branco", hoje ela quer que as mães tenham uma experiência com os filhos, afinal, além da compreensão de que lavar mais branco não passa da obrigação do produto, esse posicionamento já não fazia mais sentido na cabeça do consumidor, pois ele não quer que a marca prometa, mas, sim, que cumpra.

Omo entendeu como ninguém essa nova mulher. Se nas décadas de 1970 e 1980, as mulheres eram donas de casa, hoje são donas de suas vidas: trabalham, estudam, são mães, esposas, amigas, sobrinhas, com cada vez mais tarefas e menos tempo para a família. Isso foi justamente o norte para o Omo mudar seu posicionamento.

Hoje, também, as marcas precisam criar movimentos com seus consumidores, e isso Omo fez com o seu posicionamento que estimula a sujeira, além de ter um apelo mais emocional traduzindo o posicionamento em um slogan. Sim, Omo precisa estimular a sujeira, pois quanto menos se suja, menos se lava e, portanto, menos se compra o produto.

Movimento se sujar faz bem

Você pode estar estranhando esse movimento e pensando: "Mas como assim a marca manda as pessoas se sujarem? E o que isso tem a ver com mães?". A resposta é muito simples. Se você tem filhos, sabe do que estou falando: criança feliz, é criança suja.

"Sujar-se faz bem" é um recado para as mães: "Vá para o parque, brinque com seus filhos. Deixe que eles se sujem, porque depois eu (Omo) estarei aqui para lavar a roupa. Não bloqueie nada, filhos felizes são filhos que se sujam". Em tempo, em um evento, contei isso, como sendo minha visão de fora, a uma diretora de criação que participou desse projeto, que me confirmou essa história da marca.

Fernanda me ensinou a felicidade entre pai e filha

Desde agosto de 2010, quando ela nasceu, que eu entendo a felicidade de ser pai, ainda mais de um anjo como a Fefe, supercompanheira! Em junho de 2012, ocorreu algo interessante. Eu morava com meus pais, pois havia me separado recentemente da mãe da Fefe, e era aniversário da minha irmã, Bia Morais. Meus pais foram para a casa da minha irmã ajudar nos preparativos, e coube a mim levar a Fernanda para esse almoço de comemoração.

Eu já namorava a Maya, então, eu e a minha filha iríamos pegá-la em sua casa e depois seguir para o almoço. Porém, próximo do horário combinado, a Maya me ligou e disse que não estava pronta. Então, decidi parar para lavar o carro no posto ao lado de onde ela morava.

Ao estacionar, a Fefe quis sair do carro. Como o espaço tinha parede e vidro altos por todos os lados, ela não conseguiria ir para a rua, por isso a autorizei. Havia um boné do São Paulo FC no carro e o rapaz que iria lavar o carro, também tricolor, puxou assunto e ficamos conversando, e a Fefe livre para brincar naquele espaço. Porém, eu não tinha visto as poças d'água, as quais rapidamente fizeram com o que o espírito da Peppa Pig baixasse em minha filha e ela pulasse em todas as poças. Além disso, havia dois vasos de plantas, onde a Fefe resolveu brincar; ao sujar as mãos, automaticamente ela limpava na roupa, branca, que minha mãe havia comprado só para a festa.

Em menos de 2 minutos, a Fernanda já estava com a roupa imunda e molhada, as mãos sujas e o rosto também, pois ela suava e limpava com a mão suja. O que eu fiz? Bem, deixei-a continuar com a brincadeira, uma vez que nada do que eu fizesse a deixaria menos suja, e teríamos ainda pelo menos 20 minutos até o carro ser lavado. Trazê-la para o carro de nada adiantaria, então, deixei-a livre para fazer tudo. Ainda filmei e mandei o vídeo para meus pais, irmã e Maya verem o que havia ocorrido.

Com o carro pronto, pegamos a Maya, voltamos aos meus pais, dei um banho em minha filha, enquanto a Maya colocava a roupa suja na máquina com Omo. Vestimos a Fernanda com outra roupa e fomos para a festa. Exatamente um ano depois, a situação era muito parecida. Eu já morava com a Maya, mas a Fefe estava nos meus pais e eles precisavam ir para a casa da minha irmã ajudar num almoço. De sexta para sábado, sempre deixo a Fefe dormir nos meus pais para fortalecer o elo entre avós e neta.

Peguei a Fefe e fomos para o mesmo apartamento. Quando paramos em frente ao mesmo posto, a Fefe solta: "Papai, lembra a bagunça que fiz aqui? Aquele dia foi muito legal...". Sabe por que conto isso? Porque essa é a mensagem que Omo quer passar com esse novo posicionamento. É a materialização do "se sujar faz bem"! Se você é pai, ou mãe, entende perfeitamente o que se passou comigo nos dois dias que relatei aqui em relação à Fefe. Atualmente, o site do Omo tem um blog com dicas para "se sujar", com textos muito interessantes que apoiam o movimento que o posicionamento – e o slogan – faz na mente das pessoas.

Nas palavras de Alice M. Tybout e Tim Calkins: "Quanto maior a diferenciação, maior a participação de mercado. A chave para a diferenciação é posicionar uma nova entrante longe o suficiente para não imitar a pioneira".[124] No caso de Omo, ele é líder e não entrante na categoria, mas, um dia, foi entrante. Omo não começou no mercado do tamanho que é atualmente. Iniciou pequeno, mas se diferenciou, não apenas em produto, mas em comunicação.

TEXTO-MANIFESTO

Texto-manifesto é o resumo de tudo o que se viu até aqui. Nesse texto, a marca expõe o seu discurso para o mercado, a sua mensagem e o que ela quer passar. Um discurso que precisa estar presente em todos os pontos de contato da marca com os consumidores, no site, nas campanhas, no PDV, no atendimento da loja, no SAC. Trata-se de um guia para a marca.

Esse texto é muito mais institucional do que direcionado a fazer uma campanha, embora possa ser pauta de campanha. A Vitacon, por exemplo, quase um ano depois de mudar o seu posicionamento de marca, deixa o vídeo-manifesto fixo em seu canal do YouTube. Você pode usar esse texto como um post em destaque no blog, uma área do site, uma parte presente no e-mail-marketing, vídeo para eventos internos e/ou com parceiros. Enfim, há inúmeras formas de divulgar essa mensagem ao maior número de pessoas, para que elas entendam como a empresa pensa.

O texto precisa ser curto e direto. Um vídeo de 1 minuto é suficiente. Pense que, há décadas, as empresas contam suas histórias em 30 segundos na TV. Não é porque na internet não se paga por segundos que ela permite um "curta-metragem" da sua marca. Até permite, mas as pessoas vão lê-lo, vê-lo ou ouvi-lo?

No começo do ano, fiz uma consultoria para uma pequena marca de móveis. Até o início de 2020, não havíamos fechado o contrato, por isso não a apresento aqui. A diretora da empresa chegara

---

124 Tybout e Calkins, op. cit.

a mim, por meio de uma indicação. Ela me ligou, conversamos por 30 minutos, entendi o problema. Então, ela me mandou o vídeo que tinham feito para divulgar a empresa e os produtos. Era de 7 minutos! Ao recebê-lo, eu nem cheguei a ver: já respondi que era extenso demais. Então, ela me mandou uma mensagem dizendo: "É, você não é o único que me disse isso...".

Vivemos em um mundo no qual o tempo é escasso. As pessoas até podem assistir a um vídeo de 1 hora do Alê Oliveira, comentarista esportivo, entrevistando o Paulinho Gogó, o Tulio Maravilha ou o Ricardo Rocha em uma bela casa de praia, mas não vão assistir a 1 hora de um conteúdo sobre a sua marca se, como eu disse, já é difícil fazê-lo com um conteúdo de 7 minutos. Você teria paciência para tal?

No livro *Qual é o seu propósito?*, Jaime e Cecília Troiano[125] trazem uma forma de construção de texto-manifesto muito interessante, que vou reproduzir aqui. Após ler esse excelente livro, eu sinceramente aderi à metodologia. Ela se constitui de quatro passos: raízes, futuro, influência e sonhos da marca. De minha parte, incluí apenas assinatura, como sendo o que fecha a metodologia apresentada por Jaime e Cecília.

O texto-manifesto precisa ter de 45 a 60 segundos, no máximo, ou seja, até 11 linhas, sendo a 12ª linha a assinatura. Cada tópico a seguir, exceto a assinatura, deve ser um parágrafo de, no máximo, três linhas. Não mais do que isso. Lembre-se de que, no marketing, menos é mais, portanto, use todo o seu enorme poder de síntese para conseguir fazer um texto-manifesto que seja curto, direto, que represente a empresa e o deixe orgulhoso. A construtora Abduch, por exemplo, queria colocar o texto-manifesto criado pelo time da S8WOW em uma parede de 4 metros logo na entrada da empresa. Isso é uma recompensa sensacional sobre o trabalho de todos.

---

125 Troiano e Troiano, op. cit.

Raízes: mostram de onde a marca vem. O propósito é, sem dúvida alguma, o grande ponto para você conseguir insumo para essa parte. Éthos é o ponto essencial, imersão com o fundador, entender a fundo que a marca traz a sua raiz.

Futuro: para onde a marca vai. Nenhuma empresa pensa no agora. Ela vive o presente, pensando no amanhã. No começo de 2020, fechei uma consultoria com uma agência de publicidade, que queria ter uma nova estratégia de presença digital da sua marca, não apenas para um novo Instagram, mas para vislumbrar novos mercados fora da sua região. Toda marca faz algo hoje pensando no amanhã.

Influência: mensagem ao público. É aqui que você, como redator ou estrategista, tem três linhas para vender o que a empresa faz, seu diferencial. Quando a empresa é focada no propósito, fica mais fácil. Será que o texto-manifesto da Apple nesse momento, em vez de ter três linhas, tem apenas "queremos mudar o status quo"? Isso já representa muito sobre o poder de influência da marca no mercado e junto às pessoas.

Sonhos: desejo de conquista. Esse tópico tem uma grande ligação com o segundo, pois "futuro" e "sonhos" andam lado a lado. Todo sonho começa com um pensamento do futuro da empresa. Muitas empresas conseguem, outras não sonham alto para chegar lá. Será que John Pemberton, ao criar a Coca-Cola, tinha o sonho de ser a maior empresa de bebidas do mundo ou ele queria apenas conseguir um pouco de dinheiro para sobreviver?

Por fim, a assinatura do manifesto nada mais é do que a frase de posicionamento que você acabou de criar. Tenha muito critério ao montar esse texto, ele precisa estar de forma harmoniosa não apenas nos quatro pontos, mas no posicionamento e no que a empresa promete. Analise com calma cada frase, cada palavra, cada conexão que o texto faz. Esse material pode ficar apenas na parede do escritório, embora não seja feito para isso, mas, sim, para inspirar a comunicação da marca em vários pontos, inclusive o digital.

Em um capítulo anterior, você viu o texto-manifesto da Harley-Davidson, além de um depoimento de Simon Sinek sobre o que a marca representa, não mais uma empresa, mas uma crença. Lá você pôde ver que o texto e a promessa de marca estão muito alinhados, aliás, segundo Sinek: "Para que uma logomarca se torne um símbolo, as pessoas têm de se inspirar a usá-la para dizer algo sobre quem elas são".[126] Acredito que a Harley-Davidson é a materialização mais perfeita desse conceito, isso porque, nos termos de Sinek: "O significado da Harley-Davidson tem valor para as pessoas, pois, para os que acreditam no porquê da marca, e esse porquê ajuda a expressar o significado de sua própria vida".[127] Nada melhor para uma marca que ir além de uma empresa que vende um produto.

---

126 Sinek, op. cit.
127 Ibidem.

IMPORTÂNCIA DO VÍNCULO EMOCIONAL

Uma pesquisa de março de 2020, feita pela empresa Opinon Box,[128] mostrou a importância de se ter uma marca emocional. De acordo com ela, o ser humano pode tomar 30 mil decisões por dia, das quais 95% de forma intuitiva ou emocional, incluindo, nessas decisões, compras. Nessa pesquisa, a Opinion Box criou o Customer Emotional Value (CEV), em que considera notas de 0 a 100 entre alguns pontos importantes:

▷ Triste x feliz
▷ Inseguro x seguro
▷ Decepcionado x encantado
▷ Desrespeitado x respeitado
▷ Distante x próximo

Segundo a pesquisa,

> *as notas obtidas pelo CEV classificam os clientes em cinco grupos diferentes: lovers, potencias [sic] lovers, indiferentes, potencias [sic] haters e haters. Esses parâmetros servem para que as marcas trabalhem suas estratégias de mercado, identificando pontos a serem melhorados no relacionamento com os consumidores, para que estreitem ainda mais suas relações com eles.*[129]

Para a minha surpresa, sendo bem sincero, a Arezzo se tornou, com 88 pontos, a marca com maior vínculo emocional em experiência com clientes. Mucilon (Nestlé), Ninho (Nestlé), Apple,

---

128 Júlia Mariotti, 10 marcas com maior vínculo emocional com os consumidores, *Consumidor Moderno*, 10 mar. 2020. Disponível em: <https://www.consumidormoderno.com.br/2020/03/10/10-marcas-vinculo-emocional/>. Acesso em: 30 maio 2020.

129 Ibidem.

Molico (Nestlé), O Boticário, Nutella, Granado, Natura e Passatempo (Nestlé), nessa ordem, formam o restante dos top10.[130]

Perceba que a Nestlé, entre as dez, tem quatro marcas presentes. Criar esse vínculo é importante para fidelizar o consumidor. Marcas como a Harley-Davidson, citadas no capítulo anterior, precisam muito da fidelização para se fortalecerem.

Os resultados da pesquisa trouxeram os insights que vou apresentar aqui, com meus comentários:

Ouça o seu consumidor: estratégias de marketing devem ser elaboradas com foco no consumidor, este deve ser o centro da estratégia da marca. É preciso entender seus desejos e necessidades. Experiência do consumidor é a palavra de ordem para empresas B2C nos próximos anos que queiram se conectar emocionalmente com os consumidores.

Como já disse, infelizmente esse discurso está lindo no palco, mas, na prática, não. Faça um pequeno estudo nas redes sociais. Pegue dez marcas que você mais gosta, admira ou consome. Depois, veja no Facebook ou no Instagram se elas respondem aos comentários feitos em suas páginas. Se sim, se são respostas efetivas que resolvem eventuais dúvidas ou problemas, ou se elas respondem apenas aos comentários positivos. Se a marca não responde a nada ou só aos comentários positivos, ou mesmo a alguns de forma aleatória, não se pode dizer que elas têm o consumidor no centro de suas estratégias, uma vez que não fazem algo simples como responder a comentários na rede social.

Abrace a sustentabilidade: as marcas devem adotar práticas sustentáveis como um dos mais fortes valores. Não apenas no

---

130 Ibidem.

discurso, mas com iniciativas que realmente gerem impacto positivo no mundo.

Natura e O Boticário são marcas referenciais no quesito sustentabilidade e, não à toa, estão na lista. Mas elas não fazem por fazer, a sustentabilidade efetivamente é parte de seus valores. Não basta estar no discurso, é preciso fazer, divulgar, mas de uma forma que não pareça oportunista. Cuidado para não deixar que as oportunidades se tornem uma comunicação oportunista.

Fique atento às tendências de consumo: hábitos cada vez mais saudáveis, redução de uso de plástico a quase zero, valorização da beleza natural das pessoas. Essas são algumas das novas tendências de consumo que muitas marcas estão adotando e com as quais vêm conseguindo se conectar muito bem com os consumidores.

Quanto a valorizar a beleza das pessoas, mais uma vez vemos a Natura como exemplo. Case de sucesso, é sempre lembrada em pesquisas da área de consumo. No Prêmio Folha Top Of Mind, na sua 29ª edição, em 2019, a Natura, juntamente com a marca Ypê, liderou na categoria "Preservação do meio ambiente". Parece que vale a pena as marcas incorporarem causas que façam sentido na vida das pessoas. Doritos Rainbow é outro case a ser analisado de perto por apoiar efetivamente, e não apenas no discurso, a causa LGBT.

Humanize sua marca: em tempos de inteligência artificial, o atendimento humanizado ganha destaque. Criar um avatar ou mascote da marca, investir em um relacionamento mais próximo com os seguidores das suas redes sociais e oferecer um suporte totalmente diferenciado para os seus clientes são algumas estratégias que geram resultado.

Há um grande cuidado nesse ponto. Mais à frente, falaremos sobre humanizar a marca no processo de construção da mensagem, a quarta etapa dessa metodologia. Não basta ter o Ronald McDonald na loja ou ter um pinguim interagindo com as pessoas no Twitter, como brilhantemente o Ponto Frio faz. Humanizar é criar um personagem para a marca. Lembro-me, em 2012, de um projeto que iniciei na Giuliana Flores para criar a Giulianinha.

O projeto não foi adiante porque acabei saindo da empresa, mas o processo de construção ia muito além de criar uma personagem mulher que pudesse interagir com as pessoas via inteligência artificial. Ela precisava ser uma pessoa, ou, como o mercado gosta, persona. Dar vida a uma personagem vai muito além de lhe atribuir um nome, a cor do cabelo, a roupa que usa e o estilo de fala. Você está criando uma pessoa, que já nasce com uma idade que será permanente, como os personagens da Turma da Mônica, que, há mais de cinquenta anos, encantam o Brasil. Obrigado, Maurício de Sousa!

Por que da pesquisa?

A ideia de reproduzir essa pesquisa aqui é para apresentar a você a importância da conexão da marca com o consumidor. É imensurável o quanto isso gera de negócios para a marca! O carinho que as pessoas têm pela marca as faz tomar a decisão de compra. As pessoas que escolheram a Arezzo como a marca mais importante, no momento de compra de um sapato, será que vão à Santa Lolla? À Vizzano? À Schutz? Ou vão diretamente a ela, Arezzo? Pense nisso, afinal, você é assim também!

CASE OFFICER DISTRIBUIDORA

Em fevereiro de 2019, depois de algumas conversas com o Luciano Kubrusly, CEO da Officer Distribuidora, a FM CONSULTORIA começou a ajudar no novo posicionamento daquela marca, que seria um guia para ações futuras. A ideia era, naquele ano, desenhar o novo posicionamento para que, em 2020, ele fosse aplicado na comunicação. Na época, Christina Katselakis era a gerente de marketing. Em nossa primeira reunião, apresentei-lhe essa metodologia, que você está aprendendo aqui, com a qual ela se encantou.

Foi a primeira vez que eu vi uma cliente tão entusiasmada com a metodologia. E confesso que não era nem um terço do que está neste livro. Eu tinha apenas o case, já apresentado aqui, da Megalodon para mostrar. A Chris comprou a ideia. Então, demos início aos quatro passos da metodologia. A seguir, aprofundo-me nela, sem expor informações confidenciais do cliente, obviamente.

Razão da marca

O primeiro passo foi organizar as entrevistas a partir dos perfis que desejávamos. De um lado, dentro da empresa, falamos com quase trinta pessoas; depois, com outras vinte pessoas externas divididas – que abordaremos a seguir, em "Voz das ruas" – e, dessa forma, teríamos um panorama interessante dos caminhos. Cerca de cinquenta entrevistas, portanto, no total. Já era uma boa base de insights. Foram feitas sete perguntas de forma abrangente, como, por exemplo: "O que é a Officer?" ou "Quais os diferenciais da Officer?", e deixamos que as pessoas respondessem o que o coração mandava. Sem induzir as respostas, apenas ouvindo.

As pesquisas internas foram feitas uma a uma. Sentei em uma sala e, por três dias, das 9 horas às 19 horas, atendia pessoas que a Chris tinha definido. Todas foram muito solícitas. Todos querem contribuir para que a empresa na qual trabalham cresça. O segredo, também, foi não gravar (nem áudio, nem vídeo) as conversas e garantir que o relatório para o Kubrusly não mostrasse nomes ou cargos dos participantes.

Essa condição foi rigorosamente cumprida, porém, ele tinha total ciência de quem foi entrevistado, e isso era dito logo no começo. O segredo da imersão é o papo direto, honesto e transparente. Se sair disso, você cai rapidamente em descrédito e pode até perder o cliente pouco tempo depois.

Além de conhecermos a marca mais a fundo, a Chris nos ajudou preenchendo, com mais pessoas do marketing e comercial, o brief de marca, apresentado no início deste livro. Com isso em mãos, tínhamos um caminho mais claro a seguir, incluindo perfil de público, concorrentes e o mercado de atuação, que, no caso da Officer, é muito amplo, quando se fala de hardware e automação.

Com dados colhidos, conseguimos criar um pensamento estratégico que fez muito sentido para a marca, estabelecendo uma matriz com alguns pontos como propósito do fundador, resumo da imersão na empresa, imersão de marca e contextualização da marca. A matriz de master ideas, também apresentada aqui, deu um grande embasamento do que a marca era e o que ela representava na vida das pessoas. Criamos três perfis macro de público com os quais a marca necessita se comunicar diariamente. Cavamos o propósito, definimos missão, valores e filosofia. Identificamos os atributos racionais e emocionais, os conceitos que definiam os diferenciais de marca e chegamos a sua grande promessa. Tudo isso baseado em pesquisas e imersão, e não em achismos ou porque se ouviu uma frase legal do CEO, Luciano Kubrusly. Foram dias de pesquisa e de escuta antes de conclusões.

Estudamos o mercado e identificamos alguns concorrentes, que mapeamos e inserimos em uma matriz de classificação. Concluímos que um dos supostos concorrentes, aliás, o mais falado, na verdade não era um concorrente, pelo simples motivo que a distância entre a Officer e ele era muito grande. Seria como dizer que a Chevrolet Blazer concorre com o Porsche Cayanne. Ambos são SUVs, dentro do conceito de automóveis, servem para levar cinco pessoas, são luxuosos, mas não competem entre si, até porque o público de cada um é totalmente diferente. Mapeamos outros mais perigosos, em que a revenda opta por um ou outro, e identificamos os motivos. Analisamos os sites, os sites versão mobile, o posicionamento de marca, o posicionamento em Google, LinkedIn, Facebook, YouTube, Twitter e Instagram e as notícias sobre as marcas. Identificamos os pontos fortes e fracos do mercado, as ameaças e oportunidades. Com esse mapa, ficou mais fácil identificar um diferencial fortíssimo da Officer: relacionamento. Já era algo sobre o qual eles tinham ciência, mas, com a pesquisa, isso ficou ainda mais claro.

Voz das ruas

Criou-se uma pesquisa com vinte pessoas, divididas em três grupos: clientes que amavam a empresa, clientes comuns, clientes que tinham críticas à empresa. "O que é a Officer?" foi uma pergunta repetida propositalmente. Mas, se na razão da marca era importante conhecer o que era a empresa, agora era fundamental saber por que as pessoas compram os produtos da marca, uma vez que a Officer não produz nada, apenas revende produtos prontos de marcas como Lenovo, Dell, Bematech, entre outras. "Como a Officer ajuda em seu negócio?" ou "Em que ela precisa melhorar?" foram algumas das sete perguntas feitas ao grande público.

Conclusões tiradas, era hora de mapear o público-alvo, que, por ser diversificado, pois a empresa atende a muitos mercados, ficou bem amplo. Entendemos, então, que deveríamos fazer como a

Coca-Cola: ir para um lado mais emocional e institucional para fortalecer a marca, já que ela vendia commodities e não tinha diferencial de preço, mas, na pesquisa, o diferencial de relacionamento novamente se mostrou muito forte.

Normalmente em aula, digo que, quanto mais o estrategista pergunta, mais próximo fica da resposta. Com essas respostas, conseguimos criar uma jornada de consumo, pois entendemos em pesquisa como as pessoas fazem, e, dessa forma, pudemos nos comunicar com o público em diversos momentos dos cinco passos da jornada: escolha, compra, utilização, relacionamento e recompra. O caminho tático estava desenhando, mas era preciso um pensamento mais estratégico até iniciar as ações em redes sociais, por exemplo.

Posicionamento

Fases 1 e 2 prontas e aprovadas, fomos para a terceira fase, de posicionamento da marca. Dentro das pesquisas, elegemos doze conceitos que representavam a marca em algum momento, mas era preciso traçar um caminho que pudesse unir todos, e que alguns também tivessem mais força que outros, ou ficaria uma grande confusão.

No brief de pesquisa, duas marcas se mostraram fortes inspiradoras: Disney e Natura. Rapidamente identificamos que, se a Officer queria ser uma marca de bom relacionamento, fazia todo o sentido ter a Disney como referência; já a Natura nos mostrou ser inspiradora por ser uma marca que transmite a verdade, e com foco no ser humano. Relacionamento, palavra mágica da marca, voltava à tona na pesquisa, e era isso que a Officer precisava inspirar. Sendo a marca com melhor relação com o mercado em que atua, seu USP foi mais bem identificado, trazendo o relacionamento como um diferencial. Perceba que as coisas vão se encaixando uma a uma, basta ter as peças – que a pesquisa traz – para isso.

Criamos a matriz Swot, que nos deu ainda mais caminhos para seguir, dentro de conceitos sólidos e que faziam sentido em uma linha de pensamento único. A palavra mágica nem precisa comentar qual era, afinal, ela apareceu diversas vezes. Dentro da matriz das onze verdades da marca, relacionamento ainda apareceu mais duas vezes, sendo ele um dos pilares defendidos pelo CEO da empresa.

A frase foi criada: **Relacionamento de negócios**. Aprovada na hora, pois era curta, direta, objetiva e dizia o que a empresa realmente é. Ela não vende máquinas, ela promove um relacionamento que gera negócios para ambas as partes.

Baseado na estrutura de Jaime e Cecília Troiano no livro *Qual é o seu propósito?*,[131] foi criado o texto-manifesto:

Raízes

Quando a Officer surgiu, não queríamos apenas criar mais uma empresa, queríamos mudar o mundo da distribuição de tecnologia. Para isso, não bastariam apenas produtos, era preciso criar um elo de confiança forte.

Futuro

Começou assim a nossa história, na qual cuidamos de todos do nosso ecossistema com o mesmo carinho, afinal, sem nossos colaboradores e parceiros, não somos absolutamente nada.

Influência

Aqui, todos são seres humanos com necessidades, desejos e anseios que, sempre que possível, queremos ajudar a resolver, pois o relacionamento para nós é o que mais importa, é assim que conquistamos o coração de cada um e podemos oferecer a melhor experiência para todas as pontas.

---

131 Troiano e Troiano, op. cit.

Sonhos

Não vendemos periféricos ou informática, isso nos colocaria no patamar da mesmice. A Officer vende soluções ao mercado, soluções que façam todos crescerem. O seu sucesso é o nosso sucesso, na Officer não é clichê. É regra!

Assinatura

Officer: Relacionamento de negócios.

Bem, a partir daqui não poderei mais expor o case, primeiro porque são informações confidenciais; e, segundo, porque estaria falando do quarto passo, construção da mensagem, que ainda não abordei. Mas, para não ficar com aquela sensação de acabou sem acabar, o que fizemos foi criar mapeamento de território, brand persona, e definir o arquétipo utilizado. Acesse os canais da Officer Distribuidora que você verá o resultado de tudo isso.

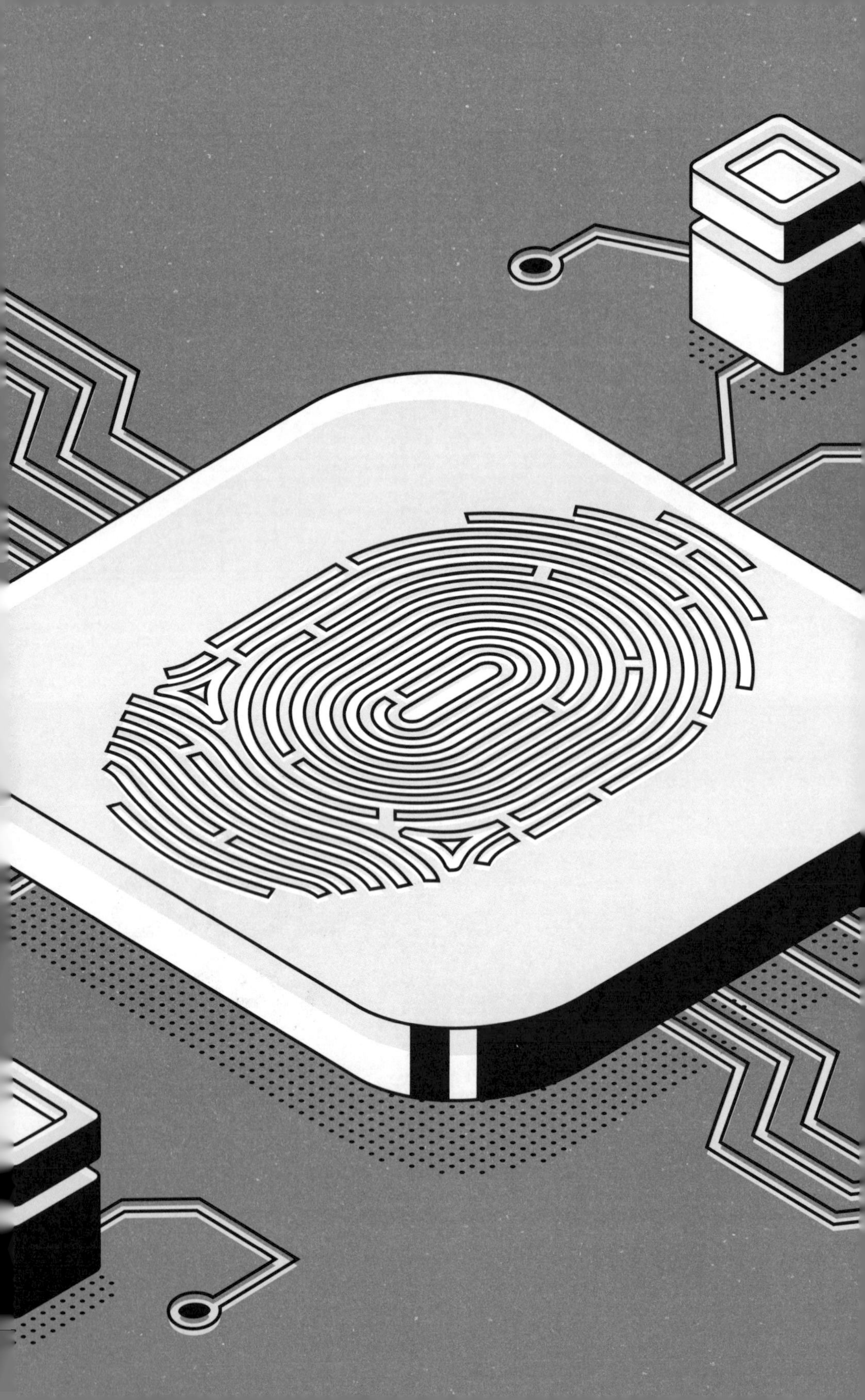

PARTE 4
CONSTRUÇÃO DA MENSAGEM

Iniciamos aqui a última parte da metodologia, o que, para muitos, é o que realmente importa. Uma pena quem pensa assim. A parte tática, ou seja, o que o consumidor realmente vê, que é um site, um aplicativo, o post do Facebook ou mesmo o e-book que ele baixa com dez dicas de algo que ele nunca vai ler, é o que chamamos de tático, ou melhor, o entregável. Porém, para que o site tenha uma conversão acima do esperado, para que o post do Facebook gere negócios ou mesmo aquele e-book possa desencadear alguma ação do consumidor com a marca, é preciso que essa marca esteja muito fortalecida na mente desse consumidor.

Vimos até o momento como fortalecer essa marca em três estágios. Os estágios 1 e 2, chamados de imersão da marca e voz das ruas, servem como dados para embasar as nossas decisões do estágio 3, o posicionamento da marca. Feito esse breve resumo, damos início ao estágio 4, em que construímos a mensagem da marca. O pensamento é simples: sem as fases 1 e 2, não há entendimento. Sem o estágio 3, não há um caminho. Sem a fase 4, ninguém será impactado por todo o estudo dos estágios anteriores. No entanto, para ser um impacto de sucesso, reforço, precisa haver uma construção sólida.

Em sala de aula, eu e outros professores ouvimos dos alunos que não é mais necessário estudar, pois está tudo no Google. De fato, não há nada que não esteja no Google, mas **informação não é conhecimento**. Guarde essa frase! Digo isso porque, para muitos, esse quarto estágio é o que realmente importa, ou seja, a criação da peça, e não todo o seu raciocínio por trás. Muita gente pesquisa artigos no Google e encontra uma campanha que deu certo com o influenciador A ou B, ou então acaba fazendo o que todos fazem: recorre a Google, Facebook, Instagram, YouTube, Inbound, e acha que isso é o suficiente para dominar o universo do marketing digital. Que enorme engano, pois o universo digital vai muito além de mensagem e mídia. O que você viu até aqui prova isso.

Google e McKinsey mostram a maturidade digital no Brasil

Em 2019, as duas empresas fizeram um estudo sobre como o brasileiro e as empresas estavam em relação à maturidade digital. Esse estudo repercutiu de forma negativa entre as agências, afinal, ele escancarava que o Brasil está muito atrasado nesse quesito. O site da Rock Content apresenta o estudo na íntegra,[132] mas aqui darei pequenos insights para que você entenda onde estamos. E não pense que, por estarmos em 2020, esse estudo mudou muito. Aposto com você que não.

Quando o estudo saiu, foi um problema para as agências. É compreensível que o cliente não tenha maturidade nem conhecimento digital, mas, no caso de agências, não. Esse é um dos motivos pelos quais as consultorias estão ganhando espaço na agenda dos clientes. A McKinsey, por exemplo, é uma das maiores do mundo. O brasileiro é apaixonado por redes sociais, é fato, porém, o que mais temos visto é gestor que lê jornal no tablet, tem Smartwatch, passa o fim de semana em casa pedindo coisas pelo Rappi, só se comunica com os pais pelo WhatsApp, assiste à série da Netflix de olho no Google para saber mais dos personagens, pergunta no Facebook dicas de séries, está quase cancelando a TV a cabo e não fica 5 minutos sem olhar o smartphone. É esse cara que tem medo da internet ou diz que no mercado dele o online não funciona. Ou pior: acha-se o inovador e olha a internet apenas como mais um veículo de mídia. Acredito ser esse o grande erro da visão "inovadora" do gestor de mídia online.

O exemplo que dou é válido, achar que, porque a marca tem um site, faz post no Facebook, investe em Google, faz uma newsletter por semana e posta um vídeo por mês no YouTube, tem presença

---

[132] Google aponta oportunidades para aumento da maturidade digital do Brasil, *Rock Content*, 15 abr. 2019. Disponível em: <https://inteligencia.rockcontent.com/maturidade-digital/>. Acesso em: 31 maio 2020.

digital. É a mesma coisa que pedir uma pizza, comer a azeitona e dizer que a pizza está uma delícia. Entende onde você pode estar? "Apenas" 95% das empresas no Brasil estão nesse estágio. Se você pertence aos 5%, parabéns!

Segundo o levantamento, o Brasil fica muito defasado no digital por pouco, ou quase nenhum, uso de ferramentas como:

▷ Armazenamento na nuvem

▷ Transações online

▷ Novas tecnologias para negócios

▷ Erro ao usar ferramentas de automação de marketing

▷ Machine learning

Na sua construção de mensagem, que é o tema deste capítulo, esses são pontos que você poderá usar. Repare: em algum momento se falou de mídia? Não! Nisso o Brasil é expert, pena que apenas nisso! No quesito "erro ao usar ferramentas de automação de marketing", por exemplo, sempre bato nesta tecla: não basta ter RDStation, SharpSpring, HubSpot ou LeadLovers. Elas são ferramentas e não a inteligência do negócio. Isso quem tem é o estrategista da marca. Não basta ter uma Customer.io, Constant Contact ou Pardot. Tudo isso é ferramenta que ajuda na estratégia, mas ela não é a estratégia em si.

O problema no Brasil é que os "marqueteiros de Google", que leem alguns blogs e se acham experts no assunto, ouviram em algum momento que essas ferramentas são ótimas, contratam-nas e não sabem o que fazer com elas. De fato, são ótimas, mas seria o mesmo que você ter uma Ferrari para andar na Avenida Paulista às 18 horas de uma sexta-feira chuvosa. Todo mundo vai ver, vai admirar, mas você não vai usar nem 10% do potencial do carro. Se você estivesse em um Uno, no mesmo momento, não mudaria nada. Vidro fechado, carro andando a 10 km/h, ar-condicionado e rádio ligado.

Outro item importante, o *machine learning*, está beirando o ridículo. O chatbot é o canal principal no uso dessa técnica. Tente usar de banco, e veja o quão atrasado está. Uma dica que me deram: sempre que entrar no chat do banco, digite "atendente", que o sistema joga para o atendimento. Não sei a sua opinião, mas eu não investiria em um sistema para que este direcione o cliente ao atendimento. A ideia do chatbot é exatamente reduzir custos com o atendimento, uma vez que ele precisa apenas de um servidor e pode atender um número gigantesco de telefonemas por minuto, enquanto o ser humano só é capaz de fazê-lo um por vez. Para se ter uma ideia, certa vez entrei no chatbot de um banco. Por três dias, toda a vez que eu entrava, o chatbot dizia que, para solucionar meu problema, eu precisava entrar... no chat! Ou seja, o sistema mandava eu sair de onde eu estava para entrar onde eu estava! Depois de três dias infernizando o banco via Facebook, Twitter e e-mail, todos respondidos por pessoas, consegui uma solução para um problema simples. Tinha perdido meu cartão e precisava de outro. Cerca de sete dias depois, meu cartão chegou. Fiz um teste, entrei novamente no chat, pedi uma segunda via e o chat me mandava para o chat! Nada mudara.

O *machine learning* é um enorme captador de dados, e esses dados precisam ser base para a comunicação das marcas. Em sua entrevista ao *Meio&Mensagem*, Daniela Cachich (CMO da Pepsico Brasil) foi bem enfática ao dizer que "os dados precisam retroalimentar as decisões de marca de forma periódica. Marcas precisam usar os dados, as pessoas estão 24×7 na internet gerando dados valiosos para as marcas, mas estas precisam estar atentas em como encontrar e qual inteligência usar nesses dados. É ali que está o futuro do consumo, tendências e caminhos".[133] E você ainda pensa em construir a mensagem baseado em achismo, ideias bacanas, memes, levando em conta o canal antes da ideia?

133 Balan e Pacete, op. cit.

Maturidade digital das empresas

Segundo o estudo, apenas 20% das empresas no Brasil usam apropriadamente as ferramentas disponíveis e medem resultados, enquanto as outras empresas têm desempenho mediano ou abaixo da média. Ou seja, 80% das empresas no Brasil estão nos estágios iniciais de maturidade do marketing digital.

- Praticamente 70% do investimento publicitário no Brasil vai para a TV.
- A cultura digital ainda não está no chamado "C-Level".
- A transformação digital, necessária, deve começar pelas pessoas, mas está sendo iniciada pelos softwares, o que é um erro estratégico que trará dados sem metas, sem objetivos e sem resultados.
- Apenas 20% testam e criam novos produtos e jornadas em conjunto com seus clientes. A cocriação é um pilar importante da transformação digital.

A McKinsey indica que "muitas empresas com participação de investimentos no digital acima de 50% apresentam retornos inferiores se comparados a certos anunciantes que investem a metade disso".[134] A eficiência de estratégias de marketing digital abrange todo o funil, com foco em comportamento de consumidores específicos, o que permite uma análise precisa sobre o retorno de investimento.

A mensagem que construo aqui é para que você deixe de lado esse pensamento míope de que marketing digital é apenas mídia. Você viu mais de duzentas páginas de estudos e embasamento

---

[134] Heitor Martins, Marcelo Tripoli e Leonardo Galvão, O estado do marketing digital no Brasil: 14 alavancas para atingir a maturidade, *McKinsey & Company*, 14 fev. 2019. Disponível em: <https://www.mckinsey.com/br/our-insights/o-estado-do-marketing-digital-no-brasil-14-alavancas-para-atingir-a-maturidade>. Acesso em: 6 jun. 2020.

para provar isso, e posso garantir a você que há pelos menos outras 3 mil páginas de livros, artigos e estudos a respeito. O marketing é fundamental para o sucesso de uma marca. O digital ganha força a cada ano que passa. A epidemia da covid-19 foi um trauma pelo qual o Brasil passou – escrevo o livro em meio a ela –, mas que, por outro lado, deixou marcas de que o online é importante. Faça parte do movimento que defende o digital como uma plataforma, e que marcas e pessoas estão no centro da estratégia como um todo. Pense na ideia, no fortalecimento da marca, nos atributos a serem vendidos, nos diferenciais. Construa a mensagem de forma verdadeira e impactante. Pense em dominar um território. Feito isso, pense a seguir no canal digital, este é o último momento: trata-se das plataformas que vão conectar a sua mensagem a um público interessado.

COMO CRIAR O STORYTELLING DA SUA MARCA?

De acordo com Paul J. Zak, neuroeconomista norte-americano: "Quando você quiser motivar, persuadir ou ser lembrado, comece com uma história humana de luta e triunfo. Isso conquistará o coração das pessoas, atraindo primeiro o cérebro".[135]

O que vamos ver aqui é um conceito que permeia o mundo das marcas, as histórias de sucesso que precisam ser contadas para encantar as pessoas. Histórias memoráveis encantam, se não o fazem, caem no esquecimento. O seu primeiro beijo é muito mais emocional e prende mais a atenção da sua plateia do que você contando que foi ao supermercado comprar brócolis. Ambas são histórias, mas uma emociona por retratar um episódio importante na vida de qualquer um. A outra é apenas corriqueira e banal.

---

135 Zak apud Sinek, op. cit.

O professor de psicologia Keith Oatley, da University of Toronto, descobriu que histórias detalhadas estimulam as mesmas regiões neurológicas do cérebro que seriam ativadas se estivéssemos vivendo a situação na vida real. Quanto mais detalhada a descrição, mais vívida e sugestiva é a história, e mais profundamente ela entra no cérebro das pessoas. Esse é um estudo que Carmine Gallo publica em seu livro *Storytelling*.[136]

O que é storytelling?

Na definição de Dimitri Vieira, analista de marketing na Rock Content:

> Storytelling é um termo em inglês. "Story" significa história e "telling", contar. Mais que uma mera narrativa, storytelling é a arte de contar histórias usando técnicas inspiradas em roteiristas e escritores para transmitir uma mensagem de forma inesquecível. Você pode ter ideias e mensagens brilhantes para transmitir, mas se não souber como fazer isso da melhor maneira, de nada adianta. [...] É uma questão de encontrar a sua voz, desenvolver a sua habilidade e aprender a contar histórias capazes de encantar seus leitores.[137]

Mais adiante, falaremos sobre o conceito de arquétipos, focados no marketing, analisando como construir esse tom de voz e uma mensagem de sucesso. Por ora, estamos apenas entendendo o conceito.

Por que usar o storytelling para a sua marca?

O motivo pelo qual, cada vez mais, as marcas estão usando esse recurso é para gerar a famosa conexão emocional. Histórias criam um elo de emoções, desejos, ganham a confiança, o coração e a

---

136 Gallo, op. cit.

137 Dimitri Vieira, O que é Storytellig? O guia para você dominar a arte de contar histórias e se tornar um excelente Storyteller, *Rock Content*, 22 fev. 2019. Disponível em: <https://comunidade.rockcontent.com/storytelling/>. Acesso em: 31 maio 2020.

mente dos consumidores. Marcas que se destacam no coração do consumidor tendem a ser mais desejadas por eles.

Essa conexão acontece quando a história consegue criar a conexão entre o que a empresa faz e o que as pessoas esperam, a promessa. Com isso, gera-se a empatia que leva a marca e a empresa a interagirem e compartilharem os mesmos valores e as mesmas visões de mundo. O propósito está mais explícito aqui, pois é o que cada vez mais as pessoas buscam.

Milena Seabra, diretora de comunicação e relacionamento do Grupo Paranaense de Comunicação (GRPCom), num artigo sobre storytelling, menciona a psicóloga Nicole Speer, da Universidade do Colorado, que, após pesquisar a relação entre percepção e memória, concluiu que

> *as histórias não apenas nos permitem processar as informações, mas também nos conectam emocionalmente com a outra pessoa. Por isso, aproximadamente 70% de tudo aquilo que aprendemos acontece através de histórias que são contadas das mais variadas formas, da escrita, oral ou visualmente e dentro dos mais variados contextos, um livro, um filme, um poema ou até uma biografia, mas o fato é que as histórias transformam informações em significado.*[138]

Storytelling é a maneira encontrada pelas empresas de pôr o interlocutor no lugar da pessoa que está vivendo a história. Joseph Campbell criou o conceito da jornada do herói, em que uma pessoa sai do nada, rumo ao sucesso. Esse conceito é muito usado em vários campos, até mesmo no político, pois cria a empatia de que se uma pessoa comum consegue o sucesso, os outros também são capazes disso.

---

138 Milena Seabra, Storytelling e o propósito das marcas, *Meio&Mensagem*, 15 ago. 2013. Disponível em: <https://www.meioemensagem.com.br/home/marketing/ponto_de_vista/2013/08/15/storytelling-e-o-proposito-das-marcas.html>. Acesso em: 31 maio 2020.

E como aplicar?

Para este capítulo, terei a ajuda de duas importantes fontes de referência na área. Primeiro, Bruno Scartozzoni, que gentilmente me enviou alguns áudios pelo Facebook com dicas sobre o tema. O outro, o livro de Carmine Gallo, *Storytelling*,[139] que, depois de lê-lo em dois dias, vi que o mesmo Scartozzoni assina a tradução e o prefácio brasileiro. Já conhecia Gallo de outros livros, como *TED: falar, convencer, emocionar*, que está na minha lista de favoritos, leitura altamente recomendável, até porque fazer uma boa apresentação – e é o que Gallo ensina – é fundamental no mundo dos negócios.

Nessa obra, Gallo conta como profissionais de diversas áreas usam o storytelling para vender seus produtos, por meio de marcas e conceitos bem fortes ligados a propósito de marcas.

Carmine Gallo trabalha com 21 tópicos sobre como construir o storytelling.[140] Entretanto, separei apenas seis deles, os quais achei mais relevantes para marcas. Já os áudios do Scartozzoni são sobre um case, que reproduzo aqui, com a autorização dele, claro, sobre como ele usou teatro para mudar a cabeça das pessoas dentro de uma grande empresa do Nordeste brasileiro.

Seis pontos de Carmine Gallo para o storytelling

Em seu livro, Gallo recorre a nomes muito interessantes, como os de Elon Musk, Steve Jobs, Richard Banson, Howard Schultz, entre outros, como exemplos. Aqui, apresento um resumo de cada ponto com as minhas observações. Usando uma frase que ouvi no áudio do Bruno Scartozzoni, é "difícil definir o que é storytelling, há muitas definições, sendo a maioria delas focada no entretenimento". Concordo com essa visão; aqui, vou apre-

---

139 Gallo, op. cit.
140 Ibidem, p. 291–292.

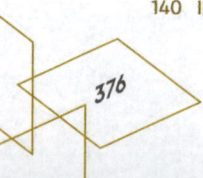

sentar elementos de como grandes nomes do varejo mundial usam esse recurso para contar suas histórias de marca.

1) Identifique o propósito da sua marca

Steve Jobs: o que alegra meu coração? Jobs criou ferramentas que ajudam as pessoas a liberarem sua criatividade. E isso alegrava seu coração.

Observação do autor: este livro, por exemplo, foi escrito em um MacBook. Não acho que a ferramenta ajude na criatividade, afinal, ela é só uma ferramenta, mas muitas pessoas acham que o fato de eu ter um computador criado por Jobs me fará mais inteligente. Dou esse exemplo para que você entenda na essência o que é o poder da marca!

Richard Benson: acredita que histórias podem mover montanhas. Grandes histórias começam com grandes frases que captam a mensagem principal da ideia. Uma história convincente deve ser contada com confiança, clareza e, acima de tudo, concisão e simplicidade.

2) Conte a história da sua vida

Sting: escrevia sobre o que conhecia. Sting revelou a sua história, sua origem e a narrativa que moldaram a sua identidade. Todos temos uma história. O dom de contá-las pode mudar vidas.

Observação do autor: marcas sabem muito de si, mas pouco do que as pessoas querem delas. Identidade de marca é algo a ser buscado de forma constante. A Harley-Davidson conta histórias que mudam vidas de quem deseja ter seu produto.

Sara Blakely: sempre ouviu de seu pai que se ela não tivesse fracassado naquele dia, ela não teria tentado nada novo. E ouvia isso em quase todos os jantares com ele. Para ela, produto não se vende sozinho, precisa de uma boa história sobre sua origem. Isso o faz virar tema de uma conversa entre pessoas, isso engaja! Hoje, Sara usa isso na Spanx, empresa que fundou e da qual é CEO.

Para ela, os elementos de uma boa história são:

▷ Dificuldade

▷ Conflito

▷ Solução

Boas histórias têm muitos detalhes que ajudam o ouvinte a viajar e criar seus cenários.

Observação do autor: Jeffrey Zacks, diretor do laboratório de cognição dinâmica da Washington University, acredita que o cérebro humano faz simulações mentais vívidas de paisagens, sons, gostos e movimentos sobre os quais lemos ou ouvimos falar. Quando ouvimos um narrador compartilhar uma sequência detalhada de eventos, as mesmas regiões de nosso cérebro são estimuladas, como se a experiência estivesse acontecendo conosco na vida real. Uma descrição vívida de como um produto foi concebido quase sempre marca a diferença entre aquele que fica na prateleira e aquele que chama a atenção.

Kat Cole: líderes de sucesso lutam durante a crise e os fracassos, e focam em resultados. Kat comanda uma empresa que fatura US$ 1 bilhão ao ano, a Cinnabon, uma rede de franquias no setor de gastronomia. Ela não tem vergonha de contar a sua história, pois acredita que isso a faz única.

Observação do autor: marcas podem fazer produtos iguais ou similares. Podem competir pelo mesmo consumidor. Disputam o mesmo mercado, o mesmo espaço na gôndola, querem o mesmo espaço na mente e no coração das pessoas. Concorrem com as mesmas palavras no Google. Tudo isso pode ser igual, mas as marcas nunca são iguais, pois são as suas histórias que as fazem únicas! É a história de um engenheiro, um banqueiro e um dono de papelaria alemães que, vendo o sucesso de canetas-tinteiro em uma viagem aos EUA, decidiram fazer o produto na Alemanha em uma versão aprimorada. Hoje, a Montblanc é um dos maiores impérios do luxo no mundo.

3) Apresente um herói – pessoa ou produto – que triunfa sobre a adversidade

Oprah Winfrey: a arte de dominar o storytelling e cavar fundo, e identificar a verdadeira paixão, o seu chamado.

Observação do autor: como as marcas podem contar uma boa história sem uma paixão que as reja? Como construir uma boa história sem um bom propósito? Já vimos como cavar isso e como ele é um dos 5Ps do branding, importante para criar essa conexão entre marcas e pessoas.

A TV é, para Oprah, uma plataforma para distribuir a sua mensagem, suas histórias positivas. Ela quer conectar pessoas a ideias e histórias.

Observação do autor: usar plataformas para distribuir mensagem é o que as marcas devem fazer junto às redes sociais. A inspiração em ser uma pessoa melhor tendo a marca como suporte é uma grande tendência. Não se deve ver o Facebook como venda atrás de venda. O que é uma marca senão ideias e histórias que as pessoas compram? Você compra um smartphone ou uma oportunidade de quebrar o status quo? Se quer quebrar isso, você terá um iPhone; se só quer um smartphone, terá um Samsung.

Oprah usa recursos triviais de storytelling como:

▷ Início simples.
▷ Ajudar o público a identificar histórias.
▷ Transformar experiências em lição de vida.

Não à toa, Oprah é reconhecida como uma das maiores comunicadoras da história da TV mundial, pois sabe como contar boas histórias e cativar seu público fiel de milhares de pessoas pelo mundo. Só por curiosidade, pesquisei seu perfil no Instagram (@oprah): são mais de 18,5 milhões de seguidores, outros 43,2 milhões no Twitter. Uma audiência nas redes sociais bem impactante.

J.K Rowling: mundialmente conhecida por ser a autora da saga *Harry Potter*, ela tem uma metodologia para seu storytelling:

Evento gratuito: começa contando uma história que tem tudo para dar errado, gera a tensão, medo do futuro, de não haver perspectiva.

Transformação: foco no que realmente importa. O fundo do poço é um pilar para reconstruir a vida. O fracasso ensina.

Lição de vida: fracasso é inevitável. Sem fracasso, não há vida, pois as pessoas se protegem a ponto de não fazer nada! Tenha experiências na vida e transforme-as em conhecimento.

Darren Hardy: esse autor, palestrante e consultor americano, já foi editor de uma revista. Autor de livros que se tornaram grandes best-sellers. É preciso dominar muito bem a arte do storytelling para construir uma obra que se torne best-seller, por isso, Hardy imagina que todos precisam de um inimigo. Luke tinha Darth Vader, Apple tinha a Microsoft, Google tinha o Yahoo e a Coca-Cola tem a Pepsi.

Essa tensão entre as partes gera excelentes histórias e prende a atenção do público. Histórias são legados para as próximas gerações, desde que elas tenham o final feliz esperado. Conforme diz Gregory Berns, neurocientista e autor do livro *Satisfaction*: "O caminho para experiências gratificantes passa pelo terreno do desconforto".

4) Transmita sua visão por meio da história do fundador com consistência e publicamente

Howard Schultz: a criação da missão do Starbucks foi inspirada em uma história de seu pai, quando este quebrou a perna e ficou um tempo sem trabalhar. Sem muitos recursos, a família passou por dificuldades, pois o pai não tinha como trazer o sustento para casa. Isso inspirou na missão, nos valores e no porquê de a empresa existir. A marca, na visão de Schultz, nunca esteve no negócio de café, mas, sim, na relação com as pessoas, na conexão humana. Por isso ele põe os funcionários como protagonistas da história. Não à toa, 60 milhões de clientes passam semanalmente nas lojas da rede em todo o planeta.

Observação do autor: assim que a experiência é conseguida, quando há o engajamento da equipe, quando o propósito é passado e aplicado pelas pessoas no ponto de venda, o consumidor percebe. Isso gera a lealdade. Se fosse apenas para vender café, o Starbucks seria mais um no mercado, com muita concorrência e pouca diferenciação do produto, café, uma das mais vendidas commodities do mundo. Schultz sabe do poder da história para motivar as pessoas, o quanto o propósito é importante. E vale lembrar que ele não é o fundador da marca, mas aquele que transformou uma pequena empresa em um império do café, depois de uma viagem à Itália.

A visão de Schultz era construir o terceiro lugar na vida das pessoas, depois da casa e do trabalho. Café no centro da conversa, criando um senso de comunidade. Ele queria inspirar as pessoas a viverem seus sonhos; se ele sonhou grande, todos podiam.

Observação do autor: pessoas reunidas em torno do café em um ambiente relaxante. Starbucks é assim. Pode-se ir a um a qualquer momento, onde sempre há uma pessoa lendo um livro enquanto toma um café. Ou pessoas debatendo um projeto, ou apenas olhando para o horizonte, pensativas.

Jonh Mackey: CEO e um dos fundadores do Whole Foods Market, para quem o propósito de uma empresa é a diferença que ela está tentando fazer no mundo, é o que fornece energia e relevância para a empresa e, principalmente, para a sua marca. Quando isso ocorre, os funcionários não trabalham pelo dinheiro, mas por uma causa, entregam sempre aquele algo a mais para a empresa, pois estão inspirados pela sua história. A marca de uma empresa é apenas o modo como as pessoas pensam na empresa ou no produto, então, não acho que a marca seja mais importante do que o propósito ou os valores da empresa. Não somos vendedores com uma missão, somos missionários que vendem.

Para Paul Polman, CEO da Unilever: "O que as pessoas querem na vida é ser reconhecidas, participar, crescer e fazer a diferença".[141]

Mackey acredita que o sucesso de uma empresa está em ter propósito e valores muito sólidos comunicados de forma contínua. Seu propósito é ajudar as pessoas a serem mais saudáveis. Para ele, a missão da empresa torna-se uma vantagem competitiva, quanto mais se foca para além do dinheiro, mais ele vem.

Observação do autor: se a missão, valores e propósito fizerem parte da vida da marca, como um componente-chave, clientes, colaboradores e acionistas farão o algo a mais pela empresa. É isso que acende a chama da paixão coletiva, pois é o que torna a marca mais humana, a eterna busca pelo significado.

Sheryl Sandberg: autora do livro *Faça acontecer* e palestrante, acredita que contar histórias é uma forma de engajar pessoas. Estatísticas não iniciam movimentos; histórias, sim.

Observação do autor: ao se abrir, contando ao mundo as suas histórias, ela possibilitou ter a empatia de outras pessoas, que

---

141   Polman apud Troiano, *Brand Intelligence*, op. cit.

compraram a sua história e, consequentemente, tudo o que vende. Com as marcas, é preciso fazer o mesmo. Não se confia 100% no que não se conhece. A história da sua marca pode ser linda, inspiradora, mas se só você e seus colaboradores a conhecem, ela não vai inspirar outras pessoas a sentirem o desejo de consumir seus produtos. Daí a necessidade do fortalecimento de marca.

Histórias inspiradoras têm dois momentos: tensão e triunfo, e isso ecoa na mente das pessoas, pois elas se veem em boa parte das narrativas. A emoção influencia o processo de decisão, logo, quem mais ouve está mais propenso a comprar, pois fica mais sucetível a adorar a visão do fundador e abraçar essa visão como sendo sua. Os líderes não movimentam uma montanha com dados, fazem isso dando parte do seu coração às pessoas.

Observação do autor: emoção influencia o processo de compra, isso é um dos dados mais interessantes e comprovados na ciência de compra. Quanto mais as pessoas querem saber, mais há interesse em comprar; quanto mais interesse, mais desejo. A fórmula do A.I.D.A. (atenção, interesse, desejo e ação) mostra claramente isso. Um trabalho de presença digital se faz fundamental para qualquer marca. Não basta ter um site bacana, mas que funcione e seja alimentado diariamente. Não basta ter um post bonito no Facebook ou Instagram, mas um post que conte da marca, em cada detalhe, em cada linha, em cada momento. Não basta ter um blog com um post por semana, mas um canal de alta relevância que ensine o que a marca faz!

5) Embale dados em histórias para criar conexões pessoais

John Lasseter: diretor de criação da Pixar e Walt Disney Animation Studios. Se existe uma pessoa que sabe como encantar por meio de histórias, é ele. Pixar é responsável por diversos sucessos no cinema, como *Frozen, Carros, Toy Story, Monstros S.A.*, entre outros.

Quando ele ouviu do seu chefe, no começo da Pixar: "Faça isso ser grandioso", Lasseter entendeu o recado. Tudo o que fez foi para cumprir essa frase, porque a Pixar tinha essa missão, que vinha da mente e da visão de seu chefe: Steve Jobs.

Para o criativo, não importa a tecnologia usada, mas, sim, a história que será contada. Nenhuma tecnologia no mundo transforma uma história ruim em boa. A história é pensada antes de ir ao ar, e não durante.

Observação do autor: não é o Facebook ou o Instagram que farão a sua marca ter sucesso. É a história a ser contada nessas plataformas. Facebook é uma das mais importantes plataformas do mundo, e plataforma, na sua essência, é um local que conecta produtores de conteúdo e consumidores de conteúdo. Marcas são produtores de conteúdo. Cada vez mais, o caminho delas é nesse viés. Pense na ideia, pense na história, pense na tensão e no triunfo para, depois, pensar na ferramenta. Pense no conceito, antes do aplicativo, pense na missão e nos valores da empresa, antes do e-commerce, pense nos atributos de marca antes de ter a RDStation ao seu lado.

Marcas precisam sempre ser autênticas, só dessa forma se cria a empatia necessária. No mundo das marcas, as histórias é que mandam!

Elon Musk: CEO da Tesla e do SpaceX. Em seu storytelling pessoal, seu segredo é explicar de forma simples a complexidade dos seus produtos altamente tecnológicos. Ele apresenta o vilão e o herói, como problemas e soluções. O herói é sempre sua marca. Musk pensa na plateia como se fosse uma sala da sexta série, assim, a linguagem fica mais simples.

6) Inspire funcionários a serem os heróis de suas histórias com os clientes

Danny Meyer: dono de vários restaurantes no mundo, sendo em especial a franquia Shake Shack, que vale US$ 1,6 bilhão, Meyer acredita que se as marcas puderem usar suas histórias para dar exemplos, ficam mais próximas de perpetuar a cultura e evoluem. Essas histórias podem educar os funcionários pelo mundo. E ao longo do tempo.

Observação do autor: histórias! Quantas vezes você leu sobre isso neste capítulo? E neste livro? Por mais que seja um capítulo dedicado a storytelling, o que faz todo o sentido falar dessa palavra, vemos que as marcas são histórias materializadas de seus fundadores. Todo sonho começa com o primeiro passo. As atuais marcas multibilionárias começaram pequenas em garagens ou quartos. Começaram com uma pessoa vendendo de porta em porta algum produto, com uma ideia que viram em outro país, a partir de uma necessidade não atendida, de uma inspiração familiar. Qual a sua verdade? Você comunica isso?

Meyer entende que todos os funcionários precisam ter cabeça de empreendedor para obter sucesso no negócio. A cabeça e o coração têm de ser usados para melhorar experiências, ouvir mais, fazer mais, falar menos. Experiência é algo que se faz primeiro e se conta depois. As histórias de experiências são inspiradoras, o cérebro humano está programado para receber essas histórias, ou seja, não estamos preparados para abstrações, e sim para o que é concreto.

Observação do autor: promessa de marca é o que o consumidor espera receber. E não é uma fantasia, não é abstrato. Ele espera receber algo concreto. A Disney é um mundo de fantasias, mas se o consumidor não conseguir ir a um brinquedo ou não puder tirar uma foto com o Mickey, ele logo mudará de ideia. A Apple é apaixonante, mas se a bateria do seu smartphone começar a durar 3 horas, veremos onde vai esse amor pela marca. Experiência e história andam juntas.

Meyer encoraja a equipe a coletar informações que possam transformar em experiências do consumidor em um evento mais rico e memorável.

Observação do autor: há dezenas de ferramentas para isso no mundo online. Desde as mais simples, como Analytics do Google, Facebook, YouTube, Twitter e Instagram, gratuitas e que oferecem um panorama geral da situação; e também ferramentas pagas de monitoramento de redes sociais, como Buzzmonitor, MLabs, Followerwonk, SocialBakers e ScupSocial. Há ferramentas de pesquisa de comportamento, como TGI (Target Group Index), Nielsen, Kantar Ibope Media, ComScore. Ferramentas de pesquisa online, como Opinion Box e Mintel. Além de empresas que fazem pesquisas customizadas, como FM CONSULTORIA, Locomotiva, RGConect e Flemming Pesquisas. Você pode também usar as redes sociais e, principalmente, o mailing da empresa para, junto a SurveyMonkey ou Google Formulários, criar pesquisas específicas para a sua base e usar as plataformas para impactar pessoas, com perfis similares da sua marca, de modo a entender comportamentos. Todas agregam muito, mas nenhuma substitui o olho no olho do consumidor, as conversas e os possíveis insights que saem dessas conversas.

Storytelling é um replicador. Como transformar um ato banal em um acontecimento. Basta ouvir as pessoas e criar algo mágico para elas. Entregar uma carta, escrita à mão, agradecendo uma compra online, por exemplo. Um simples ato que vira um storytelling.

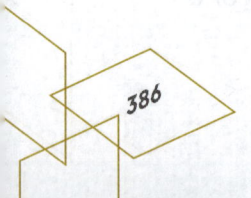

Steve Wynn: construiu o Bellagio e o Mirage, em Las Vegas. Presidente da Wynn Resorts. No mercado de turismo, ele acredita muito no poder do storytelling como estratégia. Nas reuniões nas sedes dos seus hotéis, os gestores começam questionando sobre as melhores histórias que cada funcionário presenciou ou viu, mas que tenham sido experiências memoráveis. Em muitos casos, o funcionário contando a história é filmado e divulgado nas redes sociais como forma de inspirar as pessoas.

Observação do autor: histórias são únicas e muitas delas apenas a sua marca tem. Atente-se a isso quando for pensar nas campanhas de redes sociais. O conteúdo é fundamental. Meu grande amigo Rafael Rez é o mestre nesse assunto no Brasil. Se você pesquisar um pouco, achará histórias memoráveis para contar nos canais digitais da sua marca. Pense menos em vendas, mais em encantar. Feito isso, as vendas vão ser maiores do que você imagina.

Case de storytelling: J.Macêdo

Da marca-mãe, J.Macêdo, que se posiciona como "o sabor de fazer bem-feito", talvez você não tenha ouvido falar. Porém, é certo que a farinha Dona Benta há na cozinha da sua casa. E o que falar das massas e lasanhas Petybon? Ou dos biscoitos e gelatinas Sol? Bom, talvez a farinha de trigo tradicional Brandini faça parte da sua cozinha. Digo isso porque esses produtos estão presentes em milhares de lares brasileiros. A J.Macêdo é, sem dúvida, uma das gigantes do setor, com marcas bem fortes.

Em 2008, a empresa passava por uma mudança significativa. O foco deixava de ser vender commodities, para vender marca. Essa mentalidade precisava ser mudada, uma vez que uma grande parte da farinha que a empresa produz abastece outras empresas, que transformam a farinha em produtos para revender ao consumidor final. Por isso, o pensamento era em ser uma empresa de farinha, quando na verdade era para ser um pensamento focado nas marcas que ela tinha na casa das pessoas.

Isso é importante para um reposicionamento de marca, mudar o foco nos apelos de comunicação. Era um enredo bom para uma bela história, que faria uma drástica mudança na empresa. Não eram apenas campanhas ou post em redes sociais, mas uma mudança no pensamento da empresa como um todo, da alta cúpula ao funcionário "chão de fábrica".

O projeto de Bruno Scartozzoni consistiu em criar uma peça de teatro "Filhas do Dodô", de 1 hora, com nove cenas. A peça aconteceu em uma convenção da empresa, para trezentas pessoas, de média gerência para cima. Ao longo dessa 1 hora, quatro personagens interagiam no palco, cada um representando uma das marcas da J.Macêdo (Dona Benta, Petybon, Sol e Brandini). Dodô era a representação da marca-mãe, J.Macêdo, e cada uma das filhas do Dodô era uma marca.

Durante uma cena e outra, a peça parava e vinha um conteúdo corporativo tradicional, o famoso PowerPoint, que não era muito bem captado pelo público, embora a peça conseguisse chamar a atenção de todos.

O objetivo da ação era mostrar o novo momento da empresa, fazer os funcionários entenderem essa nova dinâmica, mostrar que a venda dos produtos era diferente entre si, afinal, marcas têm histórias próprias. Os personagens também representavam os perfis de público de cada marca e o comportamento das pessoas. Essa foi, em um primeiro momento, uma ação interna, de conscientização do time de vendas, depois externada para o público final por meio de campanhas que fortaleciam as marcas de seus produtos próprios.

J. Macêdo é uma gigante da indústria, e usar esse conceito para motivar os colaboradores vem muito ao encontro de tudo o que veremos na sequência sobre o livro de Carmine Gallo.

Visão de Bruno Scartozzoni sobre storytelling

Acabei abusando um pouco mais do Scartozzoni. Contei-lhe que tenho uma "mania" de citar muitas referências em meus textos, apresentações, aulas e planejamentos. A maioria das pessoas gosta, outras dizem que isso me deixa como um repetidor de coisas já ditas. Bem, cada um tem a sua percepção, mas gosto mesmo de reafirmar aquilo em que acredito. Venho mencionando aqui muita gente que é referência para mim, como Romeo Busarello, Walter Longo, Daniela Cachich, Rafael Rez, Simon Sinek, Martha Gabriel, Marcos Hiller, entre outros. Por isso, seria interessante ter também a visão de um dos maiores especialistas no tema para embasar o que tenho dito sobre a minha visão, então lhe pedi um depoimento. Scartozzoni gentilmente se prontificou a fazê-lo, e apresento-o na íntegra:

Storytelling, traduzido para o português, seria contação de histórias.

Em outras palavras, o conjunto de técnicas normalmente utilizadas por escritores, roteiristas, diretores e profissionais da indústria do entretenimento para capturar a atenção e engajar o público em seus conteúdos.

No Brasil, storytelling, em inglês, ganhou uma conotação corporativa a partir do momento em que empresas e profissionais começaram a assimilar essas técnicas em campanhas publicitárias, conteúdos de mídias sociais, endomarketing, apresentações etc., com o objetivo de também conseguir esse efeito: capturar a atenção e engajar o público.

De uma forma mais técnica, podemos dizer que a técnica do storytelling consiste em encadearmos fatos (reais ou ficcionais) em uma certa sequência. De uma forma bastante simplificada, essa sequência seria: um personagem, lutando contra forças antagônicas para alcançar algo que deseje. Por uma série de motivos, que vão da psicologia à neurociência, toda vez que encadeamos fatos dentro desse padrão as pessoas tendem a prestar mais atenção.

Bem, depois de tudo o que você viu por aqui, o que acha de falarmos um pouco sobre um dos maiores fenômenos mundiais do storytelling, do qual sou fã e acredito que você também o seja: *La Casa de Papel*?

La Casa de Papel

CUIDADO: ALERTA DE SPOILER! A boa regra da vizinhança diz que sempre que vai se abordar uma série, é importante fazer a indicação de spoiler. Falarei aqui sobre algumas cenas das quatro temporadas da série, iniciada em 2017. Importante lembrar que, quando este livro foi escrito, a quinta temporada, apesar de confirmada, ainda não estava disponível no catálogo da Netflix. Mas acredito que a grande maioria dos leitores assistiu à série. Se até o momento não o fizeram, recomendo que, como estrategistas que são, ou pretendem ser, vejam *La Casa de Papel* com esse olhar.

Incluí este capítulo depois de ter assistido ao documentário da Netflix sobre a série. Em abril de 2020, a empresa disponibilizou um documentário de quase 1 hora de duração chamado *La Casa de Papel, el fenómeno*. Eu tinha passado um sábado escrevendo exatamente este capítulo sobre storytelling. Por volta das 19 horas, ao finalizá-lo, perguntei a minha esposa o que poderíamos assistir na Netflix; vivíamos então um dos piores períodos da história mundial, a pandemia da covid-19. Como somos apaixonados pela série espanhola, optamos pelo documentário sobre ela. Conforme o filme avançava, mais eu concluía se tratar de um case de muito sucesso de storytelling. Então, no dia seguinte, assisti novamente, anotando alguns pontos que insiro aqui, para entender como *La Casa de Papel* se tornou um dos maiores cases, na minha visão, de storytelling do mundo.

La Casa de Papel foi um fracasso!

Estranho ler isso, não? Mas é uma realidade. A série foi escrita para ser reproduzida em um canal espanhol. No começo, 4,5 milhões de pessoas viram *La Casa de Papel*, mas, na segunda temporada, a audiência caiu drasticamente, sendo uma frustração para todos. A Netflix, então, comprou as duas temporadas e as incluiu em seu catálogo internacional. Essa foi a única ação de marketing da série, mas foi a grande guinada de sua trajetória.

Quase que do dia para a noite, os atores que dela participam começaram a ver suas contas pessoais no Instagram pular da casa dos 20 mil seguidores para milhões. Pessoas do mundo inteiro pasaram a segui-los e mandar-lhes fotos de torcidas em estádios de futebol com imagens dos personagens; do carnaval no Brasil, milhares de pessoas usando roupas e máscaras da série. Houve até uma imagem de um fã que tatuou uma das protagonistas, Tóquio (Úrsula Corberó), na perna.

Foi esse o estalo de que algo muito bom estava acontecendo

O uniforme usado pelos bandidos na série – macacão vermelho e máscara de Salvador Dalí (importante artista espanhol, reconhecido mundialmente pela sua genialidade) – começou a aparecer em protestos diversificados pelo mundo, onde pessoas reivindicam melhorias nos direitos sociais e bradam por causas relacionadas a feminismo, democracia e meio ambiente.

O símbolo da resistência espanhola, da série, passou a ser usado na vida real. E foi todo esse sucesso que fez a Netflix convidar todo o time para um outro assalto. Se nas temporadas 1 e 2 o alvo era a Casa da Moeda da Espanha, nas temporadas 3, 4 e 5 passou a ser o Banco da Espanha – ambos os alvos do grupo liderado pelo personagem Professor se localizam em Madri.

Sucesso da série

Com a compra pela Netflix, de fracasso, *La Casa de Papel* se transformou rapidamente em uma das séries mais vistas em todo planeta. Há países, como o Brasil, onde é a mais assistida. As gravações das novas temporadas começaram a se complicar, pelo volume de pessoas que se aglomeravam para ver seus ídolos, como o Professor (Álvaro Morte) e Berlim (Pedro Alonso), os mais assediados, até porque eram dos poucos que faziam cenas externas. A todo momento, ambos agradeciam e entravam no "jogo", o que gerou ainda mais empatia com os fãs. Grave bem essa palavra: empatia! É ela que faz a série ser o sucesso que é. Veremos o porquê na sequência.

Você se lembra de como conheceu a série?

Pessoas assistiam à série e iam comentando sobre ela em suas redes sociais: esse foi o verdadeiro efeito viral, não estimulado por mídia ou influenciadores, mas pelo ímpeto natural de se querer fazer boas indicações a amigos. Benzema e Mbappé, dois dos maiores jogadores da atualidade do futebol francês, postaram fotos em suas redes sociais usando a máscara de Dalí. Até Neymar, de tão fã, foi convidado a fazer uma pequena participação na terceira temporada.

Sites e blogs do segmento audiovisual começaram a comentar sobre *La Casa de Papel*, até por ser o tema do momento. Isso popularizou ainda mais a série, tornando-se o viral que toda a marca deseja; o que viraliza não é o alto investimento de mídia aportado na peça, mas, sim, a história!

Eu e a minha esposa, Maya, conhecemos *La Casa de Papel* via redes sociais. Começamos a ver muitos dos nossos amigos comentando sobre ela com grande entusiasmo em Facebook, Instagram e Twitter. Não somos tão fãs de séries; até então, só havíamos assistido a uma, *Narcos*, também da Netflix. Havíamos gostado da experiência e pensamos em repetir com a série espanhola. Assistimos a cada um dos episódios, de quase 1 hora cada, da primeira temporada no sofá da sala, com muita pipoca e Coca-Cola, durante um fim de semana propício, graças ao frio que fazia em São Paulo.

Encantados por ela, repetimos a dose com a segunda, a terceira e a quarta temporadas. E, sem dúvida, já estamos atentos em relação ao lançamento da quinta, lendo quase tudo o que sai a respeito em sites especializados, como o *Adoro Cinema*, por exemplo.

Os segredos da história de *La Casa de Papel*

No documentário, é explicada a estratégia dos criadores, roteiristas e diretores para construir a trama da série. Repito, ela não faz sucesso por ser um case de marketing, com muita mídia ou uso de atores famosos. Ela se tornou um fenômeno porque a história é muito bem contada, rica em detalhes e que tem a tensão como pano de fundo em cada cena. Fica a dica para você assistir ao documentário na Netflix.

1) Personagens: o fator mais importante para uma história é saber quem vai contá-la. A criação de cada um dos personagens foi muito bem estruturada. As pessoas se apaixonaram por eles, a ponto de esquecer que são os bandidos e não os mocinhos. O Professor comanda um time que invade Casa da Moeda e o Banco da Espanha para assaltar, lembram?

Mas isso é deixado de lado. Os personagens têm problemas, medos, bondade e maldade. Todos têm uma história de vida, de luta, e dificuldades, por isso a empatia é gerada de forma espontânea e rápida. A carga emocional dada a cada personagem foi fundamental para gerar essa paixão por eles, em especial em relação ao medo.

Todos temos medos o tempo todo. Medo de não ser uma boa pessoa, do trabalho não ser bom, de não ser um bom marido ou esposa. Medo de uma demissão repentina, medo de um assalto. O medo é presente em nossa vida. Escrevo este livro na certeza de que será um sucesso como foram os outros que escrevi, porém, há o medo de críticas e de que ele não seja o que espero.

O medo está inserido nas nossas vidas, desde que nossos pais nos ensinam a não pôr a mão na tomada ou no fogo. É um sentimento que pode nos paralisar ou nos mover para frente. Na Netflix, assisti ao seriado sobre um grande ídolo mundial, Michael Jordan. Seu medo de fracassar foi o que o fez ser bem-sucedido. Jordan, ao lado de Telê Santana e Raí, são meus grandes ídolos no esporte.

2) Paixão: "O coração é o fator que diferencia a série", diz Pedro Afonso, o intérprete do personagem Berlim. A série mescla a sensibilidade dos filmes românticos com o dinamismo dos filmes de ação. Há cenas, por exemplo, em que, em meio a tiroteio, Tóquio e Rio – que eram namorados nas duas primeiras temporadas – se beijam atrás de uma proteção, após Tóquio usar uma potente metralhadora. O casal encabeça o romantismo. Outros casais vão se formando, como Monica Gaztambide (Esther Acebo) e Denver (Jaime Lorente), que permanecem nas temporadas seguintes. Outro casal inesperado se forma com o Professor conquistando Raquel Murillo (Itziar Ituño), sendo esta a delegada encarregada da missão de prender os invasores da Casa da Moeda. A paixão deles, assim como de Monica e Denver, tem sequência nas temporadas 3, 4 e 5, em que Raquel se torna Lisboa, com grande importância para trama.

3) Imprevisibilidade: o sucesso depende de o inesperado estar sempre presente nas cenas. A ação nunca para e isso, prendendo o espectador no sofá. Isso se inicia na construção dos personagens, como, por exemplo, o Professor e Tóquio.

O Professor sai totalmente do estereótipo do chefão da máfia como o de filmes com Bruce Willis, por exemplo. Ele é um nerd, que tem medo de se relacionar com pessoas, é muito inteligente, mas um "pobre coitado" ao mesmo tempo. É um sujeito normal, como qualquer outro.

Tóquio, por sua vez, é uma mulher aparentemente frágil, com uma vida de pequenos delitos, porém altamente explosiva. Nunca se deixa dominar, e não se sabe o que pode acontecer quando está furiosa, o que é bem fácil de ocorrer. Vive intensamente e não se deixa ser comandada, instalando uma tensão permanente no grupo. Nunca se sabe o que Tóquio poderá aprontar.

Essa mistura de perfis traz à tona o imprevisto. Ao longo da história, os personagens vão ganhando força e trazendo elementos inesperados. Rio (Miguel Herrán), com seu trauma por ser torturado, ora se mostra valente, ora frágil. Palermo (Rodrigo De la Serna) é um líder, mas, traído, ajuda Gandia (José Manuel Poga), segurança do banco, a fugir para tentar matar todos do bando do Professor. Nairóbi (Alba Flores) leva um tiro na terceira temporada, em uma emboscada criada por Alícia Serra (Najwa Nimri). A quarta temporada começa com Nairóbi entre a vida e a morte.

4) Empatia: o público ama os bandidos. A construção do personagem Berlim representa isso. Ele é hostil e, ao mesmo tempo, amável. Nas duas primeiras temporadas, ninguém sabe ao certo quem ele é, mas, nas seguintes, sua importância na trama vai ficando mais evidente. Berlim é um dos mais amados personagens da série, mesmo sendo uma pessoa dominadora. Ele tem segurança para liderar o time dentro da Casa da Moeda, por isso a tensão que envolve seu personagem é constante. Esse vilão gerando empatia é o segredo de *La Casa de Papel*.

5) Veracidade: obsessão da série. Os problemas enfrentados são reais. Quando descobrimos que o cofre do banco tem um sistema que inunda em caso de assalto, esse sistema é verdadeiro, existe de fato no Banco da Espanha. Para roubar o ouro, era preciso inventar uma máquina que resolvesse esse problema, então um engenheiro naval foi chamado para isso. Para derreter o ouro, foram usados fornos de empresas que trabalham com fundição do metal, e escaladas como figurantes pessoas que efetivamente trabalham nesse mercado. O ouro era a única mentira, sendo latão pintado.

Um dos personagens mais icônicos, Arturito (Enrique Arce), recebe um tiro no ombro em uma das cenas. A equipe decide operá-lo dentro do banco e, para isso, Enrique teve de levar um ponto de verdade.

Simbologia

Para uma boa história, uma boa simbologia se faz necessária, portanto, a estratégia foi criar uma iconografia única baseada em quatro elementos:

- **Hino**: "Bella Ciao" é uma música que a resistência antifascista italiana cantava durante a Segunda Guerra Mundial. Ela foi escolhida ao acaso, pois um dos diretores gostava de cantar quando se sentia em dificuldades. Virou o "hino da resistência", entendendo que resistência é como o grupo se autointitula.

- **Escuro**: ambiente sempre escuro, isso gera tensão. E potencializa a empatia exigida por parte dos personagens. Tensão e empatia são os elementos que embasam a trama. O ambiente escuro foi proposital para que os uniformes dos personagens, o macacão vermelho, se sobressaíssem e eles se destacassem.

- **Cor**: vermelho representa nervosismo e paixão. Mostra que é preciso estar sempre alerta.

▷ **Símbolo**: macacão vermelho, máscara Dalí e armas na mão. Esses são os símbolos da série, reconhecidos, hoje, por milhares de pessoas, que até os utilizam para expressar algo.

"Sem a roupa, máscara e hino, se fosse um assalto usando roupas normais, não seria o sucesso que estamos presenciando da série", afirma, no próprio documentário, Najwa Nimri, que interpreta a delegada malvada Alícia Serra nas temporadas 3, 4 e 5.

E fica aqui o spoiler. Pelo o que tenho lido, o desfecho da quinta temporada – e até agora última – depende muito dessa personagem que encerra a quarta temporada com uma arma apontada para a cabeça do Professor, depois de ser retirada do caso do Banco da Espanha e humilhada em rede nacional por comentários do seu chefe.

Iconografia

Segundo o livro *Branding*, de Alice M. Tybout e Tim Calkins: "Quanto mais sentidos a marca engaja, mais tangível é a sua existência para o cliente. Uma marca possui inúmeras peculiaridades, aqueles pontos de aquisição mental e emocional: modo de fabricação, nome, slogan, logo, embalagem, website, arquitetura corporativa, atmosfera do varejo, propaganda e mídia".[142] Isso tudo cria para a marca uma atmosfera importante, na qual a iconografia se faz presente. Em *La Casa de Papel*, vimos isso. É o caso também, por exemplo, de uma onda branca em um fundo vermelho, um quadrado azul em um fundo laranja ou uma estrela branca de seis pontas arredondadas no topo de uma caneta. Pela descrição, você já entendeu que falei de Coca-Cola, Itaú e Montblanc. Ao ver essas imagens, seu cérebro reconhece rapidamente.

La Casa de Papel conseguiu instaurar essa iconografia na cultura popular. Não é tão fácil, mas ela foi capaz de desencadear algo parecido ao que fazem os fãs de *Star Wars*, que se vestem como

---

142 Tybout e Calkins, op. cit.

seus personagens para ir ao cinema ver os novos filmes da franquia. E, como sabemos na história do marketing, pessoas precisam de símbolos, vide a Igreja Católica e sua cruz.

Segundo Mark Batey, em seu livro *O significado da marca*, as pessoas sempre usam símbolos para se expressar, assim como alguns movimentos sociais usaram os ícones de *La Casa de Papel*. Para Batey:

> *algumas pessoas gostam de exibir seus livros como sinal de cultura. Uma simples camiseta pode ter seu significado principal bastante funcional. Uma camiseta de mangas curtas, sem gola, é uma mera peça de vestuário. Mas se ela tivesse a logomarca Armani estampada, o significado simbólico passaria a ser de status. Se tivesse o slogan escrito, representando um ponto de vista ideológico, ela passaria a ter um outro significado simbólico para o usuário, ou se fosse comprada no show de rock de um grupo favorito há vários anos, ela teria outra significância simbólica, um significado pessoal.*[143]

Marcas carregam símbolos passíveis de ser entendidos de várias formas. A camiseta da Armani pode dizer "sou rico e tenho poder" ou "estou na moda", como também ser um grito por atenção.

---

143 Batey, op. cit.

CONQUISTANDO TERRITÓRIOS

Para David Aaker, em seu livro *On Branding*, as marcas precisam pensar no posicionamento e no que defendem para conquistar territórios:

> *Como uma marca pode se tornar referência? Primeiro, defenda a categoria ou subcategoria, não a marca. Não fique parado, inovações, melhorias e mudanças tornam a categoria ou subcategoria mais dinâmica, a marca mais interessante e a função de dono mais valorizada. Segundo, desenvolva um rótulo descritivo para ajudar a definir a categoria e esteja preparado para gerenciar esse rótulo, como o compartilhamento de carros (Zipcar), fast-fashion (Zara) ou fast-food de sanduíches saudáveis (Subway). Em terceiro, invista e se torne um dos primeiros líderes de mercado em termos de venda e participação de mercado.*[144]

Dominar territórios de mercado é papel da marca que deseja se destacar no coração e na mente dos consumidores. Há sempre um desejo grande das pessoas por alguma coisa que as marcas devem preencher. Há territórios do mercado que são relevantes para os consumidores, mas nos quais as marcas não se comunicam, abrindo espaço para marcas pioneiras que traçam seus caminhos por estradas pouco exploradas.

Razão da marca e voz das ruas vão dar muitos insights de quais territórios a marca pode dominar, porém, é no processo de posicionamento que esse território ficará mais claro, pois é onde a metodologia apresenta os atributos e diferenciais da marca, ou produto, que são essenciais para domínio de território. Esses pontos serão os diferenciais para dominar territórios pouco explorados pelo mercado como um todo.

---

144 Aaker, op. cit.

A Vitacon não se propõe a vender meramente apartamento, aquela habitação feita de tijolo e cimento: quer vender o conceito do apartamento como um ecossistema. Ela não vende a planta do empreendimento, como o mercado faz, falando da piscina, da churrasqueira, da varanda gourmet, mas, sim, de como será a vida do futuro morador em relação ao ritmo da cidade de São Paulo, da agitação, de como ter mais qualidade de vida ficando menos tempo em casa.

No momento em que os bancos miraram os clientes adultos, oferecendo limites maiores de cheque especial, crédito imobiliário ou mesmo aplicações, o extinto Banco Real apostou no jovem. Eu sou dessa época, tive a conta universitária do Banco Real e, depois de formado, mantive a conta até o Santander comprar e matar a marca. Isso foi em 2007. Hoje, qualquer um da minha faixa etária, 40 anos, que teve conta no Banco Real se lembra dele com carinho, um sentimento que o Santander não conseguiu incorporar para si, perdendo muitos clientes com esse movimento, principalmente os que vinham da conta universitária.

Audi é velocidade. BMW é luxo. Mercedes-Benz é tradição. Na onda dos sedãs, essas três marcas dominam mundialmente o desejo das pessoas. A Volvo era conhecida pela presença no segmento de caminhões, no qual é uma das maiores marcas do mundo. Já no segmento de automóveis, ela precisava se fortalecer. Viu uma oportunidade de ser referência num aspecto de mercado em que não havia um líder: segurança. Claro que as alemãs são marcas seguras, entretanto, seus apelos de comunicação estavam voltados para outros atributos; logo, a Volvo se apropriou disso.

Um fato importante é que marcas que são tudo não são nada. Uma marca que é elegante, rápida, segura, tem tradição, trabalha o desejo e, ao mesmo tempo, o lado emocional denota não saber para onde ir. O estrategista da marca é a bússola para dar esse direcionamento. Posicionar a marca em um território pouco competitivo é um caminho interessante, afinal, onde há menos concorrentes, há mais chances de destaque.

O universo digital é a grande plataforma para essa proteção de marca. Isso pelo fato de que o universo digital é o melhor lugar para comunicações segmentadas. Com isso, as marcas conseguem se comunicar com pessoas de acordo com os atributos de que necessitam. Por exemplo, a Montblanc tem o atributo de qualidade do produto, consegue fazer uma campanha específica para isso, porém, para quem busca uma caneta fina e elegante, a comunicação é outra. Não que a Montblanc dominará todos os territórios, pode ser que a Cartier seja a mais forte do segmento de caneta elegante, mas a Montblanc pode dominar o território de alta qualidade.

Tenha consciência do território que a marca e o produto devem dominar. Saiba quais são os atributos mais fortes da marca que fazem sentido para esse caminho de domínio de território. Tenha clareza quanto aos pilares a serem trabalhados! Depois, entenda quais apelos fazem mais sentido para grupos de pessoas e crie a mensagem mais efetiva possível para dominar o território. Entenda que, para dominar território, apenas uma mensagem não fará isso, é uma comunicação permanente e de longo prazo. A Volvo não dominou o aspecto de segurança fazendo um comercial na TV ou um mero anúncio no jornal. É uma construção de marca diária dentro desse território.

NARRATIVA DE MARCA

De acordo com Juliana Brêtas, fundadora da Superela e BLW Brasil: "Não precisamos ver marcas que falam muito e fazem pouco. Hoje em dia, o consumidor está muito mais atento na prática do que na teoria. Ações humanas, experiências verdadeiras, que alinham pessoas a empresas, e não discursos vazios. Isso não cabe mais no cenário de marcas".[145]

O storytelling não é a única forma de contar algo sobre marcas. É preciso que elas gerem empatia com o consumidor – a história é uma delas, mas não a única. Construir a narrativa da marca engloba pontos que veremos aqui como humanização, brand persona, arquétipos e tom de voz, para que haja uma linha contínua e fluida da marca até o coração do consumidor.

"A propaganda de uma marca deve refletir as aspirações dos consumidores, os julgamentos dos consumidores são reflexo dessas aspirações. A propaganda bem-sucedida depende, com frequência, de as aspirações dos indivíduos serem promovidas na propaganda e não nas informações literalmente apresentadas."[146]

De tudo que vimos até aqui, o planejamento desenvolve histórias originais e autênticas que amplificam o significado da marca e transmitem valores em vez de vender um produto ou uma mensagem institucional. Porque isso a propaganda já faz muito bem, principalmente aquela que entretém o consumidor em todos os pontos de contato dele com a marca, dentro de todo o escopo que vimos, sem deixar de lado os chamados 5Ps do branding. Se a sua mensagem fugir de algum dos pontos, pare, volte algumas casas, pois alguma coisa está errada. A narrativa da marca é a forma com a qual esta será comunicada aos diversos targets, não apenas o público final, mas todos, uma vez que a narrativa tem papel determinante na constru-

---

[145] Brêtas apud Martinelli, Roma e Luncah, op. cit.
[146] Tybout e Calkins, op. cit.

ção da marca. Mais adiante, você verá a metodologia que usamos na FM CONSULTORIA, baseada em cinco pilares: **característica do público, percepção desejada, referência, propósito** e **diferenciais do produto**. Então, você entenderá melhor como criar a mensagem da marca. Por ora, concentremo-nos em entender mais a parte conceitual do porquê de criar uma narrativa de marca.

A propaganda, online ou offline, possui a função de reforçar essa narrativa propagando as mensagens adaptadas conforme as características de cada público-alvo. A propaganda sozinha não tem o poder de criar a marca. Ela apenas funciona como um amplificador que reproduz a história para milhões de pessoas por meio de um plano de mídia abrangente.

A narrativa da marca vem primeiro. Depois, a plataforma na qual será inserida. Por exemplo, um canal que funciona muito bem são os vídeos. No site *Think with Google*, há dezenas de estudos sobre a eficácia do YouTube na comunicação, entretanto, o YouTube está pronto e com um objetivo bem claro, o que falta nele é a ideia da marca para uma comunicação altamente relevante.

Quando for planejar uma ação em vídeo, lembre-se de pôr muita emoção nele. Deixe a sua imaginação voar, e se tiver orçamento para criar algo memorável, faça-o. O sucesso é a consequência de uma boa ideia, se ela realmente for boa, talvez nem precise de mídia, como foi o caso de *La Casa de Papel*. Um bom vídeo precisa observar aspectos básicos:

▷ **Paixão:** energia e entusiasmo pela mensagem. Quando autêntica, a paixão transborda do vídeo. Lembro-me, em 2012, quando tomei conhecimento de um vídeo em que a noiva entra na festa antes do noivo e começa a tocar "Fear of the Dark", do Iron Maiden, no piano. Ao entrar no salão, o marido fica emocionado. O vídeo tem milhares de visualizações, a emoção dele é nítida.

▷ **Sorriso:** a mais forte emoção humana gera empatia natural com o público. Ciro Bottini, um dos maiores vendedores do Brasil, faz suas apresentações de vendas sempre sorrindo – podemos ver isso no Shoptime. Assim como Bottini, os apaixonados pelo que fazem demonstram isso com entusiasmo nos olhos. Isso gera a empatia necessária.

▷ **Conversa:** seja natural. Ler teleprompter vai soar claramente automático e robotizado. Que empatia você gera com isso? Use palavras curtas e triviais, são mais fáceis de lembrar. Os vídeos do Rafael Rez mostram isso. Ele fala pausadamente, como se estivesse conversando com o interlocutor; assim, fica fácil de entender a mensagem.

Marcas que criam vídeos por criar, ou sem emoção, passam despercebidas no YouTube. Gere empatia com verdade e sinceridade. Veja a maestria com que *La Casa de Papel* usou isso e o que conseguiu.

Segundo Sarah Buchwitz, VP de marketing da Mastercard Brasil, "o conteúdo que fazemos tem de ser muito relevante para chegar na ponta, tem de ser verdadeiro, autêntico e falar de uma verdade humana".[147] Em resumo, mentiras não colam! Para conquistarmos os resultados que esperamos, no universo da marca como um todo e não apenas no digital, é fundamental saber contar a história.

O storytelling é importante, mas nem sempre é o recurso que as marcas possuem, às vezes elas têm apenas o Facebook e o site como plataformas de histórias. Portanto, é preciso que a comunicação seja coerente. Comece alinhando-a aos 5Ps do branding. Uma newsletter pode ser um importante ponto para contar a história. Humanizar a marca é outro recurso bem interessante, que veremos a seguir.

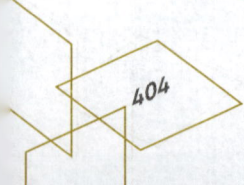

---

147 Buchwitz apud Martinelli, Roma e Luncah, op. cit.

HUMANIZAÇÃO DE MARCA

Criar o Ronald McDonald não é humanizar a marca. Ter o consumidor efetivamente no centro das marcas é um passo mais importante. O Ronald McDonald humaniza a marca, mas ele é um personagem que fala por ela, não é a marca em si. Existe uma sutil diferença dentro desse conceito, afinal, as empresas centradas no consumidor é que iniciam essa humanização, desde a sua operação até a sua marca. E isso é um processo contínuo que só acaba quando a marca some.

Segundo meu amigo Thiago Borges, CEO da Agência Pulso, grande parceiro de negócios, a quem sou eternamente grato por ter sido o primeiro a apostar na FM CONSULTORIA, personificar a marca gera negócios! Foi com ele que conheci esse termo personificar/humanizar marca, em uma palestra que ele deu no Social Media Week. Humanizar é contar histórias, é o que diferencia marcas de produtos semelhantes, é o diálogo entre marcas e consumidores. É uma forma de expor atributos fortes da marca que façam com que consumidores se tornem fiéis.

Empatia

Uma definição possível para o termo é: "A capacidade psicológica para sentir o que sentiria uma outra pessoa caso estivesse na mesma situação vivenciada por ela. Consiste em tentar compreender sentimentos e emoções, procurando experimentar de forma objetiva e racional o que sente outro indivíduo".

Para você, que trabalha com marcas, o termo empatia precisa estar no seu cotidiano. A empatia com o consumidor não surge da noite para o dia. É uma construção. Dá-se em cada momento de contato, seja no ato de compra, seja em qualquer outra ação rotineira em que a marca é lembrada. Humanizar uma marca é aproximá-la do humano, com sentimentos, desejos e expectativas.

Sentimentos como afeto, carinho e acolhimento podem muito bem andar juntos das marcas. Acolher alguém em casa, apoiar causas sociais, tornar mais interativa a vida de pessoas com deficiências que as limitam, ou simplesmente contar a história de pessoas reais – atitudes assim aproximam marcas de pessoas, tornam as empresas, na visão de seus consumidores, mais humanas.

Marc Gobé diz que "as pessoas estão preferindo a independência e o controle, e a inovação do produto e sua comunicação precisam refletir isso".[148] Se é o que querem, por que devemos mudar alguma coisa? Por que as marcas estão ficando mais distantes em um universo como o digital que deveria reduzir grandes distâncias? Você se sente confortável em interagir com um robô pelo chatbot? Um que nunca resolve seu problema? Bem, o depoimento a seguir colhi do meu Facebook, de um amigo, sobre uma operadora de telefonia celular.

> *Marca X*
>
> *Tem algum ser humano para atender um cliente? Porque o chatbot de vocês é bem burrinho, né?*
>
> *Estou desde janeiro (SIM! DESDE JANEIRO/2020) esperando a devolução de valor pago duplicado e vocês prometem, prometem e nunca cumprem. Mas continuam cobrando. Devolver que é bom, para que, né? Já tentei todos, todos mesmo, canais de atendimento, mas agora há a desculpa perfeita da hora, né? "Nossa central de atendimento humano foi desativada por causa da COVID-19." Se antes era muuuito ruim, agora é o que, então?*

148 Gobé, op. cit.

Se você está pensando em trocar a sua operadora e lê isso de um amigo, o que você faz? Detalhe: a mensagem é de abril de 2020. Dá para dizer que isso é uma marca humanizada por usar um chatbot, que nunca resolve nada, para conversar com o consumidor? Espero que a marca resolva o problema em questão, pois esse meu amigo é um cara bem influente nas redes sociais.

Apenas para você entender esse ponto: segundo um estudo de Forrester, 25% das empresas poderiam perder mais de 1% de sua receita anual ao não responder satisfatoriamente aos problemas e eventos sociais com os quais seus clientes se identificam.[149]

Humanizar marca não é chatbot. É dar uma personalidade a ela, que seja única e se diferencie da concorrência, é torná-la humana, dar-lhe condição ou forma humana. É fazê-la adaptar-se melhor aos seres humanos, demonstrando compreensão, bondade, sociabilidade; é aproximar-se do consumidor mostrando que a marca tem sentimentos, desejos e expectativas.

Passos importantes para humanizar marca:

- **Internamente**: um importante posicionamento desses não pode ser de fora para dentro, ou seja, da campanha para os colaboradores. Eles precisam aderir à cultura e ao espírito antes de a estratégia ir para as ruas.
- **Seja humano**: conversas, conteúdo, a forma como você se relaciona com seres humanos reais – a experiência de marca pede isso. Não se cria empatia com um robô ou com um logo. Cria-se empatia com quem se pode conversar.
- **Identidade**: não copie! Seja único. Nenhuma marca é admirada por imitar a outra, mas por ser única em seu

---

[149] Veja os melhores exemplos de como humanizar marcas e use de inspiração para a sua empresa, *Rock Content*, 14 ago. 2019. Disponível em: <https://rockcontent.com/blog/humanizar-marcas/>. Acesso em: 1 jun. 2020.

segmento. A Dell pode até fazer computadores melhores, mas a amada é a Apple. A Suzuki pode ser mais potente, mas é a Harley-Davidson que se destaca no mercado de motos. Apple e Harley-Davidson têm personalidade única!

▷ **Mesma linguagem**: um rapper jamais terá empatia com um nerd. Isso porque a linguagem deles simplesmente não se cruza. Cada um tem uma linguagem de acordo com o mundo em que vive, na microssociedade em que está inserido. As marcas precisam falar com seus consumidores uma linguagem que eles entendam. Quando a Netflix responde a um consumidor usando uma língua criada em um filme de ficção, ela está criando uma empatia muito maior do que o Ronald McDonald dando um brinquedo para uma criança que acabou de comprar um McLanche Feliz.

▷ **Apresente as pessoas**: a confiança é a base de qualquer relacionamento. Uso isso como mantra diariamente. Quando não confio na empresa, eu não atuo. Quando não confio nas pessoas que fazem parte da empresa, não trabalho com elas, porém, para confiar é preciso conhecer. Uma boa prática que faço na FM CONSULTORIA, por exemplo, é logo na reunião de brief, quando ainda não temos contrato e estamos apenas conversando sobre a possibilidade de trabalhar juntos, apresento os fornecedores que pretendo usar no projeto. Falo nome, mostro o site da empresa e, na proposta, coloco o valor de cada um. Não tenho medo de que o cliente passe por cima, pois esses fornecedores são de muita confiança. Mas é assim que humanizo a consultoria, porque, acima de tudo, ela sou eu!

▷ **Redes sociais**: se o consumidor está no centro da comunicação, e isso é fundamental para a humanização, é ali a maior prova de todas. É ali que a sua narrativa é posta à prova, seu tom de voz, seu arquétipo, sua brand persona.

É ali que há o diálogo em tempo real e que todos podem ver. É fundamental que a sua rede social, a plataforma que for, seja um canal de relacionamento e não de vendas, até porque se trata de canais de atendimento humanizado. Pode parecer que sou totalmente contra o chatbot, mas não. Sou contra as grandes besteiras que as empresas estão fazendo com essa importante ferramenta, invariavelmente muito mal executada. Na minha visão, as marcas usam o chatbot da mesma forma que eu usaria uma Ferrari na Avenida 23 de Maio em horário de rush, com chuva e em véspera de Carnaval. Andaria a 5 km/h. As marcas usam muito pouco o potencial dessa ferramenta, que é possível ser humanizada, basta se investir em tecnologia.

Cases de marcas humanizadas

- Doritos Rainbow, por exemplo, tem se tornado uma marca mais humana ao apoiar a causa LGBT.
- O que Rony Meisler tem feito com a sua marca de roupas, Reserva.
- Cabify, Uber e a Airbnb carregam em seu modelo de negócio o conceito de acolher, dando espaço para a economia colaborativa e evidenciando o cuidado com o outro.
- Bradesco, cuja campanha Pra Frente mostrou histórias reais de superação, gerando a empatia necessária da marca.
- Netflix, que se vale de maior informalidade, usando trechos de filmes, língua própria de filmes de ficção, ou convidando as pessoas a assistirem a programas nas plataformas concorrentes

Superação é um conceito muito forte que gera não apenas empatia, mas também uma admiração por quem superou dificuldades. A jornada do herói, já mencionada antes, é sobre isso, superar obstáculos e chegar ao sucesso.

CONSTRUÇÃO DA MENSAGEM DE AUTENTICIDADE DE MARCA

Como venho dizendo, a grande metodologia que você está aprendendo aqui é formada por pequenas outras metodologias que a compõem e a tornam mais fortalecida. São várias ações a serem feitas, mais de sessenta pontos a serem analisados dentro dos quatro passos, que também entram na metodologia e se apegam aos 5Ps do branding, e, depois, se aprofundam.

Para construir a mensagem, você deverá criar uma matriz baseada em cinco elementos. Você vai perceber que já identificou esses elementos nas fases 1 e 2. Nesse momento, vamos reorganizar informações para poder construir a mensagem de um jeito único, duradouro e que traga a personalidade de que a marca precisa.

Característica do público-alvo: um resumo executivo do perfil de público e como a marca precisa se comunicar com esse público.

Percepção desejada: o que as pessoas precisam saber da marca que se diferencie da concorrência; como a marca precisa ser única na mente das pessoas.

Preferência: o que a marca oferece de principal na tomada de decisão de compra.

Propósito: o que a marca promete e o que a move.

Diferenciais de produto: por que as pessoas devem comprá-lo? O que muda na vida delas? No que o produto se diferencia da concorrência? Qual sua posição na categoria?

Após o estrategista de marca preencher esses pontos, define-se, assim, como a marca vai se comunicar com seus públicos de acordo com toda a sua construção, seguindo essa metodologia: dar autenticidade de marca em toda a sua estratégia de comunicação.

Essa construção é usada em todos os canais de comunicação da marca, seja online, seja offline. Ressalte-se que esse é o primeiro passo, importante para dar um caminho, mas o aprofundamento da mensagem vem em outras duas metodologias: mapa de empatia e matriz de conteúdo, que precisam dos cinco pontos supracitados para haver um direcionamento da construção da mensagem. Posso afirmar que esses exercícios, muito utilizados em metodologias de design thinking, são, além de muito importantes e esclarecedores, também bastante interessantes e prazerosos de se executar.

Mapa de empatia

Ferramenta colaborativa que permite às pessoas da empresa se porem no papel do consumidor, principalmente. Em geral, utiliza-se a imagem a seguir em grandes folhas presas na parede, nas quais, com post-its, cada um vai inserindo as informações que acha mais relevantes para cada uma das perguntas.

São seis perguntas a serem respondidas para que as marcas entendam o que as pessoas falam dela. Cabe aqui, sem dúvida, mais uma etapa de pesquisa. Normalmente esse mapa é feito junto aos colaboradores da empresa, mas nada impede de você fazê-lo com os clientes.

Na metodologia de design thinking, post-its de várias cores costumam ser usados para preencher cada um dos pontos. As cores você pode definir por critérios de importância do ponto a ser analisado, por pessoa ou departamento; ou mesmo usá-las de forma aleatória apenas por questão estética.

A ideia aqui é entender a percepção das áreas da empresa com relação ao que elas acreditam que as pessoas pensam em cada um dos campos. Fazer com que todos se ponham no lugar dos públicos da marca. O ideal é que para cada perfil de público seja feito um mapa, ou seja, um para o público final, um para o consumidor, um para o público interno, e por aí vai. Mas, se for para focar em um só, sem dúvida, o consumidor é o principal.

Alguns pontos importantes para você criar o mapa de empatia:

▷ Tenha claro o perfil do público da sua marca, a famosa persona (você já levantou isso no processo de construção de mensagem).

▷ Embase os pontos com dados: achismo só leva a marca para um lugar, o erro!

▷ Seja direto: o ponto a ser levantado precisa caber em um post-it. Menos é mais.

▷ Extraia uma conclusão: não deixe tudo jogado na parede ou perderá o esforço ao finalizar. Esse processo precisa ter uma conclusão, e conclusão não é apenas organizar tudo o que foi dito em um slide ou em uma página de Word. Estrategistas entregam inteligência nos dados!

A imagem do mapa é esta. Você poderá encontrá-la normalmente no Google, essa metodologia é única, não muda. O importante não é a imagem, mas como você, estrategista, vai preenchê-la.

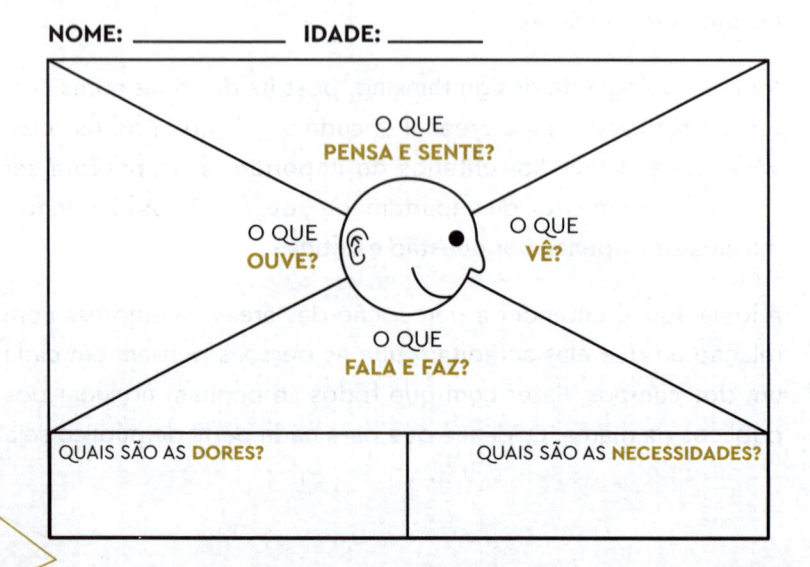

NOME: _____ IDADE: _____

O QUE **PENSA E SENTE?**

O QUE **OUVE?**

O QUE **VÊ?**

O QUE **FALA E FAZ?**

QUAIS SÃO AS **DORES?**

QUAIS SÃO AS **NECESSIDADES?**

Como usar a imagem?

Você pode começar por qualquer um dos lados, dentro do primeiro quadro, no qual as respostas estão baseadas no "O que". Vou começar pelo "O que pensa e sente?", finalizando em "Quais são as necessidades?", mas você pode começar por "O que ouve?" ou "O que vê?". Não há uma regra nem uma melhor prática dentro disso.

Na sequência, apresento as perguntas às quais você deve responder em cada campo, que servem como guia. Porém, se você pesquisar e achar outras, fique à vontade em inclui-las; quanto mais respostas, mais chances de assertividade:

O que pensa e sente?
- Como a persona se sente em relação ao mundo?
- Quais são as suas preocupações?
- Quais são os seus sonhos?
- O que ela realmente quer?
- O que ela não quer?
- Quais preocupações a atormentam?
- O que a inspira?

O que vê?
- Como é o mundo em que a persona vive?
- Como são seus amigos?
- O que é mais comum no seu cotidiano?
- Como ela percebe o mundo?
- Como é a sua casa, seus vizinhos, amigos ou familiares?
- O que aparece na mídia?
- Que mídia ela consome?

O que fala e faz?

- Sobre o que a sua persona costuma falar?
- Ao mesmo tempo, como age?
- Quais são seus hobbies?
- Que produtos ela mais consome?
- Como se veste?
- Qual seu estilo?
- Qual história conta da sua vida?
- O que ela expressa?
- O que quer mostrar aos outros?

O que ela escuta?

- Que tipo de música gosta?
- Que tipo de notícia ouve?
- Consome mais rádio ou podcast?
- Que meios de comunicação consome?
- Quais pessoas e ideias influenciam a persona?
- Quem são seus ídolos?
- Quais são suas marcas favoritas?
- Quais produtos de comunicação consome?
- Como o ambiente em que vive a influencia (sua microssociedade)?
- O que amigos, familiares e vizinhos dizem dela?
- O que esperam da vida?

Até aqui, vimos perguntas sobre o consumidor baseadas em "o que"; agora, passamos à etapa de "quais são", um pouco mais complexa. Aqui, as pesquisas das fases 1 e 2, imersão de marca e voz das ruas, se tornam fundamentais.

Quais são as dores?
- Quais as dúvidas sobre o segmento do mercado?
- Do que sua persona tem medo?
- Quais são suas frustrações?
- Que obstáculos ela precisa superar para conseguir o que deseja?
- O que pode dar errado?
- O que seria muito ruim se acontecesse?
- Quais são os obstáculos à frente?
- Qual o maior obstáculo entre você e suas aspirações?
- O que o faz comprar?
- O que o faz não comprar?

Quais são as necessidades?
- O que é sucesso para você?
- Aonde você quer chegar?
- O que acabaria com seus problemas?
- Qual seu projeto ideal?
- O que deseja?
- Como você mede o sucesso?

Aqui há uma bateria de perguntas, que se torna um grande roteiro, o qual você pode usar ou acrescentar-lhe outras perguntas que o deixem mais confortável para conseguir encontrar respostas.

O mais importante disso é entender que, nessa segunda fase do processo de construção da mensagem de autenticidade de marca, você precisa ter um relatório conclusivo e que lhe dê muitos insights para a terceira e última fase, chamada matriz de conteúdo.

Matriz de conteúdo

Normalmente, as agências trabalham mais essa matriz do que os anunciantes, que se limitam a enviar a elas um brief com diversos temas a serem explorados, como promoção, produto, marca, serviços, datas promocionais e datas especiais da marca. Não sai muito disso. Quem atua com pensamento estratégico está um pouco cansado de ter isso em mãos e entregar posts sem conexão com marca, posts sem alma. Os estrategistas querem trazer negócios e não likes. Olham dados, números e valores de marca, mais do que o perfil a segmentar; em outras palavras, estrategistas vão além, não acreditam que apenas uma foto bonita e um texto engraçadinho possam gerar negócios para as marcas, embora existam muitos no mercado que fazem quatro posts por dia em cada rede social e jogam as teorias de Kotler no lixo, julgando-o ultrapassado. Não ria, é verdade! Há quem acredite que post em redes sociais é tudo o que uma marca precisa fazer no universo digital.

A matriz de conteúdo está longe de ser um cronograma de temas a serem postados durante o mês em Instagram, LinkedIn, Twitter ou Facebook. Não se trata de um mapa de quais posts serão patrocinados e o valor. É uma metodologia estudada para que, talvez, chegue a esse tipo de organização, mas não é só isso.

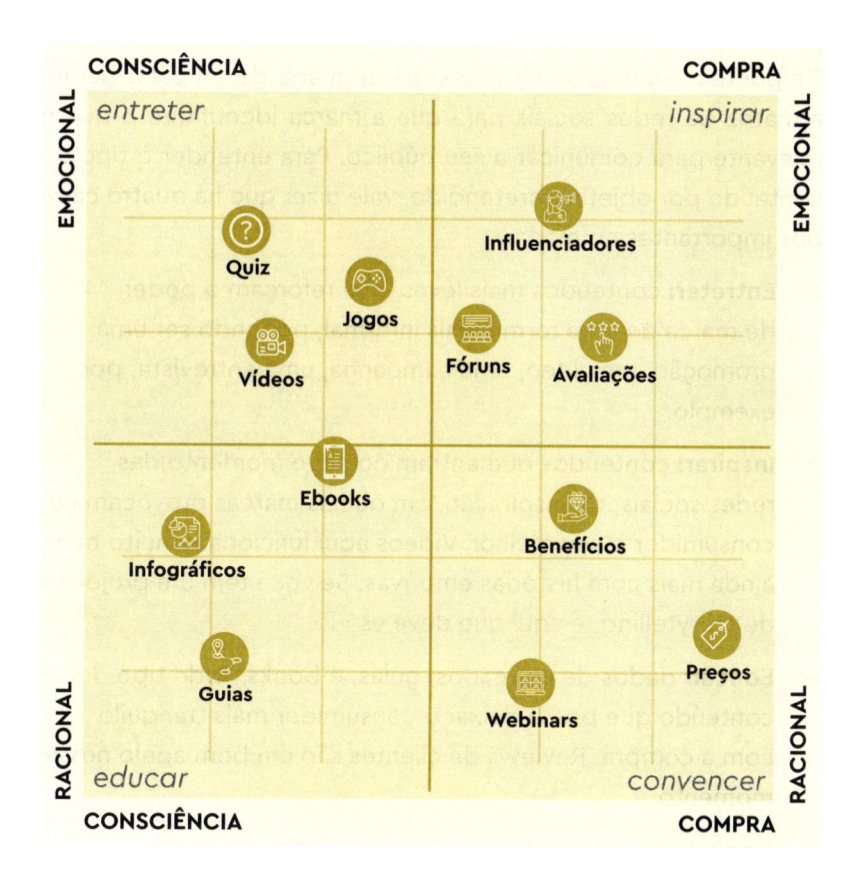

CONSTRUÇÃO DA MENSAGEM DE AUTENTICIDADE DE MARCA

CONSCIÊNCIA — *entreter* (EMOCIONAL)
- Quiz
- Jogos
- Vídeos
- Influenciadores
- Fóruns
- Avaliações

COMPRA — *inspirar* (EMOCIONAL)

CONSCIÊNCIA — *educar* (RACIONAL)
- Ebooks
- Infográficos
- Guias

COMPRA — *convencer* (RACIONAL)
- Benefícios
- Webinars
- Preços

Assim como o mapa de empatia, essa imagem também é fácil de achar no Google e, da mesma forma, o que importa é o que você, estrategista, vai inserir nela, e não a sua estrutura ou cores, até porque poderia ser qualquer imagem. O importante é entender o raciocínio!

Os pontos levantados no processo de mapa de empatia geram a matriz de redes sociais para que a marca identifique o que é relevante para comunicar a seu público. Para entender o tipo de conteúdo por objetivo pretendido, vale dizer que há quatro campos importantes no mapa:

- **Entreter:** conteúdos mais leves, que reforçam o poder de marca de uma forma mais informal, podendo ser uma promoção, um vídeo, uma campanha, uma entrevista, por exemplo.
- **Inspirar:** conteúdos que entram no novo momento das redes sociais, de inspiração, em que as marcas provocam no consumidor o seu melhor. Vídeos aqui funcionam muito bem, ainda mais com histórias emotivas. Se você tem um projeto de storytelling, é aqui que deve usá-lo.
- **Educar:** dados de mercados, guias, e-books. Todo tipo de conteúdo que possa deixar o consumidor mais tranquilo com a compra. Reviews de clientes são um bom apelo nesse momento.
- **Convencer:** momento em que você pode pôr pessoas da empresa para falar do produto, ou mesmo influenciadores e colaboradores. Vídeos de pessoas falando bem podem entrar tanto aqui quanto em "educar".

E como separar cada um desses conteúdos?

Se você fez as fases 1 e 2 dessa metodologia, conseguirá mais facilmente decifrar qual conteúdo irá em qual quadrante. Leve em conta que cada um deles tem outros dois conceitos que ajudam.

- Entreter é para pessoas que precisam ter consciência da marca de uma forma emocional.
- Inspirar é para quem quer comprar a marca de uma forma também emocional.
- Educar é para quem precisa ter consciência de marca, de forma mais racional.
- Convencer é uma compra totalmente racional.

O mais comum para diferenciar razão e emoção é pensar que tudo o que é racional tem a ver com números e dados, ou seja, a venda em si, ao passo que emocional é a conquista, é o status que a marca pode trazer. Racionalmente, ninguém compra uma Montblanc de R$ 7,5 mil, mas emocionalmente, sim. Conscientizar tem a ver com educar, mas de uma forma menos "aula" e mais "conselho". Já a compra é pela oportunidade, como, por exemplo, um desconto ou um benefício, ou porque, no momento da jornada de consumo, aquele cliente está muito interessado no produto, faltando só um pequeno empurrão que o leve a efetivar a compra, que pode vir de uma promoção no trabalho, de uma troca de emprego por um melhor salário, da quitação de uma dívida ou de ser o quinto dia útil do mês, que é quando ele recebe.

O passo a passo da matriz de conteúdo é simples:

- Entender a construção da mensagem.
- Ter claro o objetivo da marca.
- Entender bem os 5Ps do branding da empresa.
- Ter bem claro o mapa de empatia.
- Inserir tudo o que foi levantado do mapa de empatia na matriz de conteúdo.
- Entender canais que possam disseminar os conteúdos:
  a. Quiz
  b. Jogos
  c. Fóruns
  d. Reviews
  e. Infográficos
  f. E-books
  g. Vídeos
  h. Lives
  i. Webinars
  j. Games
  k. Promoções
- Encaixar os conteúdos nos quatro pilares da matriz (entreter, inspirar, educar, convencer).
- Entender em qual plataforma será postado cada conteúdo.
- Ver com o time de planejamento o acerto da mensagem junto às promessas de marca.
- Debater com o planejamento o perfil de público/persona.
- Entender com o time de mídia as melhores segmentações.

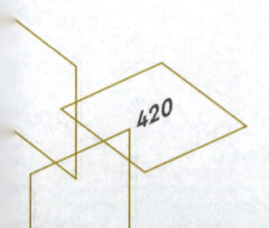

Aí você cria o cronograma, apresenta ao cliente, que o aprova e orienta o time a fazer as peças. O problema é que, de tudo o que mostrei a você, a maioria das pessoas, ao receber a demanda do cliente, pula as etapas, quebrando todo o raciocínio para começar a ação pelo oitavo item com toda a tranquilidade.

Nos termos de Marc Gobé: "Um elemento importante na construção de uma marca é ligar uma inovação ou um benefício do produto a uma mensagem emocional mais elevada para manter a fidelidade e a confiança das pessoas".[150]

BRAND PERSONA

Chegamos a outro momento para o qual o mercado dá relativa importância, mas, de novo, o faz errado. Desculpe falar assim, mas, depois de dezessete anos de mercado, doze dos quais dividindo com sala de aula, vejo muita coisa que assusta. E não pense que me refiro meramente a agências ou marcas pequenas: o que mais há nesse mercado é agência grande com mentalidade nanica quanto ao digital. O que veremos aqui é a construção da persona da marca, que está alinhada às outras metodologias já abordadas.

Nesse quarto passo, de construção da marca, é criada toda a atmosfera da marca em relação ao que pode ser feito taticamente, ou seja, estamos mostrando o raciocínio, o pensamento estratégico, para que, por exemplo, o seu post no Facebook não seja um post pelo post, mas que traga elementos de marca; que não se torne só mais uma peça para postar na fan page da marca, mas que efetivamente traga resultados. Foram anos fazendo mais do mesmo até que eu começase a me irritar com isso e buscar uma luz, pois não me conformava em fazer post no Facebook baseado em um desejo da marca atrelado a uma ideia da agência, de mensuração de likes.

---

150 Gobé, op. cit.

Quando algumas das minhas referências de mercado começaram a falar "like não paga as contas", comecei a me aprofundar nisso e estudar muito para conseguir propor projetos diferenciados para os clientes. E eles têm gostado! Em fevereiro de 2020, pude ver isso junto ao Grupo WTW, do meu amigo Kenneth Corrêa. Fizemos um projeto para a Mosaic Fertilizantes, cujo foco era reposicionar a marca nas redes sociais. O projeto contou com oito participantes, incluindo eu, que fiz todo o racional do processo. Cada um da agência tocou uma parte importante do projeto; logo, as peças se encaixaram muito bem, pois a cada passo do planejamento discutíamos abertamente os caminhos. O projeto foi aprovado na reunião de apresentação sem alterações e já está sendo executado!

Brand persona é a estruturação de uma forma de linguagem da marca, como se ela representasse uma pessoa única, com um determinado posicionamento e uma maneira de se comunicar. Usam-se muitos conceitos de psicologia aqui, pois é preciso desenhar até estereótipos (ideia ou modelo de imagem atribuído a pessoas ou grupos sociais) dos seres humanos para uma melhor compreensão. Fatores sociais e econômicos, de gênero, étnicos e culturais fazem parte desse modelo de criar persona, e os estrategistas com essa definição podem se relacionar com o público de forma mais humana, real e natural.

Brand persona deve ser criada como uma pessoa real, que tem sentimentos, emoções, estilo e ideias. Sempre digo em minhas aulas de comportamento de consumo que produzir uma persona é como o Tony Ramos criando um personagem. Não é um homem entre 65 e 70 anos, até porque ninguém tem idade imprecisa. Ou você tem 65 anos, ou 67, ou 70! Não é um homem que trabalha, mas, sim, um advogado de um importante escritório, localizado na Avenida Paulista, que só usa terno da Brooksfield ou da VR Collezioni, que só usa sapato social de couro alemão e ostenta um Breitling Bentley Chronograph no pulso e uma Montblanc Starwalker tinteiro no bolso. Vai ao trabalho dirigindo uma Mercedes-Benz C250 2019. Ao chegar ao escritório, abre seu iPad para ler as notícias do dia, e começa a trabalhar em seu iMac, sempre tomando uma Perrier em um copo de cristal. Entendeu a diferença?

Pessoas mudam o tempo todo, de acordo com o momento do mundo, o tempo e as experiências vividas. Uma brand persona também deve se modificar ao longo do tempo. Se você criou uma brand persona em 2016, a de 2021 será outra, talvez mudando drasticamente ou se adaptando ao novo mundo, mas não será mais a mesma.

Para construir a brand persona, há elementos muito importantes: **arquétipos, definição mais clara da persona, propósito da marca, linguagem** e **tom de voz**. A construção da mensagem passa por ter uma brand persona muito bem estruturada, por isso, nesse passo deixei a persona mais detalhada, pois é aqui que você mais vai explorar quem ela é de fato, montando o seu perfil de público de acordo com tudo o que pesquisou até o momento. Não esqueça que, para uma brand persona de acordo com a marca, ela precisa estar com os 5Ps do branding bem inseridos no seu DNA; do contrário, será um público sem ligação com a marca, e, com isso, a comunicação sairá muito errada!

ARQUÉTIPOS DE MARCA

O psicólogo Carl Gustav Jung usou o conceito de arquétipo em sua teoria da psique humana. Acreditava que arquétipos de míticos personagens universais residiam no inconsciente coletivo das pessoas. Arquétipos representam motivos humanos fundamentais de nossa experiência evolutiva e, consequentemente, evocam emoções profundas.

Embora existam muitos diferentes arquétipos, Jung definiu doze tipos principais que simbolizam as motivações humanas básicas;

cada tipo tem seu próprio conjunto de valores, significados e traços de personalidade. Quando se trata de criar a personalidade da marca, usar os arquétipos é um grande ganho.

Originado na Grécia antiga, *archein* significa "original ou velho", e *typos*, "padrão, modelo ou tipo". Arquétipo, então, é o "padrão original" do qual todas as pessoas, objetos ou conceitos são derivados, copiados, modelados ou emulados. Cada pessoa tem a sua personalidade. Ao criar persona de marca, usar o arquétipo é mais do que indicado, fundamental para trazer toda essa personalidade de marca.

Carl Jung defendia que há um inconsciente coletivo, que é a camada mais profunda da psique, constituído pelos materiais que foram herdados, e é nele que residem os traços funcionais, tais como imagens virtuais, que seriam comuns a todos os seres humanos. Os arquétipos constroem a identidade e podem ser explorados por meio de uma forma mais complexa e ampla, que é o inconsciente coletivo, compartilhado por todos nós, repleto de desejos comuns.

O legado de Jung

As forças motivacionais mais profundas e primitivas dentro de nós, como o desejo de ser heroico ou a vontade de sair e explorar o mundo, são tão universais quanto infinitas. Jung divide a psique em três partes:

Ego: mente consciente.

Inconsciente pessoal: as memórias são tão facilmente trazidas à mente quanto aquelas que foram suprimidos por alguma razão.

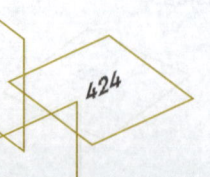

Inconsciente coletivo: experiência como espécie humana. O conteúdo do inconsciente coletivo é chamado de arquétipos. Os arquétipos representam aspectos fundamentais da condição humana. Eles tocam nossos motivos mais profundos e proporcionam uma estrutura firme para o senso de significado.

Os arquétipos são usados para engajar as pessoas, por meio de histórias místicas contadas pelas marcas mais poderosas do mundo. Dos doze arquétipos, você vai entender quais são os que regem McDonald's, ESPM, Apple, Axe, Intel, Channel, Skol, Fanta, entre outras marcas. Os arquétipos são utilizados porque apenas atributos não vendem os produtos, eles acabam sendo uma compra racional. Entretanto, os arquétipos reforçam os atributos emocionais da marca, e, consequentemente, isso é transferido ao produto.

A metodologia da Santa Clara em relação a arquétipos nos ensina que:

> *uma marca arquetípica é aquela que está enraizada nos elementos centrais de um arquétipo através dos valores que a representam. Age como um filtro para o comportamento da marca. Cria um norte claro para onde a marca tem que ir e define um tom único. Ajuda a criar associações emocionais para o consumidor. Ajuda a reforçar valores internos e visão externa.*

Cabe a nós, estrategistas de marca, sabermos como encaixar esses conceitos nas promessas de marca que estamos trabalhando.

Os doze arquétipos

Segundo Mark Batey, é importante o uso dos arquétipos, uma vez que "as marcas que penetram nas experiências e motivações mais profundas e primitivas do ser humano estabelecem uma afinidade emocional e formam conexões fortemente arraigadas com seus consumidores".[151] A decisão arquetípica está longe dos olhos, mas perto do cérebro.

---

151   Batey, op. cit.

A seguir, listo os doze arquétipos mais usados para o marketing, e depois mostro como, por meio de pesquisas que podem ser online ou presencial, é possível identificar o arquétipo de cada marca. Esse passo é fundamental para saber como a marca precisa se posicionar na comunicação de modo a atingir o subconsciente do consumidor. Lembre-se de que 95% das nossas decisões são subconscientes. Inclusive as de compras.

O inocente

Lema: "Somos livres para ser você e eu".

O inocente que existe em cada um de nós quer viver naquela terra perfeita, onde "somos livres para ser você e eu".

Mesmo em uma sociedade mais materialista e competitiva, o arquétipo do inocente está associado aos prazeres simples, aos valores básicos e a um atributo saudável que faz dele o significado ao ser escolhido para produtos naturais, sabonetes, alimentos para o desjejum e outros produtos domésticos. É frequente haver algo abertamente infantilizado mesmo nos anúncios dirigidos aos adultos, quando o arquétipo do inocente é evocado. Papel implícito do inocente promete o resgate previsível, tem apelo para o desejo pessoal desse resgate. Ele anseia por emprego perfeito, par perfeito, celular perfeito, por filhos perfeitos e pela vida real.

Marcas: McDonald's, Coca-Cola, Disney, Nintendo Wii, Facebook, Procter & Gamble, Revista Wired e Johnson & Johnson.

O explorador

Lema: "Não levante cercas à minha volta".

A jornada dos exploradores é uma experiência ao mesmo tempo interna e externa, porque eles são motivados por um profundo desejo de encontrar, no mundo exterior, aquilo que se adapta às suas necessidades, preferências e esperanças interiores.

O explorador também é conhecido como buscador, aventureiro, iconoclasta, andarilho, individualista, peregrino, descobridor, anti-herói e rebelde. Produtos e serviços voltados ao tipo explorador devem servir como acessórios úteis em suas jornadas de desbravar o mundo. Um carro, por exemplo, que o leve a trilhas ecológicas. Só assim ele cria alguma forma de lealdade à marca.

O novo consumidor busca a autenticidade do produto como meio de expressar sua individualidade. É mais bem informado, envolve-se profundamente nas suas decisões de compra e é muito inquieto. Valoriza mais a mudança do que a coerência. Por isso, a lealdade à marca não é um valor natural para ele. As pessoas que estão vivendo as histórias do explorador provavelmente serão leais aos produtos que carreguem o significado arquetípico de autenticidade e liberdade.

Marcas: Land Rover, Virgin, Discovery Channel, Heineken, The North Face, Starbucks, Sony, Red Bull, Nasa e National Geographic.

O sábio

Lema: "A verdade libertará você".

Quer ser livre para pensar por si mesmo e sustentar as próprias opiniões. O sábio está associado a ideias claras, mas talvez lhe faltem carisma e encanto social. As marcas do sábio podem oferecer informação, ajudam o consumidor a tomar decisões mais inteligentes. Quando o sábio está ativo na vida dos consumidores, estes sentem um agudo interesse em aprender por aprender. Para os sábios, uma compra é uma transação racional.

Querem informações sobre a qualidade do bem ou serviço à venda e seu custo, para depois tomar a decisão lógica com base nessas informações. Se nesse processo, porém, você os ajudar a se sentirem como peritos, a compra é mais provável do que se você os fizer se sentirem confusos, incompetentes ou pressionados. Gostam de fazer o trabalho do seu próprio jeito. São livres para tomar decisões autônomas. Conduzem quaisquer pesquisas por que possam se interessar, sob a proteção da liberdade acadêmica.

Marcas: Harvard, Kindle, ESPM, Audi, CNN, Google, McKinsey & Company e TED.

O herói

Lema: "Onde há vontade, há um caminho".

O herói quer fazer do mundo um lugar melhor. Esse arquétipo ajuda a desenvolver a energia, a disciplina, o foco e a determinação. As imagens associadas ao herói incluem áreas que exigem aptidão e agilidade, qualquer coisa que se mova velozmente e qualquer coisa que seja poderosa. Herói se fortalece com o desafio.

Os heróis sentem orgulho de sua disciplina, seu foco e sua capacidade de fazer escolhas árduas. Seu segredo é que não são apenas o que fazem. Cada vez mais, o público e o consumidor esperam que essas visões empresariais reflitam algum senso de responsabilidade social; quando fizer marketing para o herói, saiba que você está sendo avaliado não só pela qualidade dos seus produtos ou serviços, mas também pela força e pela ética de suas convicções.

Marcas: FedEx, Nike, Hummer, Médico Sem Fronteiras, Adidas, Tag Heuer, PayPal e Levi's.

O fora da lei

Lema: "As regras são feitas para ser quebradas".

Foras da lei são fiéis aos valores mais profundos e verdadeiros, não aos valores dominantes. São figuras românticas prontas a REPRESENTAR uma sociedade que sucumbiu à tirania, à repressão, ao conformismo ou ao cinismo. O fora da lei se contenta em ser temido. A raiva tende a ser provocada quando ele se sente desprezado como pessoa. O fora da lei liberta as paixões reprimidas da sociedade.

O fora da lei é conhecido como rebelde, revolucionário, vilão, selvagem, desajustado, inimigo ou iconoclasta. Quando está ativo nos indivíduos, ele pode se sentir apartado da cultura dominante e desprezar suas regras. Quer destruir as coisas, produzir uma revolução, sumir com alguma coisa ou apenas sentir a excitação de ser um pouco malvado. O fora da lei vive sob raiva e violência. Pessoas responsáveis e trabalhadoras se sentem atraídas para as marcas com o arquétipo do fora da lei, como meio de expressão.

Marcas: Harley-Davidson, Apple, Diesel, MTV, Greenpeace, Rolling Stone (revista) e Linux.

O mago

Lema: "Pode acontecer".

O aspecto mais básico do mago é o desejo de procurar leis fundamentais que governam o funcionamento de tudo e aplicar esses princípios para que as coisas aconteçam. As marcas do mago se atrelam a todas aquelas que promovem "momentos mágicos", incluindo diversos cosméticos, produtos à base de ervas, poções e campanhas fitness que prometem a fonte da juventude. O espírito do mago é facilmente evocado quando o produto tem origens exóticas ou antigas, ou quando ele envolve algum ritual especial.

Um público cada vez mais amplo está se interessando pela medicina corpo-mente. As pessoas mágicas geralmente têm sonhos que os outros consideram impossíveis, mas a essência da magia é ter uma visão e caminhar diretamente para dentro dela. As imagens mais consistentes associadas aos magos são sinais dos céus – arco-íris, estrelas cadentes, galáxias e discos voadores. O mago está ativo nos indivíduos, é catalisador de mudança. Confia na sincronicidade.

A consciência precede a existência, portanto, se você quer mudar o seu mundo, comece mudando suas próprias atitudes e comportamentos. O arquétipo do mago é muito forte em todo o campo do marketing, que trabalha com a influência da consciência humana sobre o comportamento.

Marcas: Smirnoff, Mastercard, Axe, DuPont, Hilton Hotels & Resorts, Mary Kay, Intel, Xbox e MAC (maquiagens).

A pessoa comum

Lema: "Todos os homens e mulheres são criados iguais".

O cara comum é uma pessoa que usará roupas típicas da classe trabalhadora e falará de um modo coloquial. O valor subjacente é que todos são importantes da forma como são. Seu credo é que as coisas boas da vida pertencem a todos como direito de nascença, não apenas a uma aristocracia ou em função de uma meritocracia.

A pessoa comum também é vista no bom companheiro, na garota média, no zé-povinho, no homem comum, na moça da porta ao lado, no realista, no trabalhador, no bom vizinho. É o cidadão de valores sólidos que faz a vida funcionar.

As marcas do cara comum também confortam pessoas, afirmando que elas são ok do jeito que são. No mundo agitado e apressado de hoje, a solidão é um problema para muitas pessoas. Quanto mais emocionalmente carente alguém for, tanto mais ela buscará conexão nas transações comerciais. Oferecer um ponto de conexão às pessoas aumentará imensamente a lealdade delas para com a marca.

Marcas: Hering, Renner, Havaianas, Tang, Brahma, GAP, ReclameAQUI, LinkedIn e Multicoisas.

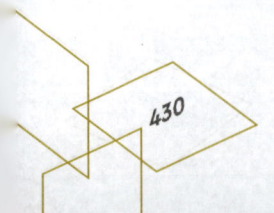

O amante

Lema: "Só tenho olhos para você".

As marcas do amante são comuns nas indústrias de cosméticos, joalheria, moda e turismo. Qualquer marca que prometa implicitamente beleza e atração sexual é uma marca do amante. O arquétipo do amante governa todos os tipos de amor humano. A busca contínua do verdadeiro amor, da sedução, para fazer parte da vida da maioria das pessoas. Como arquétipo, o amante também está ativo nas amizades intensas e pessoais, aspecto valorizado socialmente. Os amantes se veem como pessoas capazes de apreciar maravilhosamente os outros. Essa é uma subestrutura de competitividade em geral inconsciente e desconhecida.

O desejo subjacente é o de atrair, dar amor e expressar afeição de maneira íntima e prazerosa, incluindo acariciar, compartilhar os segredos do próprio coração e criar vínculos por meio de gostos e aversões em comum.

Amantes são também conhecidos como parceiros, amigos, casamenteiros, entusiastas, especialistas, sensualistas, cônjuges construtores de equipes e harmonizadores.

Marcas: Tiffany & Co., Cacau Show, Kopenhagen, Amissima, Chanel, Häagen-Dazs, Nespresso, W Hotels, eHarmony, Tinder.

O bobo da corte

Lema: "Se eu não puder dançar, não quero tomar parte da sua revolução".

O bobo da corte nos pede para sair e brincar uns com os outros. Solta-se irrestritamente, demonstrando uma fé inquebrantável no fato de que uma pessoa pode ser realmente ela mesma e, ainda assim, ser aceita e mesmo adorada pelos outros, porque quase todos nós temos sede de mais diversão.

Ele se conecta com a criança interior que ama as brincadeiras e travessuras. O bobo da corte é o arquétipo mais útil para se lidar com os abusos do mundo moderno e com as burocracias anônimas e amorfas de hoje. Sua maior felicidade é quebrar as regras. A disposição do bobo da corte nesse sentido leva a ideias inovadoras, fora dos padrões convencionais. O bobo da corte também promete que atividades que normalmente seriam vistas como tediosas ou aborrecidas podem ser divertidas.

O bobo da corte detesta os estraga-prazeres, as pessoas sérias demais e aqueles que não têm senso de humor. Tende a sempre brincar com a vida. Também é conhecido como o tolo, o malandro, o trocista, o blefista, o trocadilhista, o animador, o palhaço, o travesso, o trotador ou o comediante.

Marcas: M&M's, Fanta, Skol, Pepsi, Nickelodeon, Burger King, Ikea, Cirque du Soleil e Ben & Jerry's.

O prestativo

Lema: "Ama teu próximo como a ti mesmo".

O prestativo é um altruísta, movido pela compaixão, pela generosidade e pelo desejo de ajudar os outros. Tem sido associado aos sentimentos tanto maternais quanto paternais de proteger os filhos, fazer o que for preciso para cuidar deles. Medos profundos passam por exercer controle excessivo e ser controlado.

Filão contemporâneo, as marcas e campanhas do prestativo celebram a capacidade de zelo dos homens, apesar das muitas pressões contrárias que eles enfrentam; mais do que tocantes, são poderosas validações sociais as melhores intenções da maioria dos homens.

Essas marcas, que conciliam o instinto zeloso com um mundo que frequentemente o desvaloriza, são eficazes não apenas no mercado: desempenham um papel construtivo na evolução da nossa cultura. O marketing eficaz enfatiza a preocupação com o consumidor. As marcas sábias compreenderão que o arquétipo do prestativo hoje se expressa não só na família, mas também no mundo.

Marcas: Marriott Hotels & Resort, Dove, Unicef, Exército da Salvação, Nestlé, Amazon, Volvo, Porto Seguro e Buscapé.

O criador

Lema: "Se pode ser imaginado, poderá ser criado".

O criador é visto no artista, no escritor e no empresário, bem como em qualquer atividade que utilize a imaginação humana. A paixão do criador é a autoexpressão na forma material. As marcas são inerentemente não conformistas e lidam com a autoexpressão. As pessoas querem ter grande liberdade de ação para expressar sua criatividade, com um mínimo de controle.

O pessoal da área de marketing precisa reconhecer que atua no campo das artes. O marketing exerce importante influência sobre a sociedade à qual pertencemos. O criador exige que estejamos à altura desse arquétipo e que percebamos, tanto quanto possível, o impacto das imagens, dos símbolos e das histórias sobre a psique coletiva.

Marcas: Lego, Imaginarium, Faber-Castell, Google, 3M, Ciao Mao, Post-It, Dolce & Gabbana, Tesla e Pixar.

O governante

Lema: "O poder não é tudo... é só o que importa".

Quando imaginar o arquétipo do governante, pense em qualquer pessoa que tenha um estilo dominador e autoritário. A melhor coisa a fazer para evitar o caos é assumir o controle. Conquistar e manter o poder é a sua motivação básica.

Indivíduos gostam de assumir papéis de liderança e de estar no controle. As pessoas com fortes tendências ao arquétipo do governante se preocupam com assuntos ligados à imagem, ao status e ao prestígio. A aparência aumenta o poder. O governante ajuda um indivíduo a se tornar rico, poderoso e bem assentado em seu campo de ação e em sua comunidade. O governante tem a habilidade política necessária para conquistar o apoio dos diversos grupos envolvidos.

As marcas precisam seguir fiéis a um único arquétipo, irresistível e identificável. A grande marca do governante é conhecer tão bem seus constituintes a ponto de prever suas necessidades mais profundas. Focam menos o status e mais o controle e a capacidade de cumprir as próprias responsabilidades: trabalho, família e saúde pessoal.

Marcas: Brooks Brothers, Anvisa, British Airways, American Express, Rolex, Mercedes-Benz, Friboi, Montblanc e IBM.

Nos termos de Mark Batey: "Quando encontramos um mito, um símbolo ou um personagem arquétipo, sentimos instintivamente uma força emocional nos puxando, pois é no subconsciente que o arquétipo age".[152]

Como identificar?

Algumas marcas têm o arquétipo muito bem definido. No caso do explorador, por exemplo, é muito fácil identificar nas suas comunicações veículos da Land Rover explorando o novo, ou pessoas usando roupas da The North Face subindo montanhas. Starbucks é explorador desde a sua criação, uma vez que o logo e o nome são inspirados na história de Moby Dick.

---

152 Batey, op. cit.

O amante é outro arquétipo fácil de identificar, ainda mais em marcas de moda e luxo nas quais a sensualidade está presente. Assim como o sábio, que traz o conhecimento: muitas instituições de ensino usam esse arquétipo, como vimos em sua definição – por exemplo, a minha querida ESPM. Outras surpreendem, como a Audi em relação ao sábio. Algumas apresentam ensinamentos para encaixar no arquétipo que selecionaram.

Quando a Mercedes-Benz diz em seu posicionamento de marca *The best or nothing*, mostra muito bem a característica do governante, de domínio do segmento. A Mercedes-Benz está, ao lado da Toyota, entre as dez marcas mais valiosas do mundo; como Audi e BMW não estão, isso lhe dá credibilidade não apenas de dizer que é a melhor, mas de o mercado mundial afirmar isso.

Pesquisa para achar o arquétipo

Na FM CONSULTORIA, desenvolvemos uma pesquisa muito simples para entender, na percepção do consumidor, qual palavra resume a percepção dele com relação à marca. Veja que, logo no primeiro momento, a palavra percepção aparece, sendo essa um dos pilares dos 5Ps do branding. Reforço isso!

A pesquisa não é apenas enviada por e-mail ou mesmo feita de forma presencial perguntando sobre essa lista de palavras, ela também tem como foco entender percepção de marca, segmento, concorrente e conhecer um pouco mais dos hábitos comportamentais do público. São doze perguntas simples, rápidas e diretas que dão uma ideia do que as pessoas pensam, porém, não ficamos apenas nessas respostas para decisões, pesquisas nos dão norte! A pesquisa é dividida em três campos macro.

Dados pessoais
Faixa etária

Aqui, você decide se começa com 12, 15, 18, 20 anos, mas divida as faixas, por exemplo, em 10 a 15 anos / 16 a 20 anos / 21 a 25 anos, e por aí vai.

Sexo

Masculino, feminino, indefinido

Permita que as pessoas se deem o direito de não indicar o seu gênero. Por experiência, posso dizer que só uma pequena parte procederá dessa forma, mas permita que façam, mesmo que seja uma minoria.

Região onde mora

Insira as principais cidades primeiro. Se você é uma marca de São Paulo, esta será a primeira cidade a aparecer. O Google Analytics pode lhe dar o mapa dos principais acessos ao site por cidade. Siga essa lista para estabelecer as cidades e depois crie um campo aberto para outras, onde as pessoas poderão digitar o nome de seus municípios.

Comportamento de mídia
Qual mídia você mais acessa?

Inclua a lista básica com: rádio, TV, internet, jornal, revista e outros, deixando este último campo aberto para digitar.

Quanto tempo você passa na internet por dia?

De 1 hora a 3 horas / de 4 horas a 7 horas / de 8 horas a 11 horas

Estabeleça essas faixas. Dificilmente as pessoas ficam mais que 11 horas online. Essa pergunta é importante para saber quanto as pessoas se relacionam com o digital, uma vez que a construção

da sua marca, ao menos seguindo a metodologia do livro, será em grande parte nesse universo.

O que você mais acessa na internet?

Facebook / Instagram / Twitter / LinkedIn / Portais de notícias / Blogs

Abra os conceitos para que você entenda onde poderá investir mais.

Empresa

Há quanto tempo você conhece a nossa marca?

De 0 a 6 meses / de 7 a 12 meses / de 13 a 18 meses

Separe a cada 6 meses. Opte por meses para manter um padrão de resposta.

Quando foi a última vez que você comprou um dos nossos produtos?

De 0 a 6 meses atrás / de 7 a 12 meses atrás / de 13 a 18 meses atrás

Separe a cada 6 meses. Opte por meses para manter um padrão de resposta.

Se comprou, qual foi o produto?

Elabore uma lista de até dez linhas de produto da sua marca. Caso tenha mais, abra o campo "Outros". Mais uma vez, o Google Analytics pode ajudar, mostrando os *top10* de vendas, e insira nessa ordem.

Se não comprou, qual foi o motivo?

Preço / Qualidade / Falta de informação / Frete alto / Não conhecia a marca

Você pode criar mais campos, porém esses já lhe darão um panorama dos problemas que sua marca enfrenta.

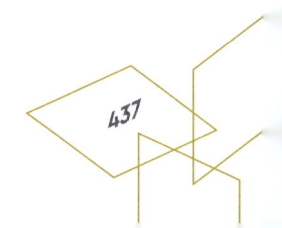

Marca

Dos termos a seguir, na sua visão, qual(is) melhor representa(m) a nossa marca? Escolha no máximo dois:

Otimista

Conhecimento

Desafiadora

Foge às regras

Não pensa no impossível

Vitória

Romântica

Divertida

Pertencer

Confiança

Controladora

Deixar legado

Alguma dica para melhorarmos os nossos processos?

Deixe esse campo aberto para ouvir sugestões e críticas. Leia todas, faça um mapa do que mais preocupa o consumidor. Cruzando as informações desse questionário, decerto haverá muitos insights para você trabalhar na comunicação da marca com os consumidores.

Relação palavra x arquétipo

Quando você fizer essa pesquisa, vai conseguir mapear uma série de pontos, inclusive a melhor direção a seguir com o arquétipo. A pesquisa não será o único ponto a ser considerado para saber qual o arquétipo, mas é um dos mais importantes, uma vez que, sem saber que é uma pesquisa de arquétipos, o consumidor vai lhe dar um caminho que será complementar a todo o estudo a ser feito até chegar aqui.

PALAVRA DA PESQUISA	ARQUÉTIPO CORRESPONDENTE
Otimista	Inocente
Conhecimento	Sábio
Desafiadora	Explorador
Foge às regras	Fora da lei
Não pensa no impossível	Mago
Vitória	Herói
Romântica	Amante
Divertida	Bobo da corte
Pertencer	Pessoa comum
Confiança	Prestativo
Controladora	Governante
Deixar legado	Criador

Motivações humanas

Segundo a metodologia da Santa Clara, os doze arquétipos podem ser agrupados em quatro quadrantes seguindo as motivações do ser humano:

Controle: prestativo, criador e soberano.

Ser: inocente, sábio e explorador.

Maestria: herói, mago e rebelde.

Pertencer: pessoa comum, amante e bobo da corte.

Precisamos entender o perfil de cada um desses doze arquétipos para encaixá-los na metodologia: quem quer **controlar** a situação; quem deseja **ser** uma pessoa melhor; quem quer fazer tudo com **maestria**. Por fim, uma motivação humana, das mais básicas, que a famosa pirâmide de Maslow já nos mostrava, que é **pertencer** a um grupo seleto. Por exemplo, o segmento de moda feminina, que usa muito o arquétipo amante em suas campanhas, sempre mostra uma mulher linda, poderosa e bem-sucedida. Qual mulher não quer ser poderosa? Basta ver, por exemplo, como são as campanhas da Burberry ou da Gucci e ver como elas comunicam suas roupas para seu público. A sensualidade está exposta em cada peça. No próximo tópico, sobre os cruzamentos do quadrante, você verá que esse arquétipo quer apenas pertencer a algo.

Cruzamentos do quadrante

Controle + ser: autorrealização do indivíduo no mundo

Ser + maestria: deixar sua marca no mundo

Maestria + pertencer: fazer companhia ao mundo

Pertencer + controle: trazer estrutura ao mundo

No desenho do quadrante, que estou reproduzindo aqui para vocês, entende-se que cada um dos doze arquétipos se encaixa em um desses cruzamentos, de uma forma mais forte.

Inocente: ser + controle

Explorador: ser + maestria

Sábio: ser

Herói: controle

Fora da lei: maestria + ser

Mago: maestria + pertencer

Pessoa comum: pertencer + controle

Amante: pertencer

Bobo da corte: pertencer + maestria

Prestativo: controle + pertencer

Criador: controle + ser

Governante: controle

E agora?

Está claro que há todo um racional por trás para achar o arquétipo certo para a sua marca. Não é apenas ler a definição e, no achismo, entender que é possível chegar ao ideal. No caso da moda, o amante é o arquétipo mais usado, mas nem sempre a marca tem esse arquétipo como o principal. Rolex e Montblanc, por exemplo, que são marcas de moda masculina, têm o perfil governante como arquétipo. Dolce & Gabbana, o de criador.

Analisar o arquétipo é um trabalho de psicologia, antropologia e sociologia juntos. Sempre brinco que só ao entrar para o time de profissionais de planejamento de comunicação pude me dar conta da razão de essas aulas serem ministradas na faculdade: porque elas nos ajudam a entender o que é o mais importante no marketing: seres humanos! Os arquétipos nos conectam mais facilmente a eles.

Cada arquétipo busca alguma coisa. Por exemplo, o criador quer ser aquele que controla tudo a sua volta, mas, ao mesmo tempo, tem o desejo de pertencer a um seleto grupo, assim como a pessoa comum. No entanto, para o criador, o controle é mais importante. Já o desejo da pessoa comum por pertencimento é fundamental para a conexão emocional.

Outro exemplo para que você possa entender melhor esse processo. O explorador é ser e maestria, ou seja, esse arquétipo quer ser o líder, fazendo tudo com maestria e sucesso, porém líder é o que desbrava, o primeiro a chegar em um local. Já o fora da lei está sempre fazendo tudo com maestria, pois ele precisa ser perfeito para quebrar as regras. Ser o líder é importante, mas fazer tudo certo é ainda mais.

Não crie um arquétipo só porque você leu sobre isso na definição resumida de um livro, ou em algum dos milhares de sites que abordam esse tema, até porque a grande maioria segue as regras do livro *O herói e o fora-da-lei*, coescrito por Margaret Mark e Carol S. Pearson,[153] sucesso mundial e, até o momento, a única referência literária da área, além de *Os arquétipos e o inconsciente coletivo*, de quase 500 páginas, do pai do conceito de arquétipos, Carl G. Jung.

Para criar o arquétipo ideal, é preciso pesquisar muito, entender os cenários, os propósitos da marca, e, por fim, estabelecer um pensamento estratégico. Do contrário, você pode simplesmente criar uma excelente apresentação, que nunca será usada! Por fim, o arquétipo precisa estar inserido não apenas dentro dos 5Ps do branding, mas também no DNA da cultura da marca, ou seja, se os colaboradores não aceitarem o arquétipo, ele será, sim, uma excelente apresentação de PowerPoint ou Keynote, mas não será aplicado; logo, é trabalho jogado fora!

Quantos arquétipos podemos usar?

Normalmente, as marcas usam dois, sendo um mais dominante. Nos meus projetos, também costumo usar dessa forma: o mais dominante ditando as regras da comunicação. Há metodologias que usam até três, outras agrupam os arquétipos em três ou quatro grandes grupos, como estabilidade/controle (governante, criador e prestativo) e trabalham até quatro perfis, dentro de um conjunto de pensamentos. São metodologias, cada um usa a sua. A que eu uso, depois de muito estudo, é a que me faz mais sentido.

Em suma, o que precisa ser feito é cruzar o que o arquétipo representa com o que as pessoas querem, junto com o que o mercado diz e o que a marca promete. Esses quatro pontos são fundamentais para se chegar ao arquétipo, ou aos arquétipos, da sua marca.

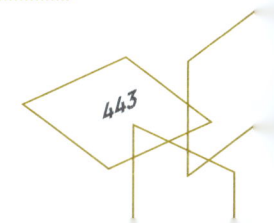

---

153 Mark e Pearson, op. cit.

Arquétipo fundamental x arquétipo dinâmico

Você pode optar em usar para a sua marca dois arquétipos, mas de formas um pouco diferentes. De um lado, quando for trabalhar o lado racional da marca, como preço, localização de loja, ou mesmo tomar o controle e maestria, pode usar um tipo de arquétipo. Quando for para o lado mais emocional, o tom de voz, usa-se um mais dinâmico.

É importante citar que a comunicação tem de ser muito mais do que apenas post ou frases. Ela precisa conquistar o coração e o subconsciente das pessoas. Usar o arquétipo, como Carl G. Jung nos ensinou em seus estudos, é muito poderoso, uma vez que a conexão não se dará na perspectiva consciente, mas, sim, na área mais poderosa das decisões, o subconsciente.

PERSONA DA MARCA

De acordo com Mark Batey: "A propaganda desempenha papel fundamental na geração de significado da marca e no subsequente comportamento do consumidor".[154]

Esse é um dos termos mais usados no mercado digital, ainda mais depois da ampla difusão do conceito de marketing de conteúdo. Até então, tínhamos apenas o perfil de consumidor como aquilo que deveríamos atingir com as campanhas. Contudo, o conceito de persona deu um enorme ganho no mercado, pois saímos do perfil "classe AB, 25+ de São Paulo", para efetivamente um estudo mais completo e aprofundado do comportamento das pessoas.

Costumo definir esse papel como o de um ator, como já comentei aqui com relação ao Tony Ramos, um dos meus favoritos. Mas, antes de definirmos a persona, seguindo os passos que vou mostrar aqui, tomemos por base o que Philip Kotler nos mostra

---

154 Batey, op. cit.

em seu livro de *Administração de marketing*[155]: os cinco perfis que ele define como sendo perfis macro dentro de um processo de decisão de compra:

- **Iniciador**: perfil que indica um produto. Pode ser, por exemplo, um pai indicando uma pós de marketing ao filho, a mãe recomendando um livro para a filha, o namorado sugerindo um sapato para a namorada, ou a noiva falando sobre a nova camisa do São Paulo FC ao noivo. São campanhas que impactam pessoas que não são nem de longe seu público-alvo, mas que podem repassar a informação, dentro de seu círculo próximo, a quem o seja. Por exemplo, o hipotético pai mencionado pode ser um médico que tem um filho que acabou de se graduar em marketing; a mãe, uma advogada indicando um livro de finanças para a filha que acabou de ser promovida em um banco. A mídia também impacta pessoas que nada têm a ver com o produto quando, por exemplo, o anuncia no *Jornal Nacional*, ou compra uma página para divulgá-lo *Veja*, ou faz um banner dele na home do *UOL*. Milhares de perfis de pessoas são impactados.

- **Influenciador**: são pessoas cujas opiniões têm peso na compra. É muito comum ver em lojas de moda masculina um homem mostrando para a esposa a camisa na qual ele está interessado. Se ela não aprovar, ele dificilmente leva. Pode ser o pai convencendo o filho a comprar um Onix zero em vez de uma Saveiro 2010. Pode ser a mãe conversando com a filha para fazer o intercâmbio em Nova York e não em Los Angeles como ela queria, pois em Nova York ela poderá aprender mais sobre a sua futura profissão. Pode ser a noiva dizendo para o noivo comprar a camisa do São Paulo FC pela Netshoes e não no shopping.

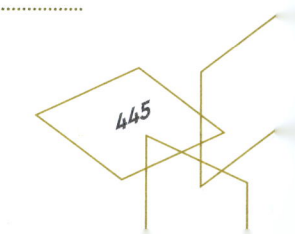

---

155 Kotler e Keller, op. cit.

- **Decisor**: é a última palavra da compra. É quem decide. O pai pode indicar a pós de marketing para o filho na USP, mas ele prefere a ESPM. A mãe pode até dizer que a FGV é melhor, mas o filho tem outra opinião. Ele é quem vai decidir o que fará da sua vida. Não significa que ele não ouve os outros perfis, mas ele decide. Pode ser também o influenciador que muda seu papel para o de decisor. A mãe que vai pagar o intercâmbio da filha influencia na escolha por Nova York, quando a filha ainda está considerando Los Angeles – então a mãe age como decisora. O iniciador pode também ser decisor. A noiva indica a camisa do São Paulo FC ao noivo, ele está na dúvida sobre onde adquirir, então ela senta ao lado dele no computador, entra no site da Netshoes e o faz comprar ali. É ela quem tomou a decisão final.

- **Comprador**: perfil que "passa o cartão". Ele quem decide e compra. Pode, em um momento, ser o decisor, mas, em outro, o comprador, não necessariamente a pessoa que vai usar o produto. Por exemplo, a noiva decidiu pela compra da camisa do São Paulo FC na Nershoes, mas o noivo é quem comprou, ele exerceu esse papel. A mãe pode ter comprado o livro que recomendou à filha, como presente pela promoção.

- **Usuário**: perfil que efetivamente usa o que comprou. Pode ser a pessoa que decidiu a compra, realizou-a e usa o produto. Ou apenas quem o compra e o utiliza. Por exemplo: o noivo que adquiriu a camisa do São Paulo FC na Netshoes e foi ao jogo no Morumbi com a camisa nova. Foi ele quem a comprou e é ele quem a usa. A filha que vai para Nova York, por outro lado, apenas usará um produto que foi a mãe quem influenciou, decidiu e comprou.

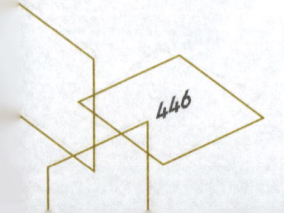

Você pode estar um pouco confuso com isso, quando mostrei que a mesma pessoa pode ter dois ou três perfis, mas é assim mesmo. Acredito que os exemplos sejam elucidativos, usei situações do dia a dia para ficar mais simples a explicação. Em uma estratégia de perfil de consumo, atrelada à jornada de consumo, é preciso saber como impactar as pessoas no momento certo. Meu grande amigo e ex-chefe Araken Leão sempre me dizia que o perfil do consumidor é esquizofrênico, uma vez que podemos ser várias pessoas ao mesmo tempo. Lembre-se de que você, acordando às 7 horas, é uma pessoa diferente daquela das 12 horas, que, por sua vez, também é diferente daquela das 20 horas.

Pensando nisso, perceba que a mãe da futura aluna de intercâmbio pode ter tido os três papéis no mesmo dia. De manhã, sentou com a filha e indicou Nova York como o melhor destino. Na hora do almoço, viu que a filha estava em dúvida ou imaginou que Los Angeles chamava mais a atenção dela pela diversão; e, no fim do dia, foi com a filha até a empresa de intercâmbio e comprou o pacote para Nova York.

Pontos da persona

Depois de você estudar bem os cinco perfis de Kotler apresentados, está na hora de avaliar qual deles é o mais importante para atingir e, dentro dele, criar a sua persona. Você vai entender que é preciso ir muito além de algumas informações como onde estuda, o que come, o que gosta ou a idade. O perfil da persona é baseado em **comportamento**, acima de qualquer outro conceito.

Na sequência, faço uma breve checklist para você seguir. Cada ponto aqui é uma pergunta a ser respondida, a si mesmo, no momento de definir a persona. Quanto mais detalhes, mais chances de acerto.

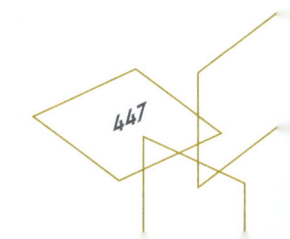

Essas informações você já tem em mãos, afinal, o caminho que percorreu até aqui não foi pequeno nem fácil; você conseguiu levantar muita informação, mas, se precisar de mais, não tenha medo de ir à rua perguntar! Muitas informações necessárias aqui também estarão no mapa de empatia.

Dê um nome
- Idade
- Cidade
- Profissão
- Status de relacionamento

Perfil pessoal
- Onde e com que trabalha?
- Faixa salarial
- Classe social
- Desejos e anseios
- Filhos
- Valores pessoais
- Preocupações
- Habilidades pessoais
- Atividades diárias

Motivações
- O que motiva a comprar?
- O que ensina?
- O que gosta?
- O que lê?
- O que consome?
- Quais são suas necessidades?
- Quais são suas expectativas de vida?

PERSONA DA MARCA

Sonhos
- O que busca?
- O que sonha?
- Como a marca traduz o sonho?

Objetivos
- Vida
- Profissão
- Relacionamento
- Aposentadoria

Marcas
- Qual mais consome?
- Qual deseja?
- Qual inspira?
- De qual não gosta?

Mídia
- O que lê?
- O que ouve?
- O que vê?
- Como a internet está na sua vida?
- Como usa smartphone?
- É adepto de apps?

Necessidade
- O que a pessoa precisa?
- Por que necessita disso?
- Qual expectativa de consumo?

Problemas
- Quais você enfrenta e o que espera que a marca/produto/serviço resolva.

E agora?

Ao preencher todos esses pontos, você terá a sua persona. O ideal é fazer isso em duas fases, sendo a primeira preenchendo com um questionário mesmo. Isso lhe dará um panorama mais claro da sua persona. Na segunda, escrevendo um texto de, no máximo, duas páginas de Word da persona. Seja bem detalhista. Aqui vão algumas dicas:

▷ Não diga que a sua persona estuda na ESPM, mas, sim, que ela está no terceiro ano de marketing na ESPM, afinal, o perfil de uma caloura é bem diferente do de uma terceiranista.

▷ Não diga que ela tem um carro, mas, sim, um Ford Ka preto 2019, pois o perfil de quem compra Ka é diferente de quem compra Onix, que é diferente de quem compra HB20.

▷ Não diga que ela tem de 18 a 22 anos, diga que ela tem 20. Ela não se motiva a adquirir uma calça jeans por gostar de comprar, mas, sim, porque quer estar sempre elegante, pois isso a faz se sentir bem. Entenda que uma mulher pode comprar uma calça jeans na C&A por R$ 70 para o dia a dia, mas outra pode preferir na Adriana Restum por R$ 300.

▷ Não diga que a sua persona quer crescer na empresa. Diga que ela quer se tornar diretora financeira da Nestlé, pois acredita nos propósitos dessa marca. Crescer na profissão todo mundo deseja, mas para onde quer ir? Eu, por exemplo, quando entrei na faculdade, sonhava em ser diretor de marketing da Chevrolet, marca que eu amava, graças a um Vectra que tivera. Hoje, sonho em ser diretor da Mercedes-Benz, da Coca-Cola ou da Montblanc. E você, com o que sonha?

Posicionamento da comunicação da marca

Com a sua persona muito bem definida, agora você vai dar uma personalidade digital a ela, ou seja, vai dar uma vida, uma voz, uma forma de se comunicar, seja nas redes sociais, seja em qualquer outra plataforma. Não foque todo esse estudo apenas nas redes sociais, elas são importantes no processo de marcas, mas não é só isso!

O universo digital vai muito além do post no Facebook ou nos stories do Instagram. Por favor, ajude o mercado a pensar além das plataformas de Mark Zuckerberg, não é só ele que pode faturar no mercado!

Personalidade de marca gera profundidade e textura, viabilizando o processo de esforço comunicacional alinhado à estratégia. Para construir uma boa narrativa de marca, você precisa ter bem claros estes pontos:

▷ **Propósito:** o que a marca quer passar?

▷ **Linguagem:** tudo tem a ver com os arquétipos e todos os atributos de marca. Mencionar de dois a três exemplos de marcas, não do mesmo segmento, que adotam posturas parecidas.

▷ **Tom de comunicação:** qual tipo de linguagem: formal? Informal? Séria? Divertida?

Para embasar mais esse ponto, do tom de voz, separei uma outra metodologia que vai auxiliá-lo a ser mais completo e detalhado do que apenas indicando como tom de voz "divertido" ou "informal". Podemos ir muito além disso.

Cabeça, coração e instinto

Um dos nossos maiores desafios no mundo das marcas é criar a famosa conexão emocional. Falei muito sobre isso ao longo do livro, pois de fato é um processo que exige tempo, dinheiro e muita inteligência em comunicação e negócios. A conexão emocional é como você se apaixonar por uma pessoa; não é do dia para a noite, não ocorre só porque você tem belos olhos ou um corpo em forma. Isso pode gerar o desejo, mas a conexão leva tempo e muito investimento de uma das partes, ou, às vezes, das duas. Quando há o engajamento das partes, a conexão ocorre mais rápido, mas se acaba o poder do engajamento, a conexão também acaba. Parece que estou falando de um romance, mas não, é a conexão entre marcas e pessoas que pode ser encarada como um romance, afinal, quantas pessoas apaixonadas por Coca-Cola, Montblanc, Mercedes-Benz, Harley-Davidson, Nike, Nubank, Netflix, Amazon, Toyota, Outback, Apple, Zara, Honda temos por aí? Isso não se conquista do dia para a noite.

▷ **Cabeça**: conexão racional usada na comunicação literal, em identidade da marca, branding corporativo e modelos de apresentação. São os elementos que precisam ser visíveis e reconhecíveis, como logo ou ícone. Os pilares dessa parte são: preço, saúde, segurança, praticidade, consciência, herança e psicológico. Aqui o apelo é mais racional.

▷ **Coração**: tem menos a ver com impacto e mais com contato, é uma conexão mais sensorial e socialmente relacionada que celebra o produto. Os pilares dessa parte são: associação, confiança, conexão, parceria, valores, social e família. Nesse momento, o apelo é muito mais sentimental.

▷ **Instinto**: marca emocional, conecta os jovens com seus estilos de vida. Esporte e música como plataformas. Preenche a lacuna entre nossa realidade e uma percepção mais elevada da vida. Os pilares aqui são: sensorial, prazer, fantasia, beleza, criatividade, libertação, estímulo, ousadia, indulgência, declaração, sexualidade, emoção e adrenalina. Nesse momento, o apelo é muito mais do desejo.

E como usar isso?

Bem, no momento de construir a mensagem, é preciso dar um tom de voz para a marca, certo? Essa é uma metodologia para chegar a esse tom ideal. Há três caminhos que a sua marca pode seguir para gerar a conexão emocional com as pessoas: razão, emoção e desejo. Marcas mais racionais tendem a ir para o preço como fator de decisão.

Ricardo Eletro é preço, e deixa isso bem claro. O que ele vende, Casas Bahia, Ponto Frio, Magazine Luiza, Extra, Walmart também vendem. São os mesmos produtos de qualidade de Brastemp, Motorola, Samsung e Sony, mas com preços diferentes. É assim que a Ricardo Eletro se posiciona, no lado mais racional.

Coca-Cola é uma marca cuja comunicação se inclina para o lado emocional. Basta fechar os olhos e lembrar suas campanhas de Natal. Poucos comerciais natalinos no mundo são tão esperados quanto os da Coca-Cola. E ela precisa ir por esse lado por atingir um público amplo, exigindo um apelo de comunicação mais centrado na linha da emoção para criar essa conexão com todos.

Jaguar é uma marca que inspira o desejo. Nesse campo, é mais fácil localizar exemplos, pois a moda e o luxo apelam muito para essa linha de comunicação. Ao escrever este capítulo, entrei no perfil mundial da marca no Instagram, o principal canal social para gerar o desejo. São 11,5 milhões de seguidores em todo o planeta. Basta uma rápida olhada nas fotos para entender o que é trabalhar o desejo de um produto. Texto é até desnecessário: só a imagem do I-Pace, o SUV da marca, primeiro carro elétrico da empresa, andando pela cidade já é mais impactante do que saber que ele faz de 0 a 100 km/h em 4,8 segundos.

Entenda que, no momento em que você for construir a mensagem, é preciso saber qual apelo a marca vai usar. Os supracitados são os três principais, e dentro de cada um as comunicações podem ir variando.

Nas palavras de Mark Batey: "Não devemos nos esquecer de que, por trás de todas as mensagens artisticamente planejadas e executadas através de todas as plataformas possíveis, existe uma marca, uma história criativa sobre ela".[156]

EMBAIXADOR EXTERNO DA MARCA

Há algumas décadas, fabricantes e anunciantes descobriram que um nome famoso estimulava a conexão entre consumidores e marcas. Trazer uma celebridade para ser embaixador da marca pode ser uma boa ideia para criar tal conexão. Essas personalidades podem ou não ser garotos-propaganda das marcas, mas estão sempre evangelizando o mercado sobre elas, seja em aparições com produtos que levam seus nomes, seja apenas emprestando o rosto ou a voz para alguma campanha. O importante é o boca a boca que o embaixador gera, em especial nas redes sociais.

São pessoas que podem, em um programa de entrevistas, estar vestindo uma roupa da empresa da qual são embaixadoras ou um boné com o logo dela. O embaixador tem um papel de representar a marca. Ele pode ser remunerado ou não. Eu seria, por exemplo, embaixador da Coca-Cola facilmente em troca de algumas latinhas do produto por mês na minha geladeira, mas não tenho milhões de seguidores nas minhas redes sociais para que a Coca-Cola se interesse pelo meu perfil. A Pepsico trouxe o "furacão"

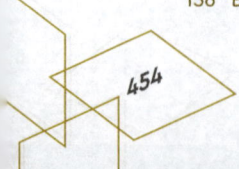

---

156 Batey, op. cit.

Anitta para ser a sua embaixadora de marca. Ela atuou ao lado da CMO, Daniela Cachich, como promotora de vendas, e, claro, postou tudo em suas redes sociais, impactando milhares de fãs. Antes, a Ambev tinha contratado a cantora para ser head de criatividade e inovação da marca Skol Beats.

O papel do embaixador da marca é ter um relacionamento contínuo com a empresa, compartilhando a sua história e identidade. Deve interagir com a audiência e, com isso, gerar insights e ideias de comunicação e produto, ou seja, ele precisa estar muito bem alinhado com os 5Ps do branding para não cometer nenhum engano. Essa pessoa, eleita como embaixadora da marca, tem de passar por um treinamento do que é a marca, e posso afirmar que não bastam 3 ou 4 horas de papo com o marketing. É preciso conhecer cada ponto, falar com diversas pessoas e setores, e entender a fundo o que a marca é, em sua essência. Seria ideal preparar um documento com diversos pontos, como promessa, propósito, posicionamento, atributos emocionais/racionais, proposta de valor, história, cultura institucional, valores, missão, filosofia, visão, alma, significado, identidade e personagem (caso tenha) e texto-manifesto. Tudo bem detalhado para que, depois de alguns dias de imersão e estudo, o marketing possa aplicar uma prova de conceito e só assim aprová-lo. Ao menos é a minha visão.

Normalmente é eleita uma celebridade para o posto. O músico Will.i.am do Black Eyed Peas foi um dos pioneiros em parceria com a Samsung, por volta de 2010, para ser uma das pessoas do time criativo da marca, pois o músico quando pensava em um patrocínio para seus shows queria ir muito além da marca exposta no palco. Foi dele a ideia de um dos maiores Flashmob do mundo, em parceria com a AT&T, quando milhares de pessoas dançaram ao som de "I Gosta Feeeling" um dos maiores sucessos da banda.

Nem toda marca precisa de um embaixador, mas poder explorar a imagem de um Michael Jordan, mesmo anos depois de sua aposentadoria, como a Nike faz, não é nada ruim, certo? Se quiser ter uma pessoa como embaixadora de marca, pense muito antes. Se os perfis se encaixam, estude como essa pessoa se comporta nas redes sociais, com quem se conecta e como responde aos fãs, às polêmicas; se faz mesmo sentido tê-la para o posto.

Veja se há ligação entre a marca e a figura escolhida. Evite fazer a estrela esportiva do momento vender bateria ou um computador que ele nunca usa, evite que a personalidade faça propaganda da Samsung postando do iPhone. Evite escolher um cantor que passou a vida bebendo a cerveja A para anunciar a cerveja B, só pelo cachê. Evite pôr cantora em comercial de cerveja ou um vegano em propaganda de carne. O processo de escolha do embaixador e do garoto-propaganda é muito similar. Não passe vergonha!

CASE AMÍSSIMA

Na metade de 2019, eu fechei parceria com a S8WOW, dos meus amigos Sérgio Lima, Walter Scigliano (Waltinho) e Adriana Cury. Foi um dos lugares em que mais me senti bem trabalhando. Lá, o primeiro trabalho que me deram foi com a Amíssima, uma marca de roupas femininas voltada para uma mulher classe A, A+. O Lucas Silveira, do atendimento, foi um grande parceiro nessa jornada.

Particularmente, eu não a conhecia, mas como minha esposa atua no mercado de moda e sabe tudo a respeito, sempre lhe perguntava sobre a marca. Em um primeiro momento, assim que assumi a parceria, na qual eu seria o diretor de planejamento digital da S8WOW, sem abrir mão da FM CONSULTORIA, eu e a Maya fomos à loja da Amíssima do Shopping Cidade Jardim, em São Paulo. É importante você ir, se possível, ao ponto de venda, mesmo que o projeto seja apenas para a sua loja online. Para o consumidor, tanto faz se o contato com ele é online ou offline, ele apenas quer se relacionar com a marca em algum momento, e esse momento é ele que decide, não a marca.

Além dessa imersão, num sábado de tarde, comecei a pesquisar a fundo sobre ela em todos os canais. O objetivo era bem claro: precisávamos reposicionar a marca Amíssima. No meu primeiro dia, Waltinho e a Adriana trouxeram à tona a questão dos arquétipos. Saquei da mochila no mesmo instante o livro *O herói e o fora-da-lei*,[157] que, por coincidência, era o que eu estava lendo naquele momento. Começamos então a desenhar o projeto.

Amíssima significa amiga. Então, fomos entender o significado dessa palavra a fundo. Fiz uma pesquisa no meu Facebook, perguntando para as mulheres o que, para elas, significava amiga. Em dois dias, eu tinha uma lista com mais de trinta conceitos, dentre quase noventa respostas.

Chegamos então à conclusão de que amiga era: *uma pessoa parceira de todas as horas, que preenche um vazio, que apoia, traz conforto e carinho. Fala a verdade, não julga, é presente nos momentos especiais. A relação é ligada por afeto, carinho, consolo, lealdade, afinidade e aliança. Representa o amor de quem acolhe e ajuda falando sempre a verdade; aquela pessoa que, quando se vai, você agradece por tê-la por perto.*

Insights: parceira, preenche vazio, conforto, carinho, verdade, especial, afeto, lealdade, amor e acolhimento. Conceitos que precisávamos testar se na marca Amíssima estavam inseridos ou não. Se sim, ótimo, se não, voltaríamos duas casas para trabalhar a marca em cima disso, porque moda precisa ser confortável, verdadeira. Mulheres precisam se sentir especiais, esperam lealdade da marca para que a recíproca seja verdadeira e, com isso, possam gerar o amor que acolhe. Basicamente era esse o caminho que precisávamos percorrer.

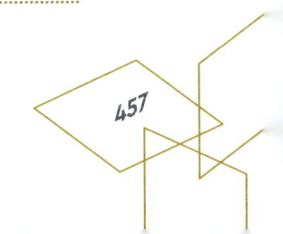

---

157 Mark e Pearson, op. cit.

Na sequência, fizemos uma imersão com o time de marketing e até ouvimos algumas vendedoras. Entendemos alguns conceitos da marca, além do de amiga, como os de romantismo, relacionamento, proximidade e exclusividade, que estavam em seu DNA. Tínhamos um caminho mais detalhado de marca e público. Claro que esse é só o mais ínfimo resumo de tudo o que foi o planejamento, há muita coisa que não posso revelar, por serem dados confidenciais da marca. Foi um projeto de pelo menos três meses de pesquisas, estudos, análises e conclusões, até chegarmos ao que queríamos.

Como próximo passo, estudamos a mulher que compra da Amíssima. Além do papo com o time de marketing da empresa e as vendedoras, também foi fundamental uma conversa com a equipe de mídia e redes sociais da agência, pois eles estavam na conta havia meses, sempre buscando segmentações mais assertivas de mídia, sendo esse mais um ponto para somar. Ainda nos debruçamos sobre o perfil das compras online, via as ferramentas possíveis na agência. Pegamos estudos acadêmicos e de mercados para entender como e por que as mulheres compram, principalmente moda. Analisamos a concorrência direta, mas também marcas de moda que atendem tanto mulheres de classes mais baixas quanto de classe AAA, e até mesmo as gigantes do mercado de moda mundial.

Depois de toda essa imersão, em que fizemos os passos 1 e 2, de marca e voz das ruas, fomos para o terceiro passo, mas tomamos a liberdade de pensar no arquétipo antes de criar o posicionamento. Às vezes, assim é mais útil do que apenas no momento da construção da marca. Pelos estudos acadêmicos que fizemos, amante era o que mais se aproximava da Amíssima, pois a sensualidade é o elo entre o arquétipo e o que a mulher espera.

Fizemos dois disparos de e-mail para a base da marca, pusemos um banner na loja online que levava para a pesquisa e subimos um post no Facebook. Tudo em apenas uma semana. Conseguimos mais de seiscentas respostas, com um percentual muito interessante de pessoas que entendiam a palavra "romântica" como sendo a que representava a Amíssima. Era o que faltava para termos a certeza da nossa hipótese, a de amante como arquétipo primordial para a marca.

Fomos atrás de marcas que usavam esse arquétipo e vimos o romantismo e a sensualidade em muitas campanhas de L'Oreal, Chanel, Godiva, Tiffany & Co., Versace e Victoria's Secret. Sensualidade é o que move muitas dessas marcas, algumas até mais ousadas do que a Amíssima, mas poderíamos ter um terreno interessante a dominar nessa linha. Com esses dados, traçamos o território com defesas bem embasadas do caminho que pretendíamos seguir. Criamos uma pirâmide de narrativas, estabelecendo o perfil da mulher, a marca e o arquétipo como pilares da pirâmide, e conceitos a serem trabalhados no centro. Assim, a construção da narrativa estava pronta. Não estávamos falando o que iria para Facebook, Instagram ou e-mail; tratava-se, na verdade, de uma lista de conceitos que seriam trabalhados em toda a comunicação durante o ano.

Com isso em mãos, a Adriana Cury criou o manifesto da marca, encerrando com um posicionamento muito interessante, que faz um ótimo elo entre a promessa de marca e o que as consumidoras esperam da Amíssima.

COMITÊ DE MARCA

Equipes multidisciplinares e diversidade são dois temas muito comentados nos novos modelos de gestão. Não é nada novo, muitas empresas já trabalham com isso há um certo tempo, com sucesso, mas os teóricos estão sempre atrás daquilo que podem pegar, trocar de nome e lançar como tendência, uma tendência que é passado, na minha visão. Porém, sem querer ser mais um teórico, contarei sobre uma experiência, muito rica, aliás, sobre comitês de empresas, em que estou iniciando uma participação.

Fui um dos idealizadores dessa ideia com dois clientes meus, cujos nomes, por ética, não revelarei, mas posso dizer que são de ramos bem diferentes um do outro, enquanto a proposta para ambos foi a mesma. A ideia é que esses comitês não sejam apenas um monte de pessoas falando um monte de coisas que nunca vão dar em nada, por isso, há uma metodologia que precisa ser seguida à risca!

O que são os comitês?

Os comitês são grandes conversas entre pessoas que agreguem conhecimento ao processo de marcas, inovação e marketing. Possibilitam uma visão de fora por parte de pessoas antenadas com o mercado de marketing, negócios, tecnologia e comportamentos, trocando experiências com o time que conhece processos, leis, produtos, empresa e a marca.

São experiências em outras áreas do varejo que podem trazer insights do mercado de atuação. Essa troca de expertises, conhecimentos e dados é o que vai ajudar a impulsionar o processo de transformação digital.

Como agir?

Reunião bimestral de 2 horas com pautas predefinidas.

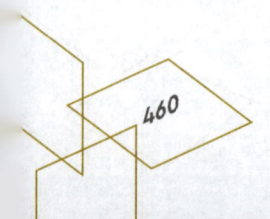

Time multidisciplinar com pessoas de dentro da empresa e de fora (remuneradas) em diversas áreas de negócio: marketing, inovação, comportamentos (antropólogos e/ou psicólogos), CRM/dados, tecnologias. Essas competências se somam ao time de produto, marketing, comercial e operações das empresas. Às vezes, até o time de logística precisa ser envolvido. Há outras competências que você pode chamar para o comitê, tudo depende do segmento das empresas; para os meus clientes, esses eram essenciais, e decerto, em breve, outros serão chamados, como, por exemplo, representantes LGBT.

Reunião produtiva

Para que não seja uma reunião de ideias que nunca vão dar em nada e, com isso, perca-se tempo, os times precisam sair com alguns pontos definidos na reunião, com metas para entregar nas próximas e com cada um entendendo perfeitamente o seu papel, responsabilidades e entregas: análises de dados, cases debatidos, insights de ações, planos de ações e cronogramas. É fundamental uma pessoa da empresa ficar responsável pelo agendamento e por pautas anuais de acordo com as necessidades da marca e dos assuntos debatidos na reunião mensal.

E por que de tudo isso?

Você se lembra do início do capítulo, quando mencionei sobre equipes multidisciplinares e diversidade? Pois então, o grande ganho das marcas, com tudo isso, é baseado nesses dois conceitos. Inovação, por exemplo, não deve ser papel única e exclusivamente do marketing ou de um departamento, é preciso estar na cultura da empresa. Logo, todos devem ser ouvidos, da famosa "tia do cafezinho" ao CEO.

Os comitês têm a missão de ajudar na evolução do processo de marca tanto quanto na consolidação da transformação digital das empresas, apoiando os times de marketing e produtos. Comitês têm visões de diversas competências que sempre agregam. O segredo nem é tanto a competência a ser chamada de fora da estrutura da empresa, mas, sim, quem você vai chamar!

OS QUATRO PILARES DO CRONOGRAMA E COMO DEFINIR PASSOS

Esse material eu resumo em um único slide. Ter essa organização é fundamental, mas saber como preencher as caixinhas é ainda mais. O que apresento a seguir é como eu organizo as entregas, sabendo que elas estão debaixo do guarda-chuva da metodologia, e seus quatro passos, muito bem definidos quanto a imersões, estratégia e tática.

IMERSÃO	ESTUDOS E ANÁLISES	PENSAMENTO ESTRATÉGICO	PLANO TÁTICO
Conversa com colaboradores	Estudos do material compilado na fase imersão	Preenchimento dos 42 pontos da metodologia da FM CONSULTORIA	Reunião com o time de comunicação / agência e o cliente
Pesquisa com clientes	Análise da comunicação da concorrência	**Objetivo:** apresentar à marca os pontos que a FM CONSULTORIA acredita serem os que vão fazer a diferença da marca no mercado	**Objetivo:** apresentar o que foi definido para ações de comunicação
Pesquisa com ex-clientes	Estudos de mercado		**Entregável:** apresentação finalizada
Pesquisa com SAC	Pesquisa online de percepção de marca e segmento		**Prazo de execução:** depende da agenda dos times (cliente e agência), mas a apresentação dura de 2 horas a 4 horas
Objetivo: entender a percepção da marca em todos os pontos	Estudos de tendências		
Entregável: estudo que embase os pilares de construção de marca	Estudos acadêmicos	**Entregável:** apresentação para ser debatida com o time de marketing da marca	
Prazo de execução: 10 a 15 dias	**Objetivo:** complementar estudos da fase de imersão, apresentando terrenos a serem explorados para diferenciação da marca	**Prazo de execução:** 10 a 15 dias	
	Entregável: caminhos a serem seguidos com embasamentos		
	Prazo de execução: 20 a 25 dias		

Encerro com uma mensagem de uma profissional que muito admiro, Daniela Cachich: "As pessoas não querem se relacionar com um logotipo, elas querem se relacionar com as histórias que essas marcas têm para contar. Tecnologia, customização, conteúdo, experiência de marca e de consumo nunca foram tão relevantes".[158]

158 Balan e Pacete, op. cit.

REFERÊNCIAS BIBLIOGRÁFICAS

AAKER, David. *On Branding*: 20 princípios que decidem o sucesso das marcas. Porto Alegre: Bookman, 2015.

BADENHAUSEN, Kurt. As 100 marcas mais valiosas do mundo em 2019. *Forbes*, 22 maio 2019. Disponível em: <https://forbes.com.br/listas/2019/05/as-100-marcas-mais-valiosas-do-mundo-em-2019/>. Acesso em: 11 maio 2020.

BALAN, Karina; PACETE, Luiz Gustavo. Social listening e experiência. *Meio&Mensagem*, Next, Now #04, 16 mar. 2020. Disponível em: <https://www.meioemensagem.com.br/home/marketing/2020/03/16/next-now-04-social-listening-e-experiencia.html>. Acesso em: 25 maio 2020.

BARBOSA, Aline et al. Elas têm o coração do consumidor. *Consumidor Moderno*, [s.d.]. Disponível em: <https://digital.consumidormoderno.com.br/elas-tem-o-coracao-do-consumidor-ed250/>. Acesso em: 11 maio 2020.

BATEY, Mark. *O significado da marca*: como as marcas ganham vida na mente dos consumidores. Trad. Gabriel Zide Neto. Rio de Janeiro: Best Business, 2010.

BLUE BOX CAFÉ DA TIFFANY ABRE SUA PRIMEIRA UNIDADE EM LONDRES. *Mercado & Consumo*, 18 fev. 2020. Disponível em: <https://www.mercadoeconsumo.com.br/2020/02/18/blue-box-cafe-da-tiffany-abre-sua-primeira-unidade-em-londres/>. Acesso em: 20 maio 2020.

CLIENTE RECLAMA DO OUTBACK, MAS TOMA ESCULACHO NO FB. *Novo Momento*, 22 fev. 2013. Disponível em: <https://www.novomomento.com.br/cliente-reclama-do-outback-mas-toma-esculacho-no-fb/>. Acesso em: 12 maio 2020.

CRAVEIRO, Jurandir. Start #2, canal *Descola*, YouTube, 4m22s, 13 maio 2015. Disponível em: <https://www.youtube.com/watch?v=zw41Pd3CRLo>. Acesso em: 29 maio 2020.

CUDDY, Amy. *O poder da presença*: como a linguagem corporal pode ajudar você a aumentar sua autoconfiança e a enfrentar os desafios. Trad. Ivo Korytowski. Rio de Janeiro: Sextante, 2016.

A EXPERIÊNCIA DO CONSUMIDOR É O NOVO MARKETING. *jet.*, 2015. Disponível em: <https://www.jetecommerce.com.br/blog/a-experiencia-do-consumidor-e-o-novo-marketing/>. Acesso em: 9 jun. 2020.

GALLO, Carmine. *Storytelling*: aprenda a contar histórias com Steve Jobs, Papa Francisco, Churchill e outras lendas da liderança. Rio de Janeiro: Alta Books, 2019.

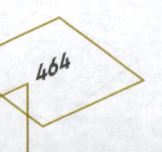

REFERÊNCIAS BIBLIOGRÁFICAS

GOBÉ, Marc. *BrandJam*: o design emocional na humanização das marcas. Rio de Janeiro: Rocco, 2010.

GODIN, Seth. *Isso é marketing*: para ser visto é preciso aprender a enxergar. Rio de Janeiro: Alta Books, 2019.

GONÇALVES, Lilian S. *Neuromarketing aplicado à redação publicitária*: descubra como atingir o subconsciente de seu consumidor. São Paulo: Novatec, 2013.

HELLER, Eva. *A psicologia das cores*: como as cores afetam a emoção e a razão. Trad. Maria Lúcia Lopes da Silva. São Paulo: Gustavo Gilli, 2012.

HILLER, Marcos. *Branding*: a arte de construir marcas. São Paulo: Trevisan, 2015.

KIMURA, Fernando. Palestra "Desejos anônimos", RDSummit 2019, YouTube, 39m20s, 18 mar. 2020. Disponível em: <https://www.youtube.com/watch?v=tNp1US1yyIU>. Acesso em: 25 maio 2020.

KOTLER, Philip; KELLER, Kevin L. *Administração de marketing*. 10. ed. São Paulo: Pearson, 2000.

KOTLER, Philip; KARTAJAYA, Hermawan; SETIAWAN, Iwan. *Marketing 3.0*: from Products to Customers to the Human Spirit. Nova Jersey: John Wiley & Sons, 2010.

KOTLER, Philip; KARTAJAYA, Hermawan; SETIAWAN, Iwan. *Marketing 4.0*. Rio de Janeiro: Sextante, 2017.

LAMARCO, Renata. (entrevista). "Fala! Marcas", YouTube, 13m25s, postado por *Fala! Universidades*, 8 nov. 2019. Disponível em: <https://www.youtube.com/watch?v=0osPKS-s8gs>. Acesso em: 21 maio 2020.

LEITE, Jade Gonçalves Castilho. Consumidores preferem empresas com propósitos alinhados aos seus valores. *Consumidor Moderno*, 18 mar. 2019. Disponível em: <https://www.consumidormoderno.com.br/2019/03/18/consumidores-brasileiros-preferem-comprar-de-empresas-que-defendem-propositos-alinhados-aos-seus-valores/>. Acesso em: 17 maio 2020.

LINDSTROM, Martin. *Brandsense*: segredos sensoriais por trás das coisas que compramos. Porto Alegre: Bookman, 2011.

_____. *Brandwashed*: o lado oculto do marketing. Rio de Janeiro: Alta Books, 2018.

_____. *A lógica do consumo*: verdades e mentiras sobre por que compramos. Rio de Janeiro: Harper Collins, 2018.

LONGO, Walter. *Marketing e comunicação na era pós-digital*: as regras mudaram. São Paulo: HSM, 2014.

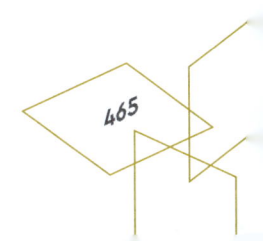

_____. *O fim da Idade Média e o início da Idade Mídia*: como a tecnologia e o Big Data estimulam a meritocracia e a valorização do indivíduo nas empresas e na sociedade. Rio de Janeiro: Alta Books, 2019.

MAIA, Caito. *E se colocar pimenta?* A história da marca mais quente do Brasil: sem cortes. Rio de Janeiro: Alta Books, 2018.

MARIOTTI, Júlia. 10 marcas com maior vínculo emocional com os consumidores. *Consumidor Moderno*, 10 mar. 2020. Disponível em: <https://www.consumidormoderno.com.br/2020/03/10/10-marcas-vinculo-emocional/>. Acesso em: 30 maio 2020.

MARK, Margaret; PEARSON, Carol S. *O herói e o fora-da-lei*: como construir marcas extraordinárias usando o poder dos arquétipos. São Paulo: Cultrix, 2003.

MARTINELLI, Sandra; ROMA, Andreia; LUNCAH, Tatyane (coords.). *Líderes de marketing*: uma visão estratégica e divertida da nossa realidade. São Paulo: Leader, 2019.

MARTINS, Heitor; TRIPOLI, Marcelo; GALVÃO, Leonardo. O estado do marketing digital no Brasil: 14 alavancas para atingir a maturidade. *McKinsey & Company*, 14 fev. 2019. Disponível em: <https://www.mckinsey.com/br/our-insights/o-estado-do-marketing-digital-no-brasil-14-alavancas-para-atingir-a-maturidade>. Acesso em: 9 jun. 2020.

MICHELLI, Joseph. *Guiados pelo encantamento*: o método Mercedes-Benz para entregar a melhor experiência do cliente. São Paulo: DVS, 2017.

MONTEIRO, Thaís. Envolvimento cultural de marcas é fator decisivo para compra. *Meio&Mensagem*, 18 set. 2019. Disponível em: <https://www.meioemensagem.com.br/home/marketing/2019/09/18/envolvimento-cultural-de-marcas-e-fator-decisivo-para-compra.html>. Acesso em: 15 maio 2020.

MORAIS, Felipe. *Planejamento estratégico digital*. 2. ed. São Paulo: SaraivaUni, 2017.

_____. *Transformação digital*: como a inovação digital pode ajudar seus negócios nos próximos anos. São Paulo: SaraivaUni, 2020.

NOBREGA, Clemente; LIMA, Adriano R. de. *Innovatrix, inovação para não gênios*: dois físicos explicam o método para inovar ao alcance de qualquer empresa. Rio de Janeiro: Agir, 2010.

PACETE, Luiz Gustavo. Natura e Nestlé: as mais associadas a propósito. *Meio&Mensagem*, 23 maio 2018. Disponível em: <https://www.meioemensagem.com.br/home/marketing/2018/05/23/natura-nestle-e-omo-sao-as-mais-associadas-a-proposito.html>. Acesso em: 17 maio 2020.

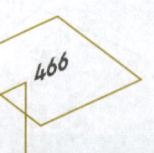

REFERÊNCIAS BIBLIOGRÁFICAS

PARA BRASILEIROS, CONFIANÇA NA MARCA É UM DOS PRINCIPAIS FATORES DE COMPRA. *Mercado & Consumo*, 16 out. 2019. Disponível em: <https://www.mercadoeconsumo.com.br/2019/10/16/para-brasileiros-confianca-na-marca-e-um-dos-principais-fatores-de-compra/>. Acesso em: 10 maio 2020.

PETERS, Thomas J.; WATERMAN JR., Robert H. *In Search of Excellence*: Lessons from America's Best-Run Companies. Nova York: HarperBusiness Essentials, 2006.

PEZZOTTI, Renato. Apple é marca mais valiosa do mundo pelo 7º anos; Disney desbanca Facebook. *UOL*, 17 out. 2019. Disponível em: <https://economia.uol.com.br/noticias/redacao/2019/10/17/apple-google-e-amazon-sao-as-marcas-mais-valiosas-do-planeta-diz-estudo.htm>. Acesso em: 12 maio 2020.

PUGA, Rodrigo. Análise de ícones visuais e personagens de marcas. *Mundo do Marketing*, 25 nov. 2015. Disponível em: <https://www.mundodomarketing.com.br/artigos/rodrigo-puga/35028/analise-de-icones-visuais-e-personagens-de-marcas.html>. Acesso em: 20 maio 2020.

REIMAN, Joey. *Propósito*: por que ele engaja colaboradores, constrói marcas fortes e empresas poderosas. Rio de Janeiro: Alta Books, 2018.

REZ, Rafael. *Marketing de conteúdo*: a moeda do século XXI. São Paulo: DVS, 2016.

RIBEIRO, Julio. *Fazer acontecer*: algumas coisas que aprendi em propaganda investindo 1 bilhão de dólares para grandes empresas. São Paulo: Dash, 2017.

RIES, Al; TROUT, Jack. *Posicionamento*: a batalha por sua mente. São Paulo: M.Books, 2009.

ROGERS, David L. *Transformação digital*: repensando o seu negócio para a era digital. Trad. Afonso Celso da Cunha Serra. Belo Horizonte: Autêntica Business, 2017.

SEABRA, Milena. Storytelling e o propósito das marcas. *Meio&Mensagem*, 15 ago. 2013. Disponível em: <https://www.meioemensagem.com.br/home/marketing/ponto_de_vista/2013/08/15/storytelling-e-o-proposito-das-marcas.html>. Acesso em: 31 maio 2020.

SERAFIM, Glauber. Como se posicionar no mercado. *Elevon*, 10 jul. [s.a.]. Disponível em: <https://www.elevon.com.br/como-se-posicionar-no-mercado/>. Acesso em: 9 jun. 2020.

SINEK, Simon. *Comece pelo porquê*: como grandes líderes inspiram pessoas e equipes a agir. Rio de Janeiro: Sextante, 2018.

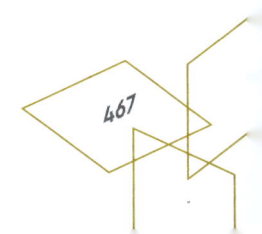

SUA MARCA TEM PROPÓSITO? *ClienteSA*, 31 ago. 2018. Disponível em: <https://www.clientesa.com.br/estatisticas/67326/sua-marca-tem-proposito>. Acesso em: 17 maio 2020.

TROIANO, Jaime. *As marcas no divã*: uma análise de consumidores e criação de valor. São Paulo: Globo, 2009.

_____. *Brand Intelligence*: construindo marcas que fortalecem empresas e movimentam a economia. Barueri: Estação das Letras e Cores, 2017.

TROIANO, Cecília Russo; TROIANO, Jaime. *Qual é o seu propósito?* A energia que movimenta pessoas, marcas e organizações no século 21. São Paulo: CLA, 2019.

TYBOUT, Alice M.; CALKINS, Tim (orgs.). *Branding*. São Paulo: Atlas, 2006.

VALÉRIO, Erica. "As pessoas não compram produtos, compram valores. E os valores têm fãs". *Mercado & Consumo*, 29 ago. 2019. Disponível em: <https://www.mercadoeconsumo.com.br/2019/08/29/as-pessoas-nao-compram-produtos-compram-valores-e-os-valores-tem-fas/>. Acesso em: 12 maio 2020.

VEJA OS MELHORES EXEMPLOS DE COMO HUMANIZAR MARCAS E USE DE INSPIRAÇÃO PARA A SUA EMPRESA. *Rock Content*, 14 ago. 2019. Disponível em: <https://rockcontent.com/blog/humanizar-marcas/>. Acesso em: 1 jun. 2020.

VIEIRA, Dimitri. O que é Storytellig? O guia para você dominar a arte de contar histórias e se tornar um excelente Storyteller. *Rock Content*, 22 fev. 2019. Disponível em: <https://comunidade.rockcontent.com/storytelling/>. Acesso em: 31 maio 2020.

SITES

Blog AirBnb
https://blog.atairbnb.com/

Faber-Castell
https://www.faber-castell.com.br/

Farfetch
https://www.farfetch.com/br/

Nova Escola de Marketing
https://novaescolademarketing.com.br/

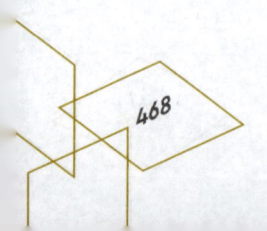

DVS EDITORA

www.dvseditora.com.br